과정신정론

하느님, 힘, 그리고 악에 대한 물음

데이빗 그리핀 지음
이세형 옮김

이문출판사

과정신정론- 하느님, 힘, 그리고 악에 대한 물음

펴낸곳/이문출판사 (변경등록:1994. 6. 3. 제7-20호)
발행인/지경원
지은이/데이빗 그리핀, 옮긴이/이세형

초판 발행/2007년 3월 2일
주소/704-306 대구시 달서구 진천동 581-3
/122-010 서울 은평구 응암동 86-8
전화/02) 359-8250, 053) 624-3113
팩스/02) 359-8251
값 22,000 원

ISBN 978 89-7334-132-4 93230

과정신정론

이 세상에서 가장 큰 해악이었던
베트남 전쟁에 참가해 원치 않게 목숨을 잃은
마이클 바텔(Michael Bartell, 1946-1968)을 기념하여

차 례

악의 문제에 대한 형식 논리

아래의 악의 문제에 대한 형식 논리는 이 책에서 여러 차례 언급된다. 따라서 알아보기 쉽게 다음과 같이 정리해 두고자 한다.

1. 하느님은 완전한 실재이다. (정의)
2. 완전한 실재는 전능한 존재이다. (정의에 따르면)
3. 전능한 존재는 일방적으로 순수 악이 존재하지 않는 세계를 만들 수 있다. (정의에 따르면)
4. 완전한 실재는 도덕적으로 완전한 존재이다. (정의에 따르면)
5. 도덕적으로 완전한 존재는 순수 악이 존재하지 않는 현실세계를 원할 것이다. (정의에 따르면)
6. 세상에 순수 악이 존재한다면, 하느님은 존재하지 않는다. (1에서 5까지의 논리적 결론)
7. 세상에는 순수 악이 존재한다. (사실적 논리)
8. 그러므로 하느님은 존재하지 않는다. (6과 7의 논리적 결론)

서 언

이 책은 서양 철학과 신학의 전통에 나타난 악의 이론적 문제를 다룬다. 간략히 표현한다면 문제는 다음과 같다. 만일 섭리의 하느님이 완전한 힘과 도덕적 선을 지니고 존재한다면, 어째서 세상에 악이 존재하는가? 보다 정확히 말하면, 생각하는 만큼 세상이 선하지 않다는 사실이 도덕적으로 완전하고 힘 있는 하느님을 믿을 수 없게 하는가?

악의 문제에 대해서는 많은 논의가 있어 왔다. 이 책을 출판해야 할 당위성은 다음 두 가지이다. 첫째, 알프래드 노스 화이트헤드(Alfred North Whitehead)와 찰스 하트숀(Charles Hartshorne)의 숨결이 들어있는 과정철학과 신학의 입장에서 악의 문제를 본격적으로 다룬 책이 이전에 없었다는 점이다. 과정사상으로 학문하는 이들 중에 악의 문제에 대한 해법을 여러 차례 글을 써서 제시한 적이 있는데 기껏해야 학술지에 논문을 게재한 정도였다. 이런 이유 때문에 과정사상의 글은 악의 문제를 주제로 한 가장 잘 알려진 저술들에서 대체로 무시를 당하든지 혹은 잘못 소개되기 일쑤였다. 예컨대, 악의 문제에 대해 이제껏 영어로 쓰여진 책 중에 가장 포괄적이고 역사적이며 구성적인 내용을 담고 있는 존 힉의 400여 쪽에 달하는 『악과 사랑의 하느님』(Evil and the God of Love)은, 화이트헤드의 입장이 브라이트만(E. S. Brightman)[1)]의 입장과 본질적으로 같은 종류의 것이라는 잘못된 암시를 주고 있을 뿐, 과정사상에 기초한 악의 문제에 대해 언급조차 하지 않고 있다.

---

1) John Hick, 『악과 사랑의 하느님』(*Evil and the God of Love*)(Harper & Row, Publishers, Inc., 1966), 36.

둘째, 악의 문제에 대한 역사적 연구가 그렇게 많지 않았다는 점이다. 대부분 악의 문제를 다룬 연구들은, 많은 사람들이 어려운 문제라서 원칙상 해결할 수 없다고 주장해 왔던 역사적인 여러 요인들을 면밀하게 분석해보지도 않은 채, 이전부터 전해 내려오는 문제에 직접 매달려 왔다. 악의 문제의 역사적 형성에 대한 연구와 이미 전통적으로 받아들여진 가설들을 종합한 결과, 우리는 전통적 개념들 모두가 악의 문제를 구성하는 여러 요인들에 동일한 방식으로 속한다고 생각하지 않게 되었다. 이 책의 경우를 들어 설명해 본다면, 역사적 연구를 통해 우리는 악의 문제를 어렵게 하는 하느님의 힘에 대한 가설이 꼭 전능 개념에 기초할 필요가 없으며, 또한 하느님의 힘이 꼭 유대-기독교 신성 개념의 본질에 속할 필요가 없다는 점을 인식하게 된다.

이 책이 담지한 역사적이고 구성적인 정당성들은 결국은 하나로 융합이 된다. 왜냐하면 악의 문제에 대한 역사적인 개관은 결코 중립적이지 않으며, 앞서 주장된 두 가지 정당성들을 도리어 정당화시켜 주고 있는데, 필자의 생각으로 그 정당성들은 긍정적으로든 부정적으로든 적절한 해법을 찾을 가능성을 결정적으로 높여주고 있기 때문이다. 그러므로 이 책의 역사 비평은 다른 관점으로 쓰여진 책들에서 발견되는 역사 비평과는 상당히 차이가 있을 것이다. 예컨대, 존 힉은 하느님의 힘에 대한 전통적 개념들을 정확하게 사용한다. 그러나 나는 악의 문제에 대해 실행 가능한 해법을 위해서는 이들 전통적 개념들은 거부해야 한다고 생각한다. 그러므로 힉과 나는 역사 비평에 있어 다른 관점을 가지고 있다.

이 책은 다음과 같은 순서로 쓰여졌다. 들어가는 글에서는 악의 문제의 중요성과 그 중심요인이 무엇인지 논의하였다. I부에서는 성서 전통과 그리스 철학이 악의 문제에 끼친 중요한 영향이 무엇인지 다루었다. 그리고 II부에서는 이들 전통들을 종합하려는 시도에서 일어난 전통적 입장에서의 변화를 살펴보았다. 여기에서 자세한 논의를 전개하는 목적은 전통적 입장을 대표하는 이들 중 누구도 만족할 만한 해법을 설명하지 못하고 있음을 제기하려는 것이고, 이처럼 하느님 개념이 전통적 맥락에 의존해서는 어떤 해법도 적절치 않음을 제기하려는 것이다. II부 각 장에서 다양한 전통적 입장을 다루면서 적절한 신정론이 구성되기 위해 필요하다고 생각되는 분명한 변화들을 지적해 볼 것이다. III부는 화이트헤드-하트숀의 과정사상에 충실히 기반을 둔 신정론을 구성하려는 시도이다. 이 책의 제목이 암시하는 바대로, 중심 주제가 힘의 본성에 맞춰졌다. 특히 다음과 같은 질문에 초점이 맞춰진다. 전통적인 하느님의 전능 교리에 따르면, 세상은 하느님께로부터 온 것이다. 그런데 만일 현실세계가 필연적으로 힘을 가져야 한다면, 하느님이 일종의 세상과 관계된 힘을 갖는다는 것이 가능한 것인가?

이 책을 준비하는 과정에서 나는 여러 사람에게 빚을 지고 있다. 많은 동료들이 도움이 될 만한 제언을 해주었다. 마조리 수하키(Marjorie Suchocki)는 이 책 전체를 읽어주었다. 잭 버하이든(Jack Verheyden)은 I부와 II부를 읽어주었고, 루이스 포드(Lewis Ford)와 존 캅(John Cobb)은 III부의 초고를 읽어주었다. 그리고 롤프 니에림(Rolf Knierim)은 1장을, 찰스 영(Charles Young)은 2장에서 5장을, 준 오코너(June O'Connor)는 6장과 7장을, 제인 더글라스(Jane Douglas)는 6장을, 프랭크 커크패트릭(Frank Kirkpatrick)은 7장과 8장 그리고 17장을, 태드 비크만(Tad Beckman)은 11장을, 앨빈 플랜팅가(Alvin Plantinga)는 17장을 각각 읽어 주었다. 또한 학생 조교인 넬슨 제임스 하워드(Nelson James Howard)와 잭 켈러(Jack Keller)는 서술적인 문제뿐 아니라 여러 중요한 조언을 해주었다. 원고를 써본 사람이라면 빠르고 정확한 타이피스트를 만난다는 것이 얼마나 복이 있는가를 알고 있다. 내게는 세 명의 타이피스트가 있었다. 얼린 비어링(Earlyne Biering), 마 고만(Mar Goman), 그리고 캐티 윌슨(Kathy Wilson)이 바로 그들이다. 마지막으로 존 캅에게 글로 다할 수 없는 빚을 지고 있다.

14장은 『종교 철학 국제 학술지』(International Journal for Philosophy of Religion, Vol. IV, No. 3[Fall 1973], 168-186)에 실린 "하느님의 우연성, 악, 그리고 철학적 신학: 제임스 로스에 대한 비판(Divine Causality, Evil, and Philosophical Theology: A Critique of James Ross)"을 약간 개정한 것이다.

데이빗 레이 그리핀(D. R. G.)

들어가는 글

왜 엄마가 돌아가셨는가? 왜 나는 걸을 수 없는가? 왜 우리는 매일 밤 허기진 배를 가지고 잠자리에 들어야 하는가? 이러한 질문들은 인간이 어린 시절 체험했던 악의 경험을 반영하는 질문들이다. 이제 시간이 지나 다른 사람들의 경험을 나눌 만큼 우리의 힘과 상상력이 자란 다음에는 다음과 같은 질문을 던진다. 왜 600만 명이나 되는 유대인이 죽어야 했는가? 어째서 비아프라의 무죄한 아이들이 그토록 비극적인 죽음을 맞아야 했는가? 왜 세상에는 그렇게도 많은 고통이 존재하는가? "악은 악으로 선은 선으로" 라는 단순한 대답이 무색한 상황에서 이내 다음과 같은 고전적인 질문이 등장한다. "왜 악한 사람들이 번성하는가?" 마찬가지로 우리도 전체주의 국가의 독재자들과 네이팜탄과 원자탄의 투하뿐 아니라 지진과 토네이도와 여러 질병 등이 사람을 구별하여 찾아오지 않는다는 사실을 이내 깨닫게 되었다. 이러한 재앙은 우리가 적용하는 도덕적 기준에 따라 선하다고 인정된 사람이든 혹은 악하다고 인정된 사람이든 상관없이 동일하게 임하게 된다.

앞서 제기된 질문들에 대해 우리는 어떻게 반응해야 하는가? 어떤 저술가들은 악의 문제란 실존적이며 실천적인 문제이기 때문에 어떤 이론적인 대답을 시도하는 것은 잘못된 것이라고 주장한다. 실천적인 문제를 다루는 적절한 방법이란 실천적인 해법을 갖는 것이다. 예컨대, 악을 어떻게 설명하느냐 보다 악을 어떻게 극복하느냐의 문제에 달려있는 것이다. 왜냐하면 악이란 불합리한 것이고 따라서 설명이 불가능한 것이라고 정의되기 때문이다. 실로 이론적인 질문에만 사로잡혀 있게 되면 악을 하나 더 추가하는 결과가 된다. 왜냐하면 이론에 사로 잡혀 있다 보면 악을 극복할 모든 힘을 발휘하지 못하게 되기 때문이다.

나는 이처럼 이론에만 머물러 있는 합리화의 과정을 거부한다. 먼저 인간이 경험하는 엄청난 악은 현실을 가상으로 일반화하고 이 둘을 비교할 수 있는 인간의 합리적 힘 때문에 갖게 되는 사유와 감정으로 인해서 일어나게 되고 혹은 적어도 크게 악화된다. 따라서 악의 문제가 이론적 차원을 갖고 있음을 부정한다면, 같은 맥락에서 악의 문제가 순전히 "실존적"이거나 "실천적"인 문제라고 말하는 것도 잘못된 것이다.

둘째, 사람들이 악에 대해 제기하는 질문들은 언제나 이론적인 주장을 암묵적으로 담고 있다. 유대-기독교 전통의 사유를 결정적으로 형성해 왔던 상황 속에서 악에 대한 질문은 일반적으로 "왜 하느님이 이러한 일이 일어나도록 허락하시는가?"이다. 그리고 이 질문 배후에는 "하느님이 존재한다면 그 하느님은 일어나는 모든 일의 원인이시고 그 일이 일어나도록 허락하시는 분"이라는 다소 명시적인 신앙고백이 담겨 있다. 이것이야 말로 아주 이론적인 신앙고백이 아닌가! 이러한 이론적 신앙고백은 온갖 종류의 정신적인 절망으로, 심지어 우리의 궁극적인 환경과 우주를 — 낯선 하느님에 의해 통제되거나 혹은 전혀 신성이 존재하지 않기 때문에 — 낯선 것으로 바라보는 상황으로 이끌어 갈 수 있다.

따라서 인간의 이론적인 신앙고백이 악에 대한 인간 경험의 중심을 이룬다면, 인간의 악을 극복하려는 노력은 악의 문제에 대한 이론적 차원을 간과할 수 없다. 달리 말하면, 악의 문제에 대한 이론적 측면은 관심해야 할 실존적 문제의 중요한 한 면이 되고, 이론적인 문제는 이론적 해법으로만 풀어야 한다.

20세기 소위 실존주의 사상은 하느님과 악의 관계처럼 궁극적인 관심의 뜨거운 주제를 객관적인 철학적 방식으로 논의하는 것은 적절치 않다고 주장하였다. 그런데 나는 이들 실존주의 사상에 반하는 주장을 하고자 한다. 궁극적 관심을 담고 있는 제 문제들에 대해서, 곧 구체적이고 살아 사랑과 미움을 나누는 인간으로서 열정적으로 관심하는 제 문제들에 대해서, 우리는 순수한 철학적 정신의 상태를 찾기 위해 최선의 노력을 해야 한다. 우리는 순수 철학적 정신으로 모든 인식할 수 있는 입장을 가능한 한 공정하게 다루어야 한다. 진리가 가장 중요한 것으로 요청되는 상황에서 제기된 어떤 입장을 희화화함으로써 진리를 놓치거나, 혹은 이전의 거부된 입장과 유사하다는 이유로 진리에 대해 납득할 수 없는 안이한 생각을 가지고 자세히 살피지도 않은 채 진리를 외면해서도 안 된다. 실로 옛 이설들조차도 이들이 내포하고 있는 진리의 요인을 위해 끊임없이 재평가해야 한다.

간단히 말한다면, 가장 아픈 문제들에 대해 나는 가장 공정하게 접근해야 한다고 생각한다. 나는 이제 논제와 접근 방식이 갖는 중요성이라는 입장을 갖고 문제를 다뤄보고자 한다.

서양 사상의 전통적인 하느님 개념에서 중심적인 개념은 하느님이 세상에 일어나는 세세한 모든 사건들을 통제하거나 적어도 통제할 수 있다는 개념이었다. 이것이 "하느님"을 특징짓는 본질에 속하는 것으로 받아들여졌다. 사람들은 어떤 존재가 세상을 통제할 수 있는 힘을 갖지 않았다면 그 존재가 하느님일 수 없다고 주장한다. 일반 사상과 신앙의 세계에서는 대체로 이러한 개념을 신학자들보다 덜 엄밀한 형태로 주장하였다. 후에 살펴보겠지만, 신학자들은 하느님이 실제로 모든 사건의 시시콜콜한 부분까지 지배한다고 주장했다. 신학자들 중에는 미묘한 구분과 설명을 통해 하느님의 지배 교리가 미친 영향을 완화시키려고 했지만 여전히 하느님의 지배 교리는 아우구스티누스(Augustine), 토마스 아퀴나스(Thomas Aquinas), 마틴 루터(Martin Luther), 존 캘빈(John Calvin), 고트프리드 라이프니츠(Gottfried Leibniz), 프리드리히 슐라이어마허(Friedrich Schleiermacher), 조나단 에드워즈(Jonathan Edwards), 칼 바르트(Karl Barth)와 같은 신학자들의 가르침에 공통으로 나타나고 있다. 일반 유신론적 신앙은 대체로 엄격한 형태로 하느님의 지배 교리를 주장하지 않았다. 다만 대부분의 사건들이 "자연적인 원인"과 "자유의지"에 기초해 있음에도 불구하고, 어떤 선택된 시간에 하느님은 앞으로 무슨 일이 일어날 것인지 모든 것을 예정할 수 있다고 생각하였다. "기적"은 바로 이러한 하느님의 지배능력을 입증해 주는 사건이다. 최근 몇몇 철학자들과 신학자들은 이러한 일반 유신론과 전통적인 철학적-신학적 유신론 사이의 균형을 무너뜨리는 입장을 내놓았다. 이들은 하느님이 완전히 지배하는 세계를 창조할 수 있었음에도 불구하고, 하느님은 진정한 자유를 가진 피조물을 창조하기로 마음먹었다고 주장했다. 이 땅의 피조물 가운데 자유를 갖게 된 인간은 하느님의 뜻에 반대할 수 있는 힘을 부여받았다. 그 결과 하느님은 결국 "인간"의 행위의 실제적인

"행위자"가 못된다. 이 책에서 "혼성 자유의지론"(hybrid free-will defense)이라는 제 3의 입장에 기초하여 전개되는 신정론은 하느님이 원치 않는 사건도 이 땅에서 일어날 수 있다고 주장한다. 이 신정론의 해석에 따르면 하느님은 앞으로 무슨 일이 일어날지 앞서 정확하게 알지 못한다. 때문에 일어나는 사건들은 하느님을 놀라게 할 수도 있다.

이 세 입장들 사이에는 중요한 차이가 있음에도 불구하고, 이들 모두 하나의 결정적인 공통점이 있다. 이들 모두는 하느님으로 말미암지 않고는 아무 일도 일어날 수 없으며, 적어도 하느님이 허락해야만 어떤 일이 일어날 수 있다고 주장한다. 여기서 "허락"은 뭔가 일어나도록 허용한다는 의미로 사용한다. 이 말의 뜻은 방해할 수 있는 힘이 있다는 의미이기도 하다. 왜냐하면 혼성 자유의지론의 경우에서조차, 자유란 피조물 안에 본래적으로 있는 것이 아니라 그 피조물에게 주어졌다는 의미이기 때문이다. 따라서 하느님에게 상대적인 의미에서 주어진 자율이란 피조물의 실재를 상실하지 않고서는 얻어질 수 없는 것이다. 따라서 해악을 끼치려는 피조물의 의중을 읽고 하느님은 자율적으로 행동하는 피조물의 힘을 박탈할 수도 있고, 그 피조물이 의도했던 것과는 다른 방식으로 피조물이 행동하게 할 수도 있다. 혹은 하느님은 해로운 행동을 가져오거나 정상적인 여정과는 다른 결과를 낳는 인과율의 법칙에 간섭할 수도 있다.

다시 말하면, 이 입장들 모두 전통적인 하느님의 전능 교리를 받아들인다. 이에 따르면 하느님이 직접 이 모든 것의 원인이 되기도 하고, 방해를 받을 수 있는 상황에서는 그 일이 일어나도록 허용할 수도 있다. "전능한"이라는 말의 문자적 의미는 "모든 것을 할 수 있는"(all- powerful)이라는 뜻이다. 그러나 앞으로 살펴보겠지만 여기 "문자적"이라는 말은 여러 의미를 담고 있다. "문자적"이라는 말을 하나의 방식으로 이해할 수는 없다. 전통적인 유신론에서 "문자적"이라는 의미는 "실제로 혹은 가능한, 존재하는 모든 힘을 갖는다."는 뜻이다. 이 정의는 앞서 지적한 의미와 상관적인 의미로 이해할 수 있다. 왜냐하면 실제로 하느님이 존재하는 모든 힘을 갖고 있다면, 의미상 하느님은 모든 것의 원인이 되거나 모든 것이 일어나도록 활동한다는 뜻이기 때문이다. 또한 어떤 존재도 하느님이 갖고 있는 힘을 갖고 있지 못하기 때문이다. 만일, 하느님 외에 다른 존재들이 힘을 가질 수 있는 유일한 이유가 하느님이 그런 존재를 창조하기로 또한 적어도 몇몇 피조물들에게 힘을 부여하기로 자유로이 선택하였기 때문이라면, 하느님은 힘을 독점하고 있다는 것이 가능해진다. 다시 말하면 하느님은 한때 힘을 독점하였고 다시금 그 힘을 독점할 수 있다. 그러므로 하느님의 전능이 하느님이 힘을 독점하였고 독점할 수 있음을 의미한다고 주장하는 것은, 하느님이 발생하는 모든 사건의 원인이기 때문이고, 혹은 적어도 그 사건이 일어나지 못하도록 할 수 있는 힘이 있으면서도 사건이 일어나도록 허락했기 때문이라고 말하는 것이다.

이러한 전통적인 하느님의 전능 교리는 악의 문제를 위한 중요한 두 전제 중 하나를 제공한다. 왜냐하면 하느님이 모든 악이 일어나지 않기를 원하셨다면 그렇게 할 수 있었음을 의미하는 것으로 보이기 때문이다. 또 다른 중요한 전제는 하느님이 완전히 선하다는 교리이다. 여기에 관련된 "선"(goodness)이란 도덕적 선으로 선을 증진시키고 악을 억제하는 열망으로 정의될 수 있다. 따라서 하느님이 도덕적으로 완전히 선하다면, 하느님은 모든 악을 억제하고자 원하심을 의미하는 것이다. 이들 두 전제에 기초하면 하느님이 존재할 경우 악은 존재할 수 없음을 보여준다. 그러나 악이 존재한다는 제 3의 전제를 허용할 경우, 이제까지 정의된 하느님은 존재할 수 없다는 결론이 나온다. 그러므로 논리적 합리성의 원칙에 충실하고자 한다면, 하느님의 전능이나 도덕적 완전성(혹은 이 둘이나 하느님에 대한 믿음)은 분명 포기되어야 한다. 물론 여기서의 "가정"(if)은 또 다른 해법을 제시한다. 예컨대 우리는 "논리를 위하다 보면 너무 많은 것을 포기하게 된다."고 말할 수 있다.

악의 문제에 대해 위의 세 전제만을 가지고 삼단논법을 정형화하면 다음과 같다.

A. 하느님이 전능하다면, 하느님은 모든 악을 예방할 수 있었다.
B. 하느님이 완전히 선하다면, 하느님은 모든 악을 예방하고자 했을 것이다.
C. 악은 존재한다.
D. 그러므로 전능하고 완전히 선한 하느님은 존재하지 않는다.

우리는 위의 논법을 악의 문제에 대한 "단순 논리"(simple statement)라 부를 것이다. 이 논리는 많은 논쟁을 통해 유용한 것으로 판명되었다. 그러나 악의 문제에 대해 저술했던 사람들의 입장을 분석하고 논리를 분명하게 하기 위해 나는 논리를 좀 더 확장해서 사용하는 것이 유익하다고 생각하여 여덟 단계의 논리로 확장하여 정리하였고, 본서에서는 이를 보다 자주 언급하게 될 것이다.

1. 하느님은 완전한 실재이다. (정의)
2. 완전한 실재는 전능한 존재이다. (정의에 따르면)
3. 전능한 존재는 일방적으로 순수 악이 존재하지 않는 현실세계를 만들 수 있다. (정의에 따르면)
4. 완전한 실재는 도덕적으로 완전한 존재이다. (정의에 따르면)
5. 도덕적으로 완전한 존재는 순수 악이 존재하지 않는 현실세계를 원할 것이다. (정의에 따르면)
6. 세상에 순수 악이 존재한다면, 하느님은 존재하지 않는다. (1에서 5까지의 논리적 결론)
7. 세상에는 순수 악이 존재한다. (사실적 논리)
8. 그러므로 하느님은 존재하지 않는다. (6과 7의 논리적 결론)

나는 마지막 결론이 앞 전제들에서 나온 것이라는 점에서 이 논리는 타당하다고 생각한다. 예컨대, 전제 6은 1에서 5까지의 전제를 종합한 것이고, 결론 8은 전제 6과 7의 결과로 나온 것이다. 이러한 상황에서 우리는 전개한 논리의 타당성(valid) 외에 여기 전제된 것들이 받아들여질 수 있기 위해 요청되는 논리의 정당성(sound)에 대해 물어야 한다. (보통 우리는 논리를 받아들일 수 있는가 받아들일 수 없는가의 기준보다 참인가 거짓인가의 기준을 가지고 논한다. 그러나 많은 전제들은 사실에 대해 이의를 제기한 논리이기보다 정의들이므로 그 정의가 참인가 거짓인가라는 기준으로 논하는 것은 문제가 많다.) 결론의 정당성을 거부하기 위해 우리가 해야 하는 것은 적어도 전제들 중 하나를 거부하는 것이다. 그렇다면 이 전제들 중에 어떤 전제가 받아들여질 수 없다고 유신론자는 생각할 수 있을까? 어떤 전제를 거부해야 여전히 "하느님"이라는 용어로 표현된 실재를 믿는 유신론자일 수 있을까?

나는 이제 위의 전제들의 의미를 보다 정확하게 상술하고, 유신론자의 논리에 담겨진 전제의 거부 가능성을 고려한다. 또한 위의 논리와 관계된 여러 문제들을 제기하기 위해 확장된 논리 형식의 장점들을 제시하면서, 간략하게 위 전제들을 논의해보고자 한다. 유신론자로서 전제 1을 거부할 수 있는가? 그것은 쉬운 문제가 아니다. 그러나 전제 1을 거부해 보았다. 여기서 나는 이 의미와 관련하여 형식적으로 "완전"이라는 말을 사용한다. 예컨대 완전이란 "(지속적으로 consistently 곧, 순수하게 genuinely) 우리가 인식할 수 있는 것 중에 가장 큰 것 보다 작은 것이 아닌 것"을 의미한다. 이 말의 뜻은 "완전한 실재"란 우리가 인식할 수 있는 것에 꼭 제한 할 것은 아니지만, 우리가 인식한 그 어떤 것보다 더 큰 것이 있다고 인식할 수 있다면, 그 어떤 것은 완전한 것으로 여겨질 수 없다는 의미이다. (여기서 우리는 순수 개념들을 논하고 있음을 강조하기 위해 "인식할 수 있는"[conceivable]이라는 말 앞에 "지속적으로 곧, 순수하게"라는 말을 괄호 안에 넣어서 표기하였다. 이들 순수 개념들이란, 보다 상위의 가능한 실재를 언급하는 것처럼 들리는 말뿐인 논리가 아니라, 사실은 무[nothing]를 언급하고 있는 것이다. 왜냐하면 위의 논리에 의해 제시된 여러 개념들이 어떻게 관계되는지를 이해하는 것은 불가능하기 때문이다.) 따라서 유신론자가 하나의 완전한 실재를 지칭하는 "하느님"이라는 말을 부인하는 것은, 실제로 존재하는 하느님이, 존재할 수 있지만 존재하지 않는 또 다른 실재만큼 크지 않다는 것을 의미하는 것일 수 있다. 이는 "하느님"이라는 말의 그 의미가 파생되는 기본적인 정황, 예컨대 예배의 정황을 간과하는 것처럼 보일 것이다. "예배에 합당한 실재"의 개념은 "하느님"이라는 말의 의미가 갖는 형식적 본질에 속한다. 우리가 완전하지 않은 실재를 진실로 예배할 수 있을까? 혹은 그런 실재에게 무제약적인 헌신을 드릴 수 있을까? 이것이 전제 1이 하나의 정의라고 말하는 중요한 이유이다.

따라서 하느님이 인식할 수 있는 "어떤 하느님"(a God)보다도 못한 속성을 가지고 있다고 말한다면 유신론자로서는 악의 문제를 해결할 수 없다고 나는 생각한다. 그러므로 힘과 도덕적 선에 대한 평가가 가능하다면, 하느님이 "어떤 신"보다 덜 힘이 있고 덜 도덕적이라고 주장해서는 유신론자가 악의 문제를 해결할 수 없을 것이다. 왜냐하면 이는 곧 예배를 받으실 만한 존재 곧 하느님이 존재한다는 사실을 거부하는 것이기 때문이다.

전제 2에서 전제 5까지는 정의에 기초해 말한 것들이다. 정의가 되는 전제 1과 전제 2에서 5까지의 작은 차이는 주부와 술부가 서로 바뀌질 수 없음을 보여주고 있다. 예컨대, 전능한 존재가 되는 것은 완전한 실재가 갖는 여러 특성 가운데 하나일 뿐이다. 따라서 전능한 존재가 되는 것은 완전할 실재를 표현하는 적절한 정의가 되지 못한다.

이제 악의 문제를 정의들을 통해 구성할 수 있는 범위를 다룰 수 있는 시점에 이르렀다. 악의 문제가 기본적으로 논리적인 문제가 아니라고 주장하는 사람들은 어떤 면에서 옳다고 본다. 예컨대 문제의 난점은 일련의 정의가 논리냐 비논리냐의 문제가 아니라 본질적으로 가치의 문제로 구성된다는 점이다. 가치의 문제란 적어도 부분적으로는 역사적 우연성을 갖는 문제로서 우리가 서 있는 특정한 역사적 전통에 의해 영향을 받는다. "신성"(deity)과 "완전"(perfection)이 동일하다는 순수 형식적인 개념은 초문화적인(transcultural) 것이다. 그러나 우리가 완전과 관련된 내용을 자세히 설명하기 시작할 때, 문화적인 조건은 최상의 조건이 된다. 완전한 실재가 시공간의 세계에 힘을 발휘해야 한다는 개념을 인류의 모든 종교-철학-신학적 전통들이 공유하는 것은 아니다. 따라서 완전한 실재가 도덕적으로 선해야 한다는 개념은 동시에 지역적인 것이라 할 수 있다. "하느님"을 도덕적으로 선하며 역사 속에 섭리로 활동하는 분으로 이해한 성서적인 실재 이해가 서양 사회에 결정적으로 영향을 주었기 때문에, 악의 문제는 주로 서양 사상에서 문제가 되었다.

악의 문제를 구성하는 많은 요인 가운데 역사적인 조건에 대한 이러한 성찰은 유신론자가 세계 속에 활동하시는 하느님의 도덕적 선이나 힘을 포기함으로써 문제를 해결할 수 있다고 제안하고자 함이 아니다. 왜냐하면 나는 도덕적 선과 힘이라는 개념들이 서양 전통에서 "하느님"이라는 용어의 본질적인 의미를 담고 있다고 생각하기 때문이다. 이 문제를 보다 개인적인 차원에서 다루어본다면, 서양 사상으로 무장하여 신을 사유하는 내가 이러한 연구의 우연성을 인정한다 하더라도 이 세상에서의 도덕적 선과 힘은 하느님의 완전함 곧 하느님을 포기하지 않고서는 포기될 수 없는 두 특성이라고 생각한다.

그러나 이 책에서 내가 서양 전통의 가치들에 대한 역사적인 연구의 성찰을 하는 이유는 전통적인 논리에 주어진 세세한 형식에 대해 물음을 묻고 개정할 수 있다고 제안하려는 의도 때문이다. 예컨대, 전통적인 형식 논리를 만들어낸 신학적 성찰의 전통에 서 있는 서양인들조차 완전 개념에 관한한 하느님의 힘과(혹은) 선에 대해 동일한 결론을 도출하지 못한다고 말할 수 있다.

이제 전제들에 대한 논의로 돌아가 보자. 악의 문제에 대한 단순한 논리와 이에서 확장된 논리 사이의 차이는 확장 논리에서 "순수"라는 말이 "악"이라는 말 앞에 덧붙여 쓰여지고 있다는 점이다. 이는 여러 논의에서 발생하는 "악"이라는 말이 갖는 여러 의미 사이의 혼동을 피하기 위해이다. 예컨대, 유신론을 옹호하는 이들은 삼단논법으로 정리한 단순 논리의 전제 B(하느님이 완전히 선하다면, 하느님은 모든 악을 예방하고자 했을 것이다.)를 부인한다. 즉 도덕적으로 선한 존재는 모든 악을 예방하기를 원했을 것이라는 점을 부인한다. 그러나 유신론 비평가들이 "순수 악"(genuine evil)을 언급하고 있는데 반해서, 유신론자들은 "표면적 악"(only apparent evil)을 언급하고 있다. 이러한 모호함은 유신론자들이, 실상은 악이 존재하고 있으며 여기서의 악은 순수 악을 의미하는, 삼단논법으로 정리한 전제 C를 부인하고 있다는 사실을 감추고 있는 것이다.

이 점을 분명히 하기 위해 여기서 우리는 "순수 악"과 "표면적 악"의 의미를 정의할 필요가 있으며, 더불어 이 둘의 구분을 전제하는, 예컨대 악에 대한 제 3의 의미인 "자명한 악"(prima facie evil)에 대해 정의할 필요가 있다. "순수 악"이란 그것이 없었더라면 우주가 더 좋았을 어떤 것, 그렇게 생각되는 총체를 의미한다. 다시 말하면, 포괄적이고도 객관적인 관점에서 볼 때, 곧 전체적인 것을 고려해 볼 때, 어떤 사건이 우주를 더 좋게 만들 수도 있을 다른 사건들의 발생을 방해한다면, 바로 그 사건이 순수 악이 된다. "자명한 악"은, 일견 피상적으로 보기에 곧 부분적인 관점이나 한정된 정황에서 볼 때, 악으로 평가할 수 있는 어떤 것이다. 어떤 자명한 악들은 잘 생각해 보면 순수 악들로 생각될 수도 있다는 말이다. 그러나 다른 자명한 악들은 "표면적 악"들로 판명될 수도 있다. 예컨대, 원래보다 더 큰 정황에서 생각할 때, 자명한 악들은 순수 악이 아닌 것으로 판명될 수도 있다. 왜냐하면 자명한 악들이 초래하는 악이 그들이 부가적으로 초래할 선 때문에 보상될 수도 있다고 생각할 수 있기 때문이다.

이러한 "보상"의 개념은 "본래적인"(intrinsic) 가치와 "도구적인"(instrumental) 가치 사이의 구분을 전제한다. 어떤 것이 다른 것(예컨대, 어떤 다른 존재나 같은 존재의 삶에 있어서 다른 계기)에 미치는 유용함과 상관없이 그 자체로 본성상 선한 것이라면 "본래적으로" 선한 것이다. 마찬가지로 어떤 것이 다른 것(예컨대, 어떤 다른 존재나 같은 존재의 삶에 있어서 다른 계기)에 미치는 유용함과 상관없이 그 자체로 본성상 악한 것이라면 "본래적으로" 악한 것이다. 그러므로 어떤 것이 자기 외에 본래적으로 선한 것을 파괴하는 것이라면 그 어떤 것은 도구적으로 악한 것이다.

어떤 것에 대한 도구적 선 혹은 도구적 악이란 분명 상대적인 문제이다. 존스는 어떤 사건을 도구적으로 선한 것이라 인식하지만, 스미스는 똑같은 사건을 도구적으로 악한 것이라 여길 수 있다. 테니스 선수는 비가 오는 것을 원망할 수 있지만, 농부는 비가 오는 것에 감사한다. 이러한 상대성은 예컨대 "누군가의 복이 다른 사람에게는 해가 된다."라는 격언 속에서 잘 표현된다.

이러한 도구적 가치의 상대성 때문에, "자명한 악"은 순수 악으로 여겨질 수 있는 악과 표면적 악으로 나누어진다. 이 같은 구분은 본래적으로 "자명한 악"과 도구적적으로 "자명한 악" 둘 다에 적용된다. 죄와 고통과 같이 얼핏 보기에 본래적으로 악하다고 여겨지는 어떤 사건들이 "결국은" 사실 선한 것으로 여겨질 수도 있다. 예컨대, 한 젊은 여인이 경험한 고통이 그녀로 하여금 아픔을 당하는 다른 사람들에 대해 더 깊은 사랑을 가지게 하였다면, 모든 것을 고려해 볼 때, 그녀의 고통에 대한 경험은 좋은 것이었다고 판명될 수 있다. 만일 어떤 사람이 자기가 저지른 죄를 통해 자신의 인간 본성에 대해 깊이 이해하게 되었다든지, 혹은 다른 사람을 향해 참아주고 용서를 하게 되었다든지, 혹은 응보적인 정의를 드러내는 기회를 갖게 되었다면, 이는 결국 그에게 좋은 보상을 가져온 것이 아니겠는가? 한편 어떤 사람이 다른 사람에게 악을 끼치려 했던 것이 오히려 그 다른 사람에게 도구적으로 선한 것이 될 수도 있다.

또한 제약된 상황에서 도구적으로 악하다고 판명된 사건들이 보다 큰 상황에서는 도구적으로 선한 것으로 판명될 수도 있다. 홍수가 사람들의 휴가를 즐길 수 없도록 할 수 있지만, 사람들의 건강에 필요한 곡식을 위해서는 유익할 수도 있다. 그리고 휴가를 떠나지 않고 사람들이 집에 머물러 있으면 지구 자원의 고갈과 공기오염이 덜 할 수 있다. 약간의 자연재해는 사람들로 하여금 조심스럽게 하도록 해서 미래에 닥칠 큰 재앙을 예방할 수 있다. 그러므로 보다 큰 상황에서 보면 미미한 자연재해는 "위장된 축복"(blessing in disguise)으로 받아들여질 수도 있다.

본래적인 가치와 도구적인 가치의 구분 때문에, 그리고 도구적 가치가 갖는 상대성 때문에, 원칙상 우리는 모든 자명한 악(prima facie evil)의 예들을 표면적 악(only apparently evil)으로 이해하여야 한다. 그러므로 순수 악(genuine evil)의 경우는 존재하지 않는다. 이것이 유신론 옹호자들이 단순 논리의 전제 B나 확장된 논리의 전제 4나 5를 부정하고 있는 것처럼 보이는 이유이다. 다른 말로 하면, "도덕적으로 완전한 존재"(morally perfect being)의 의미에 대해서는 반론이 제기되지 않는다. 예컨대, 모든 사람들은 도덕적으로 완전한 존재는 모든 순수 악이 일어나지 않을 것을 원할 것이라 생각한다. 그러므로 악의 문제에 대한 논리에 "순수한"이라는 말의 사용은 논의의 혼란을 피할 수 있게 한다.

악의 의미에 담지된 이러한 모호함을 일단 명쾌하게 해결하고 나면, 유대 혹은 기독교 예배 공동체에 적합한 해법을 신학자들이 원할 경우, 하느님의 도덕적 완전성을 다룬 전제 4와 5를 거부해서는 악의 문제를 해결할 수 없다고 생각한다. 말하자면 신학자들이 하느님의 도덕적 완전성을 배제하거나 논리 6을 거부할 경우 따라오게 될 논리적인 합리성의 규범을 배제할 경우 기독교나 유대교의 예배 공동체에 적합한 해법을 기대할 수 없다. 또한 유대 기독교 전통의 신학자들이 일반적으로 해왔던 대로 순수 악의 실재(전제 7)를 거부하는 것은 기독교나 유대 신앙과 맞지 않고 타당하지도 않다고 생각한다. 이 점에 대해 나는 II부에서 자세히 다루어볼 것이다. 결국 나에게는 전제 2와 3이 받아들일 수 없는 가능성들로 남게 된다. 때문에 나는 이 책의 III부 내용의 대부분을 전제 2나 3을 거부해보는 논증을 시도하는데 할애할 것이다. (여기서 거부는 "전능"을 재정의 할 것인지 아니면 전능을 전통적인 의미에서만 사용할 것인지의 결정에 달려있다.)

이 점에서 악의 문제에 대한 확장 논리의 또 다른 새로운 요인인 전제 3과 5의 "현실세계를 일으킨다."라는 표현에 대해 생각해 볼 필요가 있다. 여기서 "현실세계를 일으킨다."라는 표현은 두 가지 가능한 모호성을 극복하도록 한다. 첫째, 이 표현은 현실세계와 이상적인 혹은 상상의 세계라는 현실세계와 대비되는 또 다른 세계와의 구분을 암시한다. 이 표현은 두 세계 사이의 결정적인 차이가 무엇인지의 문제를 생각하게 한다. 예상컨대 나는 현실성으로서 현실성의 본질에 대한 형이상학적 질문이 악의 문제에 대한 논의에서 가장 중대한 실패라고 생각하며 그 결과 만족스런 해결에 이르기는커녕 가장 치명적인 실패로 귀착되었다고 생각한다.

둘째, "순수 악이 존재하지 않는 현실세계를 일으킨다."라는 표현은 악의 문제에 대한 논리에서 "모든 악을 예방하는" 것에 대해서만 이야기하고 있는 단순 논리의 전제 A와 B 보다 논리를 더 분명하게 하고 있다는 것이다. 왜냐하면 하느님은 현실세계의 존재를 완전히 피할 수 있다고 주장하기 때문이다. 따라서 하느님은 세계를 창조하지 않을 때에만 모든 악을 피할 수 있었다. 그리고 이러한 빛에서 또 전제 B의 선에 대한 전적인 부정적 기준의 빛에서, 우리는 하느님이 세계를 창조하는 것을 원치 않을 수 있다는 결론을 내릴 수 있다. 왜냐하면 도덕적 선의 본질이 악의 예방이라면, 악을 예방하는 가장 쉬운 길은 악이 일어날 수 있는 상황을 허락하지 않는 것이기 때문이다. 그러나 이러한 사유방식은 대부분의 유신론 비판자들의 생생한 불평, 예컨대 "선한 세계의 창조가 좋은 것이라 한다면, 왜 하느님은 그토록 나쁜 세계를 창조하셨는가?"라는 불평을 불식시킨다. 따라서 전제 3은 전능한 존재가 현실세계를 만들 때 모든 순수 악을 예방할 수 있는 지에 대한 질문을 드러냄으로써 전능에 대한 질문을 적절히 구체화한다. 그리고 전제 5는 악을 예방하려는 욕망인 도덕적 완전성의 부정적인 기준을 현실세계를 창조하는 긍정적인 활동의 범주 안에 위치시킨다. (더욱이 일단 "순수 악"이 정의되면, 순수 악을 예방하려는 욕망의 기준은 형식에서는 부정적이지만 내용에서는 아주 긍정적인 의미를 갖는 것으로 나타날 것이다.)

확장된 논리에서 하나의 궁극적인 새로운 요인 예컨대, 전제 3에 "일방적으로"(unilaterally)라는 말을 삽입시키는 것에 대해 이 시점에서 언급할 필요가 있다. "일방적으로"라는 말을 삽입함으로써 악의 문제에 대한 단순 논리의 전제 A에서 의도했던 바를 분명히 한다. 왜냐하면 "~ 할 수 있었다."(could)라는 말의 의미가 운이 좋은 경우 하느님이 현실세계 내에서 모든 악을 예방할 수 있었다는 의미라면, 논의는 타당성을 상실하기 때문이다. 왜냐하면 이 경우 이 세계 내에 악이 존재한다는 사실은 (하느님의 도덕적 완전성을 내포하고 있는) 하느님의 전능을 논박하는 것이 아니라 하느님에게 운이 따르지 않았음을 의미할 것이기 때문이다. 하느님이 원하셨다면 모든 순수 악을 일방적으로 예방할 수 있었다고 의미할 때만 그 주장은 타당한 것이다. 그러므로 어떤 면에서 "일방적으로"라는 말의 삽입은 언제나 암묵적이었던 내용을 명시적이게 한다. 그러나 "일방적으로"라는 말을 삽입하는 것은 논의 속에 내포된 하느님의 힘과 세상의 힘에 대한 전제에 주목하도록 한다. 이에 대한 논의는 17장에서 중심 주제로 다룰 것이다.

II부에서 나는 전통적인 유신론자들이 악의 문제에 대해 시도한 해법과 이들 해법들이 왜 부적절한지 그 이유를 분명히 하기 위해 8단계로 전개한 논리를 다시금 살펴볼 것이다. III부에서는 내가 생각하기에 보다 적절하다고 여겨지는 해법을 제시해 볼 것이다. 그러나 우선 I부에서 우리가 악의 문제라 부르는 여러 영역을 설명하는데 가치화들의 역사적 정황을 제공했던 그리스와 성서 전통들을 여러 차원에서 다뤄볼 것이다.

그러나 우리가 이러한 역사적 연구를 시작하기에 앞서, 이 책이 쓰여진 관점에 대해 좀 더 언급하는 것이 필요하다고 생각한다. 서문에서 나는 이 책이 주로 화이트헤드와 하트숀의 정신이 담긴 과정 철학과 과정신학의 관점에서 쓰여졌다고 말한 바 있다. 그러나 사람들은 내가 이 책을 신학자로서 전개하는 것인지 아니면 철학자로서 전개하는지 질문할 수가 있다. 예컨대 나는 특정한 신앙고백에 기초하여 이 책을 쓰고 있는가? 아니면, 특정 신앙 공동체에서 파생된 개념과 평가가 나의 접근과 결론과는 무관하게 이 책을 쓰고자 하는 것인가?

이전에 썼던 책에서 나는 신학과 형이상학적 철학 사이를 선택하는 이것이냐 저

것이냐(either-or)의 태도를 거부한다고 하였다.[1] 한편 모든 형이상학적 철학은 실재에 대한 어떤 합리 이전의 시각을 전제한다. 이것을 다른 방식으로 논증하면 하나의 신앙의 관점으로 기능하게 된다. 다른 한편 신학자가 출발로 삼는 신앙의 관점을 형식상 철학자의 관점과 다르지 않은 것으로 이해하는 것이 가능하고 타당하다. 또한 이러한 신앙의 관점은 신학자들 자신의 삶을 드린(committed) 그래서 정당한 증거도 없이 무조건 그것을 주장하려 하는 어떤 것이 아니라, 신학자들이 확신하는(convinced) 어떤 것이라고 이해하는 것도 가능하고 타당하다. 이 경우, 신학자들은 그 확신하는 것이 모든 경우에 적용될 수 있는 가장 일관성 있고, 적절하며, 실재에 대해 설명할 수 있는 근거라고 생각하기 때문에 이를 주장하는 것이다. 따라서 신학자의 신앙적 관점의 본질, 그것을 주장하는 방식과 이유가 신학자의 접근과 철학자의 접근을 본질상 다르지 않게 한다. 실로 철학적 접근과 신학적 접근을 이해하는 이러한 방식은 이 둘 사이의 본질의 차이보다는 자기-이해의 정도 차이만을 낳을 뿐이다. 예컨대, 신학자들은 특정 신앙 공동체로부터 물려받은 실재관을 설명하고 주장하는 자들로 스스로를 이해하는 반면, 철학자들은 스스로를 신학자들이 이해하는 방식으로 이해하지 않는다. (이러한 형식적인 자기-이해의 차이는 전혀 다른 관심을 불러올 수 있다. 왜냐하면 신학자들은 자신들이 속한 공동체의 실존에 결정적인 것으로 여겨지는 사건들을 주로 주목하는 경향이 있기 때문이다. 철학자들과 신학자들은 정도에 있어서도 차이가 있다. 신학자들은 주로 궁극적 관심, 예컨대 신성과 삶 특별히 인간의 삶의 기원과 의미와 운명에 대한 질문들과 직접 관련된 제 문제들에 초점을 맞추는 경향이 있는 반면, 철학자들은 보다 일반적인 범위로 관심을 넓혀 가는 경향이 있다. 그러나 이는 정도의 문제일 뿐이다. 그럼에도 철학자들과 신학자들이 관심하는 주체적 문제들은 여전히 많은 공통된 영역을 갖고 있다.)

이러한 공통된 영역을 전통적으로는 "자연신학"(natural theology)이라 일컬어 왔다. 이것이 "신학"이라 일컬어지는 것은 분명 신학자의 주체적 문제를 구성하는 궁극적 관심에 대한 질문들을 다루기 때문이다. 그러나 이는 또한 "철학"의 일부로 여겨진다. 왜냐하면 이는 필경 "자연" 이성, 예컨대 신앙 공동체의 관점에 의해 영

1) David. R. Griffin, 『과정 기독론』 *A Process Christology* (The Westminster Press, 1973), 138-140, 151-166.

향 받지 않는 이성의 관점에서 접근되어지기 때문이며, 반면 신앙 공동체는 "계시"에 의해 파생되는 것으로 일컬어지기 때문이다. 그러나 철학자들이 분명하게 인식하지 못한다 하더라도, 모든 구성적 철학이 실상은 이러한 신앙의 관점을 전제한다. 때문에 자연 이성에 기초한 신학과 "계시" 신앙에 기초한 신학 사이의 구별이 없어진다. 따라서 자연신학과 신학에 기초된 여러 신학이 존재하기보다, 실재를 조망하면서 단지 다양한 실재 이해 혹은 신앙 관점들에 기초한 여러 신학들이 존재할 뿐이다. 그러므로 동일한 문제들을 다양한 실재의 빛에서 접근하는 여타 철학과 구분하기 위해, 우리는 단지 "철학"에 대해 말하기보다 "철학"이라는 말 앞에 어떤 접두사를 붙이는 것이 필요하다. 마찬가지로, "자연신학"이라는 용어가 궁극적 관심의 문제를 직접 다루는 철학의 단면을 주장하는 것이라면, 이와 유사한 접두사를 사용할 필요가 있다.

이 점에서 이 책에서 악의 문제를 다루는 방식은 "기독교 철학" 혹은 "기독교 자연신학"의 한 범례를 염두에 두고 있다. 나는 이 책에서 "철학" 혹은 "자연신학"을 구성적인 입장으로 받아들인다. 왜냐하면 자연신학이 상이한 관점들을 대결시키기보다 철학적 탁월함의 범주들, 예컨대 자기-일관성, 경험의 사실들에 대한 적합성, 그리고 뜻을 분명히 밝히는 힘을 만족시켜주기 때문이다. 나는 악의 문제를 다룸에 있어서 기독교적 배경을 전제한다. 하느님, 세계, 자유와 같은 악의 문제에 대한 중심 요인들이 결정적으로 기독교 신앙 공동체에 의해 영향을 받았다고 생각하기 때문이다. 예컨대, 나는 앞서 하느님이 세계 내에서 완전하게 힘을 발휘한다는 개념을 거부한다든지 하느님의 도덕적 완전을 거부하는 방식으로 악의 문제를 해결하려는 어떤 시도도 적절하다고 생각할 수 없음을 지적하였다. 따라서 나는 악의 문제의 해법을 위해서는 기독교 "계시"에 의존해야 한다고 생각한다. 예컨대, 나는 악의 문제에 대한 해법은 하느님의 본성이 나사렛 예수 안에서 가장 잘 나타났다고 보는 공식적인 기독교 신앙의 주장과 조화를 이루어야 한다고 주장한다. 간단히 말하면, 나는 내 입장을 지지하기 위해 계시에 의존하지는 않는다. 왜냐하면 이는 철학적 논증의 본질과 위배되기 때문이다. 계시에 대한 논의는 우리가 하느님의 본성에 대한 개념을 추론할 수 있는 자리로서 오히려 여기서 내가 주장하는 입장과 기독교 신앙의 기본적인 공식적 주장과의 일치를 논증하기 위해서이다. 이러한 논증은 당연히 제시된 입장이 가능한 신앙 공동체의 경건에 진실일 뿐 아니라 적합하다는 점을 보여주어야 한다. 여기서 하느님에 대한 신앙 공동체의 개념들은 먼저 서양 사상에서 악의 이론적인 문제를 구성하는 데 근본적인 책임을 갖고 있었다.

악의 유형들, 정의들 그리고 범례들

위의 논의에 속하지는 않았지만 악의 문제에 적합한 또 다른 구분은 "자연 악(natural evil)"과 "도덕 악(moral evil)" 사이의 구분이다. 자연 악과 도덕 악은 이제껏 널리 사용한 용어들이다. 그럼에도 이들 용어의 사용은 학자에 따라 다른 의미로 사용하였다. 예컨대 존 힉(John Hick)과 같은 학자들은 그 구분을 작인(agent)의 유형에 기초하여 사용하였다. 그러므로 "도덕 악"이란 합리적인 자유의 잘못된 사용에서 비롯된 모든 악을 지칭한다. 따라서 "도덕 악"이란 악한 의도(evil intentions)를 뜻할 뿐 아니라, 이러한 악한 의도가 가져온 모든 나쁜 결과를 뜻한다. 그러므로 인간의 활동 때문에 일어나는 모든 고통을 도덕 악이라 분류한다. 반면, "자연 악"이란 비도덕적인 작인에 기초한 모든 악을 지칭하기 위해 사용한다. 이러한 분류를 따르는 학자들은 대체로 어느 정도 자기-결정의 자유를 가진 피조물들과 그렇지 못한 피조물들 사이의 절대적인 차이를 주장하는 이원론자들이다. 다른 학자들은 의도된 악과 경험한 악을 구별한다. 따라서 "도덕 악"은 악한 의도 그 자체를 위해 사용될 뿐, 그 의도가 가져오는 나쁜 결과를 위해서는 사용되지 않는다. 이 경우 "죄"란 용어는 도덕 악과 동의어로 사용된다. 그러나 "자연 악"이라는 말은 고통을 유발하는 작인과 상관없는 모든 형태의 악을 지칭하기 위해 사용한다. 이러한 맥락으로 구분하는 학자들은 "자연 악"이라는 용어보다 "물리적(physical) 악"이라는 용어를 즐겨 사용한다. 나는 아우구스티누스와 힉의 논의에서와 같이 특별히 언급하는 경우가 아니면, 자연 악이라는 용어보다 물리적 악이라는 용어를 선호해서 사용할 것이다.

이 점에서 나는 여러 철학자들과 신학자들이 제시한 악에 대한 물질적인 정의를 다루지 않고 있음을 밝히는 것이 좋겠다. 예컨대, 나는 악을 "존재의 결핍"으로 정의하는 아우구스티누스의 신정론을 완전하다고 생각하지 않는다. 아우구스티누스의 정의는 몇몇 주제를 논하는 데 중요한 요인이 될 것이다. 그러나 악의 문제에 대한 논리적인 진술에 있어서 중요한 것은 저들이 어떻게 악을 정의하든, 우주 안에 순수 악이 존재한다고 믿는가이다. 예컨대, 어떤 신학자가 악이란 존재의 결핍이라고 주장하면서 이러한 결핍의 경우가 일어났다고 생각한다면, 결국 이러한 경우가 일어나지 않았더라면 우주가 더 좋은 세상이었을 것이라고 생각하느냐라는 질문이 중요하게 된다. 만일 그렇게 생각하지 않는다면, 그는 순수 악이 존재하는 것을 부인하게 되어 그에게 악의 문제는 존재하지 않게 된다. 그러나 순수 악이 존재한다고 생각할 때, 악이 적극적인 어떤 것으로 정의되든가 아니면 그저 결핍으로 정의되든가 하는 문제는 왜 하느님이 그것이 없었다면 더 좋았을 그 악을 허용하셨는가라는 형식적 질문에 부적절한 것이 된다. (그러나 7장에서 나는 이처럼 결핍으로 악을 정의하는 것이 악의 형식적인 문제에 적합하다는 자크 마리탱 Jacques Maritain의 주장을 간략히 살펴볼 것이다.)

나는 순수 악이라 생각하는 것들에 대해 더 이상 설명하지 않을 것이다. 독자나 내가 어떤 것이 순수 악이라고 상호 동의할 필요는 없다. 여기서 순수 악의 정의에 대해서는, 스스로 가치 판단을 했을 경우 우리 모두가 그것이 없었더라면 세상이 더 좋았을 어떤 것이라고 생각하는 것이 필요하다. 물론 이런 의미에서 순수 악이 일어났다는 것을 증명할 수는 없다. 그러나 나 또한 순수 악을 증명할 필요가 없다고 생각한다. 순수 악이란 우리가 말로 주장할 수 있는 것임에도 불구하고, 우리 모두가 우리의 삶을 그 관점에서 살아가는 기본적인 가설들 중의 하나이다.

제 I 부

성서와 그리스 전통에서의 악의 문제

제1장 성서 전통

이론적이고 실제적인 영역에서 성서는 서양에서 하느님과 악 개념에 지배적인 영향을 미쳐왔다. 그러나 성서의 증언은 아주 모호하다. 하느님에 대항해 피조물의 자유를 옹호하는 사람들뿐 아니라 절대적인 하느님의 결정론을 옹호하는 사람들도 성서를 인용할 수 있다. 이들이 인용하는 성서 구절은 무수히 많다.[1] 여기서 나는 몇 구절만 살펴볼 것인 바, 이 구절들 중 대부분은 뒤에 나오는 논의에서 주로 다루어질 것이다.

만일 우리가 하느님은 전능하시며 실제로 만물을 지배하는지에 대한 질문을 직접 다루는 구절들을 세어 본다면, 긍정적인 답을 담은 구절들이 상당히 많음을 발견하게 될 것이다. 창세기 18장 14절은 수사학적으로 질문한다. "나 주가 할 수 없는 일이 있느냐?"(역주 : 모든 성서번역은 표준 새번역을 따랐다.) 욥은 욥기 42장 2절에서 선언한다. "주께서는 못하시는 일이 없으시다는 것을, 이제 저는 알았습니다. 주님의 계획은 어김없이 이루어진다는 것도, 저는 깨달았습니다." 이러한 긍정적인 대답은 신약에서도 계속된다. "하느님께는 불가능한 일이 없다"(눅 1: 37). "사람은 이 일을 할 수 없으나, 하느님은 무슨 일이나 다 하실 수 있다"(마 19: 26).

성서는 종종 하느님이 모든 일을 다 하실 수 있는 힘을 가지고 있을 뿐 아니라, 실제로 일어나는 모든 일을 지금 행하고 계신다고 증언한다. 예컨대, 야고보서 1장 17절은 "온갖 좋은 선물과 모든 완전한 은사는 위로부터 내려오는 것인데, 곧 빛을

1) 대부분의 경우 나는 현대 성서 해석의 원리를 생각하지 않고 상황에 따라 구절들을 인용할 것이다. 이 장에서 나는 전통적인 신정론을 위한 근거로서 사용되는 성서 자료를 주로 고려해 볼 것이다. 신정론이 형성되는 시기에 신정론과 직접적인 관련을 갖고 있었던 성서 본문들은 대부분 권위가 있고, 하느님의 영감을 가진 말씀으로 받아들여졌다.

지으신 아버지로부터 내려오는 것입니다."라고 증언한다. 인간이 지닌 자유를 행사함으로써 인간이 자신의 구원에 뭔가를 공헌한다고 믿는 "신-인 협력설"을 지지하는 자들에 반대하여 바울은 다음과 같이 선언한다. "누가 여러분 한 사람 한 사람을 별다르게 보아 줍니까? 여러분 각자가 가지고 있는 것 가운데서, 하느님께로부터 받지 않은 것이 무엇이 있습니까? 모두가 받는 것인데, 왜 받지 않은 것처럼 자랑합니까?"(고전 4: 7).

하느님이 모든 것을 한다는 의미는 (적어도 우리의 생각에는) 선한 것뿐 아니라 악한 것까지도 하느님께 그 원인이 있다는 말이다. 여러 성서 구절들이 이를 잘 증언해 주고 있다. 사무엘상 16: 14-23에 보면 하느님은 사울을 괴롭히기 위해 악한 영을 보냈다. 아모스서 3장 6절은 수사학적으로 질문한다. "어느 성읍에 재앙이 덮치면, 그것은 주께서 하시는 일이 아니겠느냐?" 애가서 3장 38절은 "궂은 일도, 좋은 일도, 가장 높으신 주께서 말씀하셔서 일어나는 것이 아니냐?"라고 반문한다. 또한 욥은 "우리가 누리는 복도 하느님께로부터 받았는데, 어찌 재앙이라고 해서 못 받는다 하겠소?"(욥 2: 10)라고 대답한다. 이사야서 45장 7절에서는 하느님이 "나는 빛도 만들고 어둠도 창조하며, 평안도 주고 재앙도 일으킨다. 나 주가 이 모든 일을 한다."라고 말씀한다. 위에 표현된 내용을 통해 가능한 하나의 추론은, 하느님이 땅의 통치자들을 지명하신다는 점이다. "내 도움으로 왕들이 통치하며, 고관들도 올바른 판결을 내린다. 나는, 나를 사랑하는 사람을 사랑하여 주며, 나를 간절히 찾는 사람을 만나 준다"(잠 8: 1-16. 참조. 단 2: 21; 호 13: 11). 바울은 하느님이 모든 것을 하신다는 교리의 정치적 의미를 아주 운명적인 어조로 표현한다. "사람은 누구나 위에 있는 권세에 복종해야 합니다. 모든 권세는 하느님께로부터 온 것이며 이미 있는 권세들도 하느님이 세워주신 것이기 때문입니다. 그러므로 권세를 거역하는 사람은 하느님의 명을 거역하는 것이요, 거역하는 사람은 심판을 받게 될 것입니다"(롬 13: 1-2).

하느님이 악의 원인이라고 표현하는 구절들을 죄에 대한 벌로써 하느님이 고통을 준다는 의미로 해석할 수 있다. 그러나 인간이 하느님에게 불순종하는 이유는 하느님이 인간을 눈멀게 하셨고 인간의 마음을 강퍅하게 했기 때문이라는 성서의 또 다른 흐름이 있다. 예컨대, 여호수아서 11장 20절은 이스라엘의 원수들에 대해 다음과 같이 말하고 있다. “여호수아가 이들 원주민을 조금도 불쌍하게 여기지 않고 전멸시켜서 희생 제물로 바친 까닭은, 주께서 그 원주민들이 고집을 부리게 하시고, 이스라엘에 대항하여 싸우다가 망하도록 하셨기 때문이다. 그래서 여호수아는, 주께서 모세에게 명령하신 대로, 그들을 전멸시킨 것이다.” 이사야서는 주의 음성을 들은 것에 대해 보도하고 있다. “너는 가서 이 백성에게 ‘너희가 듣기는 늘 들어라. 그러나 깨닫지는 못한다. 너희가 보기는 늘 보아라. 그러나 알지는 못한다.’ 하고 일러라. 너는 이 백성의 마음을 둔하게 하여라. 그 귀가 막히고, 그 눈이 감기게 하여라. 그리하여 그들이 볼 수 없고, 들을 수 없고 또 마음으로 깨달을 수 없게 하여라. 그들이 보고 듣고 깨달았다가는 내게로 돌이켜서 고침을 받게 될까 걱정이다”(사 6: 9-10). 이 말씀은 승인을 얻어 신약성서에 인용되고 있다(행 28: 26-27). 그리고 예수께서 비유로 말씀하시는 이유를 설명하기 위해 인용하고 있다. “너희에게는 하느님 나라의 비밀을 맡겨 주셨다. 그러나 저 바깥사람들에게는 모든 것이 수수께끼로 들린다. 그것은 ‘그들이 보기는 보아도 알지 못하고, 듣기는 들어도 깨닫지 못하게 하셔서, 그들이 돌이켜 용서를 받지 못하게 하시려는 것이다’”(막 4: 11-12). 이 내용에 대한 가장 강력한 표현은 출애굽 사건에서 하느님이 모세에게 하신 말씀을 바울이 인용한 로마서 9장 15절에 나타난다. “내가 긍휼히 여길 사람을 긍휼히 여기고, 불쌍히 여길 사람을 불쌍히 여기겠다”(출 33: 19). 바울은 하느님의 자유로운 주권의 영역 안에 마음을 강퍅하게 하는 요인을 포함시킨다. “그러므로 하느님은 긍휼히 여기시고자 하는 사람을 긍휼히 여기시고, 완악하게 하시고자 하는 사람을 완악하게 하십니다”(롬 9: 18). 더욱이 바울은 인간 협력의 의미를 각하한다. “그러므로 그것은 사람의 의지나 노력에 달려 있는 것이 아니라, 하느님의 자비에 달려 있습니다”(롬 9: 16).

또한 선하고 악한 행실이 하느님이 예정했기 때문이라고 암시하는 구절들이 여럿 있다. 사도행전 2장 23절에 보면, 예수께서 십자가에 달려 버린바 된 것은 “하느님이 정하신 계획을 따라 미리 알고 계획하신 대로 된” 일이라고 말하고 있다. 사도행전 4: 25-28절은 예수를 대적하여 저가 십자가를 지도록 했던 헤롯과 빌라도와 여러 사람들의 행동은 하느님의 권능과 뜻으로 미리 정하여 두신 일들을 행한 것이었다고 진술하고 있다. 바울은 로마서 8: 29-30에서 다음과 같이 진술한다. “하느님은 미리 아신 사람들을 택하셔서, 당신의 아들의 형상과 같은 모습이 되도록 미리 정하셨으니, 이것은 그 아들이 대가족 안에서 맏아들이 되게 하시려는 것입니다. 그리하여 하느님은 이미 정하신 사람들을 부르시고, 또한 부르신 사람들을 의롭게 하시고, 의롭게 하신 사람들을 또한 영화롭게 하셨습니다." 바울은 "멸망 받게 되어 있는 진노의 그릇"과 "영광을 받도록 미리 준비하신 자비의 그릇들"을 비교한다(롬 9: 22-23).

이러한 성서 구절들에 기초해 본다면, 하느님이 어떻게 정의로운 분으로 여겨질 수 있을까? 인과율에 기초한 교리는 선한 사람들은 번성할 것이고, 악한 사람들은 고통을 당하게 될 것이라고 가르친다. 신명기 30: 15-20절에서 모세는 만일 이스라엘 사람들이 주의 길을 걸으면, 이 땅에서 장수하며 수가 많아지고 축복을 받게 될 것이지만, 하느님께 불순종하는 사람들은 저주를 받아 멸망하게 될 것이라고 말한다. 하느님이 의로운 자들을 축복하시고, 악한 자들을 벌하신다는 주제가 구약에 강하게 나타난다. 따라서 고통이란 악에 대한 징벌인 것이다(참조. 시 5: 5-6, 12; 9: 5; 애 1: 8). 집단주의적 의미가 강하게 존재하였을 때에는 이러한 인과율에 기초한 교리가 유지될 수 있었다. 그래서 상대적으로 의로운 사람들이 당한 고통을 조상들의 죄 때문에 그 벌을 짊어지고 가는 것으로 이해할 수 있었다(애 5: 7). 그러나 개인주의가 팽배해지면서, 의로운 하느님은 각 사람의 공적에 따라 상을 주시고 또한 벌을 주시는 것처럼 비쳐졌다. 에스겔은 이르기를, "주께서 나에게 말씀하셨다. '너희가 어찌하여 이스라엘 땅에서 아직도 아버지가 신 포도를 먹으면, 아들의 이가 시다' 하는 속담을 입에 담고 있느냐? 나 주 하느님의 말씀이다. 내가 나의 삶을 두고 맹세한다. 너희 가운데서 어느 누구도 다시는 이스라엘에서 이런 속담을 입에 담지 못할 것이다. 모든 영혼은 나의 것이다. 아버지의 영혼이나 아들의 영혼이 똑같이 나의 것이니, 범죄 하는 그 영혼이 죽을 것이다"(겔 18: 1-4; 참조. 렘 31: 29-30). 이처럼 보다 개인주의적인 정황에서, 악한 사람이 번창한다는 사실은 종종 하느님의 공정성을 묻는 문제가 되었다. 욥기서는 의로운 자가 이 땅에서 번성한다는 신명기법의 관점을 극적으로 반대하고 있다. 전도서 기자는 "악한 사람이 받아야 할 벌을 의인이 받는가 하면, 의인이 받아야 할 보상을 악인이 받는다."는 사실에 주목한다(전 8: 14). 또한 "의인이나 악인이나, 착한 사람이나 나쁜 사람이나, 깨끗한 사람이나 더러운 사람이나 다 같은 운명을 타고 났다."(전 9: 2)고 인정한다. 신약에서도 의로운 자가 이 땅에서 번성한다는 입장을 계속 반박한다. 예수는 하느님은 "악한 사람에게나 선한 사람에게나, 똑같이 해를 떠오르게 하시고, 의로운 사람에게나 불의한 사람에게나, 똑같이 비를 내려 주신다."(마 5: 45)고 하였다. 몇몇 갈릴리 사람들이 변을 당했다는 사실을 아시고 예수께서 대답하셨다. "너희는 이 갈릴리 사람들이 이런 변을 당했다고 해서, 다른 모든 갈릴리 사람보다 더 큰 죄인이라고 생각하느냐? 그렇지 않다"(눅 13: 1-3).

의로움은 이 땅에서 번성을 가져다주고 죄는 이 땅에서 고통을 가져다준다는 초기의 입장은 하느님의 존재 혹은 적어도 하느님의 섭리적 사랑에 의문을 갖게 한다. 악한 사람들이 가난한 사람들을 핍박하고 멸시하는 것을 다루는 시편 10편을 보자. 악한 사람은 "하느님이 어디에 있느냐?"고 말하고 있는 반면, 핍박과 멸시를 당한 가련한 사람들은 "하느님은 모든 것을 잊어버리고, 얼굴도 돌렸으니, 영원히 보지 않으실 것이다."라고 말한다. 전도서의 설교자는 하느님이 하시는 일을 이해하고자 노력한 후에 "그 뜻을 찾아보려고 아무리 애를 써도, 사람들은 그 뜻을 찾지 못한다."(전 8: 17)고 결론한다.

결국 하느님은 의로운 자에게 상을 주시고 악한 자에게 벌을 내리셔야 한다는 생각은 난관에 봉착하게 된다. 국가건 개인이건 이 세상의 삶에서 하느님이 의로운 자를 상주시고 악한 자를 벌한다는 인과응보 교리는 더 이상 우리의 경험에서 보증되지 않는다. 그러나 의미 있는 미래의 삶을 신앙하는 것은 하느님의 성의에 대한 기본적인 개념을 유지하게 한다. 보상과 벌은 죽음 이후에 이루어질 것이다. 이러한 반박할 수 없는 (미래의 삶을 신앙하는) 교리는 우리로 하여금 하느님의 힘과 정의에 대한 신앙과 착한 사람이 고통을 당하고 악한 사람이 번창하는 현실의 경험을 함께 받아들이도록 하였다.

그러나 또 다른 해법으로서 사람들이 선과 악을 행한 것은 하느님의 예정에 의한 것이라는 교리가 등장하게 되었다. (이 예정 교리에 대해 우리는 다음과 같이 질문할 수 있다.) 하느님이 선을 행하게 해서 선을 행한 이에게 상을 베풀고, 악을 행하게 함으로써 악을 행한 이에게 벌을 내리는 것이 정당한 것인가? 그러나 성서는 이러한 질문을 해서는 안 된다는 분위기를 전해주고 있다. 이사야서 45: 9-11절에서 우리는 반문하고 있는 하느님의 말씀을 만난다. "질그릇 가운데서도 작은 한 조각에 지나지 않으면서, 자기를 지은 이와 다투는 자에게는 화가 닥칠 것이다. 진흙이 토기장이에게 '너는 도대체 무엇을 만들고 있는 거냐?' 하고 말할 수 있겠으며, 네가 만든 것이 너에게 '그에게는 손이 있으나마나다!' 하고 말할 수 있겠느냐? … 내가 낳은 자녀를 두고, 너희가 나에게 감히 물으려느냐? 내가 한 일을 감히 명령하려느냐?" 마찬가지로 하느님은 폭풍 가운데 욥에게 대답하신다. "네가 누구이기에, 무지하고 헛된 말로 내 지혜를 의심하느냐? … 내가 땅의 기초를 놓을 때에, 네가 거기에 있기라도 하였느냐? 네가 그처럼 많이 알면, 내 물음에 대답해 보아라"(욥 38: 2, 4). 이후 더 많은 질문을 던지고 나서 하느님이 결론으로 말한다. "전능한 하느님과 다투는 욥아, 네가 나를 꾸짖을 셈이냐? 네가 나를 비난하니, 어디, 나에게 대답해 보아라"(욥 40: 2). 하느님이 말씀하고자 하는 중심 메시지 중 하나는 욥기 41: 11의 질문에 나온다. "누가 그(하느님)와 맞서서 무사하겠느냐? 하늘 아래 그럴 사람이 없다."(역주 : 이 구절은 책의 내용에 더 적절하게 번역된 공동번역판 성서를 인용하였다.) 바울은 같은 내용을 로마서에서 다루고 있다. 하느님이 "정한 자의 마음을 강퍅하게 했다."는 바울의 선언은 곧 "누구도 하느님의 뜻을 거역할 수 없다면 왜 하느님이 사람을 책망하는가?"(롬 9: 19)라는 질문을 하게 한다. 이 질문에 대해 바울은 다음과 같이 대답한다. "사람이 무엇이기에 하느님께 감히 말대답을 합니까? 만들어진 것이 만드신 분에게 '어찌하여 나를 이렇게 만들었습니까?' 하고 말할 수 있습니까? 토기장이에게는, 흙덩이 하나를 둘로 나누어서, 하나는 귀한 데 쓸 그릇을 만들고 하나는 천한 데 쓸 그릇을 만들을 권리가 있지 않습니까?"(롬 9: 20-21). 바울은 이 논의 속에 하느님의 예정을 주장하는 사람들이 반복해서 인용하는 말씀을 포함한다. "하느님의 부유하심은 어찌 그리 크십니까? 하느님의 지혜와 지식은 어찌 그리 깊고 깊으십니까? 그 어느 누가 하느님의 판단을 헤아려 알 수 있으며, 그 어느 누가 하느님의 길을 더듬어 찾아낼 수 있겠습니까?"(롬 11: 33). 로마서 11: 34-35절에서 바울은 이사야서와 욥기서의 내용을 인용해 아무도 하느님의 마음을 알지 못하며, 하느님은 누구에게도 빚진 것이 없다고 결론한다. (이 구절들을 살피건대 바울은 하느님의 계획이 완전히 불가사의한 것이라고 생각하지 않았고, 바울의 교리적 엄격성은 하느님이 모든 사람의 구원을 위해 몇몇 유대인의 마음을 강퍅하게 했다는 그의 생각에 의해서 약화된다[롬 11: 26, 32]. 그러나 후기 신학자들은 몇몇 사람들의 영원한 형벌을 예정하셨다는 하느님의 이중 예정 개념을 지지하기 위해 위의 개념들을 사용하였다.)

하느님이 미리 모든 것을 결정한다는 생각은 하느님은 변하지 않는다는 교리와 잘 조화가 된다. 하느님이 예상하지 않았던 일들이 세계에서 일어난다면, 하느님의 지식의 내용과 하느님의 감정이나 계획에 변화를 가져온 어떤 이유가 있을 것이다. 하느님은 모든 면에서 변화할 수 없다는 전통적인 유신론 교리를 지지하는 성서 구절들이 있다. 예컨대, 말라기서 3장 6절은 "나 주는 변하지 않는다."라고 선언하고 있고, 야고보서 1장 17절은 하느님께는, "변하는 것이나 움직이는 그림자가 없습니다."라고 선언하고 있다. 또한 출애굽기 3장 14절의 "나는 스스로 있는 나다."라고 하는 하느님의 선언은 하느님은 변하지 않는 존재를 의미하는 것으로 해석되어 왔다.

지금까지 나는 전통적인 유신론을 지지하기 위해 사용된 성서 자료를 살펴보았다. 그러나 성서에는 이 입장과 긴장관계에 있는 자료도 있다. 나는 불변성에 대한 질문으로 시작하려고 한다. 하느님의 불변성에 대한 교리는 성서적 지지 기반이 약하다. 대부분의 현대 주석가들은 출애굽기의 구절들은 하느님의 불변성 교리를 지지하지 않는다고 생각한다. 하느님의 불변성을 말하는 말라기서 3장 6절에 "이제 너희는 나에게로 돌아오너라. 나도 너희에게로 돌아가겠다."(말 3: 7)라는 말씀이 뒤따라온다. 이러한 권고의 말씀은 먼저 하느님이 모든 것을 결정하지 않는다는 것을 의미하며, 둘째는 세계 안에 있는 변화는 하느님 안의 변화를 수반함을 의미한다. 성서적 맥락에서 볼 때 하느님이 변하지 않는다는 말씀의 의미는 하느님이 약속하신 언약을 파기하지 않는다는 의미이다(참조. 말 2: 4). 말라기서에서 하느님은 이스라엘 백성으로 인해 기뻐하지 않는다고 말한다. 그 이유는 하느님이 세상을 향해 감정적인 반응을 하지 않기 때문이 아니다. 바로 이스라엘 사람들이 제단에 부패한 음식을 드리기 때문이다. 하느님과 세계가 서로 교류한다는 개념은 말라기서 3장 10절에 나오는 약속에 잘 나타나 있다 : "너희는 온전한 십일조를 창고에 들여 놓아, 내 집에 먹을거리가 넉넉하게 하여라. 이렇게 바치는 일로 나를 시험하여, 내가 하늘 문을 열고서, 너희가 쌓을 곳이 없도록 복을 붓지 않나 보아라." 야고보서는 하느님이 구하는 이에게 선물을 주시겠다고 말씀한다(약 1: 5; 4: 2-3; 5: 16). 또한 하느님은 우리를 시험하지 않는다(약 1: 13). 하느님은 악에게 시험을 받지도 않으시고, 또 스스로 아무도 시험하지도 않는다. 또한 야고보서는 시험을 견디어 내는 사람에게는 생명의 면류관을 하느님이 주실 것이라고 말한다.

이 말씀도 또한 하느님과 피조물사이의 참된 사귐이 있음을 암시한다. 야고보서 4장 8절에도 말라기서의 사상이 반복되어 나타난다. "하느님께로 가까이 가십시오. 그러면 하느님이 가까이 오실 것입니다." 그러나 야고보서가 하느님이 모든 것을 지배한다는 구절도 함께 담지하고 있다는 사실은 성서적 증언이 갖는 모호함을 재차 드러내준다. "도리어 여러분은 이렇게 말해야 할 것입니다. '주께서 원하시면, 우리가 살 것이고, 또 이런 일이나 저런 일을 할 것이다'"(약 4: 15).

성서에는 하느님의 불변성에 대한 구절보다 하느님의 예정하는 전능을 지지하는 구절들이 더 많이 나온다. 그러나 여기서도 그 증거가 모호하다. 예컨대, 토기장이와 진흙의 유비(analogy)를 사용하는 이사야서 같은 장에서 하느님의 말씀이 인용되고 있다: "땅 끝까지 흩어져 있는 사람들아! 모두 나에게 돌아와서 구원을 받아라"(사 45: 22). 이 구절의 말씀은 일단 피조된 토기들은 어느 정도의 자유가 있음을 의미한다. 마찬가지로 토기장이와 진흙의 유비를 사용하는 로마서에서 바울도 하느님께 순종하지 않는 사람들은 "핑계를 댈 수가 없다."(롬 1: 20)고 말한다. 더 나아가 바울은 다른 그리스도인들에게 권고한다. "그러니 교만한 마음을 품지 말고, 도리어 두려워하십시오"(롬 11: 20). 바울은 사람들이 하느님의 인자하심에 머물러 있으면 하느님의 인자하심이 그에게 머물러 있을 것이나, 믿지 않았던 탓으로 잘려 나갔던 가지들이 믿게 되면 그 가지들로 접붙임을 받게 될 것이다(롬 11: 22-23)라고 하였다. 이러한 권고는 하느님과의 관계에서 어느 정도 인간의 자유를 전제하고 있는 것처럼 보인다.

하느님이 모든 것을 결정하시고, 모든 것을 미리 아시고, 계획을 바꾸시는 법이 없으며, 감정을 바꾸지 않는다는 상관적인 개념은 많은 성서적 증언과 상당한 긴장관계에 있다. 특별히 전통적인 유신론자들이 받아들이기 어렵게 느끼는 한 구절은 창세기 6장 5절부터 7절까지이다. "주께서는, 사람의 죄악이 세상에 가득 차고, 마음에 생각하는 모든 계획이 언제나 악한 것뿐임을 보시고서, 땅 위에 사람 지으셨음을 후회하시며 마음 아파 하셨다. 주께서는 '내가 창조한 것이지만, 사람을 이 땅 위에서 쓸어버리겠다.' 하고 탄식하셨다."

하느님이 순수하게 세상과 교제하시고 감정적인 반응을 하신다는 내용과 사람들이 하느님과의 관계에서 자유하기 때문에 자신들의 행동에 책임이 있다는 내용이 담긴 성서 구절들을 우리는 무수히 뽑아볼 수 있다. 전통적인 유신론자들은 이러한 사실을 부인하지 않는다. 다만 하느님 안에 변화를 뜻하는 구절들은 은유적으로(metaphorically) 받아들여야 하며, 인간의 자유와 모든 사건에 대한 하느님의 결정은 신비적인 방식으로 조화를 이룬다고 주장한다. 그러므로 성서 전통에는 두 흐름이 있다. 하나는 전통적인 유신론을 지지하는 흐름과 또 다른 흐름은 얼핏 보기에 전통적인 유신론과 대립을 이루는 흐름이다. 이 점에 대해서는 반박의 여지가 없다. 문제는 이 두 흐름에 직면하여 성서적 전통의 "본질적인 메시지"를 재진술하려는 신학자라면 무엇을 해야 하는가이다. 어떤 이들은 이 두 흐름의 갈등을 화해시키지 않고 둘 다 다시 진술해야 한다고 주장한다. 이 책에서 부룬너(Brunner)와 파켄하임(Fackenheim)과 같은 신학자들의 입장이다. 그런가 하면 또 다른 신학자들은 이 두 흐름 중에 한 흐름이 다른 흐름에 종속적인 관계를 가져야 한다고 주장한다. 이 책 II부에 소개되는 대부분의 신학자들은 피조물의 자유를 옹호하는 입장을 하느님이 모든 것을 지배하는 힘을 가지고 있다는 입장 아래에 놓는다. III부에서는 분명한 피조물의 자유를 인정하는 상황에서 하느님의 힘을 이해하는 신정론을 소개할 것이다.

제2장 플라톤

성서적 증언은 하느님이 모든 것을 결정하신다는 문제와 관련하여 일관된 입장을 가지고 있지 않다. 그러나 플라톤은 아주 일관된 입장을 가지고 있다. 신학을 비신화화하는 플라톤은 하느님을 있는 그대로 표상하는 것을 목적으로 하는데, 이는 하느님은 악의 원인이 아니라 선의 원인이 됨을 진술하는 것이다. 이 진술은 하느님이 만물의 원인이 아니라는 점을 분명하게 의미한다. 플라톤의 간명한 선언을 들어보자.

> 사람들이 주장하는 것처럼, 하느님이 선하다면 만물의 창조자가 아니며, 인간에게 일어나는 사태 대부분의 원인도 아니고, 다만 몇 가지 사건의 원인이 될 뿐이다. 왜냐하면 인간의 삶에서 선한 것이란 그렇게 많지 않으며 악한 것은 다양하게 나타나기 때문이다. 그리고 선은 하느님에게만 돌려져야 하기 때문이다. 악의 원인은 도처에서 찾아져야지 하느님에게서 찾아져서는 안 된다. (『국가』 Republic II. 379)[1]

다른 곳에서 플라톤은 순수 악을 개인이 겪는 고통으로 동일시하기보다는 전체의 선으로 사유함으로써 덜 인간중심적인 신정론을 전개한다(Laws X). 그러나 플라톤은 이 세상이 "피조물 가운데 가장 아름다운 세상"(『티마이우스』, 박종현 옮김, 서광사, Timaeus 29)이라 해도 이 세상에는 여전히 실재 악(real evil)이 존재하며, 하느님은 이 세상에 존재하는 악의 원인이 아니라는 점을 일관성 있게 주장한다.

1) 플라톤에 대한 모든 영어 번역은 벤자민 조웻(Benjamin Jowett)의 번역을 따르고 있다. 『국가』, 박종현 역주(서광사), 172.

플라톤이 이를 주장하는 것은 하느님 외에 순수 힘을 가진 다른 존재들이 실재 안에 존재하기 때문이다. 예컨대, 영혼들이 있다. 이 영혼들은 하느님이 창조하였다. 그러나 한번 창조되고 나면, 이들은 활동을 시작할 수 있는 힘을 갖는다. 이들은 스스로 움직이는 동자(self-moving movers)들이다. 그리고 이들이 바로 악의 근거가 된다(Laws X). 티마이우스(Timaeus, 39c-42)와 에르(Er)의 신화(Republic X. 614-621)에서 플라톤은 우리가 우리의 삶에 책임이 있다고 주장한다. 전체적인 계획이 우리의 삶이 시작되기 전 만들어졌음에도 불구하고, 우리의 성품이나 인품은 개인의 선택에 의해서 결정된다(Laws X. 904; Republic X 618). 그리고 "하느님이 정당화"되는 신정론적 주장을 강조한다(Republic X. 617; 참조. Timaeus 42).

보다 이전의 자료에서 플라톤은 하느님이 "가능한 한"(Timaeus 46) 선한 세상을 창조하기 원했지만 온전한 세상은 아니었다는 사실을 주장하고 있다. 사실 하느님의 세계 창조는 무로부터 실제적인 세계를 끌어내는 것이 아니라, 불규칙적이면서 무질서한 방식으로 움직이고 있는 영역, 곧 혼돈으로부터 질서 있는 우주를 창조하는 것이다(Timaeus, 30). 이 혼돈의 영역은 플라톤이 "필연" 혹은 "불규칙한 원인(errant cause)"이라고 명명하는 원인 유형들 중 하나를 세계 내에 작용하게 한다(Timaeus, 46-48, 68-69). 그러므로 영혼의 창조는 별문제로 하더라도, 우주 안에서조차 하느님의 힘이 절대적이지 않다. 하느님은 실재에 있어서 유일한 힘이 아니다. 세계 창조는 필연에 대한 설득의 승리를 의미한다(Timaeus, 47-48). 창조란 본래 세계의 세세한 영역까지 완전히 결정해 버린 것이 아니다. 세계 창조가 이루어진 방식을 서술하려면 또한 "불규칙한 원인"을 언급해야 한다(Timaeus, 48).

초기 기독교 신학자들은 플라톤으로부터 많은 것을 받아들였다. 만일 신학자들이 하느님의 창조 활동을 이미 자신의 "운동"(movement)을 갖고 있는 혼돈의 영역으로부터 질서를 가져온 것이라 이해함으로써 완전히 강제적일 수 없는 것이라는 개념으로 받아들였더라면, 그리고 이들이 전체적으로 하느님의 창조방식(modus operandi)을 하느님의 일방적인 결정보다 부분적으로 스스로 결정하는 존재들의 설득으로 인식하기 위해 플라톤의 "불규칙한 원인"의 개념을 일반화하였더라면, 기독교 사상사와 일반 서양의 사상사는 특히 악의 문제와 관련해서 지금과는 크게 달라진 결과를 초래했을 것이다. 플라톤의 이러한 사상은 대부분 현대 사상가들이 혼돈으로부터의 창조로 이해하고 있는 창세기 1장의 창조 이야기와 맥을 같이 하고 있다. 더 나아가 이러한 창조이해와 이에 기초한 일반적인 하느님 활동에 대한 개념은 하느님과 대면한 인간을 자유로운 존재로 이해하는 성서의 한 전통과 같은 맥락에 서 있다. 물론 우리는 플라톤의 창조개념 말고도, 하느님에 의해 피조된 영혼은 자기 스스로 움직인다는 플라톤의 개념만으로도 철학적인 설명을 할 수 있다. 그러나 이러한 영혼 개념만으로는 스스로 움직이는 피조물이 존재하는 현실세계를 만들 것인지 그렇지 않을 것인지는 하느님의 자유로운 선택에 달려있음을 의미한다고 이해할 수 있다. 그리고 이는 스스로의 움직임이 현실세계에서 존재하지 않는다고 주장하게 되는 신정론적인 문제들을 일으킨다. (이 문제에 대해서는 13장과 17장에서 자세히 논할 것이다.),

초기 기독교 신학자들은 피조된 영혼들은 스스로 결정하는 존재들이며 "자유의지를 소유한" 존재들이라는 플라톤 개념에 동의하였다. 그리고 이 개념에 기초하여 세계에서 일어나는 모든 악을 설명하였다. 그러나 "정통"(Orthodox) 신학자들은 모순이 되는 다른 입장들에 서 있었기 때문에, 이러한 입장을 일관성 있게 주장할 수 없었다. 이러한 모순된 입장들 중의 하나가 부분적으로는 플라톤 사상의 다른 줄기에 뿌리를 두고 있다. 예컨대 하느님은 변화할 수 없다는 개념이다. 플라톤은 『국가』(Republic II. 380-381)에서 완전한 존재인 하느님은 다른 존재들로 인해 변화할 수 없거나 하느님 자신에 의해서도 변화할 수 없다고 주장한다. 플라톤은 "가장 용감하고 지혜로운 영혼"은 어떤 외부의 영향에 의해 "혼돈되거나 교란되지 않을 것"이라는 한정적이고도 확고한 개념으로부터 보다 완전한 존재일수록 "외부로부터의 변화를 받지 않을 수 있다."는 일반적이면서도 모호한 원리로 나아간다. 하느님은 완전하기 때문에 외부의 영향에 의해 변화를 받을 수 없다. 그러므로 하느님이 변해야 한다면 그 변화는 자기-변형이어야 할 것이다. 그러나 이 또한 불가능하다. 왜냐하면 변화는 더 좋은 것을 향한 변화이든지 아니면 더 나쁜 것을 향한 변화이어야 하기 때문이다. 그러나 하느님은 더 나쁜 것을 향해 스스로 변화하려 하지 않을 것이다. 그렇다고 하느님이 더 좋은 것을 향해 변화할 수도 없다. 왜냐하면 하느님은 "덕이나 미에 있어서 부족한" 존재가 아니라, 이미 "인식할 수 있는 최고의 존재"이기 때문이다. 그러므로 하느님은 "절대적으로 그리고 영원히"

하느님 자신의 모양으로 남아있어야 한다.

하느님은 모든 면에서 변화를 넘어서야 한다고 플라톤이 주장했는지는 분명하지 않다. 아마도 그는 하느님의 경험이 갖는 내용의 변화를 말할 수 있는, 예컨대 일반적인 하느님의 형식, 구조, 성격에 대해서만 말하고 있는지도 모른다. 예컨대, 하느님은 동일하게 덕이 넘치는 존재로 존재한다. 동시에 언제나 그러한 덕을 다양한 방법으로 실현한다. 그러나 플라톤이 여기서 실제로 무엇을 의미했든지, 전통적인 기독교 신학자들은 완전한 존재는 모든 면에서 변화해서는 안 된다는 주장을 뒷받침하기 위해 플라톤의 주장을 사용하면서, 하느님의 도덕적 완전을 지키는 유일한 길은 하느님이 모든 존재의 완전한 원인은 아니라는 플라톤의 또 다른 주장을 거부하였다. 분명 플라톤과 다른 철학자들은 하느님이 모든 면에서 변화할 수 없다고 주장하였다. 그런데 이것이 기독교에 들어와서는 교리의 옷을 입고 하느님 아버지가 고통을 당할 수 있다는 "성부수난설"(Patripassianism)의 입장에 대해서는 이단이라 주장하게 하는 무기가 되었다. 이처럼 선택적인 적용을 남용하는 일은 성서를 적용하는 일에서도 예외는 아니었다. 나는 앞서 플라톤의 창조 개념은 성서적 사유의 한 흐름과 일치하고 있음을 밝힌 바 있다. 하느님의 부고성(impassibility 외부의 영향을 받을 수 없음)과 불변성(immutability 다른 근거에 의해 변화될 수 없음)을 뜻하는 성서 구절들은 하느님이 진정으로 세계와 교류함을 암시하는 성서 구절들과 비교해 보면 아주 드물게 나타난다. 예컨대 하느님은 때로 분노하시고 때로 기뻐하시며 자신의 이전 결정에 세계가 어떻게 반응하느냐에 따라 새로운 결정을 만들어 가시기도 한다. 그러나 전통적인 기독교 사상은 완전한 것 곧 하느님은 모든 면에서 변화할 수 없다는 그리스의 개념에 맞추기 위해 이들 성서 구절들은 "지혜롭지 못한 자들을 위한 은유들"로 분류하였다.

악의 문제와 관련하여 하느님의 불변성 개념이 갖는 중요성은 아무리 강조해도 지나치지 않다. 간략하게 말해 그 중심 요지는 성서 전통이 분명하게 의미하는 바 하느님이 세상을 경험하고 모든 면에서 변화할 수 없는 분이라 하느님 인식의 내용까지도 변화할 수 없는 것이라면, 하느님은 세계에서 일어나는 모든 사건을 불변하게, 무시간적으로, 영원히 인식해야 한다. 이러한 개념은 순수한 자유로운 결정을 포함하는 우연성의 개념을 말하기 어렵게 한다. 이처럼 복잡한 개념에다가 하느님이 세상에 영향을 미친다는 성서 전통의 개념이 더해진다면, 하느님이 모든 사건을 완전히 결정한다는 사상으로 정리가 된다. 이러한 개념은 모든 순수 악에 대한 책임을 하느님의 몫으로 돌려놓는다. 이 개념들에 대해서는 후에 충분히 더 논의할 것이다.

우리는 플라톤으로부터 지고의 존재는 부동의 존재라는 사상과 긴장관계를 이루는 중요한 사상적 경향을 발견한다. 『법률』(Laws) 10권에서 여러 움직임의 유형 가운데 최고의 유형은 스스로를 움직이면서 다른 것들도 움직이는 것이라고 말한다. 플라톤은 이 유형이 아리스토텔레스의 부동의 동자 개념보다 더 뛰어난 것이라고 분명하게 주장한다. "영혼"의 한정하는 본질인 플라톤의 스스로 움직이는 운동(self-moving motion)은 출생과 힘에서 첫 번째 운동의 유형이다. 곧 영혼이란 "모든 것 중에 가장 오래된 것"이고 모든 변화의 시작이다(Laws X. 894-896). 비록 플라톤이 분명하게 결론을 내리고 있지는 않지만, 이러한 사고의 맥락은 다른 곳에서 논의된 창조자 아버지 하느님은 지고의 영혼일 것이라는 암시를 내포하고 있다. 그러므로 이러한 플라톤의 동의 동자 개념은 지고의 존재가 스스로 변화할 수 없다고 보는 개념과는 긴장관계에 놓인다.

이제 악의 문제와 관련해 현재 논의되고 있는 또 다른 플라톤 사유를 생각해 보자. 신학자들은 하느님 외에 우주 안에 어떤 힘이 있다고 제시하는 모든 교리를 "마니교적"(Manichaean)이라고 주장하는 경향이 있다. 이러한 맥락에서 플라톤의 창조론에서 나타나는 신론도 예외가 아니다. 따라서 플라톤의 신론과 마니교의 신론의 관계를 연구할 가치가 있다. 마니교에 따르면, 초월적인 선한 힘의 의지에 반하는 악이 존재하는 이유는 실재가 창조이면서 선한 존재의 도구가 될 뿐 아니라, 원초적이면서 선과 정반대의 입장에 서 있는 초월적인 악한 존재를 포함하고 있기 때문이다. 플라톤의 이러한 입장은 영혼의 문제를 다루는 곳에서 나타난다. 위에서 언급한 대로, 영혼은 만물의 근거라고 결론을 내린 후 가장 기초가 되는 둘이 있는데 하나는 "'선의 창조자'이고 다른 하나는 '악의 창조자'"라고 플라톤은 주장한다(Laws X. 896, 897). 그리고 악의 창조자를 "악한 영혼"이라 이름 한다. 그렇다고 이에 기초하여 플라톤을 성급하게 "마니교도"라고 이름붙일 필요는 없다. 그 한 이유는 플라톤은 두 개의 반대되는 신성이 우주를 움직여 간다고 말하지 않고, 악이라는 우주가 스스로 움직여 가기 때문이라고 분명히 말하고 있기 때문이다(『정치가』, 김태경 옮김, 한길사, Politicus 270a.). 여기서 악한 영이란 창조주 하느님과 동일한 차원의 존재가 아니라 피조물 중의 하나이다. 또한 플라톤은 존재하는 것들은 존재하는 한 본질적으로 선하다고 주장한다. 바로 이러한 플라톤적 원리에 기초하여 아우구스티누스는 본래적으로 악한 모든 존재 혹은 이들의 현존 가능성을 부정하고자 하였다.

요약하면, 플라톤을 "마니교도"라고 이름붙일 수 있는 적당한 근거는 없다. 플라톤이 악한 영혼의 현존을 악의 원인으로 주장하는 것은 그 근거가 충분하지 못하다. 또한 혼돈으로부터의 질서를 창조라고 보는 일반적인 교리를 마니교적이라 이름 하는 것도 그다지 의미 있는 것이 아니다. 왜냐하면 질서가 잡히지 않은 존재들은, 그 무질서한 운동이 최고의 가치를 이루는 데 위협을 준다는 점에서, 본래적으로 악한 것이 아니라, 다만 도구적으로 악한 것이기 때문이다.

제3장 아리스토텔레스

아리스토텔레스의 하느님은 세계의 창조자가 아니다. 플라톤의 하느님 개념으로 바라본다 해도 그의 하느님은 세계 창조자가 아니다. 아리스토텔레스의 하느님은 세계 안에 결과를 능동적으로 낳는 작용인(efficient cause)이 아니다. 그러므로 아리스토텔레스는 신정론을 구성할 필요가 없었다. 그럼에도 불구하고 기독교 신학자들이 차용한 아리스토텔레스의 하느님에 대한 사유는 성서 전통과 어우러져 악의 문제를 다루는 데 매우 중요한 요인이 되었다.

아리스토텔레스의 하느님은 "부동의 동자"(unmoved mover)이다. 하느님 자신은 움직이지 않으면서 다른 존재들을 움직인다(Physics VIII. 5). 하느님은 단순히 욕망과 사유의 대상이 됨으로써 다른 존재들을 움직인다(Metaphysics, Lambda, 6). 그러므로 하느님은 세계의 모든 활동을 위해 하나의 "목적인"(final cause)으로 기능할 수 있다. 그렇지만 하느님 자신은 모든 면에서 완전히 고통을 경험할 수도 변화할 수도 없는 존재이다. 하느님이 최고의 실체이기 때문에 하느님에게 일어나는 변화는 어떤 변화도 더 좋은 것을 향한 변화가 아니라 더 나쁜 것을 향한 변화라고 말한다는 점에서, 아리스토텔레스의 논리는 플라톤의 논리를 반영하고 있다(Metaphysics, Lambda, 9).

하느님의 유일한 활동은 관상 혹은 사유라는 움직이지 않는 활동이다(『니코마코스 윤리학』, 최명관 옮김[서광사, 1984], 228. Nicomachean Ethics VII. 14.). 그러나 이 사유의 대상은 세계가 아니라 신성 자체 곧 사유 그 자체이다(Metaphysics, Lambda, 7). 신성이 그 자신 외에 다른 것을 생각한다는 것은 하느님이 이 세상의 다른 존재에 의존적이라는 것을 의미하기 때문이다(Metaphysics,

Lambda, 9). 그리고 이러한 생각은 하느님의 완전성(superiority)에 결합이 된다. 왜냐하면 보다 완전한 존재일수록 그 존재는 보다 독립적이기 때문이다. 완전한 존재는 자신의 행복을 견지하기 위해 친구와 같은 어떤 존재를 필요로 하지 않는다(Eudemian Ethics, VII. 12).

따라서 아리스토텔레스의 하느님을 "부동의 동자"이며 "스스로 사유하는 사유"(self-thinking thought)라고 서술하는 것은 모든 면에서 불변성과 독립성이 갖는 절대적인 긍정적 가치를 강조하는 것이다. 기독교 신학이 아리스토텔레스의 완전 개념을 기독교 신성 개념에 통합하는 것은, 성서적인 하느님 개념과 불변성과 독립성이라는 아리스토텔레스의 개념을 종합하는 것으로, 분명 불가능한 과제를 시도하는 것을 의미하였다. 성서적인 하느님은 세계 안에 일어나는 일들로부터 영향을 받으며, 하느님의 기쁨은 세상에서 일어나는 일들과 관계되는 것으로 보인다.

아리스토텔레스 사유에는 또 다른 차원이 있다. 이 차원을 기독교 신학자들과 서양의 사상가들이 계속 사용했더라면, 악의 문제는 이전보다 이론적인 문제점이 훨씬 적을 것이다. 아리스토텔레스의 주장에 의하면, 신리의 확고함이란 세계 안에서 순수 우연성의 결핍을 의미하지 않는다. 많은 학자들은 모든 명제가 참이거나 거짓이어야 한다고 주장하였다. 그러므로 "20년이 지나면 아테네 시에 폭동이 일어날 것이다."와 같은 미래에 대한 명제는 지금 참이거나 거짓이어야 한다. 따라서 그날이 도래하여 폭동이 일어났다면, 이는 일어나지 않을 수도 있었던 우연적인 사건으로 생각될 수 없다. 그런데 아리스토텔레스는 이러한 주장을 거부한다. 그는 미래에 대한 진술은 참이거나 거짓일 필요가 없다고 주장한다. 미래에 대한 진술은 현재에 대한 진술과 마찬가지로 미결정적일 수 있는 제 3의 가능태가 존재한다(On Interpretation 9). 아리스토텔레스는 미래의 제 3의 가능태에 대한 입장과 하느님은 세계를 인식할 수 없고 변화할 수 없다는 교리를 함께 주장할 수 있었다. 그러나 아리스토텔레스의 불변하는 하느님이 세계를 경험하는 성서적 하느님과 만나게 되었을 때, 일관된 입장을 위해 당연히 모든 순수 우연성을 거부하게 되었다. 몇몇 기독교 전통 신학자들은 우연성의 실재 곧 사건이 실제로 일어나는 사태와는 다르게 일어날 수 있는 가능성을 주장하고 싶어도, 결국 주장할 수 없었다. 왜냐하면 하느님 인식의 내용에 어떤 것도 덧붙임 없이 하느님이 세계 안에 일어나는 모든 일을 인식한다면, 시간적 존재인 우리의 미래를 포함하여 실재에 대한 전체적인 진리는 완전히 결정적인 것이 되기 때문이다. 따라서 미래에 대한 명제의 미결정성에 대한 아리스토텔레스의 입장은 세속적 존재가 어느 정도 하느님과 대면하여 자율적인 활동을 가진다는 플라톤의 주장과 일치한다. 그러나 기독교 전통 신학자들은 다른 입장에서 플라톤과 아리스토텔레스의 사상을 받아들였기 때문에 미래에 대한 명제의 미결정성에 대한 아리스토텔레스의 입장을 사용할 수 없었다. 여기서 우리는 기독교 사상사를 통해 "그리스 철학"을 "자연신학"으로 받아들였던 일뿐 아니라 그리스 사상 중에 어떤 개념들은 받아들이고 또한 다른 개념들은 거부했던 일에 주목할 필요가 있다.

제4장 플로티누스

성서, 플라톤, 아리스토텔레스의 경우와 마찬가지로, 악의 문제와 관련해 플로티누스의 사상에도 다양한 흐름들이 있었다. 이들 중 얼마는 전통적인 기독교 신학이 사용하였지만 다른 흐름들은 사용하지 않았다. 여기서 나는 플로티누스의 사상 가운데 세 가지 주요 흐름을 살펴보고자 한다. 첫 번째 흐름은 하느님의 본성을 다루고 있고, 다른 두 흐름은 세계 안에 순수 악이 존재하는지, 그리고 순수 악이 존재한다면 그 근거는 무엇인지에 대한 질문을 다루고 있다. 플로티누스 사상 속에서는 이들 세 요인이 일관성 있게 조화를 이룰 수 있었다. 그러나 그리스의 하느님 개념과 히브리의 하느님 개념을 통합한 전통 신학자들의 신론 때문에, 이들 신학자들은 세계 안에 순수 악의 현존을 긍정하고 그 순수 악을 이 세상의 작용인들에게 돌리는 플로티누스 사상의 제 3 요인을 축어적으로 사용할 수 없었다.

아리스토텔레스의 영향을 받아 플라톤의 관점을 재구성한 플로티누스의 하느님 개념에는 세 가지 측면이 있다. 지고의 존재가 갖는 가장 높은 자리는 일자(the One)이다. 일자 아래로 지성적 존재(the Intelligence)가 존재하고, 지성적 존재 아래로 영혼(the Soul)이 존재한다.

지고의 존재가 갖는 가장 신적인 차원인 일자는 또한 지고의 선(the Good)이라 불려질 수 있다. 일자는 완전히 움직이지 않으며 활동하지 않는다(I.7.1).[1] 모든 것은 일자에 의존한다. 한편 일자는 절대적으로 자족적이고 독립적이다(I.8.2). 그리

---

1) 플로티누스의 *Enneads*에 대한 모든 참고는 스티븐 멕케나(Stephen MacKenna)와 페이지(B. S. Page)의 번역본을 따르고 있다. Robert M. Hutchins ed. *Great Books of the Western World*(Encyclopaedia Britannica, Inc., 1952), Vol. 17을 참조하시오.

고 일자는 절대적으로 단일하다. 왜냐하면 구성성분을 가지는 것은 그 구성성분에 의존하기 때문이다(II.9.1).

기독교 신학자들은 이러한 신성에 대한 표현들을 계승하곤 하였다. 이들 표현들에 의하면, 아리스토텔레스의 사상과 마찬가지로 플로티누스의 사상에서도 절대적으로 분해되지 않고 움직이지도 않는 독립적 존재는 우주의 작용인이 아니라는 점을 주목할 가치가 있다. 그러므로 어떻게(가능태의 상태로부터 현실태의 상태로 움직인다는 의미에서) 움직이지 않는 것이 작용인으로 활동할 수 있는지 이해하는 데 문제가 없었다. 플로티누스가 지고의 존재의 다른 영역에 속할 수 있는 것으로 보았던 활동들, 특별히 분해되거나 움직이는 영혼에 속할 수 있는 것으로 보았던 활동들을 기독교 신학자들은 모든 면에서 분해되지도 않고 변화하지도 않는 존재에 속한다고 주장하곤 하였다. 플로티누스가 작용인을 완전히 독립적인 원리에 속하지 않는 것으로 보았기 때문에, 세상의 작인들(agents)의 활동이 독립적인 원리에 영향을 주지 않았다고 해서 이들 작인들의 활동이 갖는 순수 운동과 작인의 힘을 훼손시키지는 않는다. 그러나 만일 완전히 독립적인 원리가 하나의 작용인이라고 한다면, 이 인과관계는 이미 완전하게 결정된 것으로 보인다. 왜냐하면 인과관계란 지금은 존재의 한 활동에 다음에는 존재의 또 다른 활동에 대해 연속적으로 반응할 수 있는 것이 아니라, 오히려 이런 활동들과는 독립적으로 결정되어야 하기 때문이다. 이러한 사실은 다른 여타 존재들을 위한 순수 활동의 여지가 있을 수 있는지 질문을 제기한다.

기독교 신정론에 크게 영향을 미친 플로티누스의 두 번째 사상은 그가 전체적으로 세상의 선(goodness) 곧 완전성을 옹호한다는 점이다(III. 2. 3). 플로티누스가 사용하는 완전의 범주는 본질적으로 심미적이다. 이 세계는 지성적인 세계의 거울로 여겨진다. 그러므로 플로티누스는 이 세계를 가능한 한 가장 아름다운 표상으로 생각한다(II. 9. 4, 7). 이러한 주장이 갖는 중심 개념은 "완전의 원리" 혹은 "존재의 대 연쇄"(the great chain of being)라 불려지게 되었다. 여기서 "완전의 원리"란 전체의 완전으로 존재의 모든 가능한 차원을 나타내는 개념이다. 아더 러브조이(Arthur Lovejoy)가 지적한 대로, 완전의 원리는 이미 플라톤 안에 나타난 개념이었지만, 플로티누스에 와서야 처음으로 충분하고도 명백하게 명시되었다.[2] 플로티누스가 존재의 질서 가운데 보다 위에 위치한 존재로부터 보다 아래에 위치한 존재로 내려가는 것을 악이 덜 섞여 있는 선으로부터 악이 더 많이 섞여 있는 것으로의 움직임과 같은 것으로 보기 때문에, 그는 이러한 완전의 원리가 본성상 전체의 완전을 위해 악한 사물들의 존재를 필요로 한다고 주장할 수 있었다(II. 9. 13; III. 2. 11). 선의 심미적인 범주를 사용할 때 사용된 유비는 풍류의 멋이 있는 유비이다. 전체로서 예술 작품이 아름답기 위해서는 구석구석 사용된 색깔이 다 아름다울 필요가 없다. 오히려 전체의 완전을 위해 아름답지 못한 부분이 있어야 한다. 드라마가 완성되기 위해 모든 극의 인물들이 영웅이어서는 안 된다. 조연을 맡은 사람들도 있어야 전체적으로 드라마는 완성되는 것이다(III. 2. 11).

위의 논지에 따르면, 순수 악의 의미가 그것이 없었다면 세상이 더 좋았을 어떤 것을 의미한 것이라면, 순수 악이란 우주 안에 존재하지 않는다는 결론에 이르게 된다. 이러한 사유는, 한정된 상황에서 보면 많은 존재들이 악한 것일 수 있지만 전체적인 맥락에서 보면, 곧 전체 혹은 궁극적인 정황에서 보면, 많은 존재들은 악한 것이 아니다. 모든 악한 것들은 전체적인 존재의 구조에 공헌한다는 맥락에서 도구적 선은 그 자체로 악함을 상쇄시킨다. 나는 이 점이 전통적인 기독교 신학자들의 궁극적 주장임을 앞으로 밝힐 것이다.

이러한 기독교 전통 신학자들의 입장은 플로티누스의 입장과 동일한 것은 아니었다. 왜냐하면 플로티누스의 사상 안에는 신정론에 적합한 세 번째 흐름이 담지되고 있었지만, 이를 전통 신학자들은 채택할 수는 없었기 때문이다. 플로티누스가 세계의 전체적인 구조가 완전하다고 생각한 반면, 삶의 세세한 영역에서는 악이 존재할 수 있는 여지를 인정하였다. 따라서 플로티누스는 하느님의 완전을 포기하지 않으면서 악의 존재를 주장할 수 있었다. 왜냐하면 플로티누스는 세상의 존재들이 나름의 작인을 갖고 있다고 인정하였기 때문이다.

이 점에 대해 플로티누스는 매우 분명하였다. 그는 영혼은 그 나름의 개체 운동을 가져야 한다고 가르쳤다(III.2.7). 그리고 인간은 자유의 원리를 가지고 있다고

2) Arthur O. Lovejoy, *The Great Chain of Being: A Study of the History of an Idea*(Harvard University Press, 1936; Harper & Row, Publishers, Inc., Harper Torchbooks), 61.

가르쳤다(Ⅲ. 3. 4). 이러한 맥락에서 인간이 작인이기 때문에, 우리는 악을 하느님에게 돌릴 이유가 없는 것이다(Ⅲ. 2. 10). (여기에서 플로티누스는 전체의 선을 위해 필요한 그런 종류의 악이 아니라, 내가 생각하는 "순수 악"이라는 것과 같은 종류의 악을 염두에 둔 것이었다.) 플로티누스는 창조자가 배정한 과제를 더불어 행하는 일종의 놀이로 삶을 생각하였다. 그러나 그는 창조자가 "존재하는 모든 것의 근거"라고 생각하거나 혹은 창조자가 우리의 "구체적인 행위"에 영향을 준다고 생각하지 않았다(Ⅲ. 2. 18). 오히려 우리는 행위를 통해 우리의 인격을 표현하고 세세한 활동들을 매 순간 결정한다고 보았다. (더욱이 환생을 믿었던 플로티누스는 전생의 존재 속에 있는 우리가 우리의 인격을 결정하였다고 주장할 수 있었다(Ⅲ. 3. 5]).

비평가들은 종종 하느님의 섭리를 믿는 사람들이 선한 것에 대한 모든 공적을 하느님께 돌리기 때문에 인간의 모든 존엄성을 박탈하고 일관성 없이 악에 대한 모든 책임을 인간에게 돌린다고 비판한다. 그러나 이것은 플로티누스에 대한 정당한 평가가 아니다. 플로티누스는 의가 섭리에 따라 행해지지만 섭리에 의해서 행해지지는 않는다고 주장한다(Ⅲ. 3. 5). 따라서 그는 하느님이 모든 힘을 갖고 있지 않다고 주장하기 때문에, 한편에서는 하느님이 악을 싫어하지만 또 다른 한편에서는 악을 원하고 심지어 악을 일으킨다고 주장하는 전통적인 기독교 신학자들의 주장을 따라갈 필요가 없었다. 플로티누스는 섭리에 의해서 혹은 섭리와 일치하여 악이 행해지는 것은 아니라고 주장할 수 있었다(Ⅲ. 3. 5).

힘이 존재의 본질을 이룬다는 플라톤적 원리에 따라, 플로티누스는 만일 우리가 모든 작인을 놀이의 창조자에게 돌려 모든 힘을 영혼에서 빼앗아 버린다면, 이는 영혼을 단순히 창조자의 일부에 속하는 것으로 만드는 것이라고 주장하였다(Ⅲ. 2. 18). 또 다른 곳에서, 플로티누스는 왜 악한 사람들이 선한 사람들을 지배하는가라는 질문에 대해 비록 악한 사람들이 덕에 있어서는 열등하지만 일반적으로 힘에 있어서는 월등하기 때문이라고 답하였다. 결국 플로티누스는 세상에 악이 존재하는 이유는 섭리 때문이 아니라 세상의 작인들 때문이라고 주장하고 있는 것이다. 섭리가 그 사건을 역전시켜야 한다고 주장하는 사람들은 플로티누스가 인용한 진술 속에 주장하는 것처럼 터무니없는 말을 하고 있는 것이다.

섭리는 우리를 무로 환원하는 어떤 것일 수 없다. 섭리를 존재하는 모든 것으로 생각하는 것은 우주를 전멸시키는 것이다. 이러한 섭리는 활동의 영역을 가질 수 없다. 왜냐하면 섭리가 존재하는 모든 것이라면, 하느님을 제외할 경우 아무것도 존재하지 않게 될 것이기 때문이다. 물론 현존하는 존재들이 존재하는 것처럼 하느님도 존재한다. 그러나 하느님은 다른 어떤 것을 창조한다. 그리고 그 피조된 것을 무에 환원시킴 없이 다스린다(III. 2. 9).

다시 말하면, 하느님이 힘을 독점한다고 말하는 것은 하느님이 존재하는 유일한 실재라고 말하는 것이며 동시에 하느님이 실재로 관계의 개념인 섭리의 힘을 가지지 않는다는 점을 의미한다. 섭리란 어느 정도의 자신의 힘을 가진 존재들에게만 그 힘이 미칠 수 있다.

더욱이 플로티누스는 어느 정도의 작인을 비인간적인 존재들에 돌린다는 점에서 플라톤과 의견이 같다. 그는 생명이 있는 작인과 생명이 없는 작인 모두에 대해서 언급한다(III. 3. 5). 또한 창조자 외에 다른 작인들로서 "우연"(accident)과 "필연"(necessity) 둘 다를 언급한다(II. 2. 7). "필연"이라는 말은 세계가 지성과 필연적 연합을 통해 나온 것이라고 보았던 플라톤의 개념에 대한 명시적인 언급이다(I. 8. 7). 플로티누스가 악이란 "필연으로부터" 존재한다고 할 때(III. 3. 5) 의미했던 바는 전혀 합리화되지 않은 운동의 영역이 당연히 존재해야 하며, 순수 악이란 이러한 혼돈의 운동으로부터 일어나야 한다는 점이었다. 이러한 해석은 힘과 존재의 평형을 지지하는 앞의 인용문과 그리고 왜 악이 여전히 우주 안에 존재하는지 설명하는 아래의 설명과 잘 부합된 것이다.

한마디로 말해 전능한 이(the All)로부터 추방되어 악을 따르기를 좋아하는 사람들은 섭리 자체를 없애려 한다. 그렇다면 섭리는 무엇을 위하여 활동할 것인가? 물론 섭리 자체나 지고의 선을 위해서가 아니다. 곧 우리가 하느님의 섭리를 말할 때, 그 섭리는 아래에 있는 어떤 것에게 영향을 미치는 작용을 의미한다(III. 3. 7).

이 의미는 현실적 존재는 섭리의 힘이 전혀 통제할 수 없는 그 나름의 어떤 힘을 갖게 될 것이기 때문에, 세계 내에서 악의 가능성을 배제하는 유일한 방법은 세계의 모든 존재들을 없애는 것이다. 그러나 존재를 없애는 것은 불가능한 일이며 또한 앞의 인용에서 제시했던 것처럼 섭리 자체를 깨뜨리는 것이 될 것이다(III. 2. 9).

바람직하다면, 이러한 사유는 악의 문제와 관련해 대단히 중요한 의미를 갖는다. 기독교 신학자들은 플라톤이나 플로티누스보다 신성의 힘을 생각하였다. 그러나 플로티누스는 피조물의 힘을 하느님의 힘에 완전히 종속시킴으로써 하느님의 힘을 극대화하려는 시도는 개념상 모든 피조물을 파괴하는 것을 의미한다고 주장하였다. 그리고 모든 피조물을 파괴하는 것은 역설적이게도 하느님의 힘을 말 그대로 터무니없는 것으로 만들어 결국은 그 힘을 파괴하게 된다고 주장하였다.

전통적인 기독교 신학자들은 플로티누스의 제 3의 사유를 받아들일 수 없었다. 왜냐하면 플로티누스는 세계의 전체적인 완전성과는 반대로 순수 악의 실재가 세세한 영역에서 존재한다고 주장하였고, 이 악은 하느님이 아닌 다른 작인들 때문이라고 주장하였다. 그러나 기독교 신학자들은 절대적으로 나누어지지 않고, 독립적이며, 변화하지 않는 하느님 개념과 하느님의 결정론을 담고 있는 작용인으로서의 하느님이라는 히브리의 하느님 개념을 하나로 만들었다. 하느님의 선이 지켜지기 위해, 이러한 변화는 논리상 플로티누스의 전체 세계의 구조가 갖는 완전성이라는 개념이 세계의 세세한 모든 영역까지 완전해야 한다는 주장으로 바뀌어져야 함을 의미하게 되었다. 나는 플로티누스의 사상을 기독교 신학에 가장 잘 적용시켰던 아우구스티누스를 시작으로 몇몇 대표적인 전통적인 유신론을 II부에서 살펴볼 것이다.

제5장 요 약

전통적인 기독교 유신론자들을 분석하기에 앞서, 악의 문제에 대한 형식 논리를 다시 한 번 복습하면서 성서 저자들과 앞서 살펴본 세 명의 그리스 철학자들이 이에 대해 어떻게 반응하였는지 살펴보는 것은 여러모로 도움이 될 듯하다. 형식 논리는 다음과 같다.

1. 하느님은 완전한 실재이다. (정의)
2. 완전한 실재는 전능한 존재이다. (정의에 따르면)
3. 전능한 존재는 일방적으로 순수 악이 존재하지 않는 현실세계를 만들 수 있다. (정의에 따르면)
4. 완전한 실재는 도덕적으로 완전한 존재이다. (정의에 따르면)
5. 도덕적으로 완전한 존재는 순수 악이 존재하지 않는 현실세계를 원할 것이다. (정의에 따르먼)
6. 세상에 순수 악이 존재한다면, 하느님은 존재하지 않는다. (1에서 5까지의 논리적 결론)
7. 세상에는 순수 악이 존재한다. (사실적 논리)
8. 그러므로 하느님은 존재하지 않는다. (6과 7의 논리적 결론)

플라톤, 아리스토텔레스, 플로티누스는 전제 2 혹은 전제 3을 거부함으로써 결론 8을 피할 수 있었다. 아리스토텔레스는 하느님을 결코 작용인으로 생각하지 않으며 창조자로서 생각하지도 않는다. 따라서 아리스토텔레스는 작용인을 포함하기 위해 "전능"(omnipotence)에 대한 설명이 필요하였다면 전제 2를 부정하고자 했을 것이다. 혹은 "전능"이라는 말이 단순히 "완전한 힘"(perfect power)을 의미하기 위한 것이었다면, 아리스토텔레스는 완전한 힘을 영원히 관조할 수 있는 힘으로 설명하는 전제 2를 주장할 수 있었을 것이다. 따라서 아리스토텔레스는 완전한 힘이 악이 없는 세계를 창조할 힘과는 관계가 없다고 말하는 전제 3을 부정하였다.

"전능"이 "힘의 독점"이나 혹은 전제 3으로 귀결되는 어떤 것을 의미한다면, 플라톤은 전제 2를 부인하였을 것이다. 그러나 "전능"이 단순히 "완전한 힘" 곧 "어떤 존재가 소유할 수 있는 가장 큰 힘"을 의미하는 것이라면, 플라톤은 아마도 전제 2를 긍정하였을 것이다. 이 경우 플라톤은 전제 3을 분명히 거부하고 있는 것이다. 왜냐하면 악이란 "필연으로부터" 존재한다고 플라톤이 주장하기 때문이다. 이는 플라톤의 사상에서 "완전한 실재"를 무엇으로 선택하든 참이 된다. (만일 우리가 여기서 "지고의 선"[The Good]을 완전한 실재로 생각한다면, 플라톤의 입장은 아리스토텔레스의 입장과 비슷하게 될 것이다.)

"일자"(The One)를 완전한 실재로 받아들이든, 전체로서 "지고의 존재"(the Supreme)를 완전한 실재로 받아들이든, 플라톤과 같은 논리를 따르는 플로티누스는 전제 2 혹은 전제 3을 거부하였을 것이다. 왜냐하면 지고의 존재를 구성하는 것들 중 낮은 단계인 지성과 영혼은 당연히 일자로부터 유출된다고 생각했기 때문이다.

성서 전통에서 "성서"가 어떤 전제를 거부할 것이라 말하는 것은 불가능하다. 왜냐하면 성서의 기록은 수세기를 걸쳐 여러 저자들이 쓴 작품이기 때문이다. 우리는 성서의 특정 구절들을 어떤 전제들을 거부하는 의미로 읽을 수 있다. 특별히 초기 전통에서 우리는 전제 2와 전제 4를 거부하는 전통을 만난다. 그리고 또 다른 경우에는 전제 1이 거부되기도 한다. 또한 우리는 형식 논리 6이 부분적으로 부인되고 있음을 인정해야 한다. 정황이 이렇다면 하느님에 대한 문제에서 논리의 규칙을 꼭 지켜야 할 필요는 없는 것이다. 그러나 소위 "윤리적 유일신론"(ethical monotheism)의 등장을 담고 있는 성서 구절들은 전제 5나 7의 거부를 가장 설득력 있게 설명하고 있다. 하느님의 신비와 인간이 자신의 기준으로 하느님을 판단할 수 없음을 강조하는 성서 구절들은 전제 5를 부인하는 내용을 담고 있다. 미래의 상벌을 강조하는 성서 구절들은 주로 전제 7의 거부를 담고 있다. 그리고 그 전제는 "끝이 좋아야 모든 것이 좋은 것이다."이다. 이 두 입장 중 하나 혹은 두 입장의 모호한 조합이 악의 문제에 대한 일반적인 성서의 입장을 나타낸다. 그러나 나는 피조물들 적어도 피조물로서의 인간이 창조자의 뜻을 거스를 수 있는 힘이 있다고 전제한다면, 전제 3의 암묵적인 거부를 성서 전통이 함의하고 있음을 주장하고자 한다.

지금까지의 논의가 참이라면, 이 책에서 제시된 입장으로 기독교 신정론을 개정하는 것이 비-성서적 입장으로 "성서적 입장"을 거부하는 것인 양 이해될 필요가 없다. 오히려 전제 5나 7을 거부하였던 전통적인 기독교 신정론에서 전제 2나 3을 거부하는 기독교 신정론으로의 변화는 위의 두 성서 전통을 보다 자명하고 일관성 있게 전개시켜 나가려는 시도로부터 다른 입장을 일관성 있게 전개시키는 시도로의 변화라 할 수 있다. 이러한 맥락에서 볼 때, 전통적인 기독교 신정론이 철학적 일관성을 위해 그리스 철학자들이 제시한 개념들을 사용했던 것과 동일한 방식으로 새로운 기독교 신정론도 사용하고 있다고 생각할 수 있다. 물론 그리스 철학자들의 다양한 개념들이 사용되었기 때문에 실제로 그 시도는 판이하게 달랐다.

이제 나는 여러 전통적인 입장을 살펴보고자 한다.

제 II 부

전통신정론

제6장 아우구스티누스 : 전통적인 자유의지론

아우구스티누스는 계속해서 하느님의 전능과 선을 주장하였다. 그리고 그는 하느님의 전능과 선을 말하면서 동시에 현존하는 악의 실재 때문에 일어나는 악의 문제를 예민하게 인식하였다. 마니교도들에 반박하여 썼던 초기 기독교 저술들 속에서 아우구스티누스는 하느님이 만물을 창조하였고, 존재하는 만물이 존재로서 선하다고 주장하였다(참조. 『고백록』 선한용 옮김[대한기독교서회, 1990], 216-217, C VII. 18).[1] 본성은 악한 것이 아니다. 악마의 본성조차 악한 것이 아니다. 악이란 본성 때문이 아니라 의지 때문이다(참조. 『신국론』, 성염 옮김[분도출판사, 2004], CG XII. 3). 모든 악은 자유의지의 오용으로 설명될 수 있다(FW III. 17,

1) 앞으로 인용하는 아우구스티누스 자료에 대해서는 아래와 같은 약어를 사용한다.

C: The Confession. Tr. by Edward Bouverie Pusey.(『고백록』 선한용 옮김[대한기독교서회, 1990]).

CG The City of God. Tr. by Marcus Dods.(『신국론』, 성염 옮김[분도출판사, 2004]).

E: Enchiridion. Tr. by J. F. Shaw.

FW: On Free Will. Tr. by John H. S. Burleigh.(『자유의지론』, 성염 옮김, 분도출판사).

GFW: Grace and Free Will. Tr. by P. Holmes.

NAG: Nature and Grace. Tr. by P. Holmes.

NOG: The Nature of Good. Tr. by John H. S. Burleigh.

PS: On the Predestination of the Saints. Tr. by R. E. Wallis.

SL: On the Spirit and the Letter. Tr. by P. Holmes.(『영과 문자』, 공성철 옮김, 한들출판사).

TR: Of True Religion. Tr. by John H. S. Burleigh.(『참된 종교』, 성염 옮김, 분도출판사).

*The Confessions*는 Robert M. Hutchins이 편집한 *Great Books of the Western World*(Encyclopaedia Britannica, Inc., 1952), Vol.18. 을 참조하였다.

The City of God, Enchiridion, Grace and Free Will, Nature and Grace, On the Predestination of the Saints, 그리고 *On the Spirit and the Letter*는 Whitney J. Oates가 편집한 *Basic Writings of St. Augustine 2 vols.*(Random House, Inc., 1948)을 참조하였다.

On Free Will, The Nature of the Good, 그리고 *Of True Religion*은 *Augustine: Earlier Writings, Vol. VI of the Library of Christian Classics*(The Westminster Press, 1953)을 참조하였다.

48). 그러므로 하느님은 만물의 창조자임에도 불구하고, 악에 대한 책임을 면하게 된다.

후기 저술들에서 아우구스티누스는 이전에 자신이 사용하였던 펠라기우스주의적인 자유의지 개념의 일부를 취소하고 예정론을 더욱 강조하였다. 그는 예정이란 신앙과 선행에 대한 하느님의 예지에 기초한 것이 아니라, 오히려 신앙과 선행이 구원에 대한 영원한 예정으로부터 흘러나오는 은총의 결과라고 주장하였다. 그렇다고 아우구스티누스는 하느님의 선에 대한 자유의지론을 결코 포기하지 않았다. 그는 악이란 궁극적으로 피조물의 자유로운 선택에서 오기 때문에 하느님은 죄에 대해 책임이 없으며 죄에 대한 벌로써 악이 정당화된다고 주장하였다. 이번 장에서 나는 악을 피조물의 자유의지로 돌리는 것이 아우구스티누스의 하느님의 힘의 교리와 상응하는지 또한 아우구스티누스가 옹호하고 있는 하느님의 선이 일리가 있는지를 살펴보고자 한다.

아우구스티누스 신정론의 초자연적인 틀

왜 선한 사람들이 고통을 당하며 이 세상에서 저들이 죄를 지은 사람들과 동일한 벌을 받는 것처럼 보이는가라는 질문에 대해서 아우구스티누스는 분명한 어조로 답한다. 하느님은 선한 사람과 악한 사람을 물질의 세계에서 동일한 방식으로 대한다. 하느님이 이 같이 공평하게 대해야 하는 이유는 여러 가지다. 이는 우리로 물질을 탐하지 않게 하며 이 세상의 삶에서 보상을 받는 수단으로 종교를 이용하지 못하게 하기 위해서이다(CG I. 8; XXII. 22). 또한 현재뿐 아니라 미래에 상과 벌이 있음을 우리로 인식하게 하기위해서이다(CG I. 8). 고통이 악한 사람에게는 벌이 되지만, 선한 사람에게는 저들의 완전함을 입증해주거나 불완전함을 교정하는 데 도움을 준다(CG I. 29). 예컨대, 처녀들이 강간을 당했을 때, 강간으로 인한 고통은 처녀들의 보이는 자만심이건 보이지 않는 자만심이건 이를 꺾어 버리게 한다(CG I. 28). 또한 악한 사람과 마찬가지로 선한 사람도 현재의 삶을 사랑하기 때문에 벌을 받아 마땅하다(CG I. 9). 세상의 물질을 잃을 때, 선한 사람들은 정말 중요한 것을 잃지 않는다. 이들이 물질을 잃었다고 해서 신앙과 경건함마저 잃은 것은 아니기 때문이다(CG I. 10; 28). 심지어 하느님은 세례 받은 가장 순수한 어린 아이가 고통당하는 것도 허락한다. 이를 통해서 하느님은 우리로 이 세상에서 겪는 삶의 재난을 통곡하게 하고 장차 도래할 삶을 열망하게 한다(CG XXII. 22). 그러나 하느님은 때로 현세에 상과 벌을 가져다주면서 우리의 삶에 간섭한다. 그래서 우리로 하느님의 섭리를 믿게 한다(CG I. 8).

아우구스티누스의 이러한 진술들은 삶의 의미와 목적이 거의 전적으로 초자연적임을 보여준다. 때문에 우리가 이 세상의 삶에서 경험하는 선과 악의 균형에 대한 질문은 그렇게 중요하지 않다. 선과 악이란 삶의 초자연적인 목적과 관계해서 정당화될 수 있다. 그러나 아우구스티누스가 일어난 일들의 방식에 대해 여러 가능한 정당성을 제시하지만, 하느님의 심판은 궁극적으로 헤아릴 수 없음을 인정한다. 그러나 아우구스티누스는 심판의 날에 대해 다음과 같이 말한다.

> 그때가 되면 우리는 하느님의 모든 심판이 지닌 정의를 인식하게 될 것이다. 그리고 그 정의의 빛에서 볼 때, 현세의 삶에 나타난 하느님의 대부분의 공의로운 심판은 세밀한 인간의 감각이나 통찰을 문제 삼지 않음을 인식하게 될 것이다. 물론 여기서 경건한 사람들은 감추어진 것이 공의롭다는 것을 안다(CG XX. 2).

전능한 하느님이 왜 악을 일으켰는지 혹은 허락하였는지의 질문에 대답해야 한다면, 많은 사람들은 도스토예프스키의 소설 『카라마조프가의 형제들』 중 「반역」(Rebellion)이라는 장에 나오는 이반과 같은 입장에 서기를 원할 것이다. 이반은 세계의 종말이 오면 보다 높은 단계의 조화가 이루어질 것이라고 고백한다. 그리고 자신이 종말의 자리에 서 있다면, 다른 사람들과 더불어 큰 소리로 "주님이시여! 당신은 공의로우십니다. 당신의 말씀이 선포되었기 때문입니다."라고 외칠 것이라고 고백한다. 그러나 이러한 가능성에도 불구하고 또한 그 가능성 때문에 오히려 그는 미리 이러한 고백을 거부하고자 한다. 이반은 종말의 합창에 참여하지 않기를 희망한다고 선언한다. 왜냐하면 "보다 높은 조화"가 죄 없는 어린이들의 고통과 같이 조화를 위해 어쩔 수 없이 일어난 악을 정당화할 수 있다는 생각을 그는 받아들일 수 없었기 때문이다.

그러나 이 세상의 삶에 나타난 선과 악이 하느님 편에서 보면 매우 공의로운 심판이었음이 후에 우리에게 드러날 것이라는 아우구스티누스의 신앙은, 우리가 받아들이든 그렇지 않든, 악의 문제에 관해 하나의 해답을 제시하고 있다. 즉 우리가 아우구스티누스의 입장을 거부할 수는 있지만, 그렇다고 그의 대답이 자기 모순적인 것은 아니다. 전능한 하느님과 미래의 삶에 대한 신앙이 이미 다른 근거에서 받아들여지고 있는 상황에서, 현재 대답이 불가능한 질문들, 예컨대 왜 하느님이 어떤 사건을 일으키셨는지 혹은 적어도 그런 일을 허락하셨는지에 대해 미래에 그 대답이 주어질 것이라고 주장하는 것은 가능한 일이다. 악의 문제에 있어서, 나는 전능한 하느님과 미래의 삶의 현존을 우리가 지금 단순하게 주장할 수 없음을 후에 논증할 것이다. 그러나 이러한 근거들 위에서 아우구스티누스를 비판하는 것은 시대착오적인 것일 것이다.

따라서 아우구스티누스의 신정론을 살필 때, 우리는 그의 중심 개념에서 일어나는 악의 문제에 주로 관심해야 한다. 이는 이 세상 삶에 대한 초자연적 상벌교리와 하느님의 절대적인 선에 대한 가르침을 일치시키려는 아우구스티누스의 시도에 관심해야 한다는 말이다. 이러한 논의는 특별히 상벌로 표현되는 미래의 삶을 믿지 않는 사람들이나 적어도 미래의 상태가 종교적 삶의 중심적인 자리라고 믿지 않는 사람들에게는 별로 직접적인 관심이 되지 못할 것이다. 그럼에도 불구하고 아우구스티누스의 입장을 살펴보는 일은 단순히 선과 악이라는 말로 "인간을 향한 하느님의 방식을 변호하는" 적합한 방식을 간접적으로 시사해주고 있다. 왜냐하면 아우구스티누스의 논의는 선하고 전능한 하느님 신앙과 순수 악이 갖는 실재를 함께 논할 수 있는 가능성을 열어놓기 때문이다.

자유의지론

아우구스티누스는 미래의 삶이 모든 사람들에게 즐거운 경험만은 아니며, 많은 사람들이 영원한 형벌을 받게 될 것이라고 분명히 가르친다(CG XXI. 12; E XXIV. 97). 또 분명한 것은 아우구스티누스의 후기 저술들 속에 나타난 대로 누가 구원받을 것인가는 전적으로 하느님의 몫이라고 주장한다(GFW XLV; PS XI, XIX, XXXIV). 하느님이 어떻게 어떤 사람들은 구원을 위해 선택하고, 다른 사람들은 그들의 공로와 상관없이 형벌을 위해 선택하는가라는 질문에 대해, 아우구스티누스는 두 부분으로 나누어 대답한다. 먼저, 왜 하느님이 어떤 사람들은 구원을 위해 선택했는가라는 질문에 대해, 아우구스티누스는 로마서 9장 21절에 나오는 토기장이와 진흙 한 덩이라는 바울의 표현에 착념한다. 이 구절은 인간이 가진 힘의 한계를 잘 상기시켜 준다(E XXV. 99: PS XVI). 또 다른 대답은 어떤 사람들은 구원하고 나머지 사람들은 구원에서 배제하는 것이 정당한가라는 보다 일반적인 질문에 대한 대답이다. 이 질문에 대한 아우구스티누스는 명쾌하게 대답한다. 말하자면 모든 사람들은 죄를 범하였기 때문에 모두가 벌을 받아야 마땅하다(CG XII. 8). 따라서 이들 모두가 다 영원한 형벌에 든다면 하느님의 공의는 온전한 것으로 드러날 것이다. 그런데 하느님께서 이들 중 얼마를 택하여 구원에 이르게 함으로써, 하느님은 공의로울 뿐 아니라 자비로운 하느님이 되신다(E XXV. 99; PS XVI).

아우구스티누스의 신정론은 바로 이 점에 기초한다. 만일 그가 하느님이면서 인간이신 그리스도를 제외한 모든 사람들이 영원한 형벌을 받아 마땅하다는 것을 일관성 있게 주장할 수 없다면, 그의 신정론은 무너지고 만다.

아우구스티누스의 신정론 논의는 그의 원죄 교리와 그 결과에 기초한 것이다. 최초의 사람들은 죄를 짓지 않을 가능성(posse non peccare)을 갖고 있었다. 그러나 그들이 죄를 범하였다. 이들 최초의 사람들은 우리의 조상들이었고, 우리 모두가 이들 안에서 죄를 범하였다. 때문에 우리 모두는 죄를 짓지 않을 가능성(non posse non peccare)을 상실하게 되었다. 우리를 죄를 짓지 않을 수 있는 최초의 아담의 상태로 되돌려 놓는 하느님의 은총으로 말미암아 우리가 죄의 노예에서 자유하게 되지 않는다면, 우리는 선을 행할 수 없다. (영원한 생명을 얻은 사람들은 세 번째 가능한 상황, 곧 죄를 범할 수 있는 힘을 상실하게[non posse peccare] 될 것이다.)

모든 사람들이 영원한 형벌을 받아 마땅하다는 아우구스티누스의 주장에는 세 가지 결정적인 측면이 있다. 첫째, 그는 형벌이 행한 죄에 따라 주어진 것이라는 점에서 정당하다고 주장한다. 아우구스티누스에 따르면 아담의 죄는 빠지기 쉬운 매혹적인 것이라는 점에서 아주 가증스러운 것이었다(CG XIV. 12). 둘째, 아우구스티누스는 인류가 아담 안에서 죄를 지었기에 모든 인류가 아담의 처음 죄에 빠지게 되었음을 합리적으로 주장한다. 앞선 첫째와 둘째의 논의는 많은 사람들에게 설득력이 약해 보였다. 이들 논의들은 전능한 선과 순수 악을 함께 논할 수 있는 보다 일반적인 문제에 대응하지 못한다. 그래서 나는 이 논쟁을 멈추고 세 번째 결정적인 단계로 옮겨 가고자 한다. 곧 우리 스스로가 자유로이 죄를 지었다고 말할 수 있는 개념을 다루고자 한다. 논의를 좀 넓게 잡기 위해, 아담 안에서 인류가 죄를 범한다는 고전적이고도 의심스런 개념은 피해가고자 한다. 대신에 "아우구스티누스의 구도에서 천사든 인간이든, 타락 이전의 인간이든 타락 이후의 인간이든, 은총을 받기 이전의 인간이든 은총을 받은 이후의 인간이든 상관없이 정말 누군가 자유로이 죄를 범할 수 있었는가?"라는 질문을 면밀히 살펴보고자 한다.

아우구스티누스는 자유로운 선택의 실재를 분명하게 주장한다. 그는 우리가 진리에 순종할 수 있는 자유를 갖지 않았다면, 전체 진리의 개념은 의미 없는 것이라고 보았다(GFW II, IV). 또한 죄가 자발적인 것이 아니라면 죄가 될 수 없다고 보았다(TR XIV. 27). 더구나 의지가 하느님으로부터 온 것이 아니라면, 죄가 하느님으로부터 온 것이 아니라고 생각했다(SL LIV). 아우구스티누스에게 있어서 우주 안에 존재하는 악한 의지는 하느님이 창조한 것이 아니었다(CG V. 8, 10). 악마의 악한 의지는 하느님으로부터가 아니라 악마 자신으로부터 온 것이었다(NOG 32). 그리고 인류가 지닌 원죄는 인간의 자유의지로 인한 것이었다(NAG III).

자유의지론은 아우구스티누스 사상 중에 가장 중심적인 주제가 된다. 그의 초기 저술들을 보면 특별히 마니교에 관심했던 것을 볼 수 있다. 그는 선한 하느님이 만물을 창조하였으므로 만물이 선하다고 보았다. 창조된 것이든 창조되지 않은 것이든 존재의 본성이 악하다고 함으로써 악을 설명하려 하지 않았다. 오히려 악을 설명하기 위해 만물이 가지는 피조된 "본성"과 자유로운 존재가 가지는 "의지"를 구분하였다. "의지"는 그 자체로 피조된 것이다. 그러나 하느님이 악한 의지를 창조한 것이 아니다. 악한 의지란 결코 작용인(efficient cause)을 가지는 것이 아니라 다만 "결핍인"(결핍된 원인, deficient cause)을 가진다(CG XII. 6, 7).

이를 기반으로 아우구스티누스는 마니교의 이원론을 극복할 수 있었다. 그러나 자신의 유일신론적 하느님이 세계 내 존재하는 악에 책임이 있다고 보지는 않았다. 그는 악한 의지를 모든 악의 근거로 보았다. 따라서 죄와 죄에 대한 벌이 곧 악이라고 주장하였다(TR XII. 23).

그런데 문제는 이러한 하느님의 피조물이 갖는 자유로운 선택과 아우구스티누스의 신론이 조화를 이루는가 하는 것이다. 분명코 하느님이 불변하고 전지하다는 아우구스티누스의 교리와 피조물의 자유로운 선택은 서로 어울리지 않는 것처럼 보인다. 또한 아우구스티누스의 하느님의 전능 교리와도 어울리지 않는 것처럼 보인다. 우선 나는 피조물의 자유의지와 불변하고 전지한 하느님이 어떻게 어울리는지 살펴본 후 아우구스티누스의 전능 교리에 의해 제기되는 문제를 살펴볼 것이다.

자유의지와 하느님의 전지

아리스토텔레스의 하느님은 불변하는 존재(an immutable being)로서 세계를 경험하지 않는다. 이 경우 불변하는 존재의 교리는 그 자체로 세계의 존재들이 갖는 자유에 해가 되지 않는다. 마찬가지로 전지한 존재(an omniscient being)에 대한 교리도 그 자체로 세상의 자유로운 선택에 해가 되지 않는다. 왜냐하면 전지한 존재 교리에서 전지한 존재는 인식될 수 있는 모든 존재를 인식할 수 있음을 의미하기 때문이다. 따라서 자유로운 선택이 이루어진 후에야 자유로운 선택은 인식될 수 있다고 말할 수 있다. 다시 말하면, (어느 정도 추상적인 미래의 특성이 이미 현재 안에 자리를 잡은 경우 외에는) 전지한 존재는 미래를 인식하지 못한다. 그러나 아우구스티누스는 하느님이 전지하며 불변하는 존재라고 주장한다. 그는 어떤 것도 하느님에게 영향을 주지 못하기 때문에, 하느님의 지식은 내용이 증가하지 않는다고 주장한다(CG XII. 17; XI. 21). 따라서 전지(omniscience)란 예지(prescience)를 포함한다. 그는 이러한 특성이 한정하는 하느님의 본질에 속한다고 본다. 이런 맥락에서 그는 "하느님은 미래의 모든 사태에 대해 미리 아신다(CG V.

9).”고 주장한다. 피조물의 입장에서 보면 아우구스티누스의 사상은 자유 선택의 실재를 아주 의심스럽게 한다.

아우구스티누스에 따르면, 만물에 대한 하느님의 예지는 곧 우리의 의지가 순수 원인이 됨을 의미한다. 왜냐하면 만물을 예지하게 될 때 하느님은 만물의 원인을 예지하기 때문이다. 인간 행위의 순수 원인인 인간의 의지는 하느님이 예지하시는 원인의 질서 속에 포함된다(CG V. 9). 그러므로 우리의 의지의 힘 안에 있는 것을 예지하게 될 때, 하느님은 모든 것을 예지한다(CG V. 10).

전지한 존재가 미래를 인식하지 못한다는 입장과 전지한 존재는 미래에 대한 예지를 포함한다는 두 입장의 조화는 순전히 말장난인 것처럼 보인다. 때문에 우리에게 허락된 자유는—아우구스티누스의 신정론이 필요로 하는—우리가 책임질 수 있는 의미의 자유가 아니다. “자유”라는 말은 여러 방식으로 정의될 수 있다. 정황에 따라 의미는 다양하게 나타난다. 그러나 작인이 한 행동에 대해 책임을 져야 하는 상황에서 하나의 행위가 자유로울 수 있는지 물어야 한다면, 작인이 독자적으로 무엇을 할 수 있었는지 물어야 한다. 혹은 아우구스티누스와 같은 사람들은 뜻하는 것(willing)과 행하는 것(doing) 사이를 구분하기 때문에, 사람이 뜻하는 것에 책임을 돌릴 수 있는지 질문할 수 있을 것이다. 그렇게 될 경우 우리는 개체 인간이 자신이 택했던 것과는 다른 어떤 것을 원했을 수도 있었는지를 물어야 할 것이다.

이런 의미에서 자유로운 선택은 우리의 미래를 정확하게 인식하는 전지한 존재와는 어울리지 않는다. 만일 전지한 존재가 내가 내년에 을이나 병이 아니라 꼭 갑을 할 것이라는 사실을 알고 있다면, 내가 내년에 갑을 하는 것은 선택이 아니라 필연적인 것이 된다. 이 경우 겉으로 보기에는 내가 여러 순수 가능한 것 중에 하나를 선택한 것처럼 보이지만, 실상은 필연적인 것을 한 것에 불과하다. 그러니 실제로 내가 다른 선택을 할 수 있는 것이 아니다. 만일 내가 다른 선택을 해야 한다면, 변하지도 않고 실수가 허용되지 않는 하느님의 지식은 잘못된 것이 되는데, 이렇게 되는 것은 불가능하다. 그러므로 내가 어떻게 그 선택에 대해 책임적이라고 할 수 있겠는가? 이 경우 나는 ‘을’이나 ‘병’을 선택할 수 없음에도 불구하고 내가

'갑'을 원했기에 '갑'을 택할 것이라고 대답하곤 한다. 만일 '갑'이라는 행위가 악한 행위였다면, 내가 악한 행위를 하기를 원했다는 점에서 비난을 받아 마땅한 것이다. 그러나 여기서 우리는 행하는 것(doing) 대신에 뜻하는 것(willing) 혹은 원하는 것(wanting)에 초점을 맞추든지 아니면 뜻하는 것을 행하는 것의 한 유형으로 볼 필요가 있다. 어떤 경우든, 내가 실제로 '갑'을 행할 수밖에 없으면서, 미래에 '을'이나 '병'을 하기를 뜻할 수 있는지 물을 수 있다. 여기서 그 대답은 자명하다. 만일 내가 '갑'을 할 것으로 하느님이 알고 계신다면, 당연히 나는 '갑'을 하기를 원할 것이다. 그렇다면 내게 다른 선택의 여지가 없는 상황에서 어떤 일을 원했다고 해서 그에 대한 책임을 물어 비난을 받아야 하겠는가? 이 경우 미래에 당연히 '갑'을 선택한 것은 내 성격 탓이고, 내 성격을 형성하는 과정에서 내가 부분적으로 책임이 있다고 해도, 그 대답은 여전히 같은 대답으로 귀결될 수밖에 없다. 즉, 우리가 우리의 성격을 형성하는 것은 우리의 선택에 의한 것이고, 그 선택을 반복함으로써 성격을 다져간다. 그러나 영원부터 만물을 인식하는 존재가 있다면, '갑'이라는 악한 행위 이전과 악한 행위를 하려는 욕망 이전의 모든 "선택"은 '갑'이라는 악한 행위 외에 다른 대안이 없는 것이다. 따라서 내가 어떤 특정한 결정에 대해 책임이 없는 것처럼 내 성격에도 책임이 없다.

이러한 분석이 옳은 것이라면, 죄를 지은 것 때문에 누군가가 벌을 받아야 하는 상황이 불변하고 전지한 하느님에게는 정당화될 수 없게 된다. 왜냐하면 어미니의 배에 잉태된 순간부터 우리의 생애란 하느님이 정하신 여정에서 한 치의 오차도 없이 진행될 수 있기 때문이다. 그러므로 우리는 책임 있는 자유를 행사하지 못한다. 이는 모든 면에서 불변하며 전지한 하느님을 말하게 될 때 당연히 따라올 수밖에 없는 결론인 것이다.

자유의지와 하느님의 전능

아우구스티누스의 전능 개념에 주목하면 하느님의 선과 세계의 악이 함께 공존하는 자기 모순적인 특성이 더욱 자명해진다. 전지에 대한 앞의 논의는 하느님이 악한 의지를 야기하지 않고 그 악한 의지를 미리 아신다는 아우구스티누스의 주장을 잠정적으로 인정한 것에 기초하였다(PS XIX). 그러나 이제 이러한 주장은 유지될 수 없음이 명백하게 밝혀질 것이다.

아우구스티누스에게 전능은 불변하는 전지와 마찬가지로 철저히 하느님의 한정하는 본질에 속한다. 그는 신앙고백의 첫 문장이 전능하신 하느님 아버지에 대한 신앙 고백임을 강조한다. 그리고는 자신의 주장에 다음과 같은 내용을 덧붙인다. "하느님이 전능하신 것은 그분이 원하는 바는 무엇이든 할 수 있기 때문이고, 그분의 전능한 의지의 효력은 어떤 피조물의 의지에 의해서도 방해받지 않기 때문이다." 이 사실을 부정하는 것은 곧 우리의 신앙고백을 기각하는 것이 될 것이라고 주장한다(E XIV. 96). 또 다른 책에서 그는 "천사들이나 사람들이 우리에게 줄 수 있는 모든 것이 전능하신 분의 손에 달려 있음을 부인하는 자는 미친 사람이다."라고 주장한다(CG X 14).

그러나 아우구스티누스에게서 "전능"이라는 말은 모든 것이 하느님의 손에 달려 있고 어떤 것도 하느님의 의지를 꺾을 수 없다는 의미가 아니었다. 예컨대, 그는 모든 것이 선하게 되기를 바라면서 하느님이 세계를 창조하였다고 생각하였다. 이러한 선한 창조 안에 하느님은 자유의지를 가진 존재들을 포함시켰다. 그런데 하느님이면서 인간인 그리스도를 제외하고 천사 중 얼마와 모든 인간이 자신들의 자유의지를 사용하여 죄를 범하고 하느님의 뜻에 반대되는 길로 나아갔다(E XXVI. 100). 물론 하느님은 이러한 죄를 미리 아셨고 하느님의 영원한 계획 안에 이들의 죄에 적절하게 대처하는 방안을 세우셨다. 먼저 하느님은 자비의 계획을 가지고 있다.

> 그러나 하느님은 인간이 자유의지를 잘못 사용할 것을 알았기 때문에, 즉 인간이 죄를 지을 것을 알았기 때문에, 인간이 악을 행할 때조차 인간에게 선을 베풀기 위해 자신의 목적을 미리 정하였다. 그렇게 함으로써 전능자의 선한 의지가 인간이 잘못 사용한 의지로 인해 수포로 돌아갈 수밖에 없는 상황에도 불구하고 자신의 선한 의지가 완성되도록 하였다. (E XXVIII. 104)

다음으로 하느님은 죄에 대해 벌한다.

> 실로 비-신앙인들은 복음을 믿지 않음으로써 하느님의 뜻에 반대되는 행동을 한다. 그럼에도 불구하고 저들은 하느님의 뜻을 넘어서지 못한다. … 하느님의 뜻은 영원히 무너질 수 없는 것이다. 그러나 하느님의 뜻을 모욕하는 이들에게 뭔가를 할 수 없다면, 혹은 하느님의 뜻을 모욕한 이들이 하느님이 제정한 벌을 받지 않는다면, 하느님의 뜻은 무너지고 말 것이다. (SL LVIII)

여기 인용한 두 구절은 하느님의 이상적인 계획이 하느님의 뜻을 거스른 피조물의 자유의지로 인해서 무너지고 말았음을 보여주고 있다. 또한 자유의지의 남용을 미리 알았던 하느님이 악으로부터 선을 가져오는 계획을 세우고 있음을 보여주고 있다. 우선 죄를 범한 피조물들에게 하느님이 악을 선으로 대함으로써 하느님의 자비를 보여주고 있고, 후에 죄를 범한 나머지 피조물들에게 하느님이 벌을 계획함으로써 하느님의 정의를 보여주고 있다. 하느님의 자비와 하느님의 정의는 둘 다 모두 선한 것이다.

여기에서 본질적인 것은 피조물이 하느님의 뜻에 거스르기도 하고, 행하기도 한다는 개념이다. 이 개념은 앞 두 인용과 다음에 인용할 구절에서 잘 나타난다. "그러나 천사나 사람의 뜻이 아무리 강하다 해도, 혹은 이들의 뜻이 선하든 악하든, 또는 이들이 하느님이 원하는 바를 원하든 다른 것을 원하든, 전능자의 뜻은 언제나 무너지지 않는다."(E XXVI. 102). 아우구스티누스는 인간의 죄를 하느님이 원했던 것이 아니라, 인간이 원했던 것을 행하는 것이라 정의한다(E XXVI. 100). 하느님의 뜻은 언제나 무너지지 않는다. 왜냐하면 하느님은, 피조물들이 하느님의 뜻을 따르는 활동을 하든, 거스르는 활동을 하든, 피조물을 향한 자신의 뜻이 마땅히 이루어져야 하는 방식으로 일을 이끌어갈 수 있기 때문이다(E XXVI. 100; XXVII. 107).

아우구스티누스는 피조물들이 하느님의 뜻을 넘어설 수 없으며, 이들 자신의 행위에 따라 벌을 받아야 한다는 자신의 진술이 정당성을 지닌다고 주장한다. 따라서 하느님이 일어나기를 원하는 것 말고는 다른 것이 일어나지 않는다. 그는 "하느님의 뜻이 얼마나 확실하고 불변하며 효과적인가!"라고 선언하는가 하면, 하느님은 "자신이 할 수 없는 것은 원치 않는다."라고 주장한다. 하느님이 원하는 모든 것을 했다고 노래하는 시편(시 115: 3과 135: 6)에 대해 아우구스티누스는 다음과 같이 설명한다.

> 하느님이 하고자 하면서 이루지 못한 일이 있다고 하는 것은 사실이 아니다. 혹은 인간이 전능자 하느님이 하고자 하는 일을 막았기에 하느님이 어떤 일을 이루지 못했다는 것은 더욱 사실이 아니다. 그러므로 전능자가 이루고자 하지 않는다면 아무 일도 일어나지 않는다. 하느님은 일이 일어나도록 허락하기도 하고 그 일을 일으키기도 한다. (E XXIV. 95)

그러므로 하느님이 어떤 일을 "이루든지"(cause) 아니면 단순히 이루도록 "허락하든지"(allow), 만일 그 일이 일어난다면 그것은 하느님이 그 일이 일어나도록 원하기 때문이다. "왜냐하면 하느님의 허락이 없이는 어떤 일도 일어나지 않을 것이기 때문이다. 그러므로 하느님의 허락은 하느님의 뜻하지 않는 바가 아니라 그분의 뜻하는 바이다"(E XXVI. 100).

아우구스티누스는 어떤 경우에도 우리가 "하느님의 전능하신 온전한 뜻을 가볍게 여겨서는 안 된다."고 분명하게 주장한다. 때문에 자신의 입장에 의심을 가지게 할 것 같은 성서 구절에 대해 해석한 후, 그는 "전능자가 이루어지지 않은 일이 이루어지기를 원했다는 것이 아니라면 그 구절은 다른 방법으로 해석할 수 있다."고 주장하며, "이 점은 아주 분명하다."(E XXVII. 103)고 했다. (아우구스티누스가 문제시한 성서 구절은 "하느님은 모든 사람이 다 구원을 얻기를 원하신다."고 선언하는 디모데 전서 2장 4절이었다. 그는 "모든 사람"의 의미가 "모든 종류의 사람" 곧 모든 계층의 사람, 부자와 가난한 사람, 통치자와 종들을 뜻한다고 해석했다.)

이 말의 의미는 죄 된 선택조차도 하느님의 뜻에 따른 것이라는 것을 의미하는 것처럼 보인다. 아우구스티누스는 이러한 적용을 피하지 않는다. 그는 하느님이 악한 의지를 창조하지는 않았지만, 악한 의지를 지배한다고 주장한다(CG XI. 17). 그에 따르면 "하느님은 세상을 따르는 의지들을 자신의 마음대로 지배한다. 예컨대 하느님은 세상을 따르는 의지들을 아무 때나 자신이 원하는 대로 바꾼다(GFW XLI) 하느님은 심지어 악한 사람들의 마음까지도 자신이 원하는 대로 바꾼다"(GFW XLII).

성서의 몇몇 구절들은 피조물들이 독자적으로 악한 뜻을 행하며 바로 이때에 하느님이 피조물 스스로가 결정한 악한 의지를 사용함을 암시하고 있다. 이에 대해 아우구스티누스는 다음과 같이 설명한다.

> 선한 사람들의 인내가 입증되고 악한 사람들의 죄악이 벌을 받기 위해 악한 사람들이 남을 해치는 힘을 갖는 것은 불의한 것이 아니다. 악마가 힘을 가짐으로써 욥의 의가 드러날 수 있었다. 베드로는 스스로 자고하지 않도록 유혹을 받았다. … 하느님은 스스로 … 악마에게 허락한 힘을 통해 모든 일을 의롭게 행하신다. 사람들은 의로운 행위를 했기 때문이 아니라, 남을 해롭게 하는 악마가 가져다 준 악한 의지 때문에 결국 벌을 받게 될 것이다. (NOG 32)

그러나 자율이 허용될 수는 없다. 앞서 전능에 대한 주장이 이를 허용하지 않는다. 다른 자료에서 아우구스티누스는 의지도 하느님에 의한 것이라고 분명하게 말한다. "전능자는 인간의 가장 깊은 마음속에 있는 의지까지도 움직이는 분이다. 그래서 하느님은 인간의 마음을 움직여 자신이 이루고자 하는 모든 것을 행하신다"(GFW XLII). 더 나아가 "하느님은 인간의 마음을 움직여 자신이 원하는 바대로 일하신다. 즉, 하느님의 뜻을 따라 선을 행하게 하거나 아니면 인간의 공적을 따라 악을 행하게도 하신다"(GFW XLIII).

물론 아우구스티누스는 죄를 짓는 것이 하느님에 의해 의도된 것이므로 필연적이라는 생각은, 피조물의 자유와 책임을 부정하는 것처럼 보이기 때문에 죄인들을 벌하는 하느님의 공의가 의문스럽다고 생각한다. 따라서 죄를 두 종류로 구별한다. 어떤 죄는 이전에 범했던 죄에 대한 형벌이다. 하느님은 스스로 "보혜사를 통해 가장 신비스런 방법으로, 진정 가장 의로운 방법으로 이 일을 행하신다"(GFW XLI). 하느님 때문에 일어난 이 죄들은 인간의 편에서 보면 이전의 죄 때문에 생긴 것이기 때문에 의로운 것이다.

> [하느님의 심판]은 겉으로 드러날 때도 있고 드러나지 않을 때도 있지만, 언제나 공의로운 것이다. 우리의 마음에 새겨진 움직일 수 없는 확신은 하느님에게는 불의한 것이 없다는 것이다. 그러므로 하느님이 사람들을 흩어지게 했다든지 혹은 저들의 마음을 강퍅하게 했다고 하는 성서의 내용을 읽을 때마다 이미 이들의 공과가 이러한 일을 일어나게 하였고 그래서 이들의 고통은 정당한 것이라는 점에는 추호의 의심이 없다. (GFW XLIII)

인간이 행하는 악행은 먼저 "하느님으로 말미암은 것이 아니다. 인간의 악행은 본래 아담에게서 나온 것이고 그의 후손들의 의지를 통해 불어난 것이다"(GFW XLIII).

그러나 이러한 일이 가능할 수 있는가? 악한 천사들과 처음 인간들, 혹은 모든 인간들로 인해, 하느님의 뜻을 거스르는 어떤 행위나 욕망에 의해서 원죄가 존재할 수 있었겠는가? 앞서 살펴본 하느님의 전능이라는 빛에서 보면 대답은 부정적일 수밖에 없다. 하느님이 일어나기를 원하지 않았다면 어떤 것도 일어날 수 없다. 그러나 하느님이 원하는 것은 반드시 일어나야 한다. 그러므로 아우구스티누스가 인정하기도 하고 때로 의도하기도 했던 하느님으로 인해 생긴 죄와 하느님으로 인해 생기지 않은 죄를 구별할 방법이 없다.

아우구스티누스는 하느님이 악한 의지와 행위에 원인이 된다고는 해도 그 책임은 인간에게 있다고, 곧 하느님이 악한 의지와 행위의 원인이 되지만 그렇다고 인간의 자유로운 작인을 없애지 않는다고 주장함으로써, 첨예하게 드러나는 모순을 극복하고자 하였다. 예컨대, "우리가 하느님의 은사를 따라 행동하고 하느님이 우리로 그렇게 하도록 하는 것을 이해하기 위해서는"(PS XXII) 신앙과 행위가 하느님이 우리에게 주신 은사여야 한다고 주장한다. 하느님이 바로 왕의 마음을 강퍅하게 하고 그를 벌하였다는 성서의 기록에 대해, "하느님이 바로 왕의 마음을 강퍅하게 한 것은, 하느님의 의로운 심판과 바로 왕 자신의 자유의지에 의한 것"(GFW XLV)이었다고 주장한다. 그러나 하느님의 의로운 심판과 바로 왕의 자유의지 때문이라는 이중적인 입장이 설득력이 있는 것인가? 하느님이 우리로 뭔가를 하도록 하였다면, 우리는 그것만 해야 하는 것 아닌가? 앞서 인용된 진술에서 아우구스티누스는 하느님은 사람들의 의지까지도 움직이시는 분이라고 하였다. "따라서 하느님은 사람들의 의지를 움직임으로써 사람들을 통해 이루시고자 하는 것을 행하신다"(GWF XLII). 그러나 만일 하느님이 활동할 때, 사람들이 정말 어떤 "작인"을 가지고 있다고 할 수 있는가? '갑'에 의해 결정된 행위를 '을'의 행위라고 말하는 것은 자기 모순적이고 이치에 맞지 않는 것 아닌가? 대부분의 유신론자들은 하느님은 자기 모순적으로 이치에 맞지 않는 일을 할 수 없다고 주장한다. 하느님이 어떤 행위들을 인간의 행위가 되게 하고는 자신이 행했다고 한다면 자기 모순적이지 않은가?

아우구스티누스가 제안하고 후에 "제 1 원인과 제 2 원인"의 교리로 발전된 이중 원인 교리에 반대하는 논의는 특히 제임스 로스(James Ross)의 신정론을 다루는 부분에서 계속 다룰 것이다. 이 시점에서 나는 이중 원인 교리가 합리적이지 않다는 점을 교리적으로 접근함으로써 하느님이 원인이 된 죄를 인간이 범했다고 해서 벌하는 것은 하느님이 공의롭지 못하다는 비판을 피할 수 없음을 주장하고자 한다.

죄와 하느님의 의지(들)

더군다나 도대체 아우구스티누스적 세계에서 죄가 어떻게 존재할 수 있겠는가? 아우구스티누스의 죄의 정의는 하느님의 뜻을 거스르는 것을 의미한다. 그러나 그는 전능의 개념을 정의하면서 하느님이 원하지 않으면 어떤 것도 일어날 수 없다고 하였다. 죄에 대한 정의와 전능에 대한 정의의 모순을 극복하기 위해 아우구스티누스는 하느님 안에 있는 두 "의지들"을 구분한다. 아우구스티누스는 우리가 죄를 짓는 동안 하느님의 뜻을 거스르지만 결국은 하느님의 영원한 뜻을 이루는 것이라고 주장한다. 이러한 구분은 악한 천사의 타락이 하느님이 허락한 것은 아니지만 정해진 것이라고 말하는 대목에서 나타난다(CG XI. 19-20). 또 다른 부분에서 아우구스티누스는 하느님이 사람들에게 영감을 주어 하느님이 허락하지 않은 것들을 위해 기도하라고 일러주고 있다. 이 점에 대해 아우구스티누스는 우리가 다음과 같이 말할 수 있다고 주장한다.

> 하느님은 원하지만 행하지는 않는다. 이 말은 어떤 일들이 일어나도록 바라게 하는 하느님이 스스로 그 일들을 원하신다는 의미이다. 그러나 만일 영원한 하느님의 의지를 가리켜 하느님의 예지(foreknowledge)라 한다면, 하느님은 이미 하늘과 땅의 모든 것을 그가 의도하신 대로 행한 것이다. (CG XXII. 2)

이와 동일한 구분이 다음의 구절에서도 나타난다. 여기서 아우구스티누스는 죄를 범한 천사와 인간에 대해 설명하고 있다.

> [천사와 인간의 편에서 보면] 이들은 하느님이 원치 않는 일을 행한 것이다. 그러나 하느님의 전능의 관점에서 보면, 이들은 자신의 목표를 이룰 수 없었다. 천사와 인간이 하느님의 뜻을 어김으로써 오히려 이들은 하느님의 뜻을 이룬 것이다. … 신묘하고도 언표 불가능한 방식으로 하느님의 뜻을 거스른 것이 오히려 하느님의 뜻을 이룬 것이 된 것이다. (E XXVI. 100)

"하느님의 의지"가 갖는 두 의미를 구분하는 아우구스티누스의 설명을 보면 피조물들은 하느님을 거스르는 얼마의 자유를 가지고 있다. 때문에 이들은 하느님의 뜻을 거스를 수 있었고 이 거스름 때문에 죄에 대한 책임이 피조물들에게 돌아갔다. 이러한 하느님의 의지의 구별을 통해, 모든 것은 하느님의 영원한 의지에 의해 일어난 것이며 또한 일어날 수밖에 없음이 분명해진다. 따라서 피조물의 입장에서 보면 계속해서 죄를 범하게 하여 본래적 죄와 후속적 죄에 대해 벌을 받게 하는 본래적인 죄의 자유로운 선택이란 존재하지 않는다.

아우구스티누스 입장에 대한 분석

그렇다면 악의 문제와 관련해 아우구스티누스의 입장은 무엇인가? 분명한 것은 아우구스티누스는 하느님이 완전하며 그렇기 때문에 전능을 포함하는 전제 1이나 전제 2를 거부하고자 하지는 않을 것이다. 그렇다면 아우구스티누스는 하느님이 악이 없는 세상을 창조할 수 있었다고 말하는 전제 3을 거부할 수 있었겠는가? 어떤 부분에서 아우구스티누스는 악 혹은 적어도 악의 가능성은 형이상학적으로 필연적임을 예시하는 것처럼 보인다. 왜냐하면 세계는 무로부터 만들어졌고, 세계 안에 존재하는 "무성"(nothingness)은 하느님의 힘을 거스르는 힘을 가지고 있기 때문이다.

> 자연이 무로부터 창조되지 않았더라면, 악이 자연을 망가뜨리지 않았을 것이다. 결국 자연이 하느님에 의해 창조되었지만 하느님을 떠난 것은 자연이 무로부터 만들어졌기 때문이다. (CG XIV. 13)

그러나 하느님의 전능에 대한 아우구스티누스의 주장들은 무로부터 만들어진 존재의 조건이 곧 악이 발생하게 된 필연적인 조건이 되기에는 불충분함을 보여주고 있다. 그는 "하느님이 원하는 바를 행하는 것 같이 원치 않는 것에 대해서는 존재를 허락지 않는다."(E XXIV. 96)고 분명하게 주장한다. 그리고 수사학적으로 질문한다. "누가 감히 천사와 인간으로 하여금 죄를 짓지 않도록 할 수 있는 힘이 하느님께 없다고 말할 수 있겠는가?"(CG IV. 27). 더군다나 아우구스티누스는 하느님이 무로부터 세상을 창조할 때의 무는 어느 정도의 자유를 가지고 있는 "상대무"(relatively nothing, mē ōn)가 아니라 "절대 무"(absolute nothingness, ouk ōn)이다. 절대 무로부터 세계를 창조했다는 사상에 기초해서 아우구스티누스는 하느님이 선재하는 재료를 사용해 세상을 창조했기 때문에 악이 필연적일 수밖에 없다는 생각을 거부한다(C VII. 5).

그러면 완전이 도덕적 완전을 내포하고 있는 전제 4는 어떻게 되는가? 아우구스티누스가 하느님이 도덕적이라 했을 때, 그 의미는 우리가 이해한 도덕성과 다른 의미를 갖고 있다. 아우구스티누스는 진흙덩이가 토기장이에게 불평할 수 없다는 사도 바울의 비유를 자신의 주장을 변호하기 위해 언급한다. 우리는 "힘이 정의를 만든다(might makes right)."는 주장을 변호하기 위해 이 비유를 사용할 수 있다. 심지어 아우구스티누스는 또 다른 구절에서 "인간이 원하는 것과 하느님이 원하는 것 사이에는 큰 차이가 있다."(E XXVI. 101)고 주장한다. 그러나 앞 네 문단에서 인용한 구절들과 이번 장의 네 번째 문단에서 인용했던 구절을 포함한 여러 비슷한 구절들(예컨대, PS XVI)에서 아우구스티누스는 완전의 개념이 도덕적 선을 포함하고 있으며, 때문에 보다 넓은 관점에서 보면 완전이 곧 우리가 선으로 인식할 수 있는 도덕적 선임을 부인하려 하지 않는다. 물론 신정론의 중심 논점은 하느님의 도덕적 선을 옹호하는 것이다.

전제 6을 부인하는 것은 하느님과 세계에 대해 사유할 때 논리의 타당성을 거부하는 것을 의미한다. 그런데 아우구스티누스가 하느님의 방식이 갖는 신비에 호소하고 인간의 사유가 하느님의 "헤아릴 수 없는" 판단을 넘어설 수 없다고 하는 경우에는 마치 논리의 타당성을 넘어서는 것처럼 보일 수도 있다(PS XVI). 그러나 나는 아우구스티누스가 이 문제를 다루면서 논리적 유보를 공식화했다고는 생각지 않는다. 오히려 그의 생각은 하느님의 심판이 하느님의 의와 어떻게 일치되는지 현재로서는 종종 이해할 수 없다는 점을 말하려 했다고 본다. 그러나 심판의 때가 되면 어떻게 전능한 선과 세상의 악이 공존하였는지 분명히 이해하게 될 것이라고 아우구스티누스는 확신하였다. 이러한 표현 속에서 아우구스티누스는 하느님을 "선과 악을 뛰어넘는 분"으로 보려 하지 않았듯이, 사유의 형식적인 법을 초월한다는 의미로 보려 하지도 않았다.

이제 전제 5와 7을 살펴볼 차례다. 들어가는 말에서 소개한대로 악의 문제에 대한 형식 논리인 전제 5(도덕적으로 완전한 존재는 순수 악이 존재하지 않는 현실 세계를 원할 것이다.)는 "하느님이 완전히 선하다면, 하느님은 모든 악을 예방하고자 했을 것이다."라는 4개의 전제로 이루어진 단순 논리 전제 2에 상응한다. 나는 아우구스티누스에 대한 입장을 정리하면서 그의 해법을 논증하고자 한다. 그의 해법은 4개로 된 단순 논리를 8개로 확장시킨 형식 논리에서 "악"이라는 말 앞에 "순수"라는 말을 넣음으로써 악의 문제에 대한 형식 논리의 전제 7(세상에는 순수 악이 존재한다.)을 부인하는 것이었다.

순수 악의 부정

아우구스티누스는 우주 안에 어떤 종류의 악이 존재한다고 생각하는가? 그는 특별히 "자연 악"이란 존재하지 않는다고 주장한다(CG XI. 22). 아우구스티누스는 자연 악이라는 용어를 사용하면서 자연이 악한 것은 어떤 것도 없으며 "본성상" 나쁜 것은 아무 것도 없다고 보았다. 존재하는 것은 무엇이든 선하다. 왜냐하면 모든 자연 혹은 본성은 하느님이 창조한 것으로 선하게 창조되었기 때문이다(NOG 1). 마니교도들이 생각했던 대로 창조되지 않은 존재는 존재하지 않으며, 창조되지 않은 존재의 본성은 악한 것이다. 악마도 하나의 피조물이다. 그러므로 악마의 본성까지도 선한 것이다. 따라서 존재하는 것은 본성상 본래적으로 악한 것이 아니다.

모든 "자연 악"을 부정할 때, 아우구스티누스는 자유를 갖고 있는 피조물보다 낮은 단계인 우주에는 순수 악이 존재하지 않는다고 보았다. 앞에서 언급한 것처럼, 우주의 영역에는 본래적인 악이 존재하지 않는다. 불, 서리, 짐승과 같은 존재들은 탁월한 본성을 갖고 있다(CG XI. 22). 모든 존재들은 선하다. 그렇다고 우리가 모든 존재를 좋아하는 것은 아니다(C VII. 22). 아우구스티누스는 이 영역에서는 순수 도구적 악도 존재하지 않는다고 생각한다. 이 영역에서 우리에게 고통을 주는 것은 겉으로 보기에 악한 것이다. 그러나 실제로 하느님께로부터 온 벌이기 때문에 고통 자체가 정당한 것이다(C VII. 22). 이러한 고통들은 실제로 우리를 이롭게 하기 때문에 도구적으로는 선한 것이다. 우리가 그 이로움을 보지 못하는 때조차 그것이 이로운 것이라고 믿어야 한다(CG XI. 22). 더 나아가 때로 우리에게 고통을 가져다주는 비합리적인 일들이 전체적인 맥락에서 보면 우주에 은총과 아름다움을 가져다준다. 우리의 제한된 시각으로 이러한 은총과 아름다움을 보지 못한다 해도, 이를 믿어야 한다(CG XI. 22; XII. 4). 간단히 말해, 인간보다 존재의 구조가 아래인 자연의 영역에 있는 모든 것은 본래적으로 선한 것이다. 존재하는 모든 것은 인간을 위해 도구적으로 긍정적인 가치를 지닌다. 곧 존재하는 모든 것들은 전체의 선에 기여한다. 따라서 자연 세계에 순수 악이란 존재하지 않는다.

그러면 다른 사람들이 우리에게 가져다 준 고통은 어떤가? 이 고통 또한 순수하게 악한 것이 아니다. 왜냐하면 누군가 우리에게 가져다 준 고통은 정당한 것이기 때문이다.

> 하느님이 아닌 모든 자연은 부당하게 상처를 입을 수 없다. 분명 어떤 사람들은 죄를 지음으로 부당하게 해를 끼친다. 그러나 해를 끼치려는 이들의 의지는 그들의 모습이 아니다. 누군가에게 해를 끼칠 수 있는 힘은 하느님에게서만 온다. 해를 끼치는 사람들은 알지 못하지만, 하느님은 왜 사람들이 고통당해야 하는지를 안다. (NOG 11)

아우구스티누스는 이 점을 좀 더 철저하게 설명한다. "선한 사람의 인내가 입증되기 위해 그리고 나쁜 사람의 죄가 벌을 받기 위해 악한 사람이 해를 끼치는 힘을 갖는 것은 부당한 것이 아니다."(NOG 32). 따라서 다른 사람들의 죄로 인해 당하는 고통은 순수 악이 아니다. 왜냐하면 이들의 해를 끼치는 행위가 우주를 더 나쁜 상황으로 몰고 가진 않기 때문이다. 다시 말하면 다른 존재들에게 미치는 도구적인 효과를 생각할 때 죄란 순수하게 악한 것이 아니다.

그렇다면 순수 악이 될 수 있는 것은 도덕 악, 혹은 죄와 죄에 대한 벌뿐이다. 죄에 대한 벌은 하느님이 내리는 것이다. 그러므로 정의상 하느님에게는 불의한 것이 없기 때문에 순수하게 악한 것은 존재할 수 없다. 즉 일단 죄를 짓게 되면 벌하지 않고 넘어가는 것보다 벌하는 것이 좋은 것이다. 따라서 죄 그 자체만이 순수하게 악한 것이 될 수 있다. 따라서 아우구스티누스가 악에 대해 말할 때, 죄를 마음에 두고 한 것이었다. 그는 죄를 본래적으로 악한 것으로 생각하였다. 그러나 아우구스티누스에게 이러한 악에 대한 판단이 명목상의 판단뿐이었는지, 혹은 죄가 순수 악이라고 생각해서 죄가 없으면 우주가 더 좋은 세계가 되었을 것이라고 생각했는지는 여전히 질문으로 남는다.

이 질문에 대해 아우구스티누스는 죄를 단지 눈에 보이는 악으로만 생각했다고 대답해야 할 것이다. 아우구스티누스는 모든 악을 예방할 수 있었던 하느님이 그 악으로부터 선을 가져올 수 있다는 이유에서만 악을 허락했다고 반복해서 주장한다. 하느님이 악에서 끌어낸 선이란 결과론적인 선이라는 점을 인정하면서 모든 것을 고려해볼 때, 자명한 악은 악한 것도 선한 것도 아닌 중립적인 자리에 위치한다. 그러나 결과론적인 선이 그것의 필수 조건인 자명한 악을 철저하게 보충해 준다면, 자명한 악은 단순히 중립적이 아니라 도구적으로 선하다고 볼 수 있다. 바로

이 점이 아우구스티누스가 주장하는 바이다. 아우구스티누스는 세계의 아름다움이란 서로 반대하는 것들의 조화를 통해 이루어진다고 말한다. 그러므로 하느님은 인간과 천사의 악까지라도 선을 위해 사용할 수 있다. "그러므로 수려한 시가 반대의 내용을 대구로 하여 표현하듯 하느님은 그렇게 나이가 들어가는 과정을 아름답게 만들어 간다"(CG XI. 18). "이러한 사실을 분별할 수 있는 눈을 가진 사람들은 죄인들조차 우주를 아름답게 하는 것으로 본다. 물론 죄인들은 자신들의 결함이 불행한 흠이라고 생각하지만 말이다"(CG XI. 23).

아우구스티누스 저술의 여러 구절들은 하느님이 자명한 악을 메워 줄 뿐 아니라 더 철저하게 메워 주고 있음을 보여주고 있다. 때문에 자명한 악이 일어나는 것은 실재에 있어서는 선이 된다. 아우구스티누스에 따르면 하느님은 인간으로 하여금 악마의 유혹을 받도록 허락하셨다. "왜냐하면 하느님은 하느님의 은총을 받은 인간의 자손을 통해서 악마 자신이 성도의 큰 영광을 위해 정복되리라고 예견하였기 때문이다"(CG XIV. 27). "심지어 악하다고까지 불리는 우주가 바르게 질서가 잡히고 제 자리에 놓이게 되면, 선은 더 탁월하게 나타나게 될 것이다. 왜냐하면 선한 것이 나쁜 것과 비교해 볼 때 더 큰 기쁨과 찬양을 뿜어내기 때문이다"(E III. 11). "하느님은 어떤 악도 존재하지 않게 하는 것보다 악에서 선을 내는 것이 더 좋다고 판단하였다"(E VIII. 27). "악한 것들이 존재하는 것이 좋은 것이 아니라면, 전능한 선은 이들이 존재하는 것을 허락하지 않았을 것이다"(E XXIV. 96).

요약해서 말하면, 아우구스티누스는 본래적으로 악한 유일한 것이 분명히 있다고 생각한다. 죄 혹은 악한 의지가 바로 그것이다. 그러나 이러한 자명한 악은 오직 보이는 악일 뿐이다. 왜냐하면 죄 없는 우주보다 죄 있는 우주가 더 좋은 곳이기 때문이다. 본래적으로 악한 것으로 생각될 수 있는 다른 것이 있는데, 그것이 곧 고통이다. 그런데 이 고통은 결코 순수하게 악한 것이 아니다. 왜냐하면 고통은 죄에 대해서 정당한 벌이 되는 것이고, 어떤 고통도 상쇄하는 아주 좋은 선인 영생을 얻는 데 도움이 되기 때문이다. 제한된 상황이나 부분적인 관점에서 도구적으로 악하게 보이는 것들은 전체 우주의 상황에서 보면 악한 것이 아니다. 따라서 실재에 있어서 순수 악이란 존재하지 않는다.

우리는 이 입장을 논리상 모순이 없기 때문에 가능한 입장으로 받아들일 수 있다. 그러나 여기서 두 가지 질문이 생긴다. 첫째, 이 입장이 우리의 경험에 부합되는가? 혹은 우리는 "완전한 실재"의 본성에 대해 전통적인 기독교 전제들보다 높이 신뢰할 수 있는 순수 악의 실재에 대한 통찰을 갖고 있는가? 둘째, 세상에는 순수 악이 없다는 결론이 기독교 신앙의 본성과 부합되는가?

나는 우리가 아우구스티누스가 했던 대답과는 다른 방식으로 대답을 시도해야 한다고 생각한다. 순수 악이 없다는 아우구스티누스의 입장은 그리스의 하느님 개념과 히브리의 하느님 개념을 종합하려 했던 독특한 방식이 빚어낸 필연이었다. 한편으로, 세상에 대한 하느님의 지식과 하느님이 세상에 미친 영향을 긍정함으로써 나타나는 하느님의 힘에 대한 개념과, 또 다른 한편으로 하느님의 불변성과 부고성(impassibility, 고통당할 수 없음)은 하느님이 모든 것의 원인임을 의미하였다. 하느님이 도덕적으로 완전하다는 생각에 덧붙여 이러한 가르침은 우주 안에 불완전성이 존재하지 않음을 뜻하게 되었다. 따라서 우리는 하느님 개념의 철저한 개정을 통해서만 모든 것이 생각보다 그렇게 선하지 않다는 실제적인 우주의 통찰을 지속적으로 지켜갈 수 있을 것이다.

제7장 토마스 아퀴나스 : 하느님의 단순성과 신학적 복합성

토마스 아퀴나스는 앞 장에서 정리된 아우구스티누스의 교리를 대부분 받아들였다. 아퀴나스와 아우구스티누스는 전체적으로 보아 어느 정도의 신학적 차이가 있긴 하지만 그렇게 많은 것은 아니다. 물론 하느님의 본성, 악의 본성, 혹은 하느님과 악의 관계와 관련해서는 중요한 차이를 드러내고 있다. 토마스는 아리스토텔레스의 "부동의 동자"의 개념을 가지고 하느님을 표현하였다. 그렇지만 하느님의 불변성과 부고성(고통 받을 수 없음)을 아우구스티누스만큼 강조했던 사람은 없었다. 신정론과 관련해서 이 두 사람이 가지는 결정적인 차이는 토마스가 그리스의 하느님 개념과 히브리의 하느님 개념을 기독교 전통 안에 더 철저하게 종합하고 있다는 점이고, 또한 우주 안에 눈에 보이는 악과 결합된 기독교 전통의 종합이 만들어 내는 추상화된 하느님의 선을 보다 분명하게 거부하고 있다는 점이다.

이번 장에서는 먼저 토마스가 말하는 하느님의 일곱 가지 특성을 요약해 보고, 이들 특성이 어떻게 연결되는지 살펴볼 것이다. 나는 이처럼 상호 연결된 속성들을 "토마스 유신론의 본질적인 핵심"(the essential core of Thomistic theism)이라 부를 것이다. 그런 다음 토마스 유신론의 본질적인 핵심에 비추어 볼 때 순수 악이 존재한다는 것과 하느님이 도덕적으로 완전하다는 사실을 주장할 수 없음을 밝힐 것이다. 따라서 아우구스티누스를 다룬 6장과 크게 다르지 않은 논증과 결론이 이어질 것이다.

그러나 나는 토마스 아퀴나스를 따로 다루는 것이 여러 가지 이유에서 중요하다고 생각했다. 첫째, 전통적인 유신론은 신정론을 전개하는 학자들에게 조직적이건 즉흥적이건 아주 오랜 동안 그 영향을 미쳐왔다. 따라서 이번 장에 반복되는 내용들 대부분이 전통적인 유신론을 좀 더 반박한다는 점에서 그 정당한 이유가 있다고 하겠다. 둘째, 토마스는 악의 문제와 관련하여 전통적인 유신론을 반대하고 있기 때문에, 토마스의 대답을 살피다 보면, 가장 독창적이면서도 큰 영향력을 행사해왔던 전통적인 유신론에 대한 그의 항변의 정당성을 생각해 볼 기회를 얻게 된다. 셋째, "토마스 유신론의 본질적인 핵심"은 하느님의 세계 인식과 하느님이 세계에 미친 영향을 하느님의 불변성과 종합했던 아우구스티누스나 다른 어떤 전통적인 유신론자보다도 훨씬 조직적인 설명이다. 따라서 "토마스 유신론의 본질적인 핵심"은 일반적으로 전통적인 유신론의 본질적 핵심에 대한 진술도 된다.

그러므로 토마스의 관점을 살펴보면, 전통적인 유신론의 상황에서 어떤 부분이 신정론을 위해 열려 있고, 어떤 부분이 열려져 있지 않은지 보다 잘 알 수 있게 된다. 특히, 하느님의 도덕적 선을 지키기 위해 토마스를 포함한 전통적인 유신론자들이 만든 대부분의 일반적 구분은 원칙적으로 하느님의 단순성 교리에 의해 무너져 버렸다. 이 하느님의 단순성 교리는 토마스가 가장 분명하게 설명하였고, 일반적으로 전통적인 유신론이 암시적으로 그 안에 내포하고 있는 교리이다.

나는 종종 토마스의 신정론을 반박하기 위해 토마스 자신의 논리를 사용할 것이다. 그러나 토마스의 "본래 입장"이 무엇인지는 특정 주제에 대해 모순된 두 입장을 견지해서는 해결되지 않을 것임을 분명히 할 필요가 있다. 여기서 중요한 것은 특정 문제에 대해 여기저기서 상황에 따라 전개한 얘기를 찾아가는 것이 아니라, 토마스 유신론의 본질적인 핵심이 그로 하여금 일관성 있게 주장하도록 한 것이 무엇인지 밝히는 것이다.

나의 논점을 명백히 하면, 하느님의 선과 순수 세상의 악을 그의 유신론의 본질적 핵심과 조화시키려는 그의 진술은 모두 상황에 따른 주장이라 할 수 있다. 토마스가 상황에 맞춰 말한 주장들은 본질적인 핵심과 일치하지 않는다. (이러한 분석은 5장에서 정리한 바 있다.)

토마스 유신론의 본질적 핵심

이제 토마스 유신론의 본질적 핵심으로 관심을 돌려보자. 여기서 나는 먼저 하느님의 7가지 속성이 갖는 의미를 간략히 설명하고 각각의 속성이 다른 속성과 관련하여 어떤 의미를 갖는지 살펴볼 것이다. 토마스는 하느님을 다음과 같이 정리한다.

1. 하느님은 영원하거나 무시간적이다. 이 말은 하느님이 언제나 존재해야 함을 의미할 뿐 아니라, 하느님의 실재에는 시간적 과정도 없고 "이전과 이후"도 없음을 의미한다(ST I.20. 1, ans. and ad 4; SCG I. 15. 3).[1]

2. 하느님은 불변하며 감정이 없는 분이다(SCG I. 16. 6). 하느님이 감정이 없다는 말은 어떤 존재에 의해서도 영향을 받을 수 없다는 것을 의미한다. "불변하다."는 말은 보다 일반적인 용어로서, 하느님은 어떤 방식으로든 심지어 내면에서조차 변화될 수 없다는 것을 의미한다. 불변이라는 개념은 무시간성이라는 의미를 담고 있다. 왜냐하면 어떤 상태로부터 또 다른 상태로의 변화는 시간적인 특성을 지니고 있기 때문이다.

3. 하느님은 순수 현실태(actus purus)이다. 악투수 푸루스(actus purus)는 순수 행위(pure act) 혹은 순수 현실태(pure actuality)란 의미이다. 하느님 안에서는 실현되지 않은 잠재능력(potency) 혹은 가능태(potentiality)란 존재하지 않는다(ST I. 3. 1, ans; SCG I. 16. 1). 순수 현실태란 개념은 무시간성과 불변성이

---

1) *ST*는 *Summa Theologica*를 가리킨다. 인용은 영국 도미니크회 수도회의 교부들이 번역하고 Daniel J. Sullivan이 개정한 Robert M. Hutchins [ed.], *Great Books of the Western World*(Encyclopaedian Britannica, Inc., 1952), Vols. 19 and 20.에서 하였다. 인용에서 로마 숫자는 *Summa Theologica*의 1부 II부 할 때의 부를 의미한다. 그리고 첫 번 아라비아 숫자는 논제(Question)를 의미하고, 두 번째 아라비아 숫자는 항을 의미한다. "ans"는 언제나 "나는 대답한다."로 시작하는 항의 중심부를 의미한다. 또 "ad"는 반대자에 대한 대답을 의미한다. *SCG*는 *Summa Contra Gentiles*를 가리키고 종종 *On the Truth of the Catholic Faith*으로 표현된다. *SCG*에 대해서는 Vernon J. Bourke가 번역한 것으로 인용하였다. 이 책의 경우 처음 로마 숫자는 책을 가리키고, 두 번째 로마 숫자는 책의 1부 II부 할 때의 부를 가리킨다. 아라비아 숫자는 장을 가리키고 두 번째 아라비아 숫자는 문단을 의미한다.

라는 의미를 담고 있다. 왜냐하면 아직 실현되지 않은 잠재능력이란 하느님이 어떤 상태(잠재능력)로부터 다른 상태(현실화)로 변화시킬 수 있음을 의미하기 때문이다. 어떤 잠재능력이 후에 실현된 적이 있다면, 이는 "이전과 이후"를 수반할 것이다. 또한 순수 현실태는 부고성과 동일하다. 왜냐하면 하느님은 뭔가에 의해 행위 되어지는 수동적인 힘을 가진 분이 아니기 때문이다(ST I. 25. 1, ans.).

4. 하느님은 나뉘어질 수 없는(단순한, simple) 분이다. 단순성이란 역설적이게도 가장 복잡한 개념으로서, 실제로 토마스 유신론의 핵심에 가장 분명한 통찰을 제공한다. 단순성이라는 말에는 세 가지 다른 표현이 있다.

A. 자주 쓰이는 표현으로 "하느님의 본질이 곧 그의 실존이다(God's essence is his existence)"란 말이 있다(SCG I. 22. 1). 그러나 실존(existence)이란 용어는 아주 애매하다. 이 표현은 하느님의 본질이 설명될 수 있다는 단순한 사실을 의미할 수 있다. 이 경우 "하느님의 본질이 곧 그의 실존이다."라는 말은 "하느님의 본질은 하느님의 실존을 포함한다."라는 의미일 수 있다. 그러나 토마스는 하느님의 완전한 현실태를 표현하기 위해 "실존"(existence)이라는 말을 사용한다. 따라서 "하느님의 본질이 곧 그의 실존이다."란 말은 하느님에게는 우연이란 없으며, 하느님의 현실태 안에는 하느님의 영원한 본질을 넘어서는 요소도 없다는 것을 뜻한다(SCG I. 23. 1). (여기에 표현된 의미보다 부가적인 의미가 더 있을 수 있다. 그러나 다른 정황에서는 부가적 의미가 중요하겠지만, 적어도 내가 아는 한 여기 논의된 문제에는 적합하지 않다.)

이 교리와 앞서 다룬 교리들은 서로를 필요로 한다. 하느님에게 어떤 변화나 시간성이 있음을 부정하는 것은—여타 비본질적인 것들 예컨대 "우연적인" 요인들과 함께 하느님의 본질을 부분적이며 추상적인 요인으로 구현하는, 하느님에게는 사건(들)의 계속적인 경험이 있을 수 없음을 의미한다. 마찬가지로, "우연적인" 경험을 가진다는 것은 이들 경험의 가능태를 가졌다는 것을 의미한다.

B. 단순성의 교리는 또한 하느님의 본질과 하느님의 속성 사이에 구분이 없다는

의미이다. 단순성의 교리와 시간중심적인 세계관과 비교하면 단순성의 교리를 보다 충분히 이해할 수 있다. 시간중심적인 세계관에서 하느님의 완전한 "지식"은 하느님의 본질에 속한다. 그러므로 우리는 추상적인 특성으로서의 하느님의 완전한 "지식"(인식될 수 있는 모든 것을 인식하는 힘)과 하느님의 구체적인 "인식함"의 행위를 구분한다. 이러한 인식함의 구체적인 행위들은 하느님의 본질에 속하지 않는다. 왜냐하면 하느님은 (다른 일들이 일어났다면) 그 다른 일들을 인식할 수 있었을 것이고 그러면서 여전히 하느님일 수 있기 때문이다. 그러나 무시간 중심적인 세계관에서는 추상적인 힘으로서의 하느님의 지식과 하느님의 구체적인 인식함의 구별이 존재하지 않는다. 그러므로 하느님의 현실적인 인식함은 하느님의 영원한 본질에 속하며, 그 본질과 동일하다고 말할 수 있다(SCG I. 73. 1). 따라서 추상적인 특성으로서의 하느님의 "의지(will)"와 하느님의 구체적인 "뜻함(willing)"에는 구별이 존재할 수 없다. 같은 논리로 하느님의 힘과 하느님의 현실적인 인과성은 하나이고 동일한 것이다.

C. 모든 속성이 하느님의 본질과 동일한 것이라면, 그 모든 속성은 모두가 동일한 것이다. 그러므로 만일 하느님이 힘과 의지와 지식과 사랑을 가진다면, 이들은 모두가 동일한 것이다(ST I. 14. 4, o.c.; I. 14. 8, ans.; I. 14. 15; I. 19. 1, ans.; I. 25. 1, ad 2, 4.)

5. 하느님은 필연적이다. 하느님은 영원하다. 하느님이 영원한 것은 필연적이다(SCG I. 83, 3). 하느님이 "필연적 존재"란 말은 하느님이 필연적으로 존재한다는 것만을 뜻하지 않는다. 오히려 단순성의 교리는 하느님에 대한 모든 것이 필연적이라는 의미를 담고 있다. 하느님의 본질이 필연적이기 때문에, 그리고 하느님 안에 이 본질 외에 다른 것이 존재하지 않기 때문에 구체적인 전체로서 하느님은 필연적이다.

앞서 다룬 다섯 가지의 교리는 주로 그리스 유산에서 유래된 것이며 모두가 상호 관계되어 있다. 이 다섯 가지 교리 외에도 다른 두 교리가 토마스 유신론의 본질적 핵심에 속한다. 곧 전지(omniscience)와 전능(omnipotence)이다. 이 두 교리는 세상에서 하느님이 인식하며 활동한다고 주장하는 성서적인 유산을 전제로 한다. 그러나 이 두 교리는 앞의 입장들과 조화를 이루는 방식으로 정의된다. 이 두 교리가 앞의 교리들에 포함되지 않고, 이 두 교리가 앞의 교리들을 포함한다.

6. 하느님은 전지하다. 하느님이 전지하다는 말은 인식할 수 있는 모든 것을 인식한다는 의미이다. 따라서 "인식할 수" 있는 것은 시간적인 인간 존재에게 과거와 현재의 모든 것뿐 아니라 미래의 모든 것을 포함해야 한다. 하느님이 세상을 인식하기 때문에, 영원성과 불변성의 교리는 하느님이 영원히 모든 것을 인식해야 함을 의미한다. 왜냐하면 하느님의 지식의 내용에는 연속과 변화가 있을 수 없기 때문이다(SCG I. 66. 7; ST I. 14. 15, ad 2). 순수 현실태(actus purus)의 교리는 하느님이 어떤 것을 가능적으로 인식하는 상태로부터 현실적으로 인식하는 상태로 옮겨갈 수 없음을 의미한다. 하느님의 필연성과 단순성의 교리는 필연적인 본질(a necessary essence)과 어떤 사건이 일어난 다음 인식하게 되는 경험적인 인식(a contingent knowing) 사이의 구별이 있을 수 없음을 포함하고 있다.

7. 하느님은 전능하다. 하느님이 전능하다는 말은 하느님이 자기 모순적이지 않은 모든 일을 할 수 있다는 의미이며(ST I. 25. 3, ans.) 하느님이 실제로 모든 일을 하며 모든 것이 일어나도록 한다는 의미이기도 하다. 보다 철저하게 해석해 본다면, "전능함(all-powerfulness)"이란 문자 그대로 하느님이 실제로 모든 힘을 갖고 있다는 의미이다. 이러한 해석은 단순성과 함께 하느님의 전지의 의미를 고찰함으로써 얻어진다. 예컨대, 하느님은 모든 것을 인식하기 때문에 그의 인식은 하느님의 힘 혹은 인과성과 구별될 수 없다(ST I. 25. 1, ad 2, 4). 하느님이 모든 것을 인식하는 것은 모든 것의 원인이 되기 때문이다(ST I. 14. 8, ans.). 이 점이 하느님의 지식과 인간의 지식의 차이이다. 이러한 차이는 우리의 지식이 혼성적인 데 비해 하느님의 지식은 단순한 것에 기인한다. 곧 우리의 지식은 우리에게 사물이 끼친 영향으로 비롯된 것임에 비해, 하느님의 지식은 모든 것의 원인이 된다(SCG I. 65. 7; I. 67. 8).

하느님의 힘의 독점을 포함하는 하느님의 전능인(全能因, 모든 것의 원인, omni-causality) 교리는 불변성과 전지의 종합과 일치한다. 예컨대 어떤 피조물도 하느님의 지식의 내용에 예상치 않게 첨가될 수 없다. 왜냐하면 실제 어떤 피조물도 모든 것을 할 수 있는 힘을 갖고 있지 않기 때문이다.

대부분의 토마스주의자들은 처음 6개의 속성을 쉽게 받아들이지만 7번째 전능에 대한 해석은 받아들이는 데 어려움을 겪는다. 토마스주의자들은 하느님의 전능이 피조물들의 인과성을 배제하지 않는다는 토마스의 주장을 내세운다. 그러나 나는 이러한 순수 인과적 힘의 속성을 피조물에게 돌리는 것은 단지 말뿐이고 피조물들이 작인으로 여겨질 수는 없다고 본다. 문제가 되는 제 1 원인과 제 2 원인의 주요 교리는 창조자와 순수 창조의 관계에 적합성을 지닌다. 나는 이번 장에서 이 문제를 어느 정도 다룬 후에, 제임스 로스의 입장을 다룰 때 보다 철저하게 전개하려고 한다.

이제 앞서 언급한 토마스 유신론의 본질적 핵심과 (전능인[omnicausality]으로서의 전능의 교리라는) 이 교리의 가장 중심적인 면이 논쟁거리가 되고 있음을 염두에 두면서, 나는 전능하고 온전히 선하신 하느님 신앙을 가지고 어떻게 세계 내 악의 현존을 이해하는지 토마스의 여러 가지 제안을 살펴보고자 한다. 그 결과 토마스가 제시하는 모든 시도는 토마스 유신론의 핵심을 위배하거나, 악의 궁극적인 실재(순수 악)를 부인하거나, 아니면 암묵적으로 하느님의 완전한 도덕적 선을 부인하게 되는 결론에 이르게 됨을 살펴보고자 한다.

하느님의 전지와 세상의 우연성

아우구스티누스는 순수 악의 실재를 분명하게 주장하기위해 "자유의지론"에 의지하였다. 그러나 토마스는 보다 폭넓게 "우연론(contingency defense)"에 의지하였다. 왜냐하면 토마스는 자유의지를 선물로 받은 피조물에게서 모든 악의 근거를 찾는 아우구스티누스를 따르지 않기 때문이다. 문제는 토마스의 하느님 교리와 자신이 생각한 하느님과 세상의 관계에 비추어 볼 때, 그의 우연론이 일관성을 가지고 지켜질 수 있을까 하는 점이다. 우연한 사건들이란 있어도 되고 없어도 되는 그런 사건들이다. 말하자면 필연적인 사건들이 아니다(SCG I. 67. 3). 이성적인 피조물들이 벌이는 자유로운 선택의 사건들이란 우연한 사건들 속(屬, genus)에 속하는 종(種, species)이라 할 수 있다. 따라서 피조된 우주 안에 우연성이 없다면, 자유로운 선택은 없다.

토마스는 하느님의 불변하는 전지가 모든 우연성의 실재에 의문을 일으킨다고 생각한다. 토마스는 우리에게 여전히 미래로 남겨져 있는 사건에 대한 하느님의 지식은 그들 사건의 우연성과 양립 불가능한 것이 아니라고 주장한다.

그러나 하느님의 단순성 때문에 하느님의 지식은 하느님의 본질과 일치해야 한다. 영원한 하느님의 본질은 필연적인 것 말고 다른 방식으로 존재할 수 없다. 따라서 하느님의 지식은 동일하게 영원한 것이어야 한다. 그러므로 동일하게 필연적이다. 이제 토마스는 하느님이 우연한 사건들에 대해 필연적인 지식을 가질 수 있다고 주장한다(SCG I. 67. 5). 그러나 이러한 토마스의 주장이 "우연"이라는 말의 의미가 사건이 일어나지 않을 수도 있음을 의미한다면, 그 설득력을 잃게 된다. 예컨대 1967년 1월 18일 오후 3시 46분 뉴욕 시에서 스미스라는 사람이 정육점에서 사용하는 칼로 존스라는 사람을 살해한 사건을 두고 이 사건에 대한 하느님의 지식이 필연적이라면 그 사건 자체가 단순히 우연적일 수는 없다. 왜냐하면 그 사건이 일어나지 않았다면, 하느님의 영원하고 필연적인 지식은 잘못된 것이기 때문이다. 그리고 그 사건 말고 다른 사건이 일어났다면, 전지한 하느님이 그렇게 될 것을 알았을 것이고, 따라서 새로운 사건이 하느님의 지식이 되었을 것이기 때문이다. 사건이 이렇게 흘러가면 하느님의 불변성, 부고성, 그리고 무시간성을 위배하는 것이 될 것이다. 그러나 더 심각한 것은 하느님의 지식과 하느님의 본질이 일치하기 때문에, 하느님의 본질이 바뀌어야 할 것이고, 그렇게 되면 하느님은 더 이상 하느님이 아니거나 적어도 이전과 동일한 하느님이 될 수 없다. 물론 이 모두가 이치에 맞지 않는다. 그러나 이러한 논리 전개를 통해 알 수 있는 것은 영원히 그리고 필연적으로 인식된 사건들이 본질상 우연적일 수 있다는 생각은 이치에 맞지 않는 것이 된다.

모든 하느님의 속성과 동체인 하느님의 단순성의 교리가 갖는 또 다른 차원은 우연한 사건의 개념을 더욱 어렵게 한다. 왜냐하면 이 교리는 하느님의 지식과 의지와 인과성이 하나임을 의미하며 따라서 하느님이 사건을 인식하는 것은 하느님이 이 사건이 일어나기를 원했고 그 사건의 원인이 되었음을 의미하기 때문이다. 그리고 이 사건이 필연적으로 인식되기 때문에, 필연적으로 하느님이 이 사건들이 일어나기를 원하고 원인이 되어야 한다. 토마스주의의 이러한 면을 고찰해 보면, 높은 곳에서 길을 내려다보는 한 사람의 유비를 사용하여(이 유비는 토마스 자신이 사용한 것임, ST I. 14. 13, ad 3) 전지함에도 불구하고 자유의 여지를 인정하려는 토마스 주의자들의 시도는 논리적으로 합리적인 추론이 아니다. 유비를 통한 논증은 바로 길 위를 내려다보는 사람이 위에서 보기 때문에 한 여행자가 강도를 만날 것을 예상할 수 있음에도 불구하고, 그의 예상이 강도짓을 원했다거나 그 강도짓의 원인이 된 것은 아니기 때문에, 책임은 강도에게 돌려져야 한다는 사실에 기초한다. 그러나 유비만을 가지고도 토마스가 주장하는 하느님과 인간의 차이를 위반하는 것이 되기 때문에 우리는 저들의 주장이 불합리함을 알 수 있다. 예컨대, 우리 인간은 복잡한 존재이다. 때문에 우리의 지식과 의지와 인과성은 서로 다르다. 따라서 우리가 어떤 사건을 예상할 수 있다고 해서, 그 사건을 원했다거나 혹은 원인이 되었다고 할 수 없다. 인간의 지식은 일어난 사건 때문에 생겨난다. 그러나 하느님의 지식은 모든 사건의 원인이 된다. 또한 인간의 예지는 필연적인 것이 아니라 다만 그럴 수 있는 가능한 것이다. 곧 여러 가능한 것들 중 예상된 강도짓을 예방할 수 있는 길도 있을 것이다. 예컨대 강도들이 스스로 다른 강도들의 공격을 받는다든지, 혹은 산사태가 나서 저들을 덮어버린다든지, 혹은 공격을 당한 사람이 이들 강도들을 격퇴시킬 수도 있는 것이다. 따라서 우리가 어느 정도 사건을 예상할 수 있다고 해서 토마스의 하느님이 사건을 원하지도 않은 채 또한 사건의 원인이 되지 않은 채 이 사건들을 예상할 수 있다는 것을 의미하지 않는다. 그러므로 유비는 사건을 우연적인 것으로 보게 하거나 이 사건들에 대해 하느님의 책임을 피하는 근거를 마련해 주지 않는다.

토마스는 하느님이 발생하는 모든 사건을 인식하고 원하며 하느님 그 자체로 모든 사건의 필연적인 원인이 됨을 인식한다. 이러한 상황에서 그는, "원거리" 원인과 "근거리" 원인을 구분함으로써, 어떤 사건의 우연성을 주장하려 한다. 원거리 원인인 하느님은 필연적인 원인이다. 그러나 사건들이 우연적인 것은 우연을 발생시키는 근거리 원인들을 갖고 있기 때문이다(SCG I. 67. 6; I. 85. 4). 토마스는 "우연적인 원인은 반대하는 것들과 관계를 갖는다."고 정의한다(ST I. 14. 13 ans.). 이 말은 원인 갑이 하나 이상의 결과를 가져올 수 있다면 우연적인 것이라는 뜻이다. 예컨대 갑이 을이나 병의 원인이 될 수 있다면 이는 우연적이 된다. 물론 이러한 정의는 우연한 원인에 대한 좋은 정의가 된다. 그리고 창조자의 선을 지키기에 적절한 종류의 우연성이 우리의 개념적인 세계에 허용되어야 한다면 이러한 정의는 필요한 정의라고 하겠다. 그러나 이러한 유형의 우연한 원인은 토마스의 세계에서는 불가능하다. 왜냐하면 토마스의 하느님은 갑 뒤에 을이 올지 병이 올지를 영원히 그리고 필연적으로 인식하기 때문이다. 그러므로 원인인 갑은 실제로 상대하는 것들과 관계를 가지지 않는다. 혹시 하느님과의 관계를 떼어놓는다면, 토마스에게서 우연적인 원인이 유일하게 가능할 수 있다. 그러나 우연적인 원인은 하느님과 관계를 떼어놓고 생각할 수 있는 것이 아니다. 왜냐하면 우리가 우연성이 우주 안에 가능한가 물을 때 거기에는 전지하고 불변하며 단순하고 전능한 존재가 존재하기 때문이다.

토마스는 또한 하느님의 의지가 완전하게 작용하기 때문에 그 의지가 되어질 일의 내용뿐 아니라 되어질 일의 방식도 결정한다고 주장한다. 그러므로 하느님은 어떤 사건이 필연적으로 이루어질 것이라 결정할 수 있지만, 다른 사건들은 우연적으로 이루어질 것이라고 결정할 수 있다.(ST I. 19. 8, ans. and ad 2; SCG I. 85. 2) 그러나 이 주장 역시 억지 이론에 불과하다. 토마스는 다른 신학자들과 마찬가지로 하느님은 자기 모순적인 일을 할 수 없다고 생각한다. 하느님은 원을 가지고 사각형을 만들 수 없다. 왜냐하면 이는 자기 모순적인 것이기 때문이다. 나는 하느님이 우연적이면서 동시에 필연적인 사건이 일어나도록 할 수는 없다고 생각한다. 예컨대 필연적으로 일어나는 어떤 사건이 동시에 일어나지 않을 수도 있는 것이 아니라는 말이다. 만약 토마스의 하느님이 어떤 사건이 일어나기를 원한다면, 그 사건은 필연적으로 일어나야 한다. 전능하다 해도 자기 모순적인 일은 할 수 없다는 토마스의 원칙에 의해서, 토마스의 하느님은 필연적인 사건을 우연적인 사건이 되게 할 수 없는 것이다.

토마스는 "필연적인"것과 "우연적인"것을 구분한 데서 출발하여 "절대적인 필연"과 "조건적인 필연" 혹은 "상상의 필연"의 구분으로 나아간다(ST I. 19. 8, ad 3; SCG I. 67. 10; I. 85. 5). 토마스는 세상의 사건들이 조건적으로만 필연적이라고 말한다. 곧 하느님이 이들 사건이 일어나기를 원하는 조건에서만 필연적이라고 말한다. 세상의 사건들은 절대적으로 필연적인 것이 아니다. 왜냐하면 하느님이 이들이 일어나야 한다고 원할 필요가 없기 때문이다. 하느님은 자신의 본성의 필연에 따라 세상을 창조하는 것이 아니라 자발적으로 창조하기 때문에, 지금과는 다른 세계를 창조할 수도 있었고, 세계를 전혀 창조하지 않을 수도 있었다. 이러한 하느님의 자유로운 세계 창조에 대한 주장도 타당한 것이 아님을 후에 논증해 보겠다. 그러나 하느님의 자유로운 세계 창조의 타당성을 인정한다 해도, 토마스는 하느님이 뭔가를 원한다면 그 원하는 것은 필연적이어야 한다고 생각했음이 분명하다. 그리고 그는 "하느님이 뭔가를 원한다면 필연적으로 그 원하는 바대로 존재할 것"(SCG I. 85. 6)이라고 생각한다. "절대적인 필연"만이 사건에서 우연성을 배제시킬 것이라는(SCG I. 85. 5) 토마스의 주장은 쟁점과 관련하여 사실이 아니다. 왜냐하면 모든 사건이 하느님의 뜻과 인과성과 관련하여 우연적일 수 있는가가 쟁점이기 때문이다. 하느님의 뜻과 인과성이 우연적일 수 있다면 하느님은 악을 원하고 악의 근거가 된다는 책임에서 벗어날 수 있을 것이다. 하느님이 사건들이 일어나기를 원하고 일어나는 원인이 되었다는 가정에서 저들이 필연적으로만 존재한다는 주장은 분명 신정론에 필요한 우연성을 제공해주지 않는다.

하느님의 제 1 인과성과 불완전한 제 2 인과성

이제까지의 논의가 토마스의 우주에서 어떤 우연적 사건의 가능성도 보여주지 못하고 그 결과 하느님의 선의 여지를 말할 수 있는 "우연론"의 가능성을 보여주지는 못하지만, 세상에서 일어나는 악의 책임이 하느님의 책임이 아님을 주장하는 그의 중심 교리를 자세히 살펴볼 필요가 있다. 악의 책임이 하느님의 책임이 아니라는 주장은 악이 불완전한 제 2 원인 때문이라는 그의 교리에 기초한다.

토마스에 따르면 기적을 제외한 모든 사건은 두 종류의 작용인을 가진다. 첫째,

하느님은 모든 사건의 제 1 작용인이다. 둘째, 모든 비기적적인 사건은 토마스가 제 2 원인이라 부르는 유한한 원인을 갖는다. 제 1 인과성과 제 2 인과성의 관계는 부분과 부분의 관계가 아니라 전체와 전체의 관계이다. 말하자면 어떤 결과가 부분적으로는 하느님으로 비롯된 것이고 부분적으로는 자연적 원인에 의해 비롯된 것이 아니라, 전체가 하느님으로 말미암은 것이고 전체가 제 2 원인으로 말미암은 것이다(SCG III. I. 70. 8). 결국 어떤 결과는 두 개의 충분인(sufficient cause)을 필요로 하는 것처럼 보인다. 이 개념에 대해서는 제임스 로스를 다루면서 좀 더 자세하게 언급할 것이다. 토마스는 한 행동을 위해 하나의 작인으로 족하지, 두 작인이 있을 수 있는 것에 대해서는 이해하기 어렵다는 점을 인정한다(SCG III. I. 70. 1-4). 그러나 토마스는 우리가 행동하는 것과 행동하게 하는 힘 사이를 구분한다면 두 작인의 필요성을 이해할 수 있다고 주장한다. 제 2 원인들은 순수 원인들이다. 그러나 이들은 하느님이 제공하는 힘을 통해서만 그 결과를 만들어 낼 수 있다. 이 둘의 관계는 유비를 통해 설명될 수 있는 바, 제 2 원인을 도구에 비교하고 제 1 원인을 도구를 움직이는 주요한 작인인 예술가에 비교하는 유비를 가지고 설명할 수 있다(SCG III. I. 70. 5-8).

토마스는 "제 2 원인들"이 실제 참 원인들이라고 주장한다. 예컨대, "낮은 유형의 결과들에 대한 인과성은 그 결과를 가져온 낮은 작인들의 인과성을 하느님의 힘에 돌려서는 안 된다."(SCG III. I. 69. 12). 토마스는 왜 피조물들이 결과를 내는데 능동적이어야 하는지 그 이유를 몇 가지 제시하고 있다. 먼저는 거기에 쓸모없는 어떤 것이 존재한다고 하는 것은 하느님의 논리와 모순되기 때문이다. 하느님이 피조물들의 작인을 사용하지 않고 직접 모든 것을 한다면 피조물들은 쓸모없는 것이 될 것이다. 또한 현실존재들 안에 하느님의 모양이 있다면 하느님의 모양은 현실존재들의 행위와 관계된다. 그러므로 피조물들은 그들 나름의 활동을 지닐 수 있다. 더욱이 힘이 크면 클수록 그 효과도 큰 것이다. 완전한 작인인 하느님이 결과를 내고자 할 때 능동적일 수 있는 피조된 존재들이 있어야 한다. 왜냐하면 능동적인 피조물은 능동적 힘이 없는 피조물보다 더 낫기 때문이다(SCG III. I. 69. 13-16).

그러므로 토마스는 말로는 하느님이 우주 안에 모든 것의 원인은 아니라고 분명하게 주장한다. 그리고 이것이 하느님께 악의 책임을 돌리지 않는 근거가 된다. 하느님은 일반적으로 품위를 갖춘 인과성을 모든 피조물에게 부여하였고, 특별히 인간에게는 자유의지를 부여하였다(ST I. 23. 3, ad 2, 3; I. 22. 3, ans.). 악은 이처럼 제 2 원인들 안에 있는 결함 탓이다(SCG III. I. 10. 7; III. I. 71. 2; ST. I. 49. 2, ad 2.). 예컨대, 토마스는 악한 행위들이 행위와 존재를 갖는다고 하면 이들 악한 행위들은 하느님으로부터 왔다고 주장한다. 그러나 "이들 악한 행위들이 결함이 있는 한, 이들 악한 행위들은 하느님으로부터 온 것이 아니라 결함이 있는 근거리 원인들로부터 온 것이다"(SCG III. I. 71. 13).

그러나 적어도 세상의 악에 대한 책임이 완전히 하느님에게 있다고 주장하는 것을 반박하기 위해 이와 같이 인과성을 피조물에게 돌리는 것은 단지 말뿐일 수 있다. 만일 제 2 원인이 나름대로 활동을 할 수 있거나, 적어도 하느님의 의지가 완전히 이루어질 수 없도록 어느 정도 수동적인 저항을 한다면, 소위 결함이 있는 제 2 원인을 언급함으로써 하느님의 의지의 선을 변증할 수 있을 것이다. 그러나 토마스가 사용한 예술가와 도구의 관계로 표현된 유비에서 보듯 모든 활동은 하느님에게 속하며, 제 2 원인들이란 단지 하느님이 사용한 도구에 불과하다. 여기서 유비는 뭔가가 재료로 주어져야 하고 하느님은 이 주어진 재료를 가지고 최선을 다해야 한다고 가르친다. 그러나 이러한 유비는 하느님과 제 2 원인의 관계를 적절하게 표현하지 못하고 있다. 하느님은 그의 창조를 위해 뭔가 주어진 자료를 필요로 하지 않는다. 소위 제 2 원인이라는 것은 무로부터 피조된 피조물인 것이다. 이 피조물 안에 있는 어떤 결함도 하느님이 뜻하신 바이기 때문에 존재한다. 따라서 이들 제 2 원인의 결과인 악이 하느님의 뜻과는 상관없는 결함 때문이며 따라서 하느님의 뜻이 완전하게 이루어지는 것을 막는다고 말하는 것은 적절치 않다.

토마스는 이 문제를 더욱 분명하게 설명한다. 그는 우주 안에 우연 같은 것은 없다고 주장한다. 왜냐하면 어떤 것도 우주적인(하느님의) 원인을 피할 수 없기 때문이다. 그러므로 제 2 원인이 하느님의 질서를 이루며(ST I. 22. 3, ad 3), 하느님의 뜻은 언제나 완성되고 제 2 원인 속에 있는 결함으로 방해받을 수 없다고 주장한다(ST I. 19. 6, ans. and ad 3; I. 19. 8, ans.). 물론 도덕 악과 관련하여, "결함이 있는 제 2 원인"은 죄 된 인간의 의지이다. 따라서 토마스는 하느님이 자유로운 선택을 하는 인간 행위의 원인이라고 주장한다(ST I. 22. 2, ad 4). 하느님과 제 2 원인의 관계에 대해 토마스는 "최고의 작인은 모든 열등한 작인들의 활동과 그 목적으로 움직여 감으로써 이들을 움직인다."(SCG III. I. 17. 7)고 주장한다. 다시 말하거니와 하느님이 활동하는 분이라면 어떻게 이들 활동이 우리 인간의 활동일 수 있는지 물어야 한다. 그러나 결과를 낳는 충분인이 두 개가 존재한다는 사실이 우리에게 무엇을 의미할런지에 상관없이, 토마스가 인간의 "자유로운 선택"에 의한 활동을 포함하는 "제 2 원인들"과 하느님의 인과성을 관계시키지 않았음이 분명하다. 곧 토마스는 선한 사건뿐 아니라 악한 사건 곧 모든 사건이 하느님이 일어나기 원하기 때문에 일어나며 또한 하느님이 그 원인이 되기 때문에 일어난다는 확신을 가지고 하느님의 인과성과 제 2 원인들의 관계를 서술하지 않았다.

원인이 됨(causing)과 허용해 줌(permitting)의 구분

이제 하느님이 악의 원인은 아니지만 악을 허용한다는(ST I. 19. 9, ad 3; I. 23. 2, ans.) 토마스주의자의 공통된 가르침을 살펴보겠다. 첫째, 토마스 자신은 자유로운 선택의 행위까지라도 하느님으로 말미암은 것이라고 인정한다. 바로 이 때문에, 도덕적 악에 대한 책임을 하느님께 돌리지 않기 위해, 원인이 됨과 허용해 줌을 구분하는 것은 쓸모없는 일임이 분명해진다.

둘째, 토마스는 하느님이 죄의 행위를 미리 알고 있지만, 죄의 행위의 원인은 되지 않으면서 그 행위를 허용한다고 주장한다. 그러나 이러한 토마스의 주장은 하느님의 인식함과 하느님의 원인이 됨 사이의 구분을 의미한다. 따라서 하느님의 단순성을 위반한 것이 된다. 토마스가 말한 바대로, 만일 하느님이 우리의 생각과 의지의 움직임을 알면(SCG I. 68. 1), 하느님은 차례로 그것들이 일어나도록 한다.

셋째, 토마스는 허용해 줌이란 예지 "그 이상"을 의미한다고 주장한다(ST I. 23. 3, ans.). 토마스는 "그 이상"이 무엇을 뜻하는지 밝히기 위해 하느님의 의지와 지성이 하나임을 뜻하는 구절과(ST I. 22. 1, ad 3), 그리고 하느님의 의지-지성이 만물의 원인이 된다고 주장하는 구절을 자세히 탐구한다(ST I. 19. 4, ad 4). 그러므로 토마스의 유신론이 지닌 본질적인 내용뿐 아니라 토마스 자신이 허용해 줌과 원인이 됨 사이의 의미 있는 구분을 분명하게 배제한다.

넷째, 아우구스티누스와 같이 토마스도 인간이 자유로이 죄를 지었기 때문에 하느님이 죄인들을 벌하는 것이 정당하다고 가르친다. 왜냐하면 하느님은 저들이 죄를 짓도록 하지는 않았지만, 죄를 짓도록 허용하였기 때문이다. 그러므로 토마스는 아우구스티누스의 교리를 따라 존재 자체가 선하며 존재의 결핍과 선의 결핍은 하나이고 동일한 것이라고 주장한다. 비도덕적 존재는 존재의 결핍과 선의 결핍의 표상이 된다. 그러나 토마스는 어떤 존재가 다른 존재보다 더 선한 이유는 하느님이 저를 향한 더 큰 사랑을 소원하면서 보다 사랑하기 때문이라고 주장한다(ST I. 20, 3, ans.; 참고 SCG I. 91. 10-11). 물론 이러한 결론은 하느님의 단순성 교리에서 나온 것이다. 왜냐하면 하느님 안에서 의지와 사랑은 하나가 되어야 하기 때문이다. 이와 같이 사랑-의지가 존재의 원인이 되고, 바로 그 때문에 선의 원인도 되는 것이다(ST I. 20. 2, ans.). 따라서 인간에게 도덕적 선이 부족한 것은 하느님이 그를 덜 사랑하여 도덕적 선이 부족하게 되었기 때문일 것이다. 따라서 특정 인물에 대해 하느님이 상대적으로 신통치 않게 사랑하고 또한 그를 영원한 형벌에 놓이게 한 결정은 그 사람의 죄의 결과이기보다 죄의 원인이 되기 때문에, 누군가를 영원한 형벌에 던지는 예정론과 관련하여 하느님의 선을 정당화한다는 점에서 토마스는 아우구스티누스와 동일한 문제를 안고 있다. 토마스의 하느님은 아우구스티누스의 하느님보다 더 노골적으로 천사와 인간이 자유로이 죄를 짓도록 허용할 뿐 아니라 이들이 필연적으로 죄를 짓게 한다.

하느님의 선행 의지와 결과적 의지의 구분

앞서 밝힌 대로, 토마스는 일어난 모든 사건은 하느님이 뜻한 대로 일어난다고 분명하게 주장한다. 그러나 그는 사람들이 영원한 형벌에 던져진 그 책임을 하느님에게 돌리지 않으려고 또 다른 구분을 시도한다. 앞 장에서 살폈듯이, 아우구스티누스는 하느님이 대부분의 사람들에게 영원한 형벌을 내린다는 자신의 교리와 성서가 제시하는 교리, 그리고 하느님이 모든 사람들이 구원 받기를 원한다는 하느님의 사랑의 교리 사이에 나타나는 분명한 모순을 다루기 위해 하느님 안에 두 의지가 있음을 주장하였다. 토마스도 동일한 문제에 임하여 아우구스티누스의 두 의지 개념을 발전시켜 이를 하느님의 선행 의지(antecedent will)와 결과적 의지(consequent will)라 명명하였다. 선행 의지란 제한된 의도함이다. 왜냐하면 선행 의지는 그 의지 자체 안에 있는 어떤 것만을 의미하며 모든 것에 선행하기 때문이다. 결과적 의도함이란 절대적이다. 왜냐하면 이루어진 사실들을 고려한 후에 의도된 것이기 때문이다. 토마스는 하나의 유비를 제안하다. 공의로운 재판관은 선행적으로 모든 사람이 인간이기 때문에 살아야 한다고 생각할 수 있다. 그러나 이들 중에 어떤 사람들은 살인자란 사실을 고려해서 이들을 사형에 처해야 한다고 결과적으로 생각할 수 있다. "마찬가지로 하느님은 선행적으로 모든 인간이 구원을 받아야 한다고 생각한다. 그러나 결과적으로 하느님의 정의가 집행되는 과정에서 어떤 사람은 저주를 받아야 한다고 생각한다"(ST I. 19. 6, ad 1). 토마스는 자신의 본질적 개념체계를 구성하는 핵심을 결여한 채로 다시금 유비를 사용하고 있다. 하지만 하느님과 인간의 차이 때문에 인간에게 적용될 수 있는 선행 의지와 결과적 의지가 하느님에게도 정확하게 적용될 수는 없다. 첫째, 시간성에서는 "선행적"인 것과 "결과적"인 것의 구분이 가능하다. 그러나 하느님의 경험에서는 "이전"과 "이후"의 표현을 쓸 수 없다. 둘째, 인간의 복잡성과 하느님의 단순성이라는 결정적인 차이가 유비를 쓸모없게 한다. 인간 재판관은 한 인간이 살인자인 것을 알 수 있다. 그리고 그는 정당하게 그를 재판할 수 있다. 왜냐하면 재판관의 정보가 살인자가 저지른 이전의 사실에 기인된 것이기 때문이다. 그러나 하느님의 인식은 창조적이다. 따라서 하느님이 택한 "부가적인 환경"은 신성으로 말미암은 요인들이다. 그러므로 어떤 유비도 하느님의 공의로움을 변증할 수 없다. 셋째, 하느님의 단순성은 하느님 안에 모든 구분을 없앤다. 토마스 자신도 이 사실을 인정한다. 그에 따르면 선행 의지와 결과적 의지의 구별은 하느님의 의지에 적용되는 것이 아니라 의도된 것들에 적용된다(ST I. 19. 6, ad 1). 그리고 이러한 조건이 모든 논의를 불가능하게 한다.

순수 악의 부정

이 시점에서 하느님과 악에 대한 토마스의 입장을 정리해야 한다면, 우리는 다음과 같은 결론에 도달할 수 있다. 곧 토마스의 하느님은 악이 없는 세상을 창조할 수 있었음에도 불구하고, 많은 자연 악과 도덕 악이 있는 세상을 창조하기로 자유롭게 결정했다. 또한 하느님이 어떤 인간이 어떤 죄를 지을 것인지 일방적으로 결정했고 또 누가 죄 때문에 영원한 형벌에 던져질 것인지도 일방적으로 결정하였다. 이러한 상황에서 토마스의 신정론은 "하느님은 완전한 실재이다."라는 전제 1이나 "완전한 실재는 도덕적으로 완전한 존재이다."라는 전제 4를 암시적으로 거부하고 있다고 할 수 있다. 그렇다고 토마스는 이 두 제안을 겉으로 지지하는 것도 아니다. 따라서 토마스는 "세상에 순수 악이 존재한다면, 하느님은 존재하지 않는다."라는 전제 6을 거부하고 있다고 추정할 수 있다. 곧 토마스는 논리를 넘어서는 하느님의 신비와 자신의 방법에 호소하고 있다. 그러나 논리의 궁극적인 타당성을 부정하기 때문에, 그가 이성과 진리 자체인 하느님을 옹호한다고 보기는 어렵다.

이러한 사실 때문에 토마스는 악의 문제를 해결하지 못한 채 여전히 남겨놓고 있다. 그러나 여기서 토마스는 자신의 분석을 포기하지 않는다. 아우구스티누스의 경우와 같이 세계 안에 악이 존재한다는 그의 주장은 분명하지 않다. 표면적으로 드러난 자연 악과 도덕 악은 있다. 예컨대, 세계를 한정된 관점에서 바라보고 사건을 한정된 상황에서만 고려해 보면 악으로 보이는 것들이 있다. 그러나 토마스는 실재의 전체와 관련하여 순수 악이란 존재하지 않는다고 생각한다. 왜냐하면 전체의 완전함을 손상시키는 것은 아무것도 일어나지 않기 때문이다. 자명한 악(prima facie evil)이란 눈에 보이는 악일뿐이다. 그리고 실재에 있어서는 이들 악은 전체의 완전함에 기여한다.

이러한 입장은 아래 구절에서 분명하게 제시되고 있다.

하느님은 보편적으로 모든 존재의 근거가 된다. 때문에 특별한 상황에서 어떤

> 결함을 허용하면서도 우주의 완전한 선을 나타내는 것은 하느님의 섭리에 속한다. 왜냐하면 모든 악이 제거된다면 그 많은 선도 우주에서 사라질 것이기 때문이다. (ST I. 22. 2, ad 3)

이 구절에서 토마스가 "악"이라 한 것은 "자명한 악"을 두고 한 말이다. 왜냐하면 "허용하다."라는 말을 "원인이 되다."로 읽어주어야 하기 때문이다. 그리고 그가 이처럼 "보다 더 큰 선"을 주장하는 상황에서 그는 자명한 악이 하느님이 뜻한 바이고 하느님으로 말미암은 것이라는 사실을 숨길 필요가 없다. 왜냐하면 자명한 악이란 표면적 악일뿐이기 때문이다. 예컨대, 타락할 수 있는 존재들에 대해 논하면서 토마스는 다음과 같이 주장한다.

> 피조물들은 자신들의 자연스런 존재 속에서 결함을 아파할 수 있다. 그러나 이러한 결함은 다른 존재의 유익에 기여한다. 왜냐하면 한 존재가 썩어지게 될 때 다른 존재가 등장하기 때문이다. 마찬가지로 저들 자신의 행동에서 자연의 질서에 미치지 못할 수 있다. 그러나 이러한 실패는 자연의 질서에서 오는 선과 균형을 이룬다. 그러므로 근본적인 통치 질서에서 벗어난 것처럼 보이는 것들조차 실제로 제1 통치자의 지배를 피하지 못한다. 심지어 타락하기 쉬운 육체까지도 이들이 하느님에 의해 피조된 것처럼 그분의 힘에 완전하게 속한다. (SCG III. I. 1. 6)

아우구스티누스와 마찬가지로 토마스도 전체의 완전은 모든 가능한 존재의 단계가 현실화되어야 함을 요청하는 "완전의 원리(principle of plenitude)"를 주장한다. 곧 "가능한 모든 존재의 질서가 완성되어야 하는 것은 하느님의 섭리에 속한다"(SCG III. 1. 72. 3). 토마스는 또한 아우구스티누스와 같이 존재하는 모든 것이 선하다고 생각한다. 그래서 어떤 존재가 갖는 존재의 단계가 곧 그 선의 단계가 된다. 따라서 그는 창조에서 완전한 선이란 모든 가능한 선의 질서가 실현되어져야함을 의미한다고 주장한다. 이는 존재의 질서에 따라 높은 질서의 존재는 낮은 질서의 존재보다 더 선해야 함을 의미한다(SCG III. I. 71. 3). 그리고 선으로부터 벗어날 힘을 가진 존재들도 있음을 의미한다고 결론짓는다(SCG III. I. 71. 3). 그러나 이들 존재들이 단지 선으로부터 벗어날 힘을 가지고 있다는 주장과 벗어날 수 있는 것이 때로 이미 벗어났기 때문에 악이란 이 벗어날 수 있는 힘의 결과"(SCG

III. I. 71. 3)라고 하는 주장은, 전능의 상황에서 보면, 완전의 원리의 충분한 적용이 아니다. 이러한 상황에서 원리상 전체의 완전을 위해서는 존재하는 것들이 실제로 선에서 벗어나야 한다. 그리고 앞서 우리가 살폈던 대로, 모든 사건은 하느님께 돌려져야 한다. 왜냐하면 어떤 피조물도 자신의 본래적인 힘을 가지고 있지 않으며, 심지어 선으로부터 벗어날 힘도 가지고 있지 않기 때문이다.

따라서 토마스는 자명한 악이 일어나는 것에 대해 여러 정당한 이유를 제시한다. 예컨대, 각자의 본성에 따라 활동하게 될 때 서로 양립 불가능하기 때문에 한 개인에게 본래적인 선이 다른 사람에게는 도구적인 악이 될 수 있다. 그리고 이런 유형의 악이 생기지 못하게 하는 것은 많은 선이 일어나지 못하도록 방해하는 것일 수 있다(SCG III. I. 71. 4-5). 또한 악이 없다면 많은 선이 일어날 수도 없다. 예컨대, 의로운 사람들의 인내는 논리적으로 말해 박해자들의 악 때문이다. 그러므로 악을 없애는 것은 또한 선을 없애는 것을 의미하는 것이 될 것이다(SCG III. I. 71. 6). 뿐만 아니라 악이 있기 때문에 선을 악과 비교함으로써 선을 더 잘 인식할 수 있게 되고 적극적으로는 더 열심히 선을 열망하게 된다(SCG III. I. 71. 8). 결국 우리는 아우구스티누스에게서 보았던 똑같은 심미적인 논증을 아래의 구절에서 만나게 된다.

> 전체의 선은 부분의 선에 선행한다. 선견지명을 지닌 주지사가 자질구레한 영역의 선의 결핍을 무시함으로써 오히려 전체의 선을 증대시키는 것은 자연스러운 것이다. … 그러나 만일 악이 우주의 한 영역에서 배제된다면, 많은 완전함이 우주에서 사라질 것이다. 우주의 아름다움은 악한 것과 선한 것의 균형 있는 통일에서 일어난다. (SCG III. I. 71. 7)

세계의 자명한 악은 사건의 전체 상황에서 볼 때 보이는 악일뿐이다. 왜냐하면 이러한 상황에서, 자명한 악은 실현될 수 있었던 가장 커다란 선을 손상시키지 않고 가장 큰 선을 위해 필연적이기 때문이다.

그러므로 왜 선하고 전능한 하느님이 악을 허용하고 심지어 악의 원인이 되었는가에 대해 토마스 아퀴나스는 하느님이 악을 허용하지 않으며 악의 원인이 아니라고 대답한다. 곧 순수 악은 존재하지 않는다고 대답한다. 18세기에 알렉산더 포프(Alexander Pope)는 아래와 같이 노래하였다.

> 모든 부조화, 이해되지 않는 조화;
> 모든 부분적 악, 보편적인 선;
> 이성의 악의에 잘못 빠져 교만함에도 불구하고,
> 분명한 하나의 진리가 있으니, 존재하는 것은 무엇이나 옳은 것이다.

이에 대해 칼 베커(Carl Becker)는 "포프가 토마스를 반복하고 있다."[2)]고 정확하게 논평하였다. 나는 이미 이러한 대답이 실현가능한 것이 아니라고 들어가는 말에서 밝힌 바 있다. 이 문제는 후에 좀 더 충분하게 다룰 것이다.

그러나 나는 토마스 자신의 궁극적 입장이 그의 유신론의 본질적인 핵심이 갖고 있는 입장이라고 생각하지 않는다. 그러나 이 논증에 돌아가기 전에, 토마스가 제시한 두어 가지 개념에 대해 현대 토마스주의자들의 해석을 살피는 것이 적절할 듯싶다.

하느님의 악의 허용에 대한 마리탱의 입장

원인이 됨과 허용해 줌에 대한 토마스의 구분이 토마스 유신론의 본질적인 핵심과 일치하지 않기 때문에 이미 거부되었음에도 불구하고, 앞서 토마스의 구분이 의미 있다고 생각하는 누군가가 토마스의 입장을 모방할 수 있다는 가능성마저 배제해서는 안 된다. 만일 토마스의 구분을 받아들일 수 있다면, 우리는 우주 안에 궁극적인 악의 실재를 부정하는 과감한 절차를 밟지 않고도 하느님의 도덕적 선을 지킬 수 있을 것이다. 자크 마리탱(Jacques Maritain)은 하느님이 악의 원인은 아니면서도 악이 존재하는 것을 허용한다는 개념을 특별히 강조했다. 이러한 강조는 마리탱의 『하느님과 악의 허용』(*God and the Permission of Evil*)[3)]이라는 대표

---

2) Carl Becker, *The Heavenly City of the Eighteenth-Century Philosophers*(Yale University Press, 1932), 66f.

작의 제목에 잘 나타난다.

마리탱은 토마스주의의 본질에 진리가 남아 있고, 하느님의 허용해 줌과 원인이 됨 사이의 구분은 말로만의 구분 이상이라고 생각한다. 그는 "하느님이 절대로 도덕 악을 원하거나 도덕악의 원인이 되지는 않지만 도덕 악을 허용한다고 주장할 수 있다."(GPE 1 n. 2; 참조. STPE 37)[4]고 생각한다. 왜냐하면 "은총 부재의 제 1 원인이 우리에게서 온다."(GPE 5, ST I-II. 112. 3, ad 2에서 인용)고 하는 토마스의 주장에 일리가 있기 때문이다. 선과 악의 비대칭을 강조하는 것이 토마스가 지적하는 요점이다(GPE 9).

여기에서 비대칭은 존재는 선하며 악은 마땅한 선의 결핍 곧 실제로 비존재라는 원리에 기초한다. 선의 입장에서 보면 하느님은 우리의 자유로운 결정의 제 1 원인이 된다. "왜냐하면 하느님의 인과성을 피하는 존재의 뿌리란 존재하지 않기 때문이다." 그리고 하느님의 지식은 모든 존재의 원인이다(GPE 10). 그러나 악의 입장에서 보면, 인간이 제 1 원인이고 악은 "하느님에 의해 피조된 것이 아니라 … 인식된다(GPE 10). 간단히 말해서, 마리탱은 하느님의 악의 비인과성과 악이란 하나의 "실체"(thing)가 아니라 단지 존재의 부재라는 개념을 일관성 있게 이용함으로써 하느님의 지식이 만물의 원인이라 가르치는 교리를 함께 연결시키고자 한다.

그러나 만일 하느님이 악의 원인이 아니라면 무엇인가? 마리탱은 도덕 악의 원인을 마땅한 선의 부재인 결핍으로 보려는 몇몇 토마스주의자들의 견해를 반박한다. 왜냐하면 이들의 견해를 따르게 되면 악이 곧 악의 원인이라고 말하게 될 것이기 때문이다. 이러한 논리는 악의 순환을 내포할 뿐 아니라(GPE 34), 하느님을 간접적인 악의 원인으로 만들 것이다. 왜냐하면 결핍으로서의 악 이해는 하느님이 이러한 결핍을 예방할 수 있는 은총을 사용하지 않았기 때문이다(GPE 30). 여기서 필요한 것은 적어도 논리적으로는 도덕적 결함이 있는 행동 이전에 어떤 "규칙의

3) Jacques Maritain, 『하느님과 악의 허용』 *God and the Permission of Evil*, tr. by Joseph W. Evans(Bruce Publishing Company, 1966). 앞으로 인용될 경우에는 GPE로 표기할 것임.

4) *STPE*는 자크 마리탱의 책 『성 토마스와 악의 문제』 *Saint Thomas and the Problem of Evil*, tr. Mrs. Gordon Andison(Marquette University Press, 1942)의 약자이다.

고려가 없다(non-consideration of the rule).”는 통찰이다. 곧, 합리적이며 거룩한 하느님의 법을 고려하지 않는 통찰이다(GPE 34; STPE 25). 이와 같이 행함 이전의 활동은 사실 비-활동이고, 비존재로서 비-활동은 하느님이 그 기원이 될 수 없다. 그러나 비-활동은 아직 마땅한 선의 결핍이 아니라 하나의 부정일뿐이다. 왜냐하면 도덕적 결정이 이루어지지 않은 상황에서 규칙을 생각하지 않는 것은 죄가 아니기 때문이다. 그러므로 피조물이 “행동하지 않거나”(dis-acts) 무로 돌아가는(nihilates) 순간은 악이 아니라 도덕적 악의 원인이 된다. 바로 이 무화의 순간에 사람들은 다음 순간 도덕적 규칙을 고려하지 않고 행동한다(GPE 35, 45, 47, 48, 50 n. 5).

이어서 마리탱은 선에 대한 하느님의 전체적인 인과성과 악에 대한 하느님의 단순한 허용의 차이를 설명한다. 도덕 악은 하느님이 자유로운 작인으로 하여금 도덕적인 선한 행동을 하게 하지만 파괴적 가능성을 … 포함하는, 파괴적 움직임”(shatterable motion)을 허용하는 곳에서 가능해진다(GPE 37). 이러한 움직임은 만일 피조물이 먼저 주도권을 갖고 활동한다면, 악을 선택할 수도 있는 일반적인 허용을 담고 있다(GPE 39). 그러므로 피조물이 책임이 있다. 왜냐하면 하느님의 허용이 악의 원인은 아니지만, 악을 막지 않으려는 결정을 포함하고 있기 때문이다(GPE 63).

토마스주의자의 이러한 주장은 상당히 놀랄 만한 것이다. 앞선 주장은 피조물이 도덕적인 방법으로건 악한 방법으로건 순수 행동의 자유를 가진다고 말하는 것처럼 들린다. 그러나 이러한 주장은 어떻게 하느님이 악을 인식할 수 있는가에 대한 문제를 야기한다. 이 점에서 마리탱은 딜레마에 빠진 것으로 보인다. 만일 하느님이 악의 원인이 아니면서 악을 인식한다면, 피조물이 하느님께 어떤 영향을 미치고 있는 것이 되고, 이는 곧 하느님의 부고성(impassibility)을 깨뜨리고 있는 것이다(GPE 68 f.). 이에 대한 대안으로 하느님이 선과 마찬가지로 악을 인식하며, 하느님의 악 인식이 곧 악을 일으키는 것이라는 주장을 내놓을 수 있다. 그러나 이 또한 하느님이 악에 대해 책임을 져야 하는 문제에 빠지게 한다.

마리탱은 이 문제가 가장 어려운 문제임을 인정한다. 그러나 그는 “이 문제가 내게는 크게 염려될 것이 없다. 왜냐하면 나는 어떤 경우에도 특별한 지식으로 하느님은 절대로 악의 원인이 아니라는 것을 알기 때문이다."라고 주장한다(GPE 67). 마리탱은 우리가 하느님의 초월을 깊이 생각하면 악의 원인으로서 그 책임을 하느님께 돌리지 않고서도 하느님이 악을 인식할 수 있음을 알게 된다고 주장한다. 비록 하느님이 자신이 창조한 존재들을 인식한다 해도, 하느님이 아무 것도 창조하지 않았더라면, 하느님의 인식의 행위에서는 변화된 것이 아무 것도 없었을 것이다. 마리탱은 이 점이 하나의 "신비"라고 말한다(GPE 69). 그러나 이때의 신비란 말은 "모순"이라 표현하는 것이 더 적절한 용어가 아닐까?

이어서 마리탱은 피조물조차 하느님의 인식에 영향을 줄 수 없는 상황에서 어떻게 비존재인 악이 하느님의 인식에 영향을 줄 수 있었겠는가를 질문한다(GPE 74). 이에 대해 마리탱은 존재는 절대적으로 하느님의 지식에 의해 존재하지만, 비존재는 추정컨대 하느님의 지식에 의해 존재하지 않는다고 대답한다. 결론에서 마리탱은 우리 자신의 이해를 넘어선 것들을 말하고 있는 것이 아니라고 말함으로써 지성의 한 가닥 희망을 남겨놓았다(GPE 75). 이렇게까지 말하는 마리탱을 향해 냉혹하게 말하는 것처럼 들리겠지만, 내가 보기에는 모든 것을 종합해 볼 때 지성의 한 가닥 희망조차 찾기 어렵다고 생각한다.

마리탱은 "파괴적 움직임"의 개념에 맞춰 세계 안에 있는 모든 것이 하느님이 위험을 무릅쓴, 또한 피조물들이 "창조주마저 놀라 두려워 떨게 하는" "모험이고 연주"라고 주장한다(GPE 80, 85). 이러한 마리탱의 주장은 문제를 더욱 어렵게 한다. 이는 분명 하느님의 무시간성과 부고성을 깬 것처럼 보인다. 그러나 우리는 이러한 주장과 관계된 시간성을 문자적으로 받아들여서는 안 되며(GPE 91 f.), 하느님의 영원한 계획안에서 모든 것이 오류 없이 이루어져 모든 사건이 조금의 착오도 없이 결정된 것임을 알고 있다(GPE 91). 현존하는 세세한 모든 것은 단번에 나누어지지 않는 하느님의 의지 가운데 이루어진다(GPE 94). 이제 본질적인 토마스주의로 돌아가 보자. 그럴 경우, 피조물로 하여금 어떤 행위 혹은 "비-행위"(non-acts)의 제 1 원인이 되도록 허용하는 "파괴적 움직임"이 존재한다는 개념은 그 효력을 잃게 된다. 마리탱은 하느님의 영원한 계획이 피조된 자유를 가진 하찮은 것들을 포함해 일어나는 모든 사건을 설명한다고 말함으로써 앞의 두 주장을 다 만족시키려 한다(GPE 98, 113; 참조. STPE 38 f.). 예컨대, 마리탱은 만일 유다가 예수를 배반하는 데 주도권을 취하지 않았더라면, 다른 영원한 계획이 하느님의 뜻에 따라 불변하게 이루어졌을 것이라고 주장한다(GPE 97). 그러나 이것은 독특한 이 세계를 창조하려는 하느님의 결정에 앞서 유다가 어떤 결정을 내리는 실재를 갖는다고 얘기해야 하는 어려움뿐 아니라, 하느님의 인식함(knowing)과 원인이 됨(causing) 사이의 부적절한 구분을 의미한다.

더 나아가 "모든 도덕 악으로부터 하느님이 절대적으로 순수하다."고 지성적으로 인정할 수 있는 실마리가 있다 해도, 마리탱은 그렇게 생각하지 않았다. 마리탱은 하느님이 모든 사람들에게 비 파괴적 움직임을 줄 수 있다고 주장하기 때문이다. 이는 모든 도덕 악에 대한 책임이 사람들에게 없음을 말해준다(GPE 38 f., 110 n. 30). 그러므로 마리탱이 보통 때의 주장과는 다르게, 부서질 수 없는 움직임들을 유보시킴으로써, 하느님이 도덕 악에 대한 주도권을 가지고 있음을 견지한다. 누군가가 왜라는 질문을 한다면, 마리탱은 "하느님이 원하는 이에게 부서질 수 없는 움직임을 준다. 이것이 하느님의 자유로운 편애의 신비이다."라고 대답한다(GPE 39). 이 또한 힘이 정의를 만든다는 의미로 들린다. 따라서 마리탱은 "하느님은 도덕적으로 완전한 존재이다."라는 의심스러운 전제 4를 포기하려 한다. 왜냐하면 유대-기독교 전통에 서있는 사람들은 "힘이 정의를 만든다."라는 표현을 도덕적 완전과 관계된 표현으로 받아들일 수 없기 때문이다.

그러나 이러한 주장은 마리탱의 생각을 정확하게 반영하지 못한다. 마리탱의 사유 가운데 또 다른 토마스주의적 개념은 "하느님이 보다 큰 선의 시각에서만 악을 허용한다."(GPE 62)는 개념이다. 하느님은 개체적으로 분리된 부분들을 위해서가 아니라 전체를 위해 가장 좋은 것을 행한다(STPE 6, 참조 I. 48. 3). 그러므로 모든 사람들에게 부서질 수 없는 움직임을 주지 않은 것은 필시 전체의 완전이 타락 가능한 존재들을 필요로 했기 때문일 것이다(STPE 17). 다시 말하면, 토마스와 마찬가지로 마리탱도 우주 안에 순수 악과 대면하여 하느님의 선을 지키기 위해 허용함과 원인이 됨 사이의 구분을 결국 포기해야 한다. 또한 세계 안에 나타나는 눈에 보이는 악이 전체의 완전을 위해 필연적이라는 원칙에서 순수 악의 존재를 부정해야 한다.

주르네와 최상의 가능한 세계의 부정

현대 토마스주의 신정론을 전개하는 샤를 주르네(Charles Journet)는 자신의 책 『악의 의미』(*The Meaning of Evil*)[5]에서 토마스의 또 다른 제안, 즉 하느님은 더 좋은 세계를 창조할 수도 있었다는 제안을 받아들인다. 주르네가 이러한 제안에서 전개하는 입장은 눈에 보이는 악으로 인해 우주가 완전하다고 하는 개념과 어느 정도 긴장 관계에 놓인다. 그는 모든 악이 다르게 현실화될 수 있는 것보다 더 큰 선을 위한 계기라고 주장한다. 심지어 우주의 완전에 대해서도 말한다(ME 80, 83). 그러나 주르네는 우주가 "모든 가능한 세계 중의 최상"이라는 의미에서 완전하다고 하는 라이프니츠의 주장을 거부한다.

하느님은 더 좋은 세상을 창조할 수 있었다는 토마스의 주장을 확대시키는(ST I. 25. 6, ad 3) 주르네는 하느님이 악이 없는 세상을 창조할 수 있었다고 주장한다(ME 91, 104f). 이러한 주르네의 주장은 분명한 딜레마에 빠지게 된다. 한편 하느님이 "최선을 다하지 않았다면" 하느님의 도덕적 선이 의심을 받게 된다. 그러나 다른 한편 주르네는 하느님의 자유를 지키기를 원한다. 그래서 그는 현재의 세계가 최상의 가능한 세계라면 하느님은 현재의 보습으로 세상을 창소할 수밖에 없었다고 주장하게 된다(ME 110). 주르네의 해법은 "최상의 가능한 세계"는 존재하지 않기 때문에 하느님의 "최선을 다함"에 대해 말하는 것이 의미가 없다고 주장한다.

주르네의 논증은 다음과 같이 전개된다. A. 하느님의 창조는 신성인 무한한 선의 외면적인 표현을 드러낸 것이다(ME 110). B. 그러나 피조된 모든 세계가 유한한 것인바 유한함 그 자체로 세계는 하느님의 선의 적절한 표현에서 무한히 떨어져 나온 것일 것이다(ME 111). C. 그러므로 하느님이 지금보다 몇 배나 더 좋은 세상을 창조했다고 해도 여전히 무한하게 지금보다 더 좋은 세계가 존재할 수 있을 것이다(ME 110). D. 따라서 하느님이 더 좋은 세계를 만들지 않았다는 이유로

---

5) Charles Journet, 『악의 의미』 *The Meaning of Evil*, tr. by Michael Barry(P.J. Kenedy & Sons, 1963). 이 앞으로 책은 *ME*로 표기될 것임.

비판하는 것은 의미 없는 일이다. 왜냐하면, 하느님이 아무리 더 좋은 세계를 만들었다 해도 여전히 더 좋은 세계를 만들 가능성이 남아있기 때문이다. E. 이러한 사실은 "하느님이 철저하게 악이 없는 세상을 만들 수 있었더라면, 그렇게 했어야 했다."라는 원리의 허구를 보여주고 있다. 여기서 우리는 "만일 하느님이 창조한다면, 전체가 선하게 될 세계를 창조해야 한다."(ME 104)고 주장할 수 있다.

그러나 이러한 주장에 "보다 좋은 세계"가 갖는 하나의 의미에서 또 다른 의미로의 변화가 있고, 또한 "악"의 의미 안에 상관적인 변화가 있다. "악"과 "보다 좋은 세계"가 갖는 하나의 의미는 "하느님이 악이 없는 지금보다 더 좋은 세상을 창조할 수 있었을 것"이라는 주장이 대부분의 사람들에게 제시하는 의미이다. 그러나 주르네의 논증은 "악"의 또 다른 의미를 사용함으로써 "더 좋은 세계"의 또 다른 의미를 소개한다.

여기서 다른 의미는 선의 질서와 함께 존재의 질서를 말하는 플라톤-아우구스티누스적 우주를 전제한다. 악은 선의 결핍이다. 따라서 존재와 선이 일치하기에 악은 존재의 결핍이 된다. 하느님은 무한한 존재로서 무한한 선이다. 우주는 무한한 선의 한 반영이다. 그리고 무한한 수의 우주가 가능하다. 그러나 어떤 특정 우주는 유한해야 한다. 그리고 유한과 무한 사이의 차이는 무한한 차이이다. 따라서 우주는 결코 무한한 존재-선인 하느님의 적절한 반영이 될 수 없다.

이러한 복잡한 개념들로부터 우주는 필연적으로 악할 것이라는 연역이 가능할 수 있다. 왜냐하면 존재와 선이 일치하고, 선과 악이 반대라면, 악이 존재의 결핍이라는 주장은 거꾸로 표현될 수 있다. 따라서 존재의 결핍 혹은 모자람이 악이 된다. 모든 가능한 우주는 필연적으로 무한한 존재와 비교해 존재의 모자람을 갖고 있기 때문에, 모든 가능한 우주는 필연적으로 악이 될 것이다. 이러한 악을 라이프니츠 같은 사람들은 "형이상학적 악"(metaphysical evil)이라고 불렀다. 형이상학적 악을 악이라 생각한다면, 이는 무한의 악이기보다 유한의 악이 된다. 따라서 모든 세계는 그 안에 죄(도덕 악)나 고통(물리적 악)이 없어도 악이 될 것이다. 그리고 무한한 수의 가능한 세계가 존재하기 때문에, 어떤 특정 가능한 세계는 그 위에 보다 더 좋은 가능한 곧 형이상학적 악이 보다 적은 세계를 무수히 갖게 될 것이다.

주르네는 "최상의 가능한 세계"를 창조한다는 의미로 하느님의 "최선을 다함"에 대해 말하는 것은 의미 없는 일이라는 점을 논증하기 위해 형이상학적 악이라는 개념을 사용한다. 만일 형이상학적 악의 개념이 건전하고 적절한 것이라면, 형이상학적 악의 개념은 하느님이 자연 악과 도덕 악이 없는 더 좋은 세상을 창조하지 않은 것 때문에 도덕적 책임이 있음을 논증하는 것이 필요하다고 주르네가 생각한 전제, 즉 "도덕적으로 완전한 존재는 언제나 최선을 다할 것이다."라는 전제를 약화시킨다.

그러나 이러한 전체 과정은 사람들이 왜 전능한 선이 덜 악하고 보다 선한 더 좋은 세상을 창조하지 않았는가라고 물을 때와는 다른 의미의 "악"과 "더 좋은 세상"이 갖는 의미로의 변화를 포함한다. 이러한 질문을 던질 때, 비평가들이 왜 세계는 무한하지 않은지, 즉 왜 세계는 하느님이 아닌지 묻는 경우가 거의 없다. 오히려 저들은 도덕 악과 물리적 악에 대해, 곧 죄와 고통에 대해 질문한다. 구체적으로 말해, 이들은 보다 높은 형태의 선을 위한 계기로서 합리적으로 필요하다고 생각할 수 있는 것보다 훨씬 많은 죄와 고통이 일어나는 것에 대해 질문하고 있다.

물리적 악과 도덕 악 사이의 밀접한 관련도 없고 또한 이들과 형이상학적 악과도 관련이 없는 것처럼 보인다. 먼저, 악의 문제에 대해 생각하는 대부분의 사람들은 물리적 악과 도덕 악 사이의 관계가 거의 없다고 생각한다. 하지만 존재의 질서 범주를 사용하는 철학자들과 신학자들은 존재의 질서에서 보다 낮은 단계에 속하는 존재들은 형이상학적으로 더 악하다고 생각한다. 예컨대, 벼룩은 개나 사람보다 낮은 존재의 질서에 속한다고 말한다. 따라서 벼룩은 개나 사람보다 형이상학적으로 더 악한 것이라고 할 수 있다. 그러나 어떻게 많은 사람들이 존재의 질서가 낮은 이 벼룩이 더 악하다고 생각할 수 있을까? 오히려 이들은 벼룩이 악하다고 생각하기보다 개와 사람에게 불편을 준다는 사실에 대해 생각할 것이다. 그러나 벼룩이 개와 사람에게 귀찮은 존재라는 사실을 전제로 해서만 벼룩이 본래적 가치를 거의 가지고 있지 않다는 사실을 추론할 수 있고, 이 맥락에서만 보다 악한 것처럼 보인다는 점에서, 벼룩의 낮은 지위에 대한 질문이 제기될 수도 있다. 그러나 인간과 인간이 관심하는 것들에게 해를 끼치지 않으면서 미적으로 혐오감을 주지도 않고 본질적으로 낮은 가치를 부여받은 존재들은, 이 세상에서 사람들이 생각하는 악의 이름에 오르내리지 않을 수 있다. 다시 말하면, 형이상학적 악을 다루다 보면 "하느님이 창조한 세계에 왜 악이 존재해야 하는가?"라고 묻는 대부분의 물음과 상관없는 엉뚱한 형태의 악에 대한 논의로 빠질 수가 있다.

둘째, "존재의 결핍"이라는 개념으로 이해되는 형이상학적 악과 물리적 악 그리고 도덕 악 사이에는 필연적인 연결이 없는 것 같다. 한편 존재가 여러 단계를 갖는다는 개념은 여러 종들 사이의 차이에 적용될 수 있어 보인다. 예컨대, 생물이 무생물보다 더 높은 존재의 단계에 속한다고 말할 수 있다. 그리고 생물 중에서도 중앙 신경 조직을 갖고 있는 포유동물이 식물이나 다른 동물보다 더 높은 존재의 단계에 속한다고 할 수 있다. 다른 한편, 도덕 악과 물리적 악은 한 종 안에 있는 결함들을 의미한다. 따라서 도덕 악과 물리적 악은 어떤 종이 다른 종과 비교를 통해 나타나는 단순한 존재의 결핍이 아니라, 그 존재의 단계에 마땅히 그래야 할 고유한 완전의 개념이 왜곡된 경우를 말한다. 예컨대, 우리는 기형아로 태어난 아이를 보면서 악을 인식할 수 있다. 그 이유는 그 어린이가 인간이며 또한 인식할 수 있는 초인간적인 존재이기 때문이 아니라, 인간에게 속한 모든 특성을 가지고 있지 않기 때문이다. 광견병을 앓는 개가 악한 것은 인간이 아니기 때문이 아니라 광견병을 갖고 있기 때문이다. 히틀러와 같이 도덕적으로 악한 사람을 우리가 악하다고 하는 것은 그가 하느님이 아니었기 때문이 아니라 인간으로서 해서는 안 되는 끔찍스런 일을 저질렀기 때문이다. 간단히 말해서, 한편에서 물리적 악과 도덕 악 사이에는 큰 차이가 존재하며, 또 다른 한편으로 이들과 형이상학적 악 사이에도 큰 차이가 존재한다. 그런데 대개의 경우는 이들을 모두 "존재의 결핍"이라는 개념에 몰아넣음으로써 그 차이를 모호하게 하고 있다.

이제 논의된 내용을 요약해 보자. 누군가 전능하고 도덕적으로 완전한 하느님이 최상의 가능한 세계를 창조하였을 것이라고 가정한다면, 하느님은 불필요한 도덕 악과 물리적 악이 없는, 말하자면 죄와 고통이 없고, 자명한 악을 보상해주는, 즉 더 높은 단계의 존재에게는 불필요한 세계를 창조했어야 했다. 주르네는 이런 맥락에서 도덕 악과 물리적 악이 없는 세계가 가능하며 그런 세계를 하느님이 창조할 수 있었다고 주장했다(ME 91, 104f). 따라서 선과 악에 대한 논의가 도덕 악과 물리적 악에 한정될 경우 "최상의 가능한 세계"에 대한 생각이 지적으로 의미 있는 것처럼 보인다. 그러나 주르네는 하느님이 그런 세계를 창조했었어야 했다고 말할 수는 없다고 생각한다. 이를 위해 주르네는 전혀 다른 "최상의 세계"의 개념을 소개한다. 물론 주르네도 이 "최상의 세계"란 개념이 의미 없다고 스스로 인정한다. 그리고 주르네는 가장 가능한 세계 중에 최상의 세계라는 개념이 의미가 없기 때문에, 이 개념에 기초해 하느님이 "최선"을 다했어야 했다고 말할 수 없다고 본다. 왜냐하면 이 또한 의미가 없기 때문이다. 그러나 주르네는 어떻게 "최상의 세계"와 "하느님이 최선을 다함"이라는 무의미한 개념이 하느님이 "최상의 가능한 세계"를 창조함으로써 "최선"을 다해야 한다는 원리를 무효로 할 수 있는지 보여줄 수 없었다. 말로는 도덕적 원리를 갖고 있지만 실제로 의미 없는 단어나 문단을 포함하고 있기 때문에 도덕적 원리가 아닌 주장들이 있다고 해서 순수 도덕적 원리들이 갖는 타당성을 부정할 수 없다. 따라서 주르네는 왜 하느님이 순수 도덕악과 물리적 악이 존재하지 않는 세계를 창조하지 않았는지 그 이유를 제시하지 않았다.

실제로 주르네는 세계 안에 순수 악이 존재하지 않는다고 주장한다는 점에서 궁극적으로는 토마스 아퀴나스와 자크 마리탱을 따르고 있다. 왜냐하면 그는 하느님이 전체적으로 더 좋은 구원의 세계가 도래할 것을 예견하고 "죄가 깃든 악의 타락이 처음 우주에 들어오도록 허락하였다."(ME 124; 참조. 259)고 주장하면서, "축복받은 타락"(O felix culpa)의 개념을 인정하기 때문이다. 그러나 토마스와 토마스주의자들은 이에 대한 해법으로 전제 7을 거부하지만 이것이 토마스주의의 본질적인 핵심에 대한 거부를 요구하는 전제인지는 의문이다. 다음 장에서 나는 전제 4가 거부되어야 하는 이유를 논증할 것이다.

결론

나는 토마스를 히브리 하느님 개념과 그리스 하느님 개념을 전통적으로 종합했던 학자 중에 가장 분명하게 논리를 전개한 사람으로 이해하였다. 특별히 토마스는 철저하게 하느님은 과정의 변화를 겪지 않는다는 하느님의 단순성의 교리를 가장 분명하게 주장하였다. 하느님에게 어떤 변화도 없다면, 영원한 본질과 변화하는 본질의 현실화 사이에 구분이 있을 수 없다. 그리고 하느님의 여러 "속성들"이 서로 다를 이유도 없다. 그러므로 이 장에서 주로 토마스주의 유신론의 본질적인 핵심에 대해 다루었지만, 사실 논의된 속성들은 "전통적인 유신론의 본질적인 핵심"에 속한다.

이들 속성들의 상호연관성을 강조하는 이유 중 하나는 악의 문제가 전통적인 하느님 개념, 예컨대 여러 하느님의 속성 중 하나만을 수정해서는 해결될 수 없음을 지적하기 위해서이다. 하느님의 여러 속성들은 함께 모여 통일된 전체를 이루기 때문에 어느 한 속성을 거부하려면 다른 속성을 또한 거부할 수밖에 없다. 앞서 밝힌 대로, 이러한 특성은 7개의 하느님의 속성 중 처음 5개의 속성에 엄격하게 적용된다. 또한 이 특성은 마지막 두 속성(전지와 전능)에도 제한된 의미에서 적용된다. 예컨대 처음 다섯 속성을 포기하기 위해서는 전통적인 의미에서 마지막 두 속성도 포기해야 한다. 왜냐하면 마지막 두 속성은 처음의 다섯 속성을 전제하기 때문이다. 그러나 처음 다섯 속성이 나머지 두 속성을 전제하지 않기 때문에, 이 마지막 두 속성은, 세계에 대한 하느님의 인과성과 지식을 폐기함으로써, 다섯 속성을 포기하지 않고도 거부될 수 있다. 물론 이러한 주장은 아리스토텔레스의 스스로 사유하는 사상이나 플로티누스의 일자 개념과 같은 것을 내버려둔 채 하느님 교리에 대한 성서적인 이해를 포기해야 함을 의미한다. 따라서 이러한 신정론을 구성하기 위해 한 속성의 변화는 모든 속성의 변화를 요구한다고 주장할 수 있다. 다시 말하면, 전통적인 유신론이 제기하는 악의 문제를 전통적인 유신론을 가지고 다룰 수 없다면, 그 해법은 전통적인 하느님 개념의 여기저기를 조금씩 수정해서는 안 되고, 완전한 실재의 개념을 철저하게 재구성해야 한다.

제8장 스피노자 : 만물은 하느님의 것

정통의 전제에서 얻어낸 비정통의 결론

베네딕트(바룩) 스피노자(Benedict[Baruch] Spinoza, 1632-1677)는 하느님이 세계의 세세한 부분까지 자유로운 선택이 아닌 필연에서 창조하였고, 실제 세계 안에 있는 모든 개체 존재들은 단지 하느님 속성들의 양태들로 하느님 안에 존재한다고 주장했다. 스피노자의 이러한 주장은 세계가 하느님의 것이라는 의미이다. 그러나 이는 또한 샤를 주르네가 지적한 대로 하느님이 도덕적이거나 부도덕적인 것과는 상관없는 초-도덕적(amoral)이라는 의미이기도 하다.[1] 주르네는 하느님이 초-도덕적이라는 스피노자의 입장을 거부한다. 그러나 전통적인 유신론자들과 특별히 하느님의 단순성을 강조하는 토마스주의자들은 자신들의 전제를 가지고 일관성 있게 사고하는 한 스피노자의 결론을 피할 수 없을 것이다. 나는 전통적인 유신론자들과 토마스주의자들이 자신의 결론을 피할 수 없을 것이라고 주장한 스피노자의 결론이 옳다고 생각한다.

스피노자는 실체를 다른 존재와 독립적으로 존재하는 것이라고 정의한다(I, Def. 3).[2] 그리고는 전통적인 유신론과 같은 맥락에서 하느님을 무한한 실체로 정의한다(I, Def. 6). 스피노자는 만일 하느님이 참으로 무한하다면, 다른 실체란 있을 수 없다고 생각한다(I, Prop. 14). 이러한 이해의 빛에서 "존재하는 모든 것은 하느님 안에 존재한다."라는 명제가 나온다(I, Prop. 15). 우리가 개체 존재라 부르는 것들

---

1) Journet, 『악의 의미』(*The Meaning of Evil*), 95.

2) 스피노자의 인용은 모두가 그의 책 『윤리』(*Ethics*)에서 따온 것이다. 로마자는 1부 II부 할 때의 부를 뜻한다. 모든 인용은 W. H. White가 번역하고 A. H. Stirling이 개정한 것을 따랐다. 참조. Robert M Hutchins(ed.), *Great Books of the Western World*(Encyclopaedia Britannica, Inc., 1952), Vol. 31.

은 단지 하느님의 속성의 양태들일 뿐이다(I, Prop. 25). 그러므로 전통적인 유신론자들이 주장하는 것처럼 하느님 안에는 우연성이 없기 때문에, 세상 안에도 우연성이란 존재할 수 없다(I, Prop. 29, Demonst.). 이러한 사실에 기초하여 스피노자는 모든 것이 영원히 그래야 하는 것으로 존재한다고 주장할 수 있었다. 따라서 하느님이나 인간을 찬양하거나 혹은 비난하는 것은 적절하지 않다.

이러한 스피노자의 주장은 "무한"이라는 말을 문자적으로 받아들인다. 그 결과 무한한 존재는 모든 것을 포용해야 한다. 만일 하느님 밖에(outside) 어떤 것이 존재한다면 하느님을 무한하다고 정의할 수 없기 때문에, 대부분의 전통적인 유신론자들은 이 세계가 하느님을 제한하지 않는 한 하느님의 무한성이 하느님 밖에 존재하는 세계와 양립한다고 주장하였다. 물론 이들의 전능과 전지의 교리는 어떤 모양으로든 세계가 하느님을 제한하지 않음을 의미하고 있다. 이들은 또한 하느님 안에 우연성의 부족과 세계의 우연성이 양립한다고 주장했다. 그래서 창조와 섭리는 하느님의 시각에서 보면 자유로운 행위로 이해할 수 있었다. 따라서 나는 하느님이 무한하다는 것과 하느님과 외연적 관계로서의 세계가 존재한다는 이 두 주장을 견지하는 것이 일관성에 문제가 있다고 생각하지만, "무한한 존재"에 의존하지 않는 세계에 대한 하느님의 자유의 한계와 세계의 신성을 논증할 수 있는지 살펴볼 필요가 있다.

스피노자의 논증 중의 하나는 자신이 "실체"에 부여한 엄밀한 의미에 기초한다. 실체란 다른 어떤 것에 의존하지 않는 것이다. 이러한 정의에 기초하여 데카르트(Descartes)는 하느님이 진정한 의미의 유일한 실체라고 하였다. 그리고 유한한 몸이나 생각은 이차적 의미의 실체들로서, 창조자요 보존자인 하느님께 의존하지 않고 자신들의 실체를 완성하였다고 보았다. 그러나 스피노자는 이러한 제한된 유형의 실체를 인정하려 하지 않았다. 스피노자에 따르면 실체는 또 다른 실체를 만들어 낼 수 없다(I, Prop. 6). 때문에 몸이나 생각은 단지 하나뿐인 무한한 실체의 여러 양태일 수 있다. 이런 맥락에서 스피노자는 존재하는 것은 무엇이나 하느님 안에 존재한다고 보았다. 왜냐하면 다른 실체는 존재할 수 없으며, 여러 양태들이 하나의 실체 안에서만 존재할 수 있기 때문이다(I, Props. 15, 25). 이러한 논리를 통해 스피노자는 만물의 비우연성을 결론으로 끌어낸다.

그러나 전통적인 유신론자는 여전히 이러한 스피노자의 결론을 자기 멋대로의 정의에 근거하여 자신이 공감하지 않는 "실체"나 "현질 존재"를 부인하는 외연적 비판(external criticism)으로 생각할 수 있다. 전통적인 유신론자는 "하느님에 의존하는 실체" 개념은 정말 이치에 맞는 것이라고 주장한다. 따라서 전통적인 유신론자는 하느님께 의지하지만 하느님과 떨어져 존재하는 실체들 혹은 현실태들로 구성된 실제 세계가 존재한다고 주장한다. 그러나 스피노자의 비정통적인 결론이 전통적인 유신론자들이 채택하는 전제들로부터 연역될 수 없는 것이라면, 굳이 전통적인 유신론자들이 그의 입장을 진지하게 생각할 필요가 없다.

여기서 스피노자는 결정적인 전제를 지적한다. 그는 하느님의 지성이 만물의 원인이라고 가르치는 교리는 곧 "하느님의 지성과 의지와 힘이 하나라고 주장한 사람들이 이해한 진리"라고 주장한다(I, Prop. 17, Schol.; 참조 II, Prop. 7). 다시 말하면, 결정적인 전제는 하느님의 단순성에 대한 전제이다. 스피노자 자신은 신성 그 자체가 분명치 않은 의미에서 "의지" 혹은 "의지력"(volition)을 갖고 있다는 생각을 거부한다(I, Prop. 17, Schol.; I, Props. 31, 32). 그러나 그는 의지가 하느님께 허용된다 하더라도 하느님이 필연에 의해 이 세계를 창조하였다는 결론은 하느님의 완전 곧 하느님의 불변성에 연유된다고 주장한다. 이에 스피노자의 논리는 다음과 같은 다섯 단계로 구성될 수 있다.

A. 전통적인 유신론자들은 "모든 존재가 그렇게 존재해야 하는 것은 하느님의 명령과 뜻에 달려 있다."고 생각한다.
B. "또한 하느님의 모든 명령은 영원부터 하느님 자신이 명령한 것임을 인정한다. 왜냐하면 그렇지 않을 경우 불완전과 변덕스런 변화가 하느님과 반대되는 모양으로 나타날 것이기 때문이다."
C. "그러나 영원에는 이전도 이후도 존재하지 않기 때문에, 하느님의 완전으로부터 하느님은 자신이 명령했던 것 말고 다른 것을 명령할 수도 명령했을 수도 없다. 말하자면, 하느님은 자신의 명령이 있기 전에는 존재하지 않았고, 지금도 그 명령 없이는 존재할 수 없다."
D. "만일 하느님이 자연과 자연의 질서에 대해 현재와 다른 어떤 것을 명령하였다

면, 즉 하느님이 자연에 관해 지금과 다른 어떤 것을 생각하고 고안하였다면, 그가 지금과는 다른 지성과 의지를 필연적으로 가졌어야 했다."

E. "그러나 하느님의 지성과 의지가 그의 본질과 구분되지 않기 때문에, 만일 하느님이 또 다른 지성과 의지를 가지고 있었다면, 그의 본질도 필연적으로 다른 본질이었어야 했다. … 그런데 이러한 주장이 터무니없는 것 아닌가?"(I, Prop. 33, Schol. 2.)

나는 위의 전제들을 통해 얻어진 결론을 피하기 어려울 것이라 생각한다. 만일 하느님의 본성이 영원하고 필연적이라면, 그리고 하느님의 뜻이 하느님의 본질과 하나라면, 하느님의 뜻도 똑같이 영원하고 필연적이어야 한다. 어떤 것도 하느님의 뜻이 완전하게 실현되는 것을 막을 수 없다는 교리와 더불어, 하느님의 뜻이 영원하고 필연적이어야 한다는 명제는 "만물은 필연적으로 하느님의 본성에서 흘러나온다."고 스피노자는 결론하였다. 따라서 세계는 자유로운 창조가 아니라 하느님처럼 철저하게 필연적인 창조이다. 그리고 이러한 필연성 때문에 만물이 하느님의 부분들이거나 양태들이라는 부가된 결론을 거부하기가 어렵게 된다. 만일 하느님의 필연적인 실존이 하느님을 세상의 모든 존재들로부터 구분하지 않는다면, 무슨 근거로 둘 사이를 구분해야 한다고 주장하는가? 내 생각에는 스피노자가 옳다고 본다. 하느님이 나누어질 수 없다면(simple), 모든 실재는 나누어질 수 없는 신성 안에 포함되어야 한다.

이제 토마스 아퀴나스가 제기한 구분들을 살펴보자. 토마스 아퀴나스는 하느님이 창조 세계를 필연적으로 창조하기에 세계도 하느님과 하느님께 속한 것만큼이나 필연적이라는 결론을 피하려 한다. 토마스는 "하느님이 영원부터 원하는 바를 원한다는 사실에 기초하여 가정(supposition)에 의한 경우를 제외하고는 소원하는 바를 필연적으로 원하지 않는다."고 주장한다. 즉, "상상으로 필연적"이 된다는 것은 "절대적으로 필연적인 것"이 되어야 한다는 것과는 구분되어야 한다(ST I. 19. 3; SCG I. 83. 1-3). 그러나 이 구분은 차이가 없는 구분이다. 왜냐하면, 하느님이 필연적으로 존재하기 때문에, 우리가 "하느님이 존재한다."는 상상을 의미 있게 주장할 수 없는 것 같이, 하느님의 존재와 본질과 의지가 모두 하나이며, 하느님이 원하는 것은 무엇이든 필연적으로 원해진 것이기 때문에, 우리는 "하느님이 이러저러한 것을 원한다고 상상해 보라."고 의미 있게 주장할 수 없다. 스피노자가 말한 것처럼, 하느님은 "같은 필연에 의해 행동하기도 하고 존재하기도 하다"(IV, Preface).

마찬가지로 토마스가 자주 구분해 사용한 하느님에게 "자연스런" 것과 "자발적인" 것 사이의 구분도 타당하지 않다(ST I. 19. 3, ad 2; I. 20. 10, ans.; SCG I. 82. 9; III. I. 1. 1). 왜냐하면 하느님의 본성(본질)과 하느님의 의지는 하나이기 때문이다. "하느님이 아는 것보다 더 많은 것을 알 수 없음"에도 불구하고(ST I. 14. 15, ad 2), "하느님이 만드는 것보다 더 많은 것을 만들 수 있다."는 주장은 하느님의 지식과 인과성 사이의 구분이 적절치 못함을 함축하고 있다. 하느님이 필연적으로 다른 것들을 알지만 그것들을 원치 않는다고(SCG I. 81. 7) 주장하는 것은 하느님의 인식함(God's knowing)과 하느님의 뜻함(God's willing)의 구분이 부적절함을 암시하고 있는 것이다. 토마스는 창조의 현재 질서가 충분히 하느님의 지혜를 표현해주지 못하기 때문에 하느님이 하신 일들 외에 다른 것들을 할 수 있다고 설득력 있게 주장할 수 없었다(ST I. 25. 5, ans.). 이 또한 하느님의 인식함과 하느님의 뜻함의 구분을 의미한다. 결국 하느님의 절대적인 힘(God's absolute power)과 하느님이 제정한 힘(God's ordained power) 사이의 유명한 구분은(ST I. 25. 5, ad 1) 하느님의 단순성에 대한 부정을 의미하며 순수 현실태 속에서 어느 정도 현실화되지 않는 가능태를 암시한다.

따라서 하느님이 창조할 자유도 있었고, 창조하지 않을 자유도 있었다든지, 혹은 다른 세계 대신에 이 세계를 창조할 자유를 가졌다고 생각하는 전통적인 유신론자들이 제기한 모든 주장들은 특별히 전통적인 유신론의 본질적 핵심과 양립하지 않는 구분들에 기초하였다. 이러한 양립 불가능성은 토마스의 경우에서 보듯이 단순성의 교리가 강조될 때 특히 더 분명해진다. 스피노자가 자신의 숙명론이 전통적인 유대-기독교 하느님 개념보다 일관성 있는 의미를 갖고 있다고 한 것은 정확한 주장이라 생각한다. 그리고 스피노자의 주장이 옳은 것이라면, 전통적인 유신론자들이 부정하는 것은 "완전한 실재는 도덕적으로 완전한 존재이다."라는 전제 4가 된다. 여기서 하느님은 부도덕적이기 때문이 아니라 초-도덕적이기 때문이다. 왜냐하면 자유로운 선택이 없는 모든 존재는 선과 악을 넘어서기 때문이다. 스피노자가 보여주는 것처럼, 비정통의 결론은 정통 신학자들이 주창한 전제들로부터 나온 것이다.

물론 스피노자의 사상에 의하면 하느님은 악에 대한 책임에서 면제된다. 그러나 주요 철학자들과 신학자들은 스피노자의 해법을 받아들이려 하지 않는다. 왜냐하면 그는 하느님에 대한 성서적 제안의 영향으로, 즉 자유와 도덕적 선을 지니고 있어서 하느님은 "완전"에 속한다고 보았던 전통적 신 이해를 거부하기 때문이다. 스피노자는 모든 면에서 무한, 절대 독립, 불변성으로 이해된 완전이란 이름 안에 담겨진 자유와 도덕적 선이라는 속성을 거부한다. 이러한 스피노자의 거부는 전통적인 유신론이 양립 불가능한 완전 개념 둘을 하나로 묶으려는 시도를 해 왔음을 지적해 준다. 적어도 성서적인 영감에 기초한 완전의 개념을 묵시적으로 인정하다 보면, 그리스 사상의 영감을 받은 개념들을 거부할 수밖에 없을 것이다.

제9장 루터 : 피조물의 노예의지

여러 면에서 개신교 종교개혁자들의 저술은 토마스 아퀴나스와 같은 중세 스콜라 신학자들의 저술들과는 상당한 차이가 있다. 그러나 이번 장과 다음 장에서 다루게 될 루터와 캘빈의 사상은 하느님과 악의 관계를 다루는 교리와 관련하여 아우구스티누스와 아퀴나스와 같은 다른 전통적인 유신론자의 사상과 그다지 다르지 않다는 것을 논증해보고자 한다. 유일하게 큰 차이가 있다면 일어나는 모든 사태에 대해 하느님이 책임 있음을 누가 더 명백하게 인정하느냐 하는 점이다.

루터의 입장을 분석하기 위해 이 책에서는 루터의 저술 가운데 『의지의 속박에 대해서』(*On the Bondage of the Will*)만 참조할 것이다.[1] 루터는 이 책에서 우리가 관심하는 문제에 대해 직접 언급하고 있다. 그리고 악의 문제와 관련된 여러 문제들을 함께 다루고 있다.

교회 믿음체계의 중요성

루터는 신학적으로 주관적인 신앙의 형식(fides qua creditur)을 강조하고 지성적인 신앙의 내용(fides quae creditur)을 경시하는 입장을 가진 것으로 비쳐진다. 이러한 루터의 신학적 입장은 신뢰로서의 신앙이 종종 신앙을 불필요한, 심지어는 이롭지 못한 믿음 체계로 만든다고 생각에서 비롯되고 있다. 그러나 이러한 입장은 루터 자신의 신앙에 대한 이해가 아니었음을 먼저 밝혀야 할 필요가 있을 것으

1) 마틴 루터 자료의 모든 인용은 Martin Luther, 『의지의 속박에 대해서』 *On the Bondage of the Will*, tr. J. I. Packer and O. R. Johnston(Fleming H. Revell Company, 1957)에서 한 것임.

로 생각된다. 루터는 자신의 책 앞부분에서 "우리의 의지가 영원한 구원에 대한 문제에 어떤 영향을 미칠 것인지, 혹은 구원이란 전혀 은총의 역사 아래 놓인 수동적인 것인지 알기 원하는 것은 경건치 못한 것이며, 게으르고, 불필요한 것"이라고 한 에라스무스(Erasmus)의 진술을 상기시킨다. 처음에 루터는 에라스무스가 자신의 입장을 밝힌 이후(619-614) 일관성을 견지하지 않았다는 이유로 에라스무스를 비판한다.[2] 그러나 후에 루터는 "그리스도인이 자신의 의지를 가지고 구원을 위해 뭔가 해야 할 어떤 것이 있는지 알아보는 것은 대단히 건전하고 꼭 필요한 것"이라고 주장한다. "[우리가] '자유의지'가 어떤 힘을 가지고 있는지, 어떤 면에서 자유의지가 하느님의 행위의 주체인지, 어떻게 자유의지가 하느님의 은총과 관계되는지에 대해 아무것도 알지 못한다면 … 우리는 기독교가 무엇인지 아무것도 모르게 될 것이다."라고 루터는 말한다(609-614).

> 왜냐하면, 내가 하느님과 관련하여 무엇을 할 수 있는지 또 무엇을 해야만 하는지 그 성격과 범위와 한계를 알지 못한다면, 사실 하느님이 모든 사람 가운데 모든 것을 이루어감에도 불구하고(고전 12: 26), 하느님이 내 안에 할 수 있는 것과 해야 할 것의 성격과 범위와 한계를 나도 똑같이 알지 못하고 확신하지 못하게 될 것이기 때문이다. 이제 내가 하느님의 사역과 힘을 알지 못한다면, 내가 하느님을 알지 못하는 것이고, 내가 하느님을 알지 못한다면, 하느님을 예배하거나 찬양할 수도, 그분께 감사를 드리거나 그분을 섬길 수도 없다. 왜냐하면 나는 내 스스로에게 얼마의 공덕을 돌려야 하고 또 하느님께는 얼마를 돌려야 할지 모르기 때문이다. 그러므로 경건한 삶을 살기 원한다면, 우리는 하느님의 힘과 우리의 힘 사이에 또한 하느님의 사역과 우리의 사역 사이에 분명한 구분이 있음을 염두에 둘 필요가 있다. (609-614)

이러한 입장을 좀 더 발전시켜 나간 루터는 이러한 것들이 알려지지 않으면, "신앙이 있을 수 없으며 하느님을 향한 예배도 있을 수 없다."고 주장한다. "이러한 지식이 없으면 실로 하느님을 알 수 없다. 그러므로 하느님에 대한 지식이 없이는

---

2) 모든 인용은 바이마르의 루터 전집 책 번호를 따랐다. 번역은 Packer 와 Johnston이 한 것을 그리고 Philip S. Watson and B. Drewery 가 번역한 The Library of Christian Classics, Vol. XVII. *Luther and Erasmus: Free Will and Salvation*(The Westminster Press, 1989)을 참조하였다.

구원이 있을 수 없다"(614-620).

루터가 구원을 가져다주는 신앙과 단순히 역사적인 신앙 사이를 분명하게 구분한 것은 신앙의 지성적인 측면을 간과했다거나 혹은 신앙의 "이론적인" 제 문제를 간과하고 "실천적"이거나 "실존적"인 문제로만 신앙을 이해했다는 의미가 아니다. 이제 나는 루터의 악의 문제에 대한 이론적인 입장을 살펴보고자 한다.

자유의지의 분명한 거부

이 세상에서 선한 사람들이 고난을 당하는 반면 악한 사람들이 번창하며 하느님이 미래에 어떤 사람에게는 벌을 주시기로 결정한 반면, 또 다른 사람들에게는 상을 주시기로 결정했다고 가르치는 기독교 전통이 있다. 이런 전통 속에서 아우구스티누스와 토마스 아퀴나스와는 다르게 루터는 하느님의 정의를 위해 "자유의지론"을 옹호하지 않는다. 이 점이 앞의 두 신학자와 루터가 다른 점이다. 루터는 자유의지를 주장하려는 사람들은 먼저 자유의지가 존재하는지 결정해야 한다고 말문을 연다. 루터는 "'자유의지'를 세게 공격하여 납작하게 만들어 놓은 후" "폭탄"을 투하하여 이를 산산이 부수어 버린다. "하느님의 예지는 결코 우연이 아니다. 하느님은 자신의 불변하고 영원하며 오류가 없는 의지를 따라 모든 일을 행한다"(614-620). 이것은 정말 폭탄과 같은 선언이었다.

"단순성"(simplicity)이라는 말을 사용하지 않고, 루터는 하느님의 본성과 함께 하느님의 모든 속성이 영원히 변하지 않으며, 하느님은 필연적으로 예지한다는 교리를 전제한다. 그리고는 다음과 같이 질문한다.

> 당신은 하느님이 예지한 것을 원치 않거나 혹은 하느님이 원하는 바를 예지하지 않는다고 생각하는가? 만일 하느님이 예지한 것을 원한다면, 하느님의 의지(뜻)는 영원하고 불변한 것이다. 하느님의 본성이 영원하고 불변하기 때문이다. 따라서 우리가 하는 모든 것이 변화 가운데 우연적으로 행해지는 것처럼 보여도 실제로 하느님의 의지에 따라 필연적으로 그리고 불변하게 행해진다는 피할 수 없는 논리가 이

루어진다. 왜냐하면 힘이 하느님의 본성에 속하기에 하느님의 의지가 효과적이며 방해를 받을 수 없기 때문이다. (614-620)

아우구스티누스나 토마스 아퀴나스에게서는 볼 수 없었던 명쾌한 결론을 내린 루터는 자신의 결론을 모호하게 하는 스콜라주의자들의 구분 중 하나를 비판한다. 루터는 스콜라주의자들을 "소피스트"라고 불렀다.

> 스콜라주의자들은 만물이 필연적으로 발생한다고 주장했다. 그러나 결과된 사물의 필연(necessity of the thing consequent)에 의해서가 아니라 결과의 필연(necessity of consequence)에 의해서 발생한다고 주장했다. 결과된 사물의 필연과 결과의 필연이라는 구분을 통해 스콜라주의자들은 자신들도 인정하는 바이지만 설득력을 잃거나, 아니면 오히려 스스로를 속이고 있었다. 나는 이 두 구분이 얼마나 비현실적인지 밝혀보겠다. 결과의 필연이란 대략 다음과 같은 의미이다. 만일 하느님이 뭔가를 원한다면 그 원하는 것이 꼭 존재해야 한다. 그러나 그렇게 해서 존재하게 된 것은 자기 스스로 있어야 할 필요가 없는 어떤 것이다. 왜냐하면 하느님만이 필연적으로 존재하며, 하느님이 그렇게 원한다면, 그 외 모든 것들은 존재하기를 멈출 수 있기 때문이다. … 그래서 스콜라주의자들의 판에 박힌 터무니없는 주장은 모든 것이 필연에 의해 일어나지만 일어나는 일들은 하느님 자신이 아니라고 주장하는 것과 매 한가지가 된다. 그러나 여기서 이것을 얘기할 무슨 이유가 있단 말인가? … 때문에 우리의 원래 입장은 여전히 변함없이 자명하다. 곧 모든 것은 필연으로 일어난다. 이 사실은 모호함이나 애매함이 없이 아주 분명한 것이다. (614-620)

스콜라주의자들을 비판한 후, 루터는 "예정론과 하느님의 예지에 대한 지식이 신성 자체에 대한 개념만큼이나 세상에 이미 편만해 있음"을 주장한다(614-620). 이러한 자신의 주장을 위해 루터는 운명에 대해 노래한 이방 시인들의 시를 인용하기도 하고, "하느님이 그렇게 하기를 원했다."와 같은 일반인들의 일상의 표현을 인용하기도 하였다. 다시 말하면, 루터는 특별히 하느님의 예지와 예정론을 "특별계시"(성서)에서 온 개념으로 보지 않고, 모든 사람에게 주어진 "일반계시"에 속하는 것으로 보았다. (하느님의 예지와 예정론을 반대하는 나는 "루터가 루터 주석가들이 말하는 것처럼 '자연신학'(natural theology)을 완전히 거부했을까?"라는 질문을 던지고 싶다.)

자유의지론에 대한 루터의 입장을 잘못 해석한 것은 교정되어야 한다. 때로 어떤 학자들은 루터가 『의지의 속박』(*The Bondage of the Will*)에서 일반적으로 우리가 아침에 커피나 차를 마시는 것과 같이 일반적인 자유에 대하여 추상적인 혹은 철학적인 관심을 표명하지 않았다고 주장한다. 오히려 루터는 하느님이 자유로이 주시는 은총과 상관없이 우리가 선을 행할 수 있는 힘을 갖고 있는지와 같은 신학적 질문에 특별히 관심했다고 주장한다. 다시 말하면, 학자들 중에는 루터가 원죄로 타락한 상태에 있는 인간에 대해 구체적이며 신학적으로 생각했다고 주장한다. 그리고 루터는 우리가 이것과 저것을 선택할 수 있음에도 불구하고 우리가 원하는 것은 악한 것이어서 특별히 우리가 구원을 위해 아무것도 할 수 없음을 가르치고 있다고 주장한다.[3)]

루터는 우리가 구원을 위해 아무 것도 할 수 없음을 분명하게 주장한다. 그러나 루터의 이 주장이 그의 주된 관심사였는지는 의문이다. 물론 루터는 이것만 말한 것이 아니다. 루터는 하느님이 오류가 없는 의지를 따라 모든 일을 한다고 "폭탄 세례"를 퍼부었다. 그리고 만물의 필연은 하느님이 예지한 것을 분명히 바라고 행한다는 사실에 입각한 것이라고 생각하였다. 루터는 만일 그리스도인들이 인간의 "자유의지"에 대해 말해야 한다면, 구원이나 저주 같은 인간을 넘어선 것에 대한 것이 아니라, 돈과 소유 같이 인간보다 아래의 것이어야 한다고 하였다. 이것이 루터의 주장이라면 나는 루터의 해석을 반대한다. 그러나 루터는 이내 "바로 이러한 자유의지"라 하더라도 모든 자유의지는 하느님의 자유의지에 의해 지배된다고 덧

---

3) 예컨대, 존 딜렌버거(John Dillenberger)의 경우가 그렇다. "'의지의 속박'이란 루터에게 있어서 인간이 중요하고도 의미 있는 결단을 할 수 없음을 의미하는 것이 아니다. … 그로 인해 인간의 자아가 스스로 적절하고도 고유한 하느님과의 관계를 성공적으로 바랄 수 있는 의지의 행위나 힘이 없다는 것을 의미한다." 딜렌버거는 루터가 "전능하게 일하시는 하느님과 예정론의 개념을 통해," 예컨대 결정론적인 범주에서 자신의 입장을 발전시켰다고 본다. 그러나 딜렌버거는 "루터가 하느님이 모든 것을 결정하고, 아무도 자기변호나 공덕의 근거를 갖고 있지 않다고 주장한 것처럼" 말한다. (Martin Luther: Selections from His Writings, ed. and with an Introduction by John Dillenberger; Doubleday & Company, Inc., Anchor Books, 1961, xxvii-xxviii). 그러나 이것이 루터의 주장 "같은 것(as if)"이 아니라, 바로 루터의 주장이다.

붙인다(634-639). 책의 끝 부분에서 루터는 자유의지에 반박해서 자신의 주장을 요약한다. 그 반박 중 하나가 원죄에 대한 것이다. "성령을 상실한 인간 안에서 원죄는 인간 스스로 선을 향할 수 없고 다만 악으로만 향할 수밖에 없는 지경까지 인간을 망가뜨렸다." 이 주장은 5가지 주장 중에 세 번째 해당하는 것이다. 그 첫 번째 주장을 살펴보자.

> 하느님이 모든 것을 예지하고 예정한 것이 사실이라면, 하느님은 자신의 예지와 예정에 현혹당하거나 방해 받을 수 없는 것이 사실이라면, 그리고 하느님의 뜻이 아니고는 아무것도 일어나지 않는 것이 사실이라면, 이성의 증언에 따라, 인간이나 천사나 아무 피조물에게도 "자유의지"란 있을 수 없다. (784-786)

원죄의 결과와 인간이 선을 행할 수 없는 특별한 문제를 언급하기 전 이미 이러한 주장은 가능하다. 그리고 이러한 주장은 인간 뿐 아니라 천사를 포함하는 모든 피조물들과 관계된다. 그러므로 자유의지의 결핍은 단순히 아담의 죄 때문만도 아니며 선을 행할 수 없는 인간의 무능력 때문만도 아니다.

루터는 이 점에서 말로는 인간에게 "자유의지"를 허용하면서 결과적으로는 부인하는 아우구스티누스와 토마스 아퀴나스와는 다른 견해를 갖고 있다. 루터는 "자유의지"를 말로라도 인간에게 허용하지 않았다. 루터는 "'자유의지'란 왕인 하느님께만 적용될 수 있는 용어"라고 주장한다. "… 만일 '자유의지'가 인간에게 사용되어 하느님과 다른 속성에게도 사용된다면, 이것보다 더한 신성모독은 없을 것이다!"(104-107). 자유의지란 말은 하나의 의미만을 갖는다.

> 피조물이 영원한 삶이나 영원한 죽음을 위해 만들어진 것처럼, "자유의지"의 힘이라는 말이 인간으로 하여금 성령에 사로잡힌 주체가 되게 하고 하느님의 은총에 감동을 받은 주체가 되게 하는 힘을 의미한다면, 자유의지의 의미를 바로 이해한 것이다. 나도 자유의지의 힘, 합목적성, 혹은 "하느님으로부터 받은 기질"(dispositional quality)과 "수동적인 적성"의 현존을 인정한다. 이러한 것들은 모두가 아는 것처럼 식물이나 동물에게는 주어지지 않았다. 잠언의 말씀처럼, 하느님은 거위를 위해 하늘을 만든 것이 아니지 않은가! (104-107)

그러나 루터는 신학자들이 인간의 힘을 말하기 위해 "자유의지의 힘"이라는 말을 사용해서는 안 된다고 생각한다. 왜냐하면 "슬프게도 많은 사람들이 이 문구를 통해 속임을 당하고 잘못 인도되기 때문이다." 자유의지에 대한 잘못된 생각은 "구원에 정말 위협이 된다"(104-107).

때문에 루터는 조건 없이 하느님이 만물을 필요로 한다고 주장한다. 반면, 아우구스티누스와 토마스 아퀴나스는 조건을 가지고 이러한 논리적 결론을 제한한다. 아우구스티누스와 아퀴나스는 하느님은 죄의 원인이 아니라고 주장함으로써, 선행할 수 있는 규범을 정당화하고 하느님의 선을 보호하려 하였다. 그러나 루터는 구원의 확신에 대해 대단히 관심하였다. 하느님의 유일한 활동과 연관하여 훈계 문제를 다룰 때, 루터가 저지르는 부주의가 아래에 잘 나타나고 있다.

> 당신 생각에 누가 자신의 삶을 바르게 하기 위해 아픔을 받아들일 것인가? 나는 어떤 사람도 아픔을 받아들이지도 받아들일 수도 없다고 생각한다. 왜냐하면 삶의 교정자들은 위선자들이며, 하느님은 성령으로 말미암지 않고는 그들에게 관심하지 않기 때문이다. … 그러나 성령께서 선택받은 자들과 경건한 자들을 훈계할 것이며 그 외의 사람들은 훈계를 받지 못한 채 멸망하게 될 것이다. … 당신 생각에 누가 하느님이 자신을 사랑한다고 믿을 수 있겠는가? 내 생각에 아무도 이 사실을 믿을 수 없다. 선택받지 못한 사람들은 불신앙으로 인해 분노와 하느님을 모독함으로 멸망하게 될 것이다. 그렇지만 선택받은 사람들은 하느님의 사랑을 믿게 될 것이다. 사람들은 그렇게 생각할 것이다. (630-634)

또한 구원의 확실성에 대한 루터의 기본적인 관심은 다음 구절에서 잘 표현된다.

> 만일 당신이 하느님이 모든 것을 우연적이 아니라 필연적으로 또 불변하게 예지하고 원한다는 것을 믿고자 하지 않거나 너무 교만해서 인정하려 하지 않는다면, 어떻게 하느님의 약속을 믿고 신뢰하며 의지할 수 있겠는가? 당신은 하느님이 약속할 때에, 그가 약속한 바를 아시고 그 약속을 실행할 수 있고 실행할 것이라는 것을

의심하지 말아야 한다. 그렇지 않으면, 당신은 하느님을 진실하고 신실한 분으로 받아들이지 않게 될 것이다. 이것이 곧 불신앙이며, 불경건의 극치이며, 지극히 높으신 하느님을 부인하는 것이 아니고 무엇이랴! 그러므로 하느님이 약속하신 바를 확실하게 오류 없이 불변하게 필연적으로 알고, 원하며, 실행할 것이라는 사실을 알지 못한다면, 어떻게 당신이 그토록 확신하며 자신하는가? … 그리고 우리가 하느님의 필연적인 예지와 사건의 필연성에 대해 알아서는 안 된다고 생각한다면, 기독교 신앙은 완전히 무너지는 것이 되고, 하느님의 약속과 전체 복음은 완전히 바닥에 떨어지는 것이 된다. 왜냐하면, 모든 역경 가운데서 그리스도인의 주된 유일한 위로는 하느님이 거짓말을 하지 않고, 모든 것을 변치 않고 이루며, 하느님의 뜻이 저항을 받거나, 변경되거나, 방해 받을 수 없다는 사실을 아는 데 있기 때문이다. (618-620)

루터는 이 주제에 대해서 좀 더 설명을 부연한다.

솔직히 고백하건대, 내 스스로 할 수만 있다면 "자유의지"가 내게 주어지기를 원하거나 구원을 추구하며 내가 할 수 있는 뭔가가 내 손에 잡혀지기를 원해서는 안 된다. (783)

구원이란 전적으로 하느님의 뜻에 달려 있기 때문에, 하느님은 우리의 공로에 의해서가 아니라 그분의 자비에 의해서 구원하기로 약속하였다.

(때문에) 나는 하느님이 신실하며 내게 거짓말을 하지 않을 것이라고 확신한다. 또한 그분은 크고 힘이 많으신 분이라 어떤 악마나 반대자도 그분을 넘어뜨릴 수 없으며 나를 그분에게서 떼어놓을 수 없음을 마음 놓고 확신한다. (199)

합리적인 신앙주의의 신정론

신정론이 루터의 첫째 관심사는 아니었지만, 그럼에도 루터는 신정론의 문제를 잘 알고 있었다. 루터는 다음과 같이 주장한다.

벌을 받아야 마땅한 사람 예컨대 경건치 못한 사람들을 비난하면서 당신은 하느님의 자비와 공정함을 지키기가 어렵다는 것을 경험할 것이다. 하느님 없이 태어나 경건치 못한 일을 결코 피할 수도 없고 그렇게 살면서 저주를 받은 채 살아가는 사람들을 만난다면, 본성상 당연히 죄를 짓고 멸망할 수밖에 없는 사람들을 보면서 하느님의 자비와 공정함을 말하기가 쉽지 않음을 경험할 것이다. (784-786)

자유의지론을 강하게 거부하고, 공개적으로는 하느님이 신앙인들의 신앙뿐 아니라 죄인들의 불신앙을 필요로 한다고 인정하고 주장했었던 루터가 어떻게 하느님의 의를 옹호할 수 있을까? 루터의 입장은 본질적으로 신앙중심주의적(fideistic)이다. 루터에 의하면 우리는 "하느님이 우리에게 부당하게 보일 때에도 그를 믿음으로" 하느님께 우리의 경의를 표해야 한다(784-786). 사실 루터는 하느님의 불공정함을 순수 신앙을 위한 필연적 조건으로 정당화한다.

하느님의 구원을 받은 사람이 그토록 적고, 저주받은 사람이 그토록 많을 때 하느님을 자비가 넘치는 분으로 믿는 것, 하느님이 부득이 우리를 저주받게 하여 … 불행한 자들의 고통을 기뻐하고, 사랑보다 미움을 가치 있는 것처럼 보이는 상황에서 하느님을 의로운 분으로 믿는 것, 이것이 최고의 신앙 단계이다. 이때 만일 진노와 불법을 펼치는 하느님이 얼마나 자비롭고 공의로운지 이해할 수 있다면, 그 외에 더 이상의 신앙이 필요치 않을 것이다. (632-633)

그러나 루터는 신앙주의가 합리적이라고 생각하게 하는 근거를 제시한다.

이를테면 하느님의 정의가 인간의 생각에 공정한 것으로 판단될 수 있다면, 이는 분명 하느님의 정의가 아닐 것이다. 하느님의 정의가 인간이 판단할 수 있는 것이라면 인간의 정의와 다를 것이 없다. 그러나 하느님이 인간의 이해로는 전혀 이해할 수도 없고 다다를 수도 없는 참된 한 분 하느님이라면, 이때 하느님의 정의도 이해될 수 없는 것이어야 한다. (784-786)

또한 자연과 이성은 인간의 지혜와 힘과 실체가 하느님의 지혜와 힘과 실체에 비교되지 않으며, 하느님은 모든 면에서 이해될 수 없다고 가르친다. 그러므로 우리가 하느님의 심판을 이해한다고 생각하며 평가하는 것은 아주 왜곡된 것이다(784-786).

더군다나 루터는 하느님의 두 의지(will)를 구분함으로써 자신의 신앙중심주의적 입장을 정당화한다. 한편에서는 "계시된 의지"가 있다. 이는 우리의 기도를 받으시고, 말씀으로 설교되며, 예배를 받으시는 하느님이다. 이점이 우리가 관심해야 할 하느님의 의지이다. 다른 한편에서는 하느님의 "숨겨진 의지"가 있다.

> 이 의지는 질문되어질 수 있는 것이 아니다. … 우리는 하느님이 스스로를 감추고 우리에게 알려지지 않기를 원하는 곳을 관심하지 않는다. (684-686)

이것이 "자신의 본성과 위엄 가운데 나타난 하느님으로서의 하느님이다." 그리고 이 점에서 "하느님은 홀로이며, 우리와 상관없는 분이며, 우리가 다루기를 원치 않는 분이다"(684-686).

이러한 구분을 통해서 루터는 토마스 아퀴나스가 하느님의 선행 의지(antecedent will)와 결과적 의지(consequent will)를 구분함으로써 대답하였던 그런 종류의 질문에 답한다. 선행 의지와 마찬가지로 계시된 의지(revealed will)는 모든 인간이 구원받기를 열망한다. 그리고 결과적 의지와 마찬가지로 "숨겨진 의지"는 모든 일을 결정한다. 따라서 루터는 계시된 분으로서의 하느님은 모든 인간이 구원받기를 원하기 때문에 죄인의 죽음을 원치 않는다고 주장한다. 그러나 불가해한 뜻 가운데서 하느님은 죄인의 죽음을 원한다. 그 위엄에 숨겨진 하느님은 죄인들의 죽음을 포함해 만물을 그분의 힘 있는 손아래 둔다. 그리고 하느님은 이러한 죽음을 애도하지 않는다. 그러나 우리는 이러한 불가해한 뜻을 따라 살려고 해서는 안 된다. 하느님의 뜻은 불가해하기 때문에 그분의 불가해한 뜻을 따라 사는 것은 불가능하다. "하느님 안에 불가해한 뜻이 있다는 것을 단순히 아는 것으로 충분하다." 하느님을 받아들이지 않는 사람들의 잘못된 의지를 하느님만이 없앨 수 있기 때문에 왜 하느님이 그 잘못된 의지를 없애지 않는가라는 질문을 하는 것은 정당하지 않다. 혹은 "왜 하느님이 인간이 피할 수 없는 상황에서 행해진 잘못을 저들의 의지에 책임을 돌리는가?"라고 질문하는 것도 정당하지 않다(684-686).

루터의 해석 가운데 아퀴나스의 구분과 유사한 점이 있기도 하지만, 루터가 말하는 하느님의 "숨겨진 의지"는 기본적으로 불가해한 하느님의 정의의 필연성을 나타내준다. 토마스가 하느님의 "결과적 의지"(consequent will)의 개념을 사용하는데서 나타나는 것처럼, 하느님의 작용의지(efficacious will)가 피조물의 자유의지에 대한 예지에 후행한다고 루터는 주장하지 않는다. 분명 루터는 하느님이 마음을 강퍅하게 함을 논의하면서 "이미" 우리 안에서 그리고 하느님이 우리 안에서 일하실 때 "거기에서 만나는" 악한 의지에 대해 말한다. "하느님은 자신의 오류를 통해서가 아니라 우리를 통해 우리 안에 있는 악을 다룬다. 그렇지만 우리 자신의 결함 때문에 본성상 우리가 악한 것이다." 또한 루터는 하느님이 "인간의 악함 때문에 악을 행할 수밖에 없다."고 말한다. 루터에 따르면, 하느님이 인간으로 하여금 악을 행하도록 할 때, 인간은 자신의 의지를 따라 행동하게 된다. 그러니 "어떤 폭력도 인간의 의지에 가해지는 것이 아니다. … 왜냐하면 인간의 의지는 악한 본래의 모습을 따라 자연스럽게 악을 행하도록 되어있기 때문이다"(711-714). 이러한 논리는 인간이 자신의 힘을 가지고 있어서 우리의 본성을 스스로 결정했다고 하는 스콜라주의자들의 부적절한 주장을 생각나게 한다. 그러므로 루터는 하느님이 만물을 필요로 한다는 자신의 주장이 엄밀히 말해서 사실이 아닌 것처럼 주장하는 잘못을 저지르고 있다.

그러나 루터는 이내 자신의 전능 교리와 위임 가운데 있는 하느님이 "말씀으로 스스로를 한정하지 않고 만물을 다스리는 자유를 갖는다는 자신의 주장"으로 인해 문제를 제기한다. 이러한 루터의 주장은 분명 유명론 신학자들의 주장을 거부하는 것이다. 유명론자들은 무슨 일이든 자기 모순적이지 않은 일을 할 수 있는 절대적인 하느님 자신이 거룩하게 제정한 법을 따르기로 마음먹었다고 주장한다. 루터는 "왜 하느님이 움직여가는 악한 의지를 바꾸지 않는가? 왜 막을 수 있는 아담의 타락을 그냥 타락하도록 허락하셨는가? 하느님은 다른 재료를 가지고 우리를 창조할 수 있었고 깨끗한 씨를 가지고 창조할 수 있었는데도 왜 아담의 죄로 오염된 우리를 창조하였는가?"라고 질문한다. 이러한 질문들에 대해서 루터는 다음과 같이 답한다.

우리가 할 일은 이 신비들에 대해 질문하는 것이 아니라 찬미하는 것이다. 혈과

육이 성을 내며 불평한다면, 불평하게 하라. 저들은 아무 것도 이루지 못하리라. 불평은 하나님을 바꾸지 못할 것이다! (711-714)

루터의 입장에 대한 분석

그러면 이론적인 악의 문제에 대한 루터의 대답은 무엇인가? 루터라면 어떤 전제를 거부할 것인가? 이 질문에 대해 그렇게 명쾌한 답을 찾기가 어렵다. 이제까지 논의한 대로 루터가 하나님의 불가해성을 크게 강조하는 것으로 보아, 루터는 신성에 대한 문제에 논리의 타당성을 담고 있는 전제 6을 부인한다고 생각해 볼 수 있다. 그러나 루터는 이 문제와 관련하여 일관성이 없다는 이유를 들어 에라스무스를 심하게 질타하였다. 거기다가 루터를 깊이 연구해 보면 루터의 입장은 다른 곳에서도 발견되어진다.

어떤 의미에서 루터는 하나님이 도덕적으로 완전한 존재여야 한다고 주장하는 전제 4를 부인하는 것 같기도 하다. 우리는 우리가 인정하는 도덕적 기준에 따라 하느님이 선하다고 생각하지 않는다면, 우리 인간의 입장에서 하느님이 도덕적으로 선하다는 말을 의미 있게 주장할 수 없다는 것이 합리적일 것이다. 앞서 살펴보았지만, 루터는 하느님의 정의는 인간의 정의와 다르고 우리가 생각하는 것처럼 생각되어서는 안 된다고 주장한다. 이 점에서 우리는 루터가 "정의로운"이라는 말과 "도덕적으로 선한"이라는 말을 같은 의미로 사용하고 있다고 볼 수 있다. 그러므로 루터는 하느님의 도덕적 완전을 실제로 부인하고 있는 것이다. 루터의 계속된 논의를 살펴보자.

어떤 규범이나 기준도 하느님의 뜻(의지)의 원인이나 기초가 될 수 없다. 왜냐하면 어떤 것도 하느님의 뜻과 같은 수준이든지 그 수준을 넘어서지 못하기 때문이다. 오히려 하느님의 뜻은 그 자체로 만물의 규범이 된다. 만일 어떤 규범이나 기준 혹은 원인이나 기초가 자신들을 위해 존재한다면, 그것들은 결코 하느님의 뜻이 될 수 없다. 하느님이 뜻하는 바는 하느님이 그렇게 원해야 하기 때문에 정당한 것은 아니다. 반대로 하느님이 그렇게 뜻하였기 때문에 일어난 일이 정당해야 한다.

(711-714)

이러한 주장에 기초해서 비평가들은 루터가 "힘이 정의를 만든다."라고 말하고 있으며, 비평가의 입장에서 볼 때, 이것이 결국은 하느님이 도덕적 존재임을 부인하는 것이라고 주장할 수 있다.

물론 "의로움이나 선이 어떻게 하느님의 의지와 관계되는가?"라는 질문은 오래된 진부한 문제일 수 있다. 하느님의 뜻이라고 해서 본래 도덕적으로 의롭지 않은 어떤 원리가 그렇게 단순하게 만들어질 수 있을까? 우리가 하느님의 뜻에 순종해야 하는지 언제나 물을 수밖에 없다는 사실은 엄밀히 말해 의로움(right)과 하느님의 뜻(God's will)이 동일한 것이 아님을 암시하고 있다. 한편, 루터와 같은 이들은 하느님이 의로움을 원한다면, 그 의로움은 하느님의 뜻보다 논리적으로 선행하는 보다 높은 기준임을 의미한다고 주장한다. 그리고 하느님의 뜻보다 높은 기준을 믿는 것은 하느님의 신성을 부정하는 것이기에 자기 모순적이라고 주장한다.

그러나 우리는 루터의 신정론이 어떠한 특성이 있는지 알아보기 위해 지금 이 문제를 해결할 필요는 없다. 나는 나중에 이 문제를 다루고자 한다. 왜냐하면 루터는 하느님의 도덕적 선을 거부하지 않으면서 악에 대한 문제의 해법을 제시하기 때문이다. 아우구스티누스와 마찬가지로 루터도 한동안 우리는 하느님이 의롭다는 것을 볼 수 없지만 하느님의 의로움을 믿어야 한다고 주장한다. "하느님이 자기의 의를 드러내실 때에 우리 모두는 분명히 그가 이전에도 의로웠고 또 현재에도 의로운 것을 보게 될 것이다!"(784-786).

하느님이 어떤 사람에게는 자비를 보이고 또 다른 사람들에게는 저주를 내리는 하느님이 자기의 공의로움을 종말에 보여줄 것이라고 믿어야 할 몇 가지 이유를 제시하기 위해, 루터는 "평행 사례"(parallel case)를 제시한다. 그는 빛을 셋으로 구분한다. 예컨대 자연(자연적 이성)의 빛, 은총의 빛, 영광의 빛이 그것이다. 하느님은 자연의 빛에 의해 하느님이 존재하지 않는다거나 혹은 하느님은 공의롭지 않다고 결론하는 방식으로 세계의 외연적 사건을 통치하신다. 왜냐하면 자연적 이성을 가지고는 선한 사람들이 왜 고통을 당하고 악한 사람들이 번창하는지를 설명할 수 없기 때문이다(784-786). 그러나 악의 문제가 안고 있는 이런 어려운 문제는 복음에 의해 곧, 은총의 빛에 의해 "가장 쉽게 해결된다." 왜냐하면 은총은 우리에게 다음과 같은 설명을 해주기 때문이다.

> 이 세상의 삶이 끝나면 또 다른 삶이 있다. 이 땅에서 형벌을 받지 않고 보상 받지 않는 것들은 그 세상에서 벌을 받고 보상을 받게 될 것이다. 왜냐하면 이 땅에서의 삶은 도래할 세계의 전조이며 시작에 불과하기 때문이다. (784-786)

은총의 빛이 주는 대답은 새로운 문제를 만들어 낸다.

> 자신의 힘으로는 죄 밖에 지을 것이 없고 죄의식을 가질 수밖에 없는 사람을 어떻게 하느님이 저주할 수 있는지 은총의 빛에서는 설명할 수 없다. 여기서 자연의 빛과 은총의 빛 둘 다에 대한 책임이 인간의 비참함 속에 있는 것이 아니라 하느님의 불공평함 속에 있다고 주장한다. 공로가 없는 불경건한 사람들에게 자유로이 면류관을 씌우고, 덜 불경건한 사람들은 오히려 저주하는 하느님을 자연의 빛과 은총의 빛에서 어떻게 판단할 수 있겠는가? (784-786)

그러나 루터는 은총의 빛이 자연의 빛으로는 해결될 수 없는 문제를 너무 쉽게 해결했기 때문에, "영광의 빛을 가지고는 말씀과 은총의 빛에서 해결될 수 없는 문제들을 더 쉽게 해결할 수 있는 것이 아니냐?"고 질문한다. 영광의 빛은 "언젠가 하느님을 드러낼 것이다. 그때가 되면 이해할 수 없는 정의의 심판이 홀로 그분에게 속하게 될 것이며, 그분의 정의가 가장 의롭고 분명하게 나타날 것이다"(784-786).

따라서 루터는 하느님의 정의와 도덕적 완전을 우리가 지금 이해할 수는 없다고 본다. 피조물인 우리가 하느님의 정의를 이해할 수 없기 때문이 아니고, 전체 이야기가 아직 완전히 우리에게 계시되지 않았기 때문에, 지금 하느님의 정의와 도덕적 완전을 이해할 수 없는 것이다. 그러므로 루터는 아우구스티누스와 함께 심판의 날이 되면 "현재의 영민한 인간의 감각이나 통찰을 갖고도 이해하지 못했던 하느님의 공정한 심판들의 의미가 우리에게 밝히 드러날 것이라고 주장한다"(CC

XX: 2).

그러므로 루터의 대답이 갖고 있는 숨은 의미는 논리의 타당성을 암묵적으로 부인한다거나 하느님의 도덕적 완전을 부인하는 것이 아니라 전제 7의 부정을 의미하고 있는 것이다. 말하자면, 루터는 모든 순수 악의 실재를 부정하는 데 있어서 아우구스티누스와 아퀴나스를 따르고 있다. 하느님의 심판이 이 세계의 보이는 사건들의 세세한 부분까지 지배하며, 신앙과 불신앙의 내면적인 세계도 통치할 뿐 아니라, 미래의 삶 모든 부분까지 통치한다. 그러므로 우리의 현재 관점보다 포괄적인 관점에서 볼 때, 곧 현재 하느님이 갖고 있는 관점과 하느님의 영광이 나타날 때 우리가 부분적으로 공유하게 될 그 포괄적인 관점에서 볼 때, 이 모든 문제에 대한 하느님의 심판은 공정하다는 것이 분명해진다.

루터의 입장에 대한 비판

루터의 입장을 정리하면서 이제까지 내 태도는 기본적으로 긍정적이었다. 그러나 내가 루터를 긍정적으로 평가한 것은 죄를 포함해서 전통적인 신론이 하느님의 자명한 악에 대하여 [충분히 표현하지 못했던 것을] 루터가 분명하게 표현하였기 때문이었다. 물론 루터의 분명한 표현은 루터의 지석인 영민함과 정직함 때문이기보다는 루터 자신의 일차적인 신학적 관심이, 하느님 홀로 모든 것에 영향을 미친다는 분명한 주장 때문일 것이다. 아무튼 분명하게 설명하는 것은 좋은 것이다.

그러나 모든 요인이 다 동등한 것은 아니다. 적절함(타당성)이 일관성보다 더 좋다. 자유로운 선택의 실재를 다루는 데 있어서 아우구스티누스와 아퀴나스는 기본적인 유신론적 전제와 일관성이 부족하긴 했어도, 일반적인 인간의 경험과 특별한 기독교 신앙과 경험에 비추어 타당성을 갖고 있다. 이에 비해 루터는 일관성이 돋보인다. 아우구스티누스와 아퀴나스가 자신들의 유신론의 본질적인 핵심에 대해 일관성이 없긴 했지만, 하느님이 죄의 직접적인 원인이 아니라고 말함으로써 이들은 하느님이 사랑이라는 기독교 신앙의 기본적인 중심 내용에 충실하였던 것이다.

반면, 일관성을 지켰던 루터는 하느님이 직접적이고 분명하게 범하도록 한 죄 때문에 대부분의 사람들을 영원한 형벌에 처하는 하느님을 선하다고 믿도록 우리에게 요구해야 했다. 그러므로 우리가 참된 신앙을 위해 하느님 편에서 이러한 불공정함은 필연적일 수밖에 없다는 루터의 제안은 다소 일관성이 없어 보인다. 왜냐하면, 루터는 우리가 신앙을 가졌느냐 아니냐의 문제는 영원히 그리고 일방적으로 하느님이 정한 것이라고 다른 곳에서 분명하게 밝히고 있기 때문이다.

루터의 해법이 가지는 또 다른 문제들이 있다. 첫째, 토마스 아퀴나스와 스피노자를 다루는 장에서 제기되었던 필연론(necessitarianism)에 대한 문제가 있다. 결과의 필연(necessity of consequence)과 결과된 사건의 필연(necessity of the thing consequent)의 구분을 비판했던 루터는 "만일 하느님이 원하시면…"이라고 말해야 타당했다고 주장한다. 그러나 루터의 주장이 타당한가? 루터 자신이 지적하는 것처럼, 만일 하느님의 본성이 영원하고 불변하다면, 하느님의 뜻(의지)도 영원하고 불변한 것이다. 그러나 영원한 것과 필연적인 것은 서로 같은 것이므로 하느님이 뜻하는 것은 무엇이든 필연적으로 뜻한바 된 것이어야 한다. 그러므로 하느님은 창조하도록 선택할 수밖에 없었거나, 다른 세계를 창조하기로 선택할 수 없었다. 따라서 루터가 피조물에게 사용하기를 거부했던 "자유의지"는 스피노자가 말한 대로 하느님에게도 사용해서는 안 된다.

더욱이, 루터는 세계가 하느님이 아니라고 누군가 우리에게 말해줄 필요가 없다고 주장한다. 그러나 나는 전통적인 전제에 기초한 스피노자가, 세계는 다르게 될 수 없었다고 주장한 점에서도 옳았지만, 이들 전통적인 전제에서 세계가 하느님 외에 다른 것일 수 없다고 주장한 것도 옳았다고 생각한다. 만일, 세계가 하느님과 같이 엄격하게 그리고 명제적으로 필연적이라면, 현실 존재 가운데 하느님과 세상이 필연과 우연으로 나누어질 수 있는 것이 아니다. 또한 루터는 모든 힘이 하느님 안에 있는 것이지 세상에 속한 것이 아니라고 일관성 있게 주장한다. 그러나 자율적인 힘 말고 무슨 근거에서 하나의 현실태가 또 다른 현실태와 구분될 수 있겠는가? 그러므로 "세계"라 불리는 것이 "하느님"이라 불리는 것만큼이나 모든 면에서 필연적이라면, 그리고 이 "세계" 내에서 눈에 보이는 개체 존재들이 활동할 수 있는 힘을 가지지 않는다면, 전체 만물을 "하느님"이라 부르는 스피노자의 논리를 피해갈 충분한 기반이 없는 것 같다.

이러한 존재론과 언어 의미론은 제쳐놓고라도, 루터의 해법에는 또 다른 문제가 있다. 루터는 초자연적인 해결에 믿음을 가지라고 한다. 그러나 그는 철저하게 맹목적인 신앙을 요구하지 않는다. 그는 우리가 은총의 복음의 빛 속에서조차 하느님의 의로움을 이해할 수 없음에도 불구하고, 하느님이 의롭다고 믿는 것은 불합리한 것이 아님을 보여주기 위해 "세 빛"에 기초한 "평행 사례"를 제시한다. 예컨대, 선한 사람들이 고통을 당하고 악한 사람들이 왜 번창하는가와 같은 자연의 빛으로는 해결할 수 없는 문제를 은총의 빛이 해결해 준다. 모든 사람이 죄에 놓여 있고 죄를 피할 수 없는 상황에서 하느님이 왜 어떤 사람은 구원하고 다른 사람들은 저주하는지 은총의 빛으로는 해결될 수 없는 문제를 영광의 빛이 분명하게 해결해 줄 것이라고 생각하는 것은 합리적이라고 본다. 왜냐하면, 우리가 이 두 번째 문제의 해결 가능성을 볼 수 없다면, 처음 문제도 우리에게 해결된 것이 아니기 때문이다. 그러나 실상은 문제가 잘 해결 되었다고 보기 어렵다. 왜냐하면 "악한 사람들"이라고 해서 모두가 이 세상의 삶에서 번창하는 것이 아니기 때문이다. 악한 사람들 중에 대부분은 아니더라도 많은 사람들이 상대적으로 행복하지 않은 삶을 살아간다. (덕이 그 자체의 보상이 되고, 덕이 본래적인 보상의 삶을 위해 필연적이라고 주장하는 사람들은 악한 사람들이 행복하지 않을 것이라는 점을 자명한 신리로 받아들인다.) 하느님이 악한 사람들을 악하게 했음에도 불구하고 악한 사람들이 그들의 악함으로 인해 영원히 고통을 당할 것이라고 한다면, 이들에게는 미래의 삶의 보상이 주어지지 않은 것이다. 다만, 불의함으로 받아야 할 고통이 기다리고 있을 뿐이다. 이러한 인과율에 기초한 신정론의 문제, 즉 범죄와 형벌 사이에 불균형을 이루는 초자연적 보상과 벌에 기초한 신정론에 반대하여 제기된 다른 문제들이 더해지게 되면, 우리는 "평행 사례"를 통해 신앙중심주의적 초자연적 해법을 "합리적인"것으로 하려는 루터의 시도가 결국 실패한 것이라고 보아야 한다.

전통적인 전능의 교리는 초자연적 신정론을 필요로 한다. 중세와 종교개혁 시기와 다르게 오늘날 전능의 교리가 받아들여지기 어려운 이유가 여러 가지 있다. 그런데 여기서 루터 신정론에 대해 비판하는 상황에서 전능의 교리를 비판해야 하는 이유를 다루는 것은 시대상 적절치 않다. 왜냐하면, 루터의 문화적 상황과 전능 교리가 나온 시대적 상황은 상당히 다르기 때문이다. (예컨대, 오늘날 "기독교 국가"에서 상대적으로 적은 영역의 사람들이 루터 신정론이 갖는 기본적인 전제를 받아들이려 한다. 즉 "이 땅에서의 삶은 도래할 삶의 … 전조에 지나지 않는다.) 따라서 전통적인 전능 교리를 부정하는 대부분의 이유는 III부에 가서야 다뤄질 것이다. 그러나 현 시점에서 한두 가지 이유는 적절하게 논의할 수 있다고 본다. 이러한 이유가 중세와 종교개혁 시기의 기독교 신학자들이 인식할 수 있는 문제였기 때문이다.

하나는 이미 부가적으로 언급하였다. 예컨대 어떤 면에서 "자연신학"에 대해 매우 비판적이었던 루터가 하느님이 예수 안에 최상으로 계시되었다는 기독교 신앙의 기본적인 형식 논리에 맞지 않는 하느님 교리를 여전히 주장하였다는 사실이다. 계시된 의지와 숨겨진 의지로 표현되는 루터의 하느님의 두 의지 교리는 하느님의 사랑이 넘치는 자비와 힘을 나눌 뿐 아니라, 하느님의 힘을 하느님의 사랑이 넘치는 자비보다 더 궁극적인 것으로 만든다. 루터는 하느님의 숨겨진 의지를 "하느님 자신"으로 말한다. 즉, 숨겨진 하느님의 위엄이 절대적으로 만물을 통치한다는 사실 외에는, 숨겨진 하느님의 위엄은 불가해한 것이다. 결국 루터는 신성의 본질이 강압적이고 결정론적이며 독점적인 힘이라고 주장한다. 따라서 루터 자신은 이러한 하느님의 개념은 특별히 기독교적인 것이 없고, "이방인의 시인들"의 표현이나 일반 인간의 금언집에서도 발견할 수 있는 것이라고 생각한다. 루터는 하느님이 자비로운 사랑이라는 기독교 개념을 하느님 개념의 전체적인 개혁을 위해 사용하기보다는 하느님 힘의 개념을 이차적인 특성으로 하느님 개념에 덧붙였던 것이다. '하느님의 두 의지 가운데 어떤 의지가 우선인가?'라는 질문은 루터에게 허락되지 않았다. 루터는 위엄 가운데 숨어있는 하느님은 계시된 말씀에 의해 한정되지 않으며, 하느님이 모든 사람을 구원하기 원하는지와 같은 질문에서처럼 두 의지 사이에 긴장이 있는 곳에서는 숨겨진 뜻이 실제 상황을 결정한다고 주장하였다. (이 두 가지 사실에 기초해서 루터는 하느님의 두 의지 가운데 어떤 의지가 우선인가라는 질문을 무효화한다.) 이처럼 하느님의 전능에 대해 아직 개혁을 거치지 않은 루터의 하느님 개념은 초자연주의적 해법을 필요로 한다. 그런데 이 초자연주의적 해법은 문제를 해결하기보다는 오히려 많은 문제를 일으킨다고 볼 수 있다.

악의 문제에 대한 루터의 초자연주의적 해법에 대해 제기되는 또 다른 비평은 루터의 해법이 동물의 고통의 문제에 전혀 해결의 실마리를 제공하지 않는다는 점이다. 앞서 살펴 본대로, 루터는 하느님이 거위를 위해 하늘을 만들지 않았다는 잠언을 만족스러운 듯이 인용한다. 그렇다면 전능하고 완전하게 선한 창조자이며 생명의 공급자인 하느님이 인간 아래의 피조물들에게 그토록 많은 불필요하고도 이롭지 못한 아픔을 허용하고 심지어 저주까지 하는 것을 우리가 어떻게 이해해야 할까? 이 질문에 대한 하나의 가능한 해법으로 인간 아래의 피조물의 지각력을 부인하는 데카르트 철학의 이분법적인 해법이 있다. 그러나 이 해법은 다윈 이후의 시대인 현재뿐 아니라 19세기에서조차 가장 확신을 주지 못했던 해법이었다. 또 다른 가능한 해법은 모든 동물의 아픔은 인간에게 도구적인 가치를 제공하는 것에 정당화된다는 인간중심적인 해법인데, 이 또한 바람직한 해법이 정말 아니다. 루터는 동물의 아픔과 관련해 해답을 제시하지 않았다. 그렇지만 루터의 사상에 기초한다면 영광의 빛이 해법을 제시할 것이라는 믿음을 가져야 한다. 우리는 악의 문제에 대한 해법의 정당성이 무엇인지 상상하기 어렵다는 점에서 신앙을 필요로 한다. 그러나 적어도 하나의 가능성이 있을 수 있음을 인정해야 한다. 이에 대한 대답의 시도가 일반적으로 루터의 신정론이 제기한 기본적인 문제들 중 하나를 전면에 나오도록 할 것이다. 곧 받아들일 만한 신정론이 단지 가능한 대답을 제공할 필요가 있는 것인가? 아니면 그럴듯한 대답을 제공할 필요가 있는 것인가? 이 문제는 라이프니츠의 신정론과 관련해서 논의를 계속하게 될 것이다.

요약하면, 루터는 오늘날 우리가 받아들일 만한 신정론을 제공하지 않는다. 그러나 그의 탁월한 명확성은 보다 분명하게 전통적인 유신론이 하느님과 악의 관계에 대해 무엇을 얘기하고 있는지 우리에게 일러주고 있다. 그리고 우리가 성서의 전통에 기초한 신앙에 적합한 하느님 신앙을 포기하지 않아야 한다면, 우리가 어떤 선택을 해야 하는지 누구보다도 더 분명하게 안내해주고 있다. 즉, 루터는 전통적인 전능의 개념을 포기하거나 맹목적인 신앙에 기초하여 하느님의 선을 받아들이라고 촉구하고 있는 것이다.

제10장 캘빈 : 하느님의 전능

하느님과 악에 대한 존 캘빈의 입장은 아우구스티누스, 아퀴나스, 루터를 다루는 부분과 다소 반복되는 점이 있다. 특히 루터와는 많은 부분에서 공유되는 점이 발견될 것이다. 그럼에도 불구하고 캘빈을 다시 살피는 것은 전통적인 유신론의 의미를 살피는 데 도움이 될 것이다. 미묘하고도 불합리한 구분을 통해 현재의 많은 신학자들이 혼돈에 빠져있는 것과는 다르게 루터와 캘빈은 유신론의 의미를 명쾌하게 해석해 주고 있다. 물론 캘빈은 루터보다 더 자세하게 해석해 주고 있다. 더욱이 근대 사상에서 전통적인 유신론에 반대한 많은 움직임들은 특별히 캘빈주의가 가르친 하느님을 염두에 둔 것이었다. 그러므로 근대 사상의 움직임을 이해하기 위해서라도 캘빈의 주장을 살피는 것이 도움이 될 것이다.

하느님의 전능, 섭리, 예정과 같은 주제들을 논의하면서, 캘빈은 앞의 세 신학자들과 마찬가지로 악의 문제와 관련된 형식 논리 전제 2나 3을 부인하지 않음을 분명히 하고 있다. 캘빈은 단순히 자연의 질서를 가져오는 일반적인 추진력이나 때로 아무것도 하지 않은 채 앉아서 모든 것을 할 수 있는 힘으로 이해된 하느님의 전능 개념을 거부한다. 오히려 캘빈에게서 하느님이 전능한 것은 "하느님께서 만물을 그렇게 규정함으로써 만물이 하느님의 간섭(deliberation)을 통해 일어나기 때문이다"(I. xvi. 3).[1] 하느님의 전능을 힘의 독점인 것처럼 말하는 캘빈은 무생물은 "하느님의 항존하는 손에 이끌림을 받는 것을 제외하고는 자신의 힘을 행사하지 않으며," 하느님이 "계속해서 원하는 만큼 힘을 분급하는 도구"라고 주장한다(I.

1) 이번 장의 모든 인용은 캘빈의 『기독교 강요 *Institutes of the Christian Religion*』에서 따온 것이다. *Institutes of the Christian Religion*, ed. by John T. McNeill, tr. Ford Lewis Battles, Vols. XX and XXI of *the Library of Christian Classics*(The Westerminster Press, 1966).

xvi. 2). 또한 어떤 피조물도 인간을 해칠 본래적인 힘을 가지고 있지 않다고 말한다(I. xvi. 3). 무생물만 전적으로 하느님의 통제를 받는 것이 아니라 "인간의 계획과 의도도 하느님의 통제를 받는다"(I. xvi. 8). 캘빈의 세계에서는 스스로 움직이는 동자가 많지 않다. 오히려 하느님이 "모든 운동의 시작이고 원인이 된다"(I. xvi. 8). 결정권자도 많지 않다. 왜 어떤 일이 일어나는가라고 묻게 될 때마다 "결국 우리는 언제나 유일한 하느님의 뜻이었다고 대답하게 된다"(III. xxiii. 4). 간단히 말해서, "하느님의 전능"이란 자신의 독자적인 비밀스런 계획에 따라 하느님이 만물을 통제하는 것을 의미한다(III. xxiii. 7).

그러므로 캘빈의 섭리 교리에 따르면 우주 안에는 우연이란 존재하지 않는다. 하느님의 섭리는 일반적인 사물의 과정을 포함할 뿐 아니라 특별한 부분까지를 포함한다(I. xvi, 1, 2). 성서는 "한 방울의 빗방울도 하느님의 분명한 명령이 없이는 내리지 않음"을 보여준다. 그리고 "약하고 보잘 것 없는 참새 한 마리도 아버지의 뜻이 아니면 땅에 떨어지지 않음"을 보여준다. 하느님은 어떤 나무에서 찢겨 나간 가지가 지나가는 여행객을 쳐서 언제 죽게 하는지를 결정하기도 한다. 또한 "하느님의 특별 명령이 아니고서는 바람이 일거나 높아지지도 않는다"(I. xvi. 5, 6, 7). 어떤 어머니의 젖은 마르지 않는다. 왜냐하면 하느님이 어떤 자녀에게 젖을 더 풍성히 먹이기를 원하시기 때문이다(I. xvi. 3). 하느님의 특별한 은총 때문에 어떤 여인들은 대가 마르고 다른 여인들은 자녀를 선물로 받는다(9I. xvi. 7).

이러한 섭리 교리는 어떤 것도 우연히 움직여진 것이 없으며 인간이 스스로 "자유로운 의지의 선택으로 여기 저기 움직일 수 없음"을 의미한다. 또한 인간의 일이 부분적으로는 하느님의 섭리에 의한 것이고 또 부분적으로는 인간의 자유로운 선택에 의한 것이라고 말하는 것도 잘못된 것이다. 우리는 자유로운 선택이 없다. 캘빈은 하느님이 예정하지 않고 어떤 일이 일어났다고 하는 것은 원인이 없이 어떤 일이 일어났다고 하는 것이기 때문에 불합리하다는 아우구스티누스의 주장에 동의한다(I. xvi. 4, 6, 8).

이러한 입장은 "모든 성공이 하느님의 축복이고 재앙과 역경은 하느님의 저주"라는 의미를 담고 있다(I. xvi. 8). 모든 일은 필연적으로 일어난다. 캘빈은 루터보다 더 자연스럽게 상대적인 필연과 절대적인 필연 그리고 결과된 사건의 필연과 결과의 필연의 구분을 받아들인다. 왜냐하면 이러한 구분들은 어떤 사건도 그 본성상 필연적인 것이 아님을 강조하기 때문이다. 그러나 캘빈은 "하느님이 정한 것은 필연적으로 정한바 대로 일어나야 한다."는 분명한 입장을 취한다(I. xvi. 9).

하느님의 온전한 세계 통치에 대해 분명하게 주장하는 캘빈은 한편 하느님의 "뜻함"과 하느님의 "행함"사이의 구분을 거부하고, 다른 한편 하느님의 "뜻함"과 하느님의 "허용함"의 구분을 거부한다. 캘빈은 이러한 구분의 배후동기가 하느님의 공의를 지키려는 것임을 인정한다. 왜냐하면 "자신의 눈 멈 때문에 곧 벌을 받게 될 사람이 하느님의 뜻과 명령으로 인해 눈이 멀게 된다."는 것은 어느 정도 이치에 맞지 않는 것처럼 보이기 때문이다. 그러나 캘빈은 성서가 "하느님의 비밀스런 명령이 아니고서는 인간이 어떤 것도 성취할 수 없다."는 점을 증언하고 있다고 답한다. 캘빈은 계속해서 다음과 같이 주장한다.

> 하느님은 전망대에 앉아 우연한 사건들이 일어나는 것을 지켜보고 있고, 하느님의 심판은 인간의 의지에 달린 것인 양, 스스로 하느님의 섭리의 자리를 차지한 사람들이 쓸데없는 말을 지껄이며 이치에 맞지도 않는 말을 하고 있는 것이다. (I. xviii. 1)

이러한 구분을 거부하는 것은 캘빈의 그 유명한 "이중 예정론"(double predestination)과 관련되어 있다. 캘빈은 하느님이 다른 사람들을 멸망으로 저주하지는 않고 어떤 사람들을 구원으로 선택한다고만 주장함으로써 하느님의 공의를 지키려는 것은 무지한 것이며 유치한 것이라고 생각한다. "하느님이 지나치는 사람들은 저주한 것이다. 그리고 하느님이 지나친 이유는 하느님이 자신의 자녀를 위해 예정하신 유업에서 제외시키기로 생각했기 때문이다." 따라서 하느님은 허용하는 것이 아니라 자신의 힘으로 통치한다. 비록 바울이 로마서 9장 22절에서 "진노의 그릇"이라는 구절의 험악한 표현을 부드럽게 하고 있긴 있지만, "멸망의 준비를 하느님의 비밀스런 계획이 아닌 어떤 다른 것으로 바꾸는 것은 전혀 앞뒤가 맞지 않는 말이다"(III. xxiii. 1). 어떤 사람들은 복음을 받아들이는 데 반해 다른 사람들이 복음을 받아들이지 않는 이유는 철저하게 하느님의 영원한 선택 때문이다

(III. xxi. 1). 모든 사람들이 다 회개하지 않는 이유는 하느님이 모든 사람들의 회개를 원치 않기 때문이다(III. xxiv. 15). 캘빈은 하느님이 모든 사람들이 구원받기를 원하였다는 성서 구절의 의미가 하느님이 모든 계층 혹은 모든 유형의 사람들에게 구원의 문을 열어놓았다는 의미일 뿐이라고 주장하는 아우구스티누스와 의견을 같이한다(III. xxiv. 16).

캘빈은 또한 예정이 죄와 공로에 대한 하느님의 예지에 기초한다고 말함으로써 하느님의 공의를 지키려는 어떤 노력도 불합리하다고 생각한다. 선택이란 덕의 원인이 되지만 덕이 선택의 원인이 되는 것은 아니다(III. xxii. 1, 2). 또한 캘빈은 토마스의 "미묘함"을 거부한다. 토마스는 공로에 대한 예지를 하느님의 편에서가 아니라 인간의 편에서 예정의 원인으로 이해하려 하였다(III. xxii. 9). 캘빈은 하느님이 어떤 사람들의 마음은 강퍅하게 하고 또 다른 사람들에게는 자비를 베풀기 때문에 하느님의 뜻 외에 다른 원인이 있을 수 없다고 주장한다(III. xxii. 11). 캘빈은 인간이 자신의 죄에 책임과 의무가 있다고 주장하는 사람들을 따라가려 하지 않았다. 캘빈에 의하면, 하느님의 예지가 우리 인간의 죄에 대한 책임을 면제시켜 주지는 않는다. 왜냐하면 하느님이 예지한 악은 인간의 것이지 하느님의 것이 아니기 때문이다. 캘빈은 이들 신학자들을 쓸데없는 이론을 늘어놓는 자들이라고 폄하한다.

> 하느님이 일어나도록 명하신 그 근거에서만 하느님이 미래의 사건을 예지하시기 때문에, 모든 일들이 하느님의 결정과 명령에 따라 일어나는 것이 분명하다. 따라서 저들은 예지에 대해 쓸데없는 논쟁을 일삼는 것이다. (III. xxiii. 6)

악의 문제와 관련하여 중세의 전통적인 유신론자들의 입장과 캘빈 자신의 입장에 차이가 있다면, 캘빈 자신이 이들보다 유신론적 입장을 분명하게 진술한다는 점이다. 그러나 캘빈이 하느님의 허용해 줌과 하느님의 원인됨을 구분하지 않는다면, 이 세상에 악이 현존하고 있고 장차 사람들의 영원한 형벌이 기다리고 있는 상황에서 어떻게 우리가 하느님의 선을 믿을 수 있겠는가? 캘빈은 이 세상에 현존하는 악은 하느님으로부터 오는 저주라고 분명히 주장한다. 악이 인간의 작인으로부터 오건 비인간적인 작인으로부터 오건 악은 하느님의 저주라는 사실을 믿어야 한다. 왜냐하면 누구도 해를 끼칠 만한 내재적 힘을 갖고 있지 않기 때문이다(I. xvi. 8; I. xvili. 8; 참조. I. xvi. 3). 물론 미래의 고통은 이 땅에서의 죄에 대한 벌로서 정당화된다. 그러나 만일 우리의 악한 의도와 행위가 사실 하느님에 의해 뜻한 바이고 원인이 된 것이라면, 하느님이 무슨 권한으로 이 세상과 저 세상에서 우리 모두를 벌하는가?

캘빈은 이 질문에 대해 하느님의 "의지"("숨겨진 의지", "비밀의 의지," 혹은 "작용하는 의지")와 하느님의 "훈계"(혹은 "명령하는 의지")를 구분함으로써 대답하려 한다. 루터가 하느님의 숨겨진 의지와 하느님의 계시된 의지가 종종 긴장관계에 놓이긴 하지만 인간이 하느님의 계시된 뜻에 따라 살아야 한다고 말했듯이, 캘빈은 우리가 성서에 계시된 대로 하느님의 훈계에 따라 인도를 받아야 한다고 주장한다(I. xvii. 2-5). 우리가 이렇게 하기를 실패하면 우리는 죄에 책임을 느끼고 당연히 벌을 받아야 한다. 캘빈은 자신의 용어를 항상 일관성 있게 사용하지 않는다. 때문에 캘빈의 이러한 주장도 다소 혼돈을 갖고 있다. 캘빈은 죄인들이 하느님의 뜻을 행하기 때문에 하느님의 사역자들이라 주장하는 사람들을 반박한다. 이를 위해서 우선 캘빈은 죄인들이 하느님의 뜻을 따르고 있음을 부인한다(I. xvii. 5). 여기서 하느님의 뜻이란 하느님의 "명령하는 뜻"을 의미한다. 그런 후 캘빈은 살인자들과 다른 악을 행하는 자들이 하느님의 섭리의 도구들이라고 인정한다(I. xvii. 5). 물론 이는 캘빈이 하느님의 "숨겨진" 혹은 "작용하는" 뜻을 두고 한 말이다. 그러나 어떻게 하느님이 숨겨진 뜻을 가지고 살인과 같을 죄를 원할 수 있을까? 여기서 캘빈은 "인간에게 맞는 뜻과 하느님께 맞는 뜻 사이에 큰 차이가 있다."고 한 아우구스티누스의 주장을 받아들인다. 그리고는 "기묘하고도 말로 표현할 수 없는 방법으로 하느님의 뜻이 아니고서는 어떤 일도, 심지어 하느님의 뜻에 반대되는 것조차 일어나지 않는다."는 아우구스티누스의 주장에 동의한다(I. xviii. 3).[2]

캘빈은 아우구스티누스의 구분이 하느님의 정의를 지킬 수 있다고 주장한다. 예컨대 하느님이 악한 자들의 계획과 의도를 지배하기 때문에, "이들은 하느님의 뜻에 따라 하느님의 명령을 준행함으로써 저주를 받게 된다."고 주장한다. 캘빈은 하

2) 여기서 캘빈은 아우구스티누스의 *Enchiridion*, XXVI, 100f를 언급하고 있는 것이다.

느님의 "뜻"과 "훈계"가 "완전히 다름"에도 불구하고 이 둘 사이를 혼돈하기 때문에 사람들이 하느님의 정의를 반박한다고 생각한다(I. xviii. 4). 캘빈의 주장을 정리하면 다음과 같다. "하느님은 악한 사람들을 통해 하느님의 은밀한 심판으로 자신이 제정한 바를 성취한다. 그렇다고 악한 사람들이 자신들의 욕망을 따라 고의적으로 지은 죄가 마치 하느님의 훈계를 순종한 것인 양 생각할 수 있는 것은 아니다." 물론 캘빈은 하느님의 은밀한 뜻이 모든 것을 필연적으로 일어나게 하기 때문에 인간이 자신의 맘대로 다른 일을 할 수 없다고 분명히 잘라 말한다. 그러나 캘빈은 유다가 자신의 배반 때문에 정죄를 당한 것처럼 개체 인간들이 그들의 죄로 인해 정죄를 받을 때, "하느님은 사람들이 무엇을 할 수 있었느냐고 묻지 않고 … 저들이 무엇을 하기 원하였느냐를 묻는다."고 말한다(I. xviii. 4). 간단히 말해, 우리는 죄 된 행위의 대가로 정당한 정죄를 받는다. 심지어 우리가 그렇게 생각하는 것 외에 다르게 생각할 수 없음에도 불구하고, 이러한 죄를 범하려는 우리의 죄 된 의지까지도 정죄를 받는다.

우리가 다르게 생각할 수 없음에도 그렇게 생각한 것에 대한 책임이 우리에게 있다는 이러한 논리는 제 1 인과성(primary causation)과 제 2 인과성(secondary causation)의 구별과 관계된다. 캘빈은 똑같은 주제를 "벌거벗겨진 섭리"(naked providence)와 "옷이 입혀진 섭리"(clothed providence)라는 보다 색깔 있는 용어로 구분해서 설명한다. 벌거벗거진 섭리는 이차적인 자인을 사용하지 않고 하느님이 이루시는 어떤 것이다. 한편 하느님은 일반적으로 벌거벗겨진 섭리를 이차적인 도구들을 수단으로 사용해서 옷을 입힌다. 이러한 구분에 기초해서 캘빈은 하느님이 만물에 영향을 미치는 교리가 신중함과 게으름을 피하는 활동의 필연성을 폐기하지 않는다고 주장한다. 왜냐하면 신중함과 게으름을 피하는 활동은 하느님이 사용하는 도구들이기 때문이다(I. xvii. 4). 하느님의 활동이 우리가 활동하지 않아도 된다는 의미가 아니다. "인간은 하느님이 활동하게 함을 좇아 활동한다. 그러나 동시에 인간 스스로 활동한다"(I. xviii. 2). "인간은 하느님의 섭리가 정한 것에 따라 타락한다. 그러나 인간은 자신의 잘못으로 타락한다"(III. xxiii. 8). 따라서 하느님의 섭리가 우리의 악함을 면제시켜주지 않는다(I. xvii. 5).

이런 방식의 논증은 설득력이 약하다. 캘빈은 우리 자신이 할 수 있는 것이 없다고 분명하게 주장했다. 조금의 악한 욕망마저도 하느님이 우리에게 하도록 하기 전에는 우리의 욕망이 될 수 없었다. 그러므로 캘빈은 우리가 하는 것 외에 다른 것을 욕망할 수도 또한 원할 수도 없다고 반복해서 주장한다. 이는 우리의 욕망과 뜻의 가장 미미한 부분까지도 하느님이 그 원인이 되기 때문이다. 캘빈의 논리가 비교적 명쾌함에도 불구하고, 한편 "전적으로 하느님이 모든 행동의 원인이 된다."고 하면서, 다른 한편 "인간이 스스로 활동한다."고 말한 대목에서는 그 논리가 분명치 않아 보인다. 캘빈이 적절치 못한 구분을 거부할 때 보다 일관성을 지켰더라면, 제 1 원인과 제 2 원인의 구분 또한 포기했을 것이다. 소위 제 2 원인들이란 실로 그들만의 노력으로는 아무런 영향도 끼치지 못한다고 캘빈이 공공연히 말했기 때문이다. 칼 바르트가 지적하는바 대로, 사실 "원인"이라는 용어가 여기에서 애매모호하게 사용된다. 때문에 의미 없이 사용되고 있다. 이 문제에 대해서는 제임스 로스를 소개하면서 다루겠다.

이러한 애매모호한 논증은 캘빈 자신이 하느님의 두 의지에 대한 구분을 철회하면서 힘을 잃게 된다. 하느님은 은밀한 계획에 따라 하느님이 명령한 것을 자신의 법으로 공공연히 금한다고 말한 후에, 캘빈은 다음을 덧붙여 설명한다.

> 그러나 하느님의 의지는 그 의지 자체와 전쟁을 하는 것이 아니라, 의지를 변경시키는 것도 아니며, 하느님의 뜻한 바를 원치 않은 것처럼 가장하지도 않는다. 하느님의 의지가 하느님 안에서 하나이며 단순함에도 불구하고, 우리에게는 다양한 것처럼 나타난다. 왜냐하면 우리의 정신적인 무능력으로 인해 어떻게 몇 가지 방법으로 하느님의 의지가 일어날 일을 원하고 원하지 않는지 이해할 수 없기 때문이다. (I. xviii. 3)

하느님의 의지는 그 의지 자체와 긴장관계에 놓이지 않는다. 그렇지만 그 의지는 동일한 것을 원하기도 하고 원하지 않기도 한다는 캘빈의 글을 읽은 사람들은 "우리(인간)의 정신적인 무능력" 외에 다른 어떤 것이 여기서 문제를 일으키는 것은 아닌가 하는 의심을 가질 수 있다. 그러나 우리는 하느님 안에 두개의 "완전히 다른" 의지가 있는 것이 아니라 오직 하나의 의지가 있음을 배워 알기 때문에, 그리고 이 하나의 의지는 모든 사건의 원인임을 알고 있기 때문에, 우리가 때로 하느님의 뜻에 반대해서 행동할 수 있다는 어떤 가능성도 완전히 무너지게 된다.

물론 캘빈도 이 사실을 잘 알고 있었다. 다른 저술에서 캘빈은 하느님의 선을 변호한다. 캘빈의 주장은 하느님이 실로 변호가 필요 없다는 입장이다. 보다 정확하게 말한다면, 우리가 이해할 수 있는 변호라면 필요 없는 변호이다.

이전의 전통적인 유신론자들은 '우주 안에는 순수 악이란 없다.'고 변호하였다. 캘빈은 하느님이 선을 행하기 위해 악을 사용한다고 주장한다(I. xvii. 5). 캘빈은 우리가 분을 내거나 성급해하지 말고 모든 역경을 받아들여야 한다고 주장한다. 왜냐하면 우리는 "하느님이 그 일을 원하였고, 공의롭고 마땅히 해야 할 바 외에는 아무 것도 원치 않음"을 알기 때문이다(I. xvii. 8). 캘빈은 "하느님이 최고로 좋은 이유를 가지고 계획하였음"이 그 최종적 결과로 판명될 것이라고 아주 분명하게 말한다(I. xvii. 1).

그러나 캘빈이 제시하는 가능한 이유들을 살피다 보면 질문들이 생긴다.

> [왜냐하면 그 가능한 이유들이란] 인내 가운데 하느님의 사람들을 훈계하며, 저들의 악한 성정을 교정하고 욕망을 가라앉히며, 자기를 쳐서 부인하고 나태함을 깨우며, 교민한 자들을 낮추고, 경건치 못한 자들의 교활힘을 부수며 저들의 긴계를 무너뜨리기 위한 것이기 때문이다. (I. xvii. 1)

그러나 캘빈이 하느님의 전능과 섭리에 대해 말한 것을 살펴보면 위에 말한 캘빈의 제시는 그 개연성이 사라진다. 인간 영혼의 가장 깊은 곳을 포함해 세계의 모든 존재가 하느님이 원하는 모습으로 존재하는 것이라면, 왜 인내와 자기 부정의 훈련을 받아야 할까? 그리고 왜 우리가 악한 성정과 욕망과 게으름과 교만함 그리고 교활한 불경건함으로 괴로워해야 하는가? 하느님이 먼저 이런 문제들을 예방할 수 있지 않았을까? 만일 하느님이 이 죄악들을 없애기 위해 이 죄악들이 일어나는 것이 좋다고 생각했다면, 이 죄악들을 피할 수 없는 사람들에게 고통을 가져다주는 간접적인 방법보다는 하느님이 직접 "적나라한 섭리"를 가지고 이 죄악들을 없애는 것이 더 좋지 않았을까? 왜냐하면 인간의 영혼은 여전히 하느님의 직접적인 인과성을 요청할 것이고, 궁극적으로 하느님의 인과성이 사람들이 직면한 역경에 어떻게 응답할 것인가를 결정할 것이기 때문이다.

캘빈은 이러한 반응을 이미 예견하고 있었다. 사람들이 피할 수 없는 "죄"에 대해 하느님이 사람들을 벌하시는 것이 공의로운 것이 아니지 않느냐는 질문이 당시에 이미 제기되고 있었다. 이에 대해 캘빈은 "사람들이 받아 마땅한 벌을 각 사람에게 단순히 벌하는 것보다 더 넓은 정의가 하느님의 은밀한 계획안에 존재한다."고 주장하였다(III. xxiv. 17).

캘빈이 말하는 "보다 넓은" 혹은 "보다 높은" 정의의 개념은 캘빈의 진실한 대답을 품고 있다. 캘빈은 자신이 전개하는 내용과 서툰 표현을 통해, 우리 하잘 것 없는 피조물들이 하느님이 참으로 선한지 질문할 정도로 사악하다고 질책한다. 캘빈은 하느님의 불가해한 섭리교리를 반대하고 있는 사람들을 크게 비판하였다.

> 오늘날 그렇게도 많은 개들이 독을 품어내며 물어뜯으면서, 혹은 적어도 짖어대면서 하느님의 불가해한 섭리 교리를 공격해대고 있다. 왜냐하면 저들은 자신들의 이성이 주장하는 것을 넘어 하느님을 위해 정당한 것을 원치 않기 때문이다. (I. xvii. 2).

캘빈은 하느님의 섭리 교리가 자신의 주장이 아니라 성서와 하느님의 권위에 기초하고 있다고 주장하면서 그의 섭리 교리를 반대하는 사람들을 힐책하고 있다.

> 저들이 하늘을 향해 침을 뱉어 무엇을 얻을 것인가? 진정 이들의 불쾌한 언동은 새로운 것이 아니다. 시대마다 섭리의 교리에 반대하여 거품을 물고 으르렁거렸던 불경건하고 비속한 사람들이 있었다. 그러나 저들은 분명 성령이 이전에 다윗의 입을 통해 선포한 것이 참임을 깨닫게 될 것이다. "주께서 심판하실 때에 순전하시다 하리이다"(시 51: 4). 다윗은 불결하여 제멋대로 구는 방자한 사람들의 광기를 간접적으로 비난한다. 이들은 하느님을 반대할 뿐 아니라 스스로 하느님을 정죄할 힘이 있다고 주장한다. (I. xviii. 3)

캘빈은 "독을 품은 개들"에 대항하여 자신의 입장이 실제로는 신정론이 필요 없는 사도 바울 사상의 메아리라고 하였다. 바울은 내가 언급한 사람들과는 다르게 하느님을 옹호하기 위해 거짓 변명을 늘어놓으려 염려하거나 수고하지 않았다. 바울은 "진흙덩이가 옹기장이와 다투는 것은 옳은 일이 아니다."(롬 9: 20, III. xxii. 1.)라고 경고하였다. "어째서 아담의 타락이 그들의 후손을 포함에 그렇게 많은 사람들을 영원한 죽음에 빠지게 하였는가? 왜 하느님이 기뻐하지 않는 그런 일들이 일어나고 있는가?"라는 물음에 답하면서, 캘빈은 "나도 그런 하느님의 법이 실로 끔찍스럽다고 고백한다."고 하였다. 그러나 캘빈은 "자기 임의대로 하느님을 변론하는 혀들이 잠잠해져야 한다."고 주장한다(III. xxiii. 7). 선택에 대한 논의를 끝내면서, 캘빈은 영원한 형벌(reprobation) 교리와 더불어 다음과 같이 정리한다.

> 이것이 우리의 결론이다. 깊은 신비 가운데 바울과 함께 전율할지어다. 그러나 계속되는 변론으로 시끄럽게 하는 자가 있다면 바울의 이야기를 들어보라. "이 사람아 네가 누구이기에 감히 하느님께 반문하느냐?" 왜냐하면 아우구스티누스가 주장했던 것처럼, 인간의 정의의 표준에서 하느님의 정의를 측량하는 자는 불법을 행하고 있는 자이기 때문이다. (III. xxiv. 17)

그러나 캘빈은 '하느님의 심판에 의문을 품는 것이 불법'이라는 단순한 주장을 넘어선다. 앞서 인용한 글에서 암묵적으로 나타난 대로 바울의 중심사상은 하느님의 뜻이 정의상 옳다는 교리이다. 캘빈은 "하느님의 뜻"이란 "최상의 의의 통치"를 가리킨다고 주장한다(III. xxiii. 5). 더 나아가 "하느님의 뜻은 최고로 높은 의의 통치이기 때문에 하느님이 뜻하는 것은 무엇이든 하느님의 뜻이라는 그 사실만으로도 의로운 것"이라고 주장한다. 이런 이유 때문에 하느님의 뜻대로 사건들이 일어나고 있다는 대답 외에 다른 대답을 찾으려는 것은 악행이 된다. "너희가 '하느님이 왜 그렇게 원하였는가?'라고 묻는다면, 하느님의 뜻보다 크고 높은 어떤 것을 찾고 있는 것이다." 캘빈은 하느님의 뜻을 추구한다고 해서 "하느님 자신에게까지 법을 적용하는 무법의 하느님"을 요구할 수 없다고 주장한다. 하느님의 뜻은 "가장 높은 완전의 통치이며 모든 법들 중의 법"이다(III. xxiii. 2). 그러므로 어떤 사람에게 멸망의 운명을 지운 하느님의 법은 "우리에게는 숨겨져 있지만 아주 분명한 그 나름의 공정성을 갖는다"(III. xxiii. 9). 그러나 우리는 인간의 표준을 넘어서는 하느님의 법을 이해할 수 없다. 왜냐하면 이 법이 우리에게 계시되지 않았기 때문이다. 물론 캘빈은 하느님의 숨겨진 의지와 계시된 의지를 구분한다. 하느님의 계시된 의지는 의에 대한 우리의 기준에 표준이 된다. 그러나 동시에 계시된 의지에 의해 적용되는 기준보다 더 높은 기준, 곧 하느님이 모든 것을 결정하신다는 기준이 있음을 기억해야 한다. 우리가 하느님의 은밀한 심판의 깊이를 이해하려면 우리의 생각은 그 깊이에 먹혀버리게 될 것이다. 그렇지만 우리가 하느님의 심판을 이해하지 못한다고 해서 그 심판을 정죄하는 것은 잘못된 것이다(III. xxiii. 4).

캘빈은 이러한 자신의 입장이 로마서 9: 20-21절에 나오는 바울의 유명한 선언에 기초한다고 말한다. 바울은 왜 어떤 사람은 하느님의 진노의 그릇이 되게 하는가라는 질문에 대해 “이 사람아 네가 누구이기에 감히 하느님께 반문하느냐?”라고 대응한다. 그리고는 옹기장이와 진흙덩이의 유비를 소개한다. 바울의 이러한 설명은 변명이 아니며 “하느님이 하기를 원하는 모든 일을 할 수 있다는 선언도 아니다.” 오히려 바울의 요점은 “하느님의 의가 인간이 측정할 수 있는 기준이나 인간의 얄팍한 재치로 이해할 수 있는 것보다 더 높다.”는 점이다(III. xxiii. 4). 그리고 캘빈은 이러한 바울의 가르침이 캘빈 스스로 끔찍스럽다고 고백한 하느님의 법을 포함해 악의 문제가 갖고 있는 모든 문제에 만족스런 해답이 될 수 있다고 생각했다. 캘빈은 “[주님께서] 바울의 입술을 통해 말씀하는 하느님의 영의 변호 외에 다른 변호를 필요로 하지 않는다.”고 주장하였다(III. xxiii. 5).

악의 문제에 대한 하나의 가능한 해법으로서 캘빈의 입장을 어떻게 평가해야 할까? 나는 캘빈과 관련하여 두 가지 중요한 반대가 있다고 생각한다. 그 이유는 캘빈의 표현의 명료함과 특성 때문이다. 그렇지만 캘빈에게 적용되는 반대는 아우구스티누스, 토마스 아퀴나스, 그리고 루터에게도 적용된다. 따라서 악의 문제와 관련된 문제에 반대의 목소리는 곧 이들의 사상과 관련이 된다.

첫 번째 반대는 캘빈의 입장에 나타나는 일관성의 결여와 관련된다. 일반적으로 내면적 비평(internal criticism)은 둘 혹은 그 이상의 표현에서 발견되는 논리의 불일치를 지적한다. 표현 하나 하나는 논리가 정연하도록 정리될 필요가 있다. 이런 유형의 논리적 불일치가 캘빈의 저술 가운데 나타나고 있음을 이미 살펴보았다.

예를 들면, 캘빈은 살인자들이 하느님의 뜻을 섬기는 자들이라는 것을 부인하고 다음에는 인정한다. 또한 하느님이 두 개의 모순된 일들을 행하지만 원하지는 않는다고 말한다. 뿐만 아니라 캘빈은 모든 인과성을 분명 하느님 안에 있다고 하면서 어떤 때는 우리가 사건의 원인인 것처럼 말한다. 그러나 여기에 소개한 모순된 표현들은 캘빈의 저술 가운데 발견되는 모호한 것들 중 일부에 해당한다. 이 모순된 표현들은 하느님의 뜻을 옳다고 정의하는 캘빈 신정론의 본질적인 것이 아니다.

그러나 이와는 좀 다른 유형의 논리적 불이치가 있다. 이는 한편에서는 저자의 명시적인 진술들 사이의 불일치이고, 또 다른 한편에서는 모든 사람들이 말로는 부인하면서도 실천의 영역에서는 당연하다고 주장하는 기본적인 전제들 사이의 불일치이다. 이들 기본적인 전제들은 제시된 사유체계가 받아들일 수 있는 것인지를 궁극적으로 점검하는 잣대가 되어야 한다. 왜냐하면 우리가 그 기본적 전제들을 믿을 수밖에 없다면, 이들 기본적 전제들을 의심하는 것은 이치에 맞지 않기 때문이다. 따라서 기본 전제들을 부정하는 입장은 명시적이든 암묵적이든 부정했다는 점에서 거짓으로 생각되어야 한다. 예컨대, 데이비드 흄(David Hume)은 어떤 한 사건이 다른 사태에 실제로 영향을 미친다는 의미에서 인과성의 타당성을 전제하였다. (때문에 후속하는 다른 사건은 이전의 어떤 사건을 포함하는 것이지 그 역은 아니다. 물론 흄은 이 사실을 말로는 부인하였다.) 흄은 "실제적인 삶" 속에서 곧 자신의 일상의 삶 속에서 여전히 원인성이 있음을 믿고 인정하였다. 따라서 그는 이론으로는 부인하고 실천의 영역에서는 받아들이는, "이론"과 "실천"의 이분법적인 구분을 하였다. 그는 실천의 영역에서는 거부하지 않으면서, 이론의 영역에서는 사실상 할 수 없는 것으로 인식하였다. 그러나 이러한 이분법은 모순이 없는 합리적인 사유에 철저히 위배된 것이었다. 서로 모순되는 두 전제는 둘 다 진리일 수 없다. 믿음체계들은 "이론적"이라 이름을 붙이든 "실천적"이라 이름을 붙이든 전제들을 포함한다. 따라서 저자의 명시적인 표현 속에 내포된 어떤 전제가 그의 암묵적인 믿음체계들 안에 내포된 전제들과 모순관계를 갖는다면, 그 저자는 자기모순을 안고 있는 것이다. 그러므로 관련된 암묵적 믿음체계들 가운데 하나가 적어도 우리 모두 실천의 영역에서 주장하는 그 기본적 전제들 가운데 하나여야 한다. 이런 상황에서 저자의 입장이 거부할 수 없는 가설들 가운데 하나를 이론적으로 부인하는 것이라면, 그의 입장은 거짓된 것으로 여겨질 수밖에 없다.

나는 캘빈이 이런 유형의 불일치에 빠져있다고 생각한다. 여기서 문제가 되는 전제는 책임적인 행동과 생각을 수반하는 자유로운 선택 능력이나 힘을 우리가 갖고 있다는 전제이다. 앞서 살펴본 대로, 캘빈은 자유로이 선택할 수 있는 힘이 인간에게 있음을 단호히 거부한다. 캘빈은 우리가 아무것도 할 수 없으며, 하느님이 모든 일을 한다고 본다. 루터와 마찬가지로 캘빈은 이전의 어떤 신학자들보다도 훨씬 더 분명하게 이 교리를 주장할 수 있었다. 왜냐하면 캘빈은 하느님이 모든 것을 한다는 교리를 믿는 것이 악의 문제로 인해 생긴 어떤 어려운 조건도 상쇄한다고 생각했기 때문이다(참조 III. xxi. 3). 또한 하느님의 섭리 교리를 믿음으로 모든 근심과 두려움으로부터 자유하기 때문이다. 이 믿음은 "다른 피조물들이 우리를 해칠 어떤 본질적인 힘을 가진 것으로 생각하여"(I. xvi. 3) 그들을 두려워하는 것으로부터 우리를 자유하게 한다. 하느님의 섭리 안에는 사탄도 포함된다. 왜냐하면 사탄과 사탄의 동료들이 "차꼬에 잡혀있을 뿐 아니라, 재갈이 물려 있고, 복종을 하지 않을 수 없기 때문이다"(I. xvii. 11). 캘빈은 하느님의 섭리에 대한 지식의 유익을 다음과 같이 요약한다. 곧, "풍족케 하신 하느님의 은총에 대한 마음의 감사, 역경 가운데 인내, 그리고 하느님의 섭리에 대한 지식은 모든 사람들이 당연히 갖게 되는 미래의 염려로부터 놀라운 자유를 선사한다"(I. xvii. 7).

캘빈의 표현가운데 불일치한 모습을 가장 분명하게 보여주고 있는 구절은 "역경 가운데 인내"라는 표현이다. 이에 대해서 캘빈은 다음과 같이 설명한다.

> 분노나 조급함에 대한 효과적인 치료제가 없다면 하느님의 섭리를 묵상하라고 권하고 싶다. 주님의 원하는 바가 이루어질 수밖에 없는 이유는 우리가 주님의 뜻에 저항할 수 없기 때문이며, 또한 주님은 공의롭고 마땅한 것만 원하기 때문이다. 요약해 보면, 우리가 사람들로부터 부당하게 상처를 입었다면 저들의 악함을 지나쳐 버려라. (그렇지 않으면 더욱 우리의 아픔이 악화되고 보복하려는 생각이 더 치열하게 될 것이다.) 하느님의 눈을 갖도록 하라. 그리고 우리의 적이 우리를 악하게 해치려 했던 것은 사실 하느님의 공의로운 섭리에 의해 허용되고 보내어진 것임을 분명히 믿도록 하라. (I. xvii. 8)

이 구절은 절대적인 하느님의 섭리 교리가 어떤 실천적인 의미를 갖고 있는지 분명하게 보여주는 예이다. 그러나 캘빈이 자신의 반대자들을 “독을 품은 개들”과 같은 표현으로 욕하게 될 때, 어쩔 수 없이 우리와 마찬가지로 인간의 자유를 믿고 있음이 환히 드러난다. 캘빈은 자주 스스로를 성서로 포장하여, 자신의 가르침을 거부하는 자는 하느님의 가르침을 거부하는 자라고 주장한다. 자신의 섭리 교리를 거부하는 자들을 향해서 다음과 같이 표현한다.

> [저들은] 마치 우리가 가르치는 것이 우리의 머리로 지어낸 것인 양 생각한다. 그리고 성령은 동일한 것을 선포하지 않은 것처럼 생각하여 다양한 형식으로 반복해 표현한다. 그러나 얼마간의 부끄러움은 있어서 하늘을 부끄럽게 하는 참람한 말들을 감히 토해내지는 않는다. 다만, 이들은 자기들의 헛소리를 보다 자유롭게 지껄이기 위해 그들의 주장이 우리의 주장과 같은 것처럼 위장한다. (I. xvii. 2)

만일, 캘빈이 자신의 가르침이 하느님의 인도를 받은 것처럼 자기를 반대하는 자들도 하느님의 인도를 받았다고 생각했더라면, 캘빈은 이처럼 험악한 표현을 쓰진 않았을 것이다. 캘빈이 하느님이 만물의 원인이 된다는 자신의 생각에 반대하는 사람들을 일러 성령을 거슬러 신성 모독한 이들이라고 한 것은, 결국 성령께서 저들로 하여금 성령을 모독하도록 저주하였다고 말하고 있는 것이다. 이러한 긴장은 ‘하느님이 원하는 바가 아닌 것은 아무것도 말할 수 없다.’고 주장하는 캘빈의 표현 속에 잘 나타난다. 때문에 캘빈은 섭리 교리를 허용의 교리로 대치시키는 사람들을 향해 “이치에 맞지 않는 말을 지껄이는 것이다.”라고 하였다(I. xviii. 1). 이는 토마스 아퀴나스로 하여금 허용에 대해 말하게 했던 하느님을 캘빈이 암묵적으로 비판하는 것 아닌가? 더 나아가 캘빈은 예정 교리를 공개적으로 가르치기를 꺼려하는 사람들을 비판하였다. 이들은 교만하여 마치 하느님이 저들 생각에 자신들이 지혜롭게 마주쳤던 위험의 순간을 하느님이 미리 알지 못했던 것인 양 “하느님을 생각이 없는 어리석은 존재”라고 간접적으로 비난하고 있다고 생각했다(III. xxi. 5). 그러나 캘빈의 섭리 교리는, 하느님이 필연적으로 성서를 쓰게 한 것처럼 완전하게 모든 사건이 일어나도록 한다. 그러므로 캘빈이 반대자들의 가르침이 잘못되었고 위험하다고 말하는 순간, 이미 거짓되고 해로운 가르침을 주고 있는 하느님을 간접적으로 비판하고 있는 것이다.

앞의 논의에 나타난 것처럼, 자신의 섭리 교리를 믿으면 역경에 인내하게 될 것이라는 주장을 캘빈 자신에게는 적용하지 않는다는 점이다. 어쩌면 이 불일치성을 캘빈이 인식하였기 때문에, 이를 정당화하려고 했는지도 모른다. 하느님이 행동의 참된 원인이기 때문에 신앙인은 다른 사람들의 악을 간과해야 한다고 독려한 후, 바로 다음 문단에서 캘빈은 신앙인이 제 2 원인을 간과해서는 안 된다고 주장한다. 이 말은 신앙인은 하느님 섭리란 구실로 죄를 면할 수 없으며, 오히려 동일한 악행 속에서 신앙인은 하느님의 의와 인간의 악을 관상할 수 있음을 의미한다(I. xvii. 9).

인간의 악을 간과하거나 인간의 악을 분명하게 관상하는 이 둘의 모순된 태도 사이에서, 캘빈 자신이, 특별히 자신의 교리적 적대자들과의 관계에서, 인간의 악을 관상하는 모범을 주로 보여주었다. 그러나 문제는 캘빈의 관상하는 성격이 아니라 그의 일관성이다. 여기서 어떤 사람의 악을 간과하고 관상해야 한다고 말하는 것은 일관성이 없는 것이다. 그러므로 위의 인용이 보여주는 대로, 이 문제는 제 1 인과성과 제 2 인과성이 갖는 도식과 관계된다. 이 도식에 대해서는 이미 논의한 바 있고 앞으로도 다루게 될 것인 바, 캘빈은 이 도식을 분명히 거부하고 있다. 캘빈에 따르면 존재하는 모든 것들의 존재 이유는 하느님의 뜻에 기초한 하느님의 유일한 결단에 달린 것이다. 그리고 하느님은 만물의 유일한 원인이 된다.

그러면서 캘빈은 순수하게 자유로운 결정을 인간이 할 수 있다는 인간의 힘에 대한 암묵적인 믿음을 보여주고 있다. 인간이 권고의 효력을 받아들이는 한(심지어 하느님과의 관계에서 조차), 인간에게 순수 자유 결정권이 있는 것처럼 주장한다. 하느님의 전능에 대한 신앙이 갖는 유익을 서술하면서 캘빈은 이 믿음이 피조물들로 하여금 "스스로 하느님께 순종하도록" 독려한다고 말한다(I. xvi. 3). 그러나 이 또한 자기-모순적이다. 왜냐하면, 전능에 대한 신앙은 인간이 선택과정에서 "스스로를 위해 결정할" 아무런 힘이 없고, 하느님이 일방적으로 우리가 순종할 것인지 아닌지 결정하였음을 보여주기 때문이다. 캘빈주의자들의 논쟁에서 많이 논의되는 질문, 곧 예정론에 대한 신앙이 올바른 삶을 위한 열정을 파괴할 수 있는지에 대한 질문에 대해, 캘빈은 성서의 의도가 예정론을 통해 하느님의 심판을 두려워하며 하느님의 자비를 존중하도록 가르치기 위한 것이라고 말한다. 또한, 예정론에 따르면 자신의 행동으로 하느님의 영원한 명령에 영향을 줄 수 없기 때문에, 예정론이 자신들의 욕망을 따라 살도록 인도할 것이라고 주장하는 사람들에게, "만일 선택의 목적이 삶의 거룩함을 가지게 하는 것이라면, 예정론은 우리로 아무것도 하지 않는 변명이 되게 하기보다는 더 열심이 우리의 생각을 거룩한 삶에 두도록 독려하는 것일 것이다."라고 대답한다(III. xxiii. 12). 그러나 캘빈이 우리가 어떻게 예정론에 응답해야 하는지 그 결정할 힘을 갖고 있다고 제안하는 것은 캘빈의 명시적인 가르침과는 일치되지 않는다. 왜냐하면 예정론에 의하면, 하느님이 우리로 하여금 두려움에 떠는 방법으로 응답하도록 이미 영원부터 정하였다면, 예정론이 우리를 두려워 떨게 할 것이기 때문이다.

예정론이 모든 권고를 의미 없게 한다는 주장에 대해 캘빈은 바울이 예정 교리를 가르쳤지만 또한 권고하였다고 응답하였다. 물론 여기 내포된 의미는 바울이 오류 없이 하느님의 영감을 받았다는 점이다. 그래서 만일 바울의 묵시적이고 명시적인 가르침이 겉으로 보기에 일치하지 않는다면, 그 불일치는 그저 겉으로 보기에만 일치하지 않는다고 본다. 캘빈이 이러한 논리를 받아들였다고 해서 그를 비판하는 것은 대단히 시대착오적인 것임에 틀림없다. 왜냐하면 우리가 바울과 그 외의 성서 저자들을 볼 때에 일반적으로는 수세기 동안 변화된 문화적 시각을 통해서, 또한 구체적으로는 캘빈 시대의 신학자는 볼 수 없었던 새로운 시각을 제공해주는 성서 비평의 눈으로 보기 때문이다. 그러나 캘빈 자신의 교리에 따르면, 바울에게서 불일치를 찾는 사람들의 가르침은 철저히 바울 자신의 가르침과 마찬가지로 하느님에 의해서 비롯된 것이다. 더욱이 캘빈은 자신이 동의하지 않는 성서구절들, 예컨대 하느님이 변한다든가 혹은 하느님은 전적으로 모든 것을 결정하는 것이 아니라고 말하는 성서구절들을 적응이나 은유(metaphor)의 방법을 가지고 잘 설명하면서 넘어간다(I. xvii. 12-13; III. xxiv. 16). 그러므로 캘빈은 자신의 판단을 유보한 채 자신의 생각을 성서의 가르침에 단순히 맡겨버리는 방법을 택하지 않는다. 캘빈은 성서중에 어느 정도 자신이 받아들이기 원했던 부분을 받아들인다. 바울의 글속에 담겨있는 불일치의 부분들은, 하느님이 모든 것을 일방적으로 결정하지만 또한 권고를 통해 우리가 자유로운 선택의 힘도 갖고 있음을 의미한다고 주장하는 캘빈이나 다른 사람들의 불일치를 오늘날 우리에게 보증해 주지 않는다.

캘빈의 교리와 관련해서 일어나는 두 번째 반대는 다음과 같다. 캘빈의 입장이 명시적으로 거부하려 하지 않았던 바로 그 전제의 거부를 포함하고 있다는 점이다. 예컨대, 이전 세대 사람들의 경우처럼 캘빈은 악에 대한 형식 논리 8단계 중 "세상에는 순수 악이 존재한다."고 하는 전제 7을 거부한다. 그러므로 캘빈은 최상이 아닌 것이 일어나는 것을 거부하며, 하느님의 전능과 완전한 선성을 전제하면서, 순수 악의 존재를 거부하였다. 왜냐하면 하느님의 전능과 완전한 선은 하느님이 최상을 원하고 하느님이 일방적으로 그 원하는 바를 정확하게 일어나게 할 수 있기 때문이다. 그러나 나는 캘빈의 입장이 도덕적으로 완전한 존재는 순수 악이 존재하지 않는 현실세계를 원한다고 한 전제 5만을 부인하는 것이라고 생각한다. 또 완전한 실재는 도덕적으로 완전한 존재여야 한다고 생각하기 때문에, 내 입장에서 보면, 전제 5의 부인은 궁극적으로 캘빈이 "하느님은 완전한 실재"라고 한 전제 1을 부인한 것으로 보아야 함을 의미하게 된다. 내가 볼 때 캘빈의 하느님은 완전한 하느님이 아니고 예배를 받을 가치가 있는 하느님도 아니다. 그러므로 "하느님"이라 부를 수도 없다.

이러한 평가를 내리는 사고방식이 어떻게 가능할까? 캘빈은 우리가 하느님의 심판의 의를 이해할 수 없을 때조차 하느님의 뜻을 의로운 것으로 받아들여야 한다고 주장한다. 왜냐하면 하느님의 뜻은 의의 규범으로 정의되기 때문이다. 또한 하느님의 의지가 그 심판을 우리에게 충분히 드러내기를 원치 않기 때문에 하느님의 결정에 담긴 의로움을 언제나 이해할 수 있는 것은 아니라고 주장한다. 하느님은 우리가 하느님의 계시된 뜻이라고 규정한 그 기준 너머에 하느님의 숨겨진 뜻과 완전하게 작용하는 의지, 곧 보다 높은 기준들이 있음을 알기 원하였다. 다시 말하면, 우리는 하느님이 완전하게 선하다고 주장해야 한다. 그러나 이 선은 우리가 이해할 수 있는 그런 선이 아님을 인정해야 한다. 물론 캘빈은 아우구스티누스와 루터와 더불어 언젠가 우리가 하느님의 모든 심판이 갖고 있는 의를 볼 수 있을 것이라고 말한다.

그러나 이러한 시각에 문제가 있다. 첫째, "도덕적 선"의 개념과 관련하여 의미가 애매하다는 점이다. 만일, 우리가 도덕적으로 선한 어떤 존재를 의미 있다고 한다면, 그 존재는 지금 우리가 가진 도덕적 선의 기준에 따라 도덕적으로 선해야 한다. 캘빈이 아우구스티누스를 인용했듯이 인간의 원치 않는 것이 하나님의 원하는 것이고, 인간에게 부도덕적인 열망과 소원을 우리로 소원하고 열망하게 하며 행하게 하는 것이 하나님에게 도덕적이라 말하는 것은, 도덕적 선의 개념이 애매하게 사용되고 있음을 인정하는 것이다. 또한 "도덕적 선"이라는 말이 하나님께 적용될 때는 의미 없이 사용됨을 의미한다. 따라서 말로는 도덕적 완전함이 하나님께 속한 것처럼 표현하지만, 실제로 하나님께 전혀 속하지 않는다.

둘째, 캘빈이 묘사하고 있는 하나님은 우리의 기준에서 볼 때 도덕적으로 악하다고 생각할 수밖에 없는 분이다. 그리고 이것은 다르게 생각해볼 여지가 전혀 없는 판단이다. 캘빈은 벌 받을 만한 일을 하지 않은 사람들을 벌하는 하나님이 불의한 것이 아니라고 주장한다. 캘빈은 하나님이 사악한 사람들을 미워하기 때문에 저들에게 구원의 은총을 베풀지 않는다고 말한다. 하나님이 저들을 미워하는 이유는 저들이 성령을 받지 않았기 때문인데, 성령을 받지 못한 이유는 하나님이 일방적으로 저들에게 성령을 보내지 않기로 하였기 때문이다(III. xxiv. 17). 만일 "내"가 이러한 캘빈적 하나님을 도덕적으로 완전하다 생각해야 한다면, 미래의 나는 도덕적으로 왜곡된 모습일 것이다. 나는 우리가 이반과 더불어 『카라마조프가 형제들』에 참여해야 한다고 생각한다. 그리고 우리가 이 세상의 모든 고통을 필요로 하는 "최고의 조화"가 이루어진 곳에 있게 된다면, 우리의 티켓을 되돌려 주고 가라마조프가 형제들에 참여하지 않기를 희망해야 한다. 나는 인정하지 않지만, 어쨌든 우리가 전통적인 의미에서 전능한 존재의 가능성을 인정하고, 전능한 "하나님"이 미래에 우리를 세상에는 순수 악이 없었다고 생각하는 "사람들"로 바꾸어 놓을 수 있다고 인정하는 한, 나는 우리가 이반과 더불어 미리 이러한 변화를 거부해야 한다고 생각한다. 이는 노인성 치매를 염두에 둔 사람이 나중에는 자기 자신조차 그 내용을 바꿀 수 없는 내용으로 마지막 유언과 유서를 법정에서 작성하는 것과 같다.

요약해 보면, 캘빈의 하나님 곧 전통적인 유신론의 하나님이 도덕적으로 완전하지 않다는 결론은 세 가지로 요약된다. 1) 이처럼 근거 없이 주장된 하나님에게 도덕성을 돌리는 것은 애매모호하고 의미도 없다. 2) 이러한 하나님에게 돌려진 활동들은 정말 부도덕적인 것으로 간주되어야 한다. 3) 루터를 다룰 때 논의되었듯이 "영원한 결정권"을 가진 그런 하느님은 어떤 의미에서 자유로운 존재로 생각될 수 없다. 따라서 궁극적인 의미에서 그런 하느님은 도덕과 상관없는 초-도덕적인 분으로 여겨야 한다.

제11장 라이프니츠 : 가능한 모든 세계 중 최상인 것

이 책에서 다루는 여러 학자 가운데 라이프니츠(Gottfried Wilhelm Leibniz, 1646-1716)만이 『신정론』(*Theodicy*)[1]이라는 제목으로 책을 쓴 학자이다. 이 사실 말고도 라이프니츠를 신정론 연구에 포함시켜야 하는 몇 가지 이유가 있다. 첫째, 라이프니츠는 우리의 세계가 "가능한 모든 세계 중 최상인 것"이라고 말한 것으로 알려진 인물이기 때문이다. 이 표현은 우주 안에 순수 악이 있음을 명백하게 부정한다. 그러므로 라이프니츠의 신정론은 하느님의 선을 궁극적인 것으로 옹호하지만, 전체적으로는 이전 전통적인 유신론자들이 제시한 신정론에 빠져 있다. 둘째, 라이프니츠는 본질적인 악의 문제와 신앙과 이성의 형식적인 문제를 아주 분명한 어조로 연결시킨다. 현대의 여러 학자들은 아직도 라이프니츠의 신앙과 이성에 대한 입장을 따르고 있다. 그러므로 라이프니츠를 연구하는 것은 이제까지 어떤 학자를 연구하는 것보다도 악의 문제에 관하여 보다 철저히 탐구하는 기초가 될 것이다. 셋째, 하느님과 미래의 우연성들의 관계에 대한 라이프니츠의 논의는 우리에게 여전히 미래의 것으로 남아있는 것들의 세세한 것까지 하느님이 이미 혹은 영원히 알고 있다고 믿는 사람들이 주장하는 유한한 현실태들의 본성에 대한 결정적인 전제를 특히 분명하게 한다. 넷째, 대부분의 라이프니츠 주석가들은 라이프니츠의 입장을 잘못해석 했다고 생각한다. 저들은 특히 하느님의 전능의 문제와 관련하여 라이프니츠의 입장이 다른 전통적인 유신론자들의 입장과는 상당히 다

1) 이 장에 나오는 라이프니츠 관련 모든 인용은 Gottfried Wilhelm Leibniz, *Theodicy: Essays on the Goodness of God, the Freedom of Man, and the Origin of Evil*, tr. by E. M. Huggard from C. J. Gerhardt's edition of the *Collected Philosophical Works*(1875-1890)(Yale University Press, 1952)에서 한 것임. 그리고 인용 하나를 제외한 모든 인용은 Leibniz, *Theology*(요약판), ed. and abridged and with an introduction by Diogenes Allen[tr. by E. M. Huggard](The Bobbs-Merrill Company, Incl, 1966)에 나와 있음.

른 것이라고 생각했다.

이제 나는 라이프니츠를 바르게 해석하기 위해 하느님의 전능의 문제를 가지고 시작하려고 한다. 라이프니츠의 입장은 대략 다음과 같이 요약된다. 영원한 가능태들의 영역이 존재한다. 이들 가능태들은 무한히 다양한 방식으로 배열될 수 있고, 그 무한한 배열은 무한한 수의 가능 세계를 형성할 수 있다. 하느님의 세계 창조는 가능한 여러 세계들 가운데 하나를 선택해서 현실세계가 되게 한 것이다. 하느님은 완전하게 선하고 지혜롭기 때문에, 하느님이 현실화하도록 선택한 세계는 이들 가능한 모든 세계 중 최상의 것이다. 만일 현실세계가 최상의 것이라면, 왜 이 세계 안에 그토록 많은 죄와 고통이 존재하는가? 스스로 가능한 것들은 양립 불가능하며, 다른 말로 표현하면 "불-공-가능한 것들"(incompossibles)[2]이다. 하나의 현실화는 다른 것들의 현실화를 배제한다. 가능태들이 갖는 이러한 특성 때문에 모든 가능한 세계는 어느 정도의 악을 안고 있다. 그러므로 가장 가능한 세계라 할지라도 악을 포함하고 있는 것이다. 따라서 이 세계 안에 많은 죄와 고통이 존재함에도 불구하고, 다른 가능한 세계보다 죄와 고통이 덜 존재하는 것이다.

이러한 라이프니츠의 해석에 의하면, 라이프니츠는 하느님이 세계 안에 죄와 고통 없는 세계를 창조할 수 있었다는 점을 부인함으로써 악의 문제를 다루려고 하였다. 필연성을 갖고 하느님을 대면하는 영원한 "물질"의 세계가 존재하지 않음에도 불구하고, 하느님은 하느님의 의지마저 영원히 넘어서는 영원한 진리들의 본성에 의해 제약받는다. 전능한 존재는 자신이 원하는 바를 할 수 있다고 생각하는 사람들에게, 하느님은 영원한 진리들의 본성에 제약을 받는다고 하는 것은 하느님의 전능의 부정을 불러온다. 왜냐하면 (적어도 하느님이 세계를 창조하기로 마음을 먹었을 경우) 하느님의 뜻과는 상관없이 악이 내재하는 세계를 창조하는 다른 요인들에 의해 강요를 받는다고 생각되기 때문이다. 그러므로 전능을 기독교 신앙이 요구하는 하느님 개념의 본질로 받아들이는 사람들은 라이프니츠의 하느님 개

---

2) '불-공-가능한 것들'(incompossibles)이란 현실적으로 양립불가능한 가능성들이 함께 공존할 수 없다는 의미이고 공-가능성(compossibility)이란 현실적으로 양립불가능한 것들이 가능성의 상태로는 공존할 수 있다는 의미임. 역자 주.

념을 전통적인 기독교 유신론에서 떨어져 나온 아류 기독교적인 개념으로 생각한다. 라이프니츠에 대한 이러한 해석과 평가는 존 힉(John Hick)에게서 가장 잘 나타난다.[3)]

그러나 하느님의 힘에 관해서 라이프니츠는 이전의 전통적인 유신론자와 그 입장이 다르지 않다. 라이프니츠는 타협할 수 없는 어조로 하느님의 전능을 분명하게 주장한다. 우리 영혼이 갖고 있는 다른 모든 완전들과 같이 힘도 완전히 하느님 안에 존재한다. 하느님은 엄청난 힘을 소유한다.[4)] 하느님의 힘은 절대적이고 무한하다(Pref. 22, 30; PD 69).[5)] 하느님의 힘에 한계가 있다고 하는 것은 하느님이 가장 큰 인식 가능한 존재임을 부인하는 것이고 따라서 참 하느님임을 부인하는 것이 된다(FM 117. ii; 122. vi).[6)] 하느님은 만물의 주인이고 하느님의 결과적 의지는 오류 없이 성공적이다(FM 22, 80). 그러므로 사건이 바로 하느님의 결과적 의지가 무엇인지를 보여준다(Pref. 6). 하느님이 최상의 가능한 것을 행할 힘이 부족하다면 하느님의 힘이 제한된 것이다. 그러나 하느님은 그 힘이 부족하지 않다(FM 117. ii). 궁극적으로 하느님의 작인은 수동성이나 "고통"의 요인을 갖고 있지 않다(FM 32).

물론 비평가들은 이러한 전능의 속성이 단지 말뿐이라고 할 수 있다. 전능이라는 말을 가지고 라이프니츠는 하느님의 의지에 반대되는 선재하는 물질은 없으며, 하느님의 피조물들의 자유의지는 하느님의 결과적 의지를 따르지 않을 수 없었다고 생각했다. 그러나 비평가들은 라이프니츠가 하느님의 힘의 한계에 대해서 다른

---

3) Hick, 『악과 사랑의 하느님』 *Evil and the God of Love*, 162, 171-172.

4) 모든 참조는 단락과 연관되어 있다. Pref는 『신정론』(*Theodicy*)의 서론을 뜻한다. 안타깝게도 서론의 단락들은 번호가 붙어있지 않다. 그렇지만 서론이 짧기 때문에, 정확한 단락이 쉽게 발견된다.(정확한 단락은 Allen의 요약 판에서 볼 수 있다. 처음 삭제는 4개의 단락을, 두 번째 삭제는 14개의 단락을, 세 번째 삭제는 하나의 단락을 네 번째 삭제는 어떤 한 단락의 끝 부분과 또 다른 단락의 처음 부분을 삭제한 것이다.)

5) PD는 서론 뒤에 나오는 「신앙과 이성의 일치에 대한 예비 논문」(Preliminary Dissertation on the Conformity of Faith with Reason)을 뜻함.

6) FM은 PD를 뒤 따라오는 「인간의 자유와 악의 기원」(The Freedom of Man and the Origin of Evil)을 뜻함.

저술에서도 말하고 있음을 지적한다. 즉, 하느님의 선행 의지는 모든 선한 가능성을 현실화하기를 원하는 반면, 영원한 가능성들의 영역은 그 "필연성"을 하느님에게 부과한다(FM 20). 따라서 결과적 의지는 가장 좋은 것을 선택한다 해도 많은 악이 현존하는 세상에 만족할 수밖에 없다(FM 121. vi). 이러한 맥락에서 라이프니츠는 아우구스티누스, 아퀴나스, 그리고 캘빈이 말하는 전능한 하느님을 부인하고 있다. 이것이 라이프니츠에 대한 힉의 평가이다.

그러나 힉의 이러한 설명은 라이프니츠의 입장을 왜곡한다. 라이프니츠는 하느님의 힘이 최고점에 한정된다고 주장하는 점에서 대부분의 전통적인 유신론자들과 다르지 않다. 힉은 "스콜라주의자들에게 하느님의 창조적인 활동은 하느님의 생각 안에 창조 가능한 것들의 불변의 항목들에 의해 한정되어 있다."고 인정한다. 그러나 힉의 주장에 의하면, "스콜라주의자들은 이상의 영역이 모순과 갈등을 포함하고 있다고 생각하지 않았으며, 따라서 이들은 공-가능성(compossibility)의 개념을 사용하지 않았다."[7] 그런데 이 또한 사실이 아니다. 힉이 아는 바대로, 스콜라주의자들의 하느님은 상반되는 모순을 행할 수 없었다. 하느님은 원을 정사각형으로 만들 수 없었다. 그러므로 라이프니츠가 말하는 하느님이 위반할 수 없는 "영원한 진리들"(eternal verities)이란 정확히 말해 그 반대의 것과는 모순일 수밖에 없는 진리들이다. 이들은 "논리적이거나 형이상학적이거나 혹은 기하학적인 필연성을 지닌 진리들이다"(PD 2).

더군다나, 가능한 세계에 죄와 고통이 있기 때문에 이 세계 안에도 죄와 고통이 있어야 한다고 라이프니츠가 주장한 것은 아니다. 라이프니츠는 악을 세 종류로 구분하였다. 곧 형이상학적 악과 도덕 악과 물리적 악이다. 물리적 악이란 고통이고, 도덕 악이란 죄이며, 형이상학적 악이란 한계 때문에 생기는 불완전이다. 피조물은 어쩔 수 없이 제한되어 있다. 그렇지 않다면 그것은 피조물이 아니라 하느님일 것이다(FM 31). 따라서 다른 사람들이 제안했듯이, 라이프니츠가 "형이상학적 악"이라고 부른 세계를 "악하다."고 불러야 할지 의심스럽다. 왜냐하면 (루터가 "상대적 필연성"[relative necessity]이라는 용어에 대해 살펴보았듯이) 형이상적

---

7) Hick, 『악과 사랑의 하느님』 *Evil and the God of Love*, 162.

악이 필연적으로 피조물에 영향을 준다는 말은 피조물이 하느님이 아니라는 의미이기 때문이다. 특히 세계를 신성으로부터의 타락보다 선한 창조로 보는 기독교 세계에서 창조성 자체를 악하다고 하는 것은 적절치 않아 보인다.

어떤 경우든 대부분의 라이프니츠 주석가들이 간과하고 있는 것이 있는데, 라이프니츠가 형이상학적 악을, 악이라 부르든 그렇지 않든, 모든 가능한 세계들 안에서 필연적이라고 보았다는 점이다. 라이프니츠는 불-공-가능성(incomposibility)의 사실이 모든 가능한 세계에서 도덕 악과 물리적 악을 필연적으로 존재하게 한다고 주장하지 않았다. 사실상 그는 도덕 악과 물리적 악의 필연성을 거부하였다. 그가 말한 것은 최상의 가능한 세계는 죄와 고통을 품고 있다고 하였다.

라이프니츠는, 죄와 고통이 없는 세계가 존재했었어야 했다고 주장하는 사람들을 향해, 그러한 세계는 우리가 사는 세계보다 더 좋은 세계는 아닐 것이라고 말하였다(FM 9-10). 그는 영원한 진리들 때문에 어쩔 수 없는 피조물의 한계가 악의 근거라고 주장하였다. 그러나 영원한 진리들이 물리적 악과 도덕 악을 필연적이게 하지 않고 다만 가능하게 할 뿐이라고 하였다(FM 20-21). 다른 자료에서 라이프니츠는 합리적인 피조물들의 행복이 하느님의 유일한 목적이었다면, "어쩌면 죄도 불행도 심지어 죄에 의한 불행도 일어나지 않았을 것이다."라고 주장하였다. "하느님은 이 모든 악들이 제서될 가능성들을 계속해서 선택했을 것이다"(FM 120. v). 더 나아가 라이프니츠는 하느님이 "모든 사람이 행복하게 되는 선, 바로 우리가 원하는 선을 행할 수 있었을 것"이라고 주장하였다(FM 122. vii). 그는 하느님께서 모든 합리적인 피조물들이 언제나 선한 의지를 갖도록 창조할 수 있었지만 그렇게 하는 것은 "타당한"(proper) 것이 아니었기 때문에 그렇게 하지 않았다고 보았다(FM 120. v). 또 만일 하느님이 절대적이고 무조건적으로 덕을 사랑하고 악을 미워했다면, "세계에는 악이 존재하지 않았을 것"이라고 주장했다(FM 117. ii). 라이프니츠는 하느님의 무능 때문에 이 세계에 죄가 존재한다고 생각하지 않았다.

따라서 라이프니츠는 하느님의 전능도 부인하지 않았고, 죄와 고통이 없는 세계를 창조할 힘을 하느님이 갖고 있다는 생각도 부인하지 않았다. 그러나 그는 하느님이 무엇을 할 수 있었는가라고 물을 때 고려해야 하는 것은 하느님의 힘만이 아니라고 지적한다. 우리는 하느님의 힘에 대한 물음과 더불어 하느님의 영원한 지혜와 선을 고려해야 한다. 완전한 지혜를 가진 하느님은 가능한 세계 중에 어느 세계가 최상의 세계인지를 안다. 그리고 완전한 선을 가진 하느님은 필연적으로 하느님의 지혜가 가장 좋은 것이라 인식한 세계를 창조하고자 선택한다. 때문에 라이프니츠가 "지고의 질서의 이성"이 죄와 고통을 사물의 본성에서 배제시키지 않는다고 말할 때 염두에 둔 것은 바로 이 지혜와 선의 조화였던 것이다(FM 123. viii). 라이프니츠는 하느님으로 하여금 여기 구체적인 세계를 창조하게 한 것은 도덕적인 것이지, 형이상학적이 것이 아니었음을 강조한다. 곧 하느님이 다른 세계를 선택하는 것이 불가능했던 이유는 다른 세계를 선택하는 것이 모순이기 때문이 아니라 다른 세계를 선택하는 것이 어울리지 않았기 때문이었다. 왜냐하면 하느님이 다른 세계를 선택하는 것은 최상을 창조하려는 하느님의 지혜와 선의 조화된 명령에 위반되었기 때문이다(FM 174. 130. xv). 하느님이 선택한 세계는 모든 가능한 세계들 중에 최상의 세계였기 때문에 다른 세계를 선택하는 것은 적당한 것이 아니었을 것이다. 다시 말하면, 죄와 고통을 담고 있는 현재의 세계는, 모든 것을 고려해볼 때, 현재 경험하는 악의 유형이 없는 어떤 세계보다 더 좋은 세계인 것이다. 만일 도덕적, 물리적 그리고 형이상학적인 세 유형의 모든 선이 고려된다면, 현재의 세계가 최상의 가능한 세계인 것이다. 그러므로 내 생각에 라이프니츠는 하느님이 세계 내에 죄와 고통이 없는 세계를 창조할 수 있었음에도 불구하고, 하느님은 그 안에 순수 악이 없는 하나의 가능한 세계를 창조하기 위해 죄와 고통이 있는 세계를 창조했어야 했다고 주장하고 있는 것이다. 따라서 라이프니츠는 사실상 내가 순수 악에 사용했던 정의를 이 상황에서 사용하고 있는 것이다. "보다 부족한 선이 보다 큰 선에 방해가 된다면 이것이 일종의 악이 된다"(FM 8). 이 정의가 뜻하는 바는 죄와 고통이 없는 세계는 선한 세계였을 것이다. 그러나 최고로 가능한 세계보다 덜 좋은 세계였을 것이다. 그러므로 비교해 보면 악이 되는 것이다.

따라서 라이프니츠는 악의 문제에 대한 형식 논리에서 처음 6개의 전제들을 긍정하고 있다. 그는 분명하게 전제 1과 2를 긍정한다. 예컨대, 라이프니츠에 의하면, 하느님은 완전하며, 하느님의 완전은 전능을 포함한다. 그리고 그는 매우 분명하게 전제 3을 긍정한다. 그는 하느님이 어떤 순수 악도 없는 세계를 만들 힘이 있으며 사실 그 힘을 발휘한다. 말하자면 라이프니츠의 하느님은 더 좋은 전체를 이루어나가는데 장애가 되는 것들을 만들어 내지 않는 세계를 만들 수 있다. 따라서 하느님의 힘만을 놓고 볼 때, 하느님은 죄와 고통이 없는 세계를 만들 수 있었다. 라이프니츠는 또한 전제 4와 5를 긍정한다. 그는 분명하게 하느님이 죄와 고통이 없는 세계를 원하였다고 주장한다. 왜냐하면 하느님의 완전한 지혜는 이 세계가 죄와 고통이 없는 세계일 때 순수 악이 없는 세계임을 알고 있기 때문이다.

라이프니츠는 전제 6 즉 신학에서 논리를 사용하는 타당성에 대해 분명하게 거부하지 않는다. 따라서 라이프니츠는 형식 논리에서 세계 내 순수 악이 있다고 한 전제 7만을 부인한다.

그러나 어떤 근거에서 그가 이 입장을 우리에게 권하고 있는가? 우리의 세계는 분명 갖고 있지 않았더라면 더 좋았을 어떤 것을 많이 갖고 있는 것처럼 보인다. 라이프니츠는 피에르 베일(Pierre Bayle)의 작품을 읽으면서 『신정론』(*Theodicy*)을 쓰기로 마음먹었다. 이처럼 라이프니츠에 중요한 영향을 미쳤던 피에르 베일은 하느님의 전능과 선에 대한 신앙은 이성이 이 세상에 대해 갖는 결론과는 반대의 주장을 가져야 한다고 주장했다. 이러한 베일의 입장은 캘빈의 입장과 근본에 있어서 다르지 않았다. 캘빈은 이성만이 하느님이 존재하지 않거나 혹은 하느님은 선하지 않다는 결론을 내릴 수 있다고 말한 바 있다. 그러나 라이프니츠는 이성이 굳이 신앙에 반대가 될 필요는 없다고 주장한다. 신앙이란 이성을 넘어서서 존재하는 것이 아니라 이성이 신앙을 뒷받침해 준다. 신앙과 더불어 이성도 하느님의 선물이다. 그러므로 이성과 신앙 사이의 반목은 하느님이 하느님에 대항해 싸우는 꼴이 되는 것이다. 만일 어떤 신앙의 조항을 이성이 반대한다면, 이때 우리는 추상화된 조항이 계시된 것이 아니라 거짓된 것이라고 결정해야 한다(PD 29, 39).

이러한 라이프니츠의 이성 옹호는 캘빈의 외침과는 아주 거리가 먼 것처럼 보인다. 캘빈은 계속해서 인간의 무지를 강조하였고 감히 성서의 주장에 의문을 품는다 하여 인간의 악행을 꾸짖었다. 캘빈은 성서의 주장이 우리의 이성과 반하는 때에도, 죄를 피할 수 없는 상황에서 죄를 지었음에도, 그 죄로 인해 벌을 받는 것이 정당하다고 하는 성서의 주장을 믿어야 한다고 주장했다. 그러나 신앙과 이성에 대한 문제에서 이전 전통적인 유신론자들과 라이프니츠는 실제적인 면보다는 표현상 그 차이를 드러내고 있다.

라이프니츠는 신앙이 이성과 모순되지 않는다고 말할 수 있었다. 반면 베일은 라이프니츠의 이러한 주장이 이성을 보다 좁은 의미로 사용했기 때문이라고 보았다. 베일은 "이성"의 진정한 의미는 아리스토텔레스의 논리의 법칙에서 찾아져야 한다고 보았다. 이성이란 상호 불가능이나 모순을 의미하는 영원한 진리들을 하나로 연결시킴이란 의미에서 파생된 것이다(PD 2, 3, 23, 27, 63, 64, 65). 이러한 아리스토텔레스의 논리의 법칙에 기초한다면, 신앙의 조항들이 이성에 반대될 때에만 신앙은 이성에 반대된다고 말할 수 있다. 이 엄격하고 논리적인 증명에 기초해서 이성과 모순이 되는 추상화된 신앙의 조항들은 포기되어야 한다(PD 3).

그러나 "이성"에는 덜 엄격한 또 다른 차원의 이성이 있다. 느슨한 의미에서의 이성에 대한 논의는 결론적인 것이 아니라 다만 그럴 수 있는 개연적인 것이다. 예컨대, 자연의 실증적인 법칙들을 다루는 모든 논의는 이러한 종류의 이성으로 이루어져 있다. 왜냐하면 자연의 실증적 법칙들은 형이상학적인 것이 아니라 하느님이 자유로운 선택을 통해 제정한 법칙들이기 때문이다. 그러므로 영원한 진리들과는 다르게 자연의 법칙들은 하느님이 곧 하느님의 기적으로 선물한 것이다(PD 2-4). 하느님은 선하시기 때문에 이들 법칙들을 선택하였다. 그러나 더 좋은 이유 때문에 하느님은 이들 법칙들을 선물할 수 있다. 이런 의미에서 신앙의 항목들에 대한 이성의 반대는 단지 개연적인 것이지 결론적인 것이 아니다. 그러므로 자연의 법칙들은 신앙의 조항을 포기하게 하지 않는다. 라이프니츠는 우리가 개연성들을 다루는 데 아주 서툴 뿐 아니라(PD 28, 31), 신앙의 신비들은 정의상 보이는 현상들과 반대된다고 주장한다. 신앙의 신비들은 일반적으로 일어나는 것과 반대된다. 따라서 이성의 기준에서만 신앙의 신비들을 보면, 이들은 개연적인 것이 될 수 없다(PD 3, 28, 32).

라이프니츠는 모든 추상화된 여러 종교들의 신비들이 결론적으로 증명될 수 있을 때만, 그 "신비들"을 믿어야 한다고 생각하지 않는다. 오히려 우리는 기독교가 갖고 있는 "믿을 수 있음의 동기," 곧 성서의 권위를 세워주고 성서를 참이라고 보여주는 증거들 때문에 기독교의 신비를 믿는다(PD 5, 29). 그러나 일단 우리가 이들 증거들을 통해 기독교의 신비를 믿게 되면, 이들 신비들에 대한 믿음을 계속적으로 정당화하기 위하여 믿음에 반대되는 것들을 계속 반대할 필요가 있다. 이렇게 되면 신앙의 신비들은 개연적인 것일 수 없게 된다. 왜냐하면 신비들이란 개연적일 수 없다고 정의되기 때문이다. 오히려 신앙의 신비들은 이성의 필연적인 결론들과 반대되지 않는 것으로 나타난다. 라이프니츠는 종종 일어나는 사건들로부터 보편적인 진리를 끌어내어 신비를 거부하려는 사람들을 반대한다. 라이프니츠는 "신비를 지지하는 사람은 거의 그럴 가능성(사건들로부터 보편적인 진리를 끌어낼 가능성)이 없다."고 보았다(PD 79).

따라서 라이프니츠의 "합리적인 신앙"은, 이성이 신앙을 필요로 한다는, 캘빈의 주장과 실제 그렇게 다르지 않다. 캘빈이 말하는 "이성"은 추상화된 계시진리를 반박할 수 있는 이성이 아니기 때문이다. 라이프니츠는 일단 성서의 권위가 이성의 비판을 거쳐 "믿을 수 있음의 동기"가 정당화되면, 이성은 "성서의 권위를 위해 이성의 모든 개연성을 단념한다."고 주장한다(PD 29)

악의 문제와 관련하여, 신앙과 이성의 관계에 대한 라이프니츠의 입장은 경험적 관찰과 개연적 이성을 가지고 우리가 살고 있는 이 세계가, '창조될 수 있었던 최상의 세계인가?'라는 물음으로 시작하지 않는다. 오히려 우리는 모든 속성에서 완전한, 그래서 힘과 지혜와 선에서 완전한, 창조자 하느님의 개념을 가지고 시작한다. 우리는 오류가 있을 수 없는 증거들을 통해 완전한 창조자 하느님의 존재를 인식한다(PD 42, 44; FM 7). (이들 증거들이란 기독교에서는 분명 "믿을 수 있음의 동기"에 속한다.) 이러한 하느님 인식에 기초하여, 우리는 이 세계가 최상의 세계임을 인식한다. 왜냐하면 이 세계는 하느님이 선택했던 세계이기 때문이다(FM 8, 10). 그러므로 라이프니츠는 우리가 다음과 같이 결론해야 한다고 주장한다.

> 일의 일어난 사실로 미루어볼 때 놀랍게도 하느님의 지혜가 허용해야만 하는 보다 크고 불가항력적인 이유가 있었음이 분명하다. 선과 정의와 거룩함에 모순되는 것은 그 어떤 것도 하느님으로부터 올 수가 없다. 따라서 (이해할 수 없지만) 하느님 안에서 악의 허용은 선한 것이다. 하느님이 악을 허용하였기에 그 허용은 아주

잘한 것이었다. (PD 35)

라이프니츠는 앞 장에서 비판을 받았던 애매한 용어 사용을 분명히 한다. 라이프니츠에 의하면, “우리가 사람들을 개연성에 따라 판단해야 하지만, 하느님을 개연성으로 판단하지 않는다.”라는 말은 “우리가 하느님의 정의를 뜻하는 개념을 갖고 있지 않다는 의미도 아니고, 하느님의 정의가 인간의 정의와는 다른 규칙을 갖고 있다는 의미도 아니다. … 보편적인 의는 하느님과 사람에게 동일한 것이다”(PD 35). “지혜, 선, 그리고 정의에 있어서 하느님과 우리가 다른 것은 하느님의 지혜와 선과 정의가 무한히 훨씬 더 완전하기 때문이다”(PD 4). 판단의 차이는 상황의 차이 때문이다. 드러난 현상들과 상관없이, 성격으로 인간의 본래 모습을 입증할 수 있는 것보다 더 확실한 증거로, 하느님의 계획이 선함을 입증한다(PD 36-37). 만일 우주의 모든 사실들이 알려진다면, “하느님의 정의와 선을 의심할 수 있는 개연성들이 … 사라질 것이다”(PD 38). 만일 우리가 전체적인 조화를 이해할 수 있다면, 우리가 불완전하다고 부르는 것들이 거짓으로 드러난 것임을 알게 될 것이다(PD 44). 그러나 우리는 현재의 상황에서 이러한 사실들을 인식할 수 없거나 전체적인 조화를 볼 수 없다. 그러므로 우리가 개연성에 기초한 반대를 반대함으로써 하느님을 자세히 옹호하는 것은 불가능하며 불필요하기도 하다. 오히려 앞서 진술한 대로, 우리에게 필요한 것은 전체적으로 최상인 것을 위해 특정의 악이 꼭 있어야 할 가능성을 보여줌으로써 일상의 현상들을 거부하는 것이다(FM 145). 더 나아가 왜 하느님이 의문의 악을 허용하였는지 그 대답을 위해 특별한 이성을 제기할 필요조차 없다. 일반적인 이성으로도 충분하다(PD 34).

라이프니츠는 우리의 세계가 왜 모든 가능한 세계들 가운데 최상이라고 생각될 수 있는지를 설명하기 위해 여러 합리적인 이유들을 제시한다. 때로 악은 선을 위해 필연적이다. 예를 들면, 교회는 “축복받은 타락”(O Felix Culpa)을 노래해 왔다(FM 10). 때로 작은 규모의 악은 선을 더 잘 분별하게 하여 더 좋은 일을 만들어 낸다(FM 12). 부분적인 무질서는 하느님이 본질적으로 관심하는 전체의 질서가 된다(FM 128. xiii). 라이프니츠는 우리가 사는 세계에서 악이 선을 이긴다고 주장하는 사람들과는 반대의 입장에 선다. 라이프니츠에 의하면, 이 세상의 삶에서조차 선이 악을 능가한다(FM 251; 참조 FM 13). 최고의 질서는 존재 질서의 모든 단계를 필요로 한다(FM 120. v). 인간이 깨어지기 쉬운 연약한 모양으로, 곧 사유하는 존재이지만 살과 뼈를 입은 모양으로 피조 되었기 때문이다. 세계 안에 깨어지기 쉬운 유한한 피조물이 존재하지 않는다면, 종들(species)의 질서에 틈새가 존재할 것이다(FM 14). 악한 사람들이 번성하고 선한 사람들이 당한 불행 때문에 오는 불의에 대해서는 미래의 삶이 해답이 될 것이다(FM 16-17). 그러나 영원히 저주받은 사람들의 수가 구원받은 사람들의 수보다 비교할 수 없을 정도로 많다는 교리는 어떻게 될 것인가? 영원히 이 교리는 선보다 악(물리적인 고통의 악)에 더 많은 자리를 제공할 것이 아닌가? 라이프니츠는 이 교리 자체가 문제가 있다고 주장한다(FM 133. xviii; 참조 FM 95). 그러나 교리가 문제가 있더라도, 우리가 "하느님의 도성의 광활함을 생각하며 악을 선과 비교해 볼 때, 악은 정말 거의 아무것도 아닐 수 있다." 왜냐하면 우리가 살고 있는 이 세계처럼 합리적인 사고의 존재들이 사는 별들이 무수히 많기 때문이다. "모든 태양들이 축복받은 피조물들이 모여 사는 곳일 수 있다. 그러니 어떤 것도 많은 사람들이 저주를 받았다고 해서 우리를 위축되게 할 수는 없다." 이러한 주장에 라이프니츠는 부연 설명을 한다.

> 어디나 별이 있다고 믿을 이유가 없기 때문에, 별의 세계 너머 큰 공간이 있을 수 없겠는가? 그 큰 공간이 하느님이 거하는 최고 높은 하늘이든 아니든, 별이 거하는 세계를 둘러싸고 있는 이 광대한 공간은 어쨌든 행복과 영광으로 가득 차 있을 것이다. (FM19)

라이프니츠는 다음과 같이 결론을 맺는다.

> 그러므로 우리가 아는 우주의 영역은 알려지지 않는 상상의 세계와 비교해 보면 거의 무(nothingness)에 가깝기 때문에, 또한 우리 앞에 일어날 수 있는 모든 악들이 무 안에 있으니, 모든 악이 우주 안에 있는 선과 비교하면 거의 무에 가깝다고 할 수 있다. (FM 19; 참조 FM 133. xviii)

라이프니츠는 여기에서 정말 받아들이기 어려운 대답을 했다고 해서 비판을 받아왔다. 왜냐하면 "우리가 가장 잘 인식하는 우주의 일부가 상상컨대 많은 악을 갖고 있다면, 우주의 나머지 부분은 많은 선을 갖고 있지 못하다고 하는 것이 더 타당할 것이기 때문이다."[8] 그러나 기억할 일은 라이프니츠가 반대하는 사람들에 대해 개연적인 설명을 하지 않았다는 점이다. 라이프니츠는 반대자들의 의견이 거의 불가능하다고 지적하는 것으로 충분하다고 보았다.

라이프니츠는 '사람들이 죄를 짓는 것은 우연이 아니라 필연이기 때문에, 하느님이 사람들을 벌하는 것이 정당화 될 수 없다.'는 주장을 반박한다. 본질상 도덕악과 도덕악의 결과 때문에 생기는 물리적 악의 근거리 원인은 자유의지이다. (물리적 악은 언제나 우리 자신의 도덕 악의 결과이며, 그렇지 않을 경우에는 물리적 악은 더 큰 행복을 우리를 위해 예비하는 경우이며, 또 그런 점에서 실재 악이 아니기 때문이다[FM 241]). 반면, 원거리 원인은, 영원의 개념에서 볼 때, 피조물의 본래적인 불완전성이다(FM 288). 따라서 라이프니츠는 하느님이 죄의 근거리 원인도 아니고 원거리 원인도 아니라고 주장한다. 하느님은 결코 도덕 악을 원하지 않는다. 다만 도덕 악을 허용할 뿐이다(FM 23-35). 나는 이번 장에서 이러한 구분의 타당성을 논의하지 않겠다. 다만 하느님이 어떤 의미에서는 물리적 악을 원하면서도 도덕 악은 전혀 원치 않는다는 아우구스티누스와 토마스를 따르는 것이 다소 이상하다는 점을 지적하고자 한다. 아우구스티누스와 토마스는 하느님이 도덕 악을 원치 않는다는 주장을 논리적으로 전개하기 위해 많은 양의 페이지들을 할애하였다. 왜냐하면 저들에게 죄는 본래적으로 가장 큰 악이었기 때문이었다. 그러나 라이프니츠에게는 악이나 고통이 유일한 것은 아니라 해도 가장 크고 본래적 악인 것으로 비쳐진다. 반면, 죄의 끔찍스러움은 꼭 그런 것은 아니라 해도 주로 그 도구적 효과만을 가진다. 그 예를 들어 라이프니츠는 다음과 같이 말한다.

> 도덕악은 물리적 악들의 근거이기 때문에, 가장 강력한 피조물들 중의 한 사람 안에 존재하는 악의 근거이기 때문에, 도덕 악은 그렇게 커다란 악이다. … 한 사람 칼리굴라 카이우스 시저(Caligula), 한사람 네로(Nero)가 지진보다 더 큰 악을 일으켰다. (FM 26)

따라서 라이프니츠는 왜 공개적으로 하느님이 물리적 악과 같이 직접적으로 도

8) Diogenes Allen, 「편집자의 서문」(Editor's Introduction) in Libniz, 『신정론』(*Theodicy*)(Abridged), xi.

덕 악을 원하고 일으켰는지 인정하지 못할 이유가 없는 것처럼 보인다. 왜냐하면 도덕 악이란 동시에 모든 가능한 세계들의 최상의 것을 구성하는 필연적인 부분이기 때문이다.

어쨌든, 라이프니츠는 인간 행위에 대한 하느님의 예지가 인간의 자유를 필요 없는 것으로 만들지는 않는다고 길게 논증한다(FM 36-67). 여기서 나도 이 문제를 다루지는 않겠다. 현재 사유의 흐름으로 보아 라이프니츠가 "우리 인간이 보상과 형벌을 정당하고 합리적이게 할 만큼 충분한 자유를 갖고 있다."고 결론내리는 것으로 충분할 것 같다(FM 67). 비록 우리의 행위가 필연적이라 해도, 그 필연적이라는 사실이 공적과 죄과에 대한 모든 정당성을 다 제거하지 못한다. 한 인간을 벌하는 것은 그 사람을 바로잡는 데 봉사할 수도 있고, 상을 주는 것은 그에게 동기를 부여할 수도 있다. 한 사람에게 부여한 벌이 다른 사람들에게는 한 범례가 될 수 있으며, 벌에 대한 두려움과 상에 대한 희망은 사람들로 하여금 선을 행하도록 동기를 부여할 수 있다. 비록 저주받은 사람들의 아픔이 계속될 때, 형벌은 앞의 경우처럼 긍정적인 결과를 가져오지 못할지라도, 결국 형벌이란 사물의 유한성 안에 그 기초를 가지며, 질서를 좋아하는 생각에 만족을 가져다준다(FM 67-73).

특별히 하느님의 선에 심각한 반대를 제기한다고 여겨지는 교리가 원죄 교리이다. 원죄 교리에 대해 라이프니츠는 강경한 태도를 보이는 아우구스티누스와는 다른 입장을 가진다. 아우구스티누스는 "원죄 자체만으로 지옥의 불을 충분히 받을 만하다."고 주장한다. 그는 기독교 신학자들이 이 문제에 대해 진지한 태도로 말해야 하며 "자신들의 영혼을 창조자의 심판과 자비 앞에 내려놓아야 한다."고 생각했다(FM 92-93). 이에 반해서 라이프니츠는 우리가 "하느님이 영혼을 밝혀주기 사용하게 될 놀라운 방법들을 알지" 못한다고 하였다. 그는 하느님이 모든 사람들에게 죄를 피할 수 있는 충분한 은총을 허락하셨다고 말하는 사람들의 편에 서 있었다. "왜냐하면 그들 스스로 예방할 수 있는 힘이 없는데도 어떤 일을 했다고 해서 영원히 저들을 벌하는 것은 너무 혹독해 보이기 때문이다"(FM 95). 구원에 필요한 하느님과 예수 그리스도에 대한 지식을 갖지 못하고 죽어가는 무수히 많은 사람들의 불의와 관련해서 라이프니츠는 이 사람들이 하느님과 예수 그리스도에 대한 지식을 갖지 못했다고 하는 사실을 의심할 수 있다고 하였다. 왜냐하면 하느님은 "인간적으로 말해 인간 안에 있는 지식을 따라 행하는 모든 사람들에게" 기적적인 방법으로 하느님과 예수 그리스도에 대한 지식을 줄 수 있기 때문이다. 라이프니츠는 다음과 같이 결론내린다.

> 그러므로 하느님의 정의와 선을 만족시켜 주는 방법을 제공하면서 하느님을 향해 열려진 무수한 길들이 있다. 우리가 하느님의 길을 반대할 수 있는 방법은 오직 한 길 하느님이 택하는 그 길을 우리가 인식하지 않는 것이다. 그런데 이 방법은 반대치고는 타당하지가 않다. (FM 98)

라이프니츠는 일반 이성이 하느님이 모든 것을 잘 한다는 믿음을 지지할 수 있다고 생각한다. 그러나 자신이 제시한 이성적 판단들 중 어떤 것도 받아들일 필요가 없음을 우리에게 상기시키면서 일반 이성에 대한 논의를 결론한다.

> 특정한 가설에 집착할 필요가 없는 곳에서 이성들을 찾으려는 모든 시도들은 하느님의 행위를 정당화하는 수많은 길이 있음을 우리에게 분명히 해주는 것뿐이다. (FM 106)

하느님의 행위를 정당화하기 위해 요구되는 것은 하느님의 행위를 위해 소박한 가능 이유를 제공하는 것이기 때문에 일반 이성에 대한 논의는 반복할 필요가 있다. 왜냐하면 일반 이성에 대한 논의는 비평가들의 반대가 확실한 것이 아니며, 논리적으로 영원한 진리들(eternal verities)로부터 연역된 것도 아님을 충분히 보여주기 때문이다. 다시 말하면, 힘과 지혜와 선에 있어서 완전한 창조자 하느님을 믿어야 할 확실한 이유들이 있다. 때문에 경험이나 어떤 신앙의 조항에서 일어나는 모든 자명한 악에도 불구하고 모든 악행에 하느님이 책임이 없다고 하는 것은 타당하다. 한편 하느님의 책임에 대한 합리적인 의심이 존재함에도 불구하고, 다른 한편 하느님께 책임이 있다고 여기는 것이 순수하게 가능함에도 불구하고, [완전한 창조자 하느님을 믿어야 하는 확실한 이유 때문에] 모든 악행에 하느님이 책임이 없다고 하는 것은 타당하다.

그러므로 우리는 신앙과 이성에 대한 라이프니츠의 입장을 "합리주의적 신앙중심주의"(rationalistic fideism) 혹은 "합리주의적 권위주의"(rationalistic authoritarianism)라고 명명할 수 있다. 대부분의 신학자들과 마찬가지로 라이프니츠도 우주에 대한 기독교 유신론적 묘사가 본질상 다른 설명보다 합리적이라고 주장하지 않았다. (여기서 합리적이라는 말은 자기-일관성의 범주, 경험의 모든 사실에 대한 타당성, 이들 경험적 사실을 해석하는 힘이라는 관점에서 더 개연성이 많다는 의미이다.) 오히려 신앙 곧, 성서의 가르침이 갖는 권위에 대한 신앙에 기초하여, 실재에 대한 기독교 유신론적 설명이 다른 설명보다 더 잘 받아들여질 수 있다. 그렇다고 이것이 맹목적인 신앙은 아니다. 왜냐하면 성서의 가르침이 주는 권위를 믿어야 할 충분한 이유가 있기 때문이다. 라이프니츠를 포함한 대부분의 신학자들이 주장했던 충분한 이유들 안에 성서의 하느님과 동일한 속성을 지닌 하느님의 존재에 대한 합리적인 증거들이 포함된다. 물론 하느님의 삼위일체적 특성과 같은 계시에 의해서만 알려질 수 있는 부가적인 특성들이 있다. 그러므로 신앙의 세계에 대한 기독교 유신론적 묘사를 받아들이는 것이 합리적이다. 물론 기독교 유신론적 묘사가 본래 그럴듯해 보이지 않는 특성을 포함하고 있고, 또 어떤 특성들은 자기-모순적으로 보이는 것도 있다. "그러므로," 라이프니츠에 따르면, "신앙은 우리로 신앙을 받아들이게 하는 건전하고 보다 우월한 이성들로 인해 거짓 이성들을 극복하게 한다"(PD 42).

이제 여기서 우리는 라이프니츠의 논리가 타당함을 인정해야 한다. 만일, 우리가 "완전히 선하고 지혜로운 유일한 만물의 원리가 존재하는 사실"에 대해 절대 오류가 없는 합리적 증거들을 정말 갖게 된다면, 우리가 경험하는 눈에 보이는 모든 악들은 정말 눈에 보이는 악들일 뿐이다(PD 44). 그러므로 여기 유일한 원리가 스스로를 드러낸 증거가 있다면, 특별히 성서 안에서 인간의 구원을 위한 계획을 드러냈다는 증거가 있다면, 우리가 성서의 분명한 가르침을 신앙의 조항들로 받아들이는 것이 합리적일 것이다. 물론 성서의 가르침이 완전하게 선하고 지혜롭고 힘 있는 존재는 이래야 한다는 하느님에 대한 우리의 기대를 무너뜨릴 수도 있다. 그럼에도 성서의 가르침을 신앙의 조항들로 받아들이는 것이 타당한 것이다.

만일 라이프니츠의 논증이 논리적으로 타당하다면, 그의 논증이 건전한가라는 질문만이 남게 된다. 곧, 모든 전제들이 받아들일 만한 것인가라는 질문이 남게 된다. 나는 이들 전제를 받아들일 수 없다고 생각한다. 먼저, 나는 전통적인 유신론의 하느님 존재에 대한 충분한 논증이 있었다고 볼 수 없다. 모든 면에서 필연적인 존재, 그래서 시간적인 사건을 영원히 인식하고, 일방적으로 시간적으로 계속되는 사건들을 결정할 수 있는, 어떤 것에도 영향을 받지 않는 존재에 대해 충분한 논증이 없었다고 본다. 세상의 존재들의 우연성으로부터 필연적 존재에 이르기까지 토마스 아퀴나스의 우주론적 논증은 필연적으로 존재하는 현실적 존재가 있었음을 증명할 뿐이다. 우주론적 논증은, 현실적 존재가 모든 면에서 필연적이어야 한다는 의미에서 필연적 존재여야 함을 증명하지 않는다. 그러므로 현실적 존재는 완전한 실재 안에 우연적인 면들을 가질 수 없다. 라이프니츠는 지식과 힘에 있어 완전한 존재가 존재함을 증명할 수 있다고 생각한다. 따라서 하느님이 미래를 알며 미래를 결정한다고 결론내릴 수 있다고 생각한다. 물론 종교적인 신앙이 최고로 인식할 수 있는 존재, 곧 지식과 힘에 있어서 완전한 존재에 대한 믿음을 포함한다고 생각할 수 있다. 그러나 나는 이와 같이 완전한 존재가 미래의 세세한 부분까지도 인식하거나 결정할 수 있다고 생각하지는 않는다. 이 논증에 대해서는 후에 더 논리적으로 발전시킬 것이다.

•

라이프니츠의 전제들에 의문을 갖는 둘째 이유는 하느님의 존재를 오류 없이 증명할 수 있다고 주장하는 철학자와 신학자들이 오늘날에는 거의 없다는 점이다. 오늘날 유대-기독교 전통에 서 있는 사람들이 자신들의 전통에 속한 하느님과 충분히 닮은 존재를 오류 없이 증명할 수 있다고 주장하는 학자들이 거의 없다. 하느님의 존재 증명을 받아들이는 대부분의 학자들은 그럴 수 있다는 개연성의 범주에 머물기를 원한다. 둘째 이유와 밀접히 관련된 것으로서 셋째 이유는 학자들 대부분이 악의 문제와 독립적으로 선하고 힘 있는 신성의 실재의 논증이 전개될 수 있다고 생각하려 하지 않는다. 오히려 학자들은 존재들에 대한 유신론적인 설명이 어떤 비유신론적인 설명보다도 훨씬 자기 일관성이 있고, 모든 경험의 사실들에 대해 적절하며, 이들을 조망해 준다고 주장하는 일종의 "지구적 논증"을 선호한다. 자명한 악이 많다는 사실 때문에 경험의 사실들이 설명되고 조명되어야 할 가장 중요한 이유가 된다. 다시 말하면 하느님의 교리는 악의 문제를 염두에 두면서 악의 경험을 조명하는 방식으로 구성될 것이다. 악의 문제와 상관없는 전혀 다른 근거에서 하느님의 교리를 구성할 수 없고, 자명한 악의 현실들을 이차적으로 대하면서 하느님의 교리를 구성할 수 없다.

앞서 언급한 라이프니츠의 합리주의적 신앙중심주의에 대한 세 가지 반대는 모두가 대단히 중요하다. 왜냐하면 17장에서 간단하게 소개될 에이헌(M. B. Ahern)의 경우처럼, 오늘날 많은 저술가들이 본질적으로 동일한 전략을 사용하고 있기 때문이다. 또 반대하는 중요한 이유는 신앙을 합리적으로 설명하려 했던 다른 전통적인 유신론자들과 함께 라이프니츠도 합리성으로 향하는 간접적인 통로에 호소해야 했다는 점이다. 이들 학자들은, 세계에 대한 기독교 유신론적 설명이 다른 관점과 비교해서 세계에 대해 보다 자기-일관적이고 경험의 사실에 가장 적합하며 경험의 사실을 조명해 준다는 시각에서 직접 합리적이라고 주장할 수 없었다. 이러한 이유 때문에 일어나는 것마다 하느님의 뜻이라고 하는 전통적인 전능 교리는—세계 안에서 다양하게 경험되고 관찰된 악과 만나게 될 때, 또한 영원한 구원과 저주와 관계하여 전통적인 교리들이 소개하는 부가적인 겉으로 드러난 불의와 만나게 될 때—우리의 세계가 그 존재를 선하고 지혜로운 창조자와 공급자에게 빚지고 있다는 생각을 어렵게 한다. 이처럼 전통적인 전능 교리는 순수 악이 존재하지 않음을 의미하였고, 순수 악이 없는 세계가 모든 가능한 세계 중에 최상의 세계라고 주장하였다. 전통적 전능 교리에 입각한 신정론은 본질적으로 그럴 수 있는 개연성이 없기 때문에 간접적인 방법으로만 옹호될 수 있었다.

따라서 하느님의 힘의 본성이 갖는 실제적인 문제와 신앙과 이성의 관계에 대한 형식적인 요점은 불가사의하게 연결되어 있다. 만일 신앙과 이성을 관계시키는 다른 방법이 필연적인 것으로 생각된다면, 하느님의 힘의 본성은 재고되어야 한다. 이것이 이 책의 기본적인 구성 목표이다.

나는 하느님이 미리 계속되는 현실적 사건들을 알 수 있고 제정할 수 있다는 라이프니츠의 논증을 살펴봄으로써 라이프니츠에 대한 연구를 결론 내리려 한다. 나는 여러 현실 사건들의 우연성 없이도 독립적으로 가능한 라이프니츠의 논증의 타당성에 대한 것보다는 "현실적 사건들"의 본성을 묻는 전제에 관심할 것이다. 그리고 나는 이 전제가 거짓이라면, 그 전제가 악의 문제에 대한 형식 논리 전제 3을 받아들일 수 있는 근거들을 파괴한다는 사실을 논증할 것이다.

라이프니츠는 하느님이 가장 크게 인식할 수 있는 범위에까지 완전한 모든 것들을 소유해야 한다고 생각한다(Pref.; FM 117. ii). "생각할 수 있는 것보다 더 큰 존재"로 하느님을 형식적으로 정의하는 안셀무스(Anselm)와 같은 생각을 가진 사람이라면 라이프니츠의 생각을 문제 삼지 않을 것이다. 라이프니츠는 만일 완전한 지식을 가진 하느님은 미래의 사건들을 알아야 한다고 주장하는 다른 전통적인 유신론자들과 의견을 같이한다. 왜냐하면 미래를 인식하는 존재는 그렇지 못한 존재보다 크기 때문이다. 만일 하느님의 힘이 완전하다면 일어나는 사건들이 원하는 대로 일어나게 할 수 있어야 한다. 라이프니츠는 일반적으로는 세계의 사건들 안에 우연성이, 특별하게는 인간이 경험하는 사건들 안에 자유가 어떻게 여전히 존재할 수 있는지 설명하려 한다.

여기에서 하느님의 인과성과 세계의 사건들 사이의 관계에 대한 라이프니츠의 이전의 설명을 좀 확대해볼 필요가 있다. 가능한 사건들에 대한 영원한 개념들은 하느님의 이해 안에 존속한다. 하느님은 가능한 사건들에 대한 영원한 개념들을 만들어내지 않는다. "왜냐하면 하느님은 자신의 생각의 창조자가 아니기 때문이다"(FM 380). 하느님은 선행적으로 모든 선한 가능성들을 원한다. 예컨대 하느님은 모든 합리적 피조물들이 죄를 피하고 구원받기를 원한다. 그러나 이들 선한 가능성들 중 얼마는 서로 양립 불가능하기 때문에, 이들이 모두 현실적일 수는 없다. 그러므로 하느님의 선행 의지(antecedently will)는 현실태들을 만들어 내지 못한다. 하느님의 결과적 의지(consequent will)는 원하는 바, 곧 하느님의 완전한 지혜에 의해 인식된 대로 최상의 연속적인 사건들을 일으킨다(FM 22, 80). 이제 하느님은 합리적 피조물들의 죄의 원인이 아니다. 왜냐하면 하느님은 선재하는 그들 삶의 형식들을 만들지 않았기 때문이다. 하느님의 이 세계 창조는 가능한 재료와 연속적인 사건들로 이루어진 이 세계가 현실화될 것이라는 단순한 하느님의 명령이었다(FM8, 84). "하느님의 명령은 존재의 구성에 있어서 아무 것도 변화시키지 못한다. 하느님은 그저 가능성의 상태로 피조물을 있는 그대로 남겨놓는다"(FM 52). 하느님의 명령에 의해 이루어지는 유일한 변화는 가능태에서 현실태로의 변화뿐이다. 인간의 죄의 근거는 인간 자신 안에 자리한다. "인간이 존재하라고 하느님이 명령을 내리기 전 아직 가능성인 상태의 인간에 대한 개념 안에 [죄의 본성이] 자리한다"(FM 121. vi). 인간의지가 분명 죄를 범하지만 자유로이 죄를 범하지는 않는다. 왜냐하면 인간의 영혼은 존재를 이루게 될 때와 같이 "영원부터 자유로이 활동하는 순수 가능성의 상태에서만 결정되었기" 때문이다(FM 323). 다시 말하면, 이러저러한 자유로운 인간의 활동에 대한 개념은 가능한 개체 인간의 개념 안에 포함된다. 하느님의 명령은 단지 이들 가능한 사건들이 현실적인 사건들이 될 것을 결정한다. 그러나 그 외의 경우 하느님의 명령은 이들 사건들에 대해 아무것도 변화시키지 않는다. 그러므로 하느님의 명령은 이들 사건들의 자유를 파괴하지 않는다.

라이프니츠는 연속적인 특정 사건들을 일어나게 하는 하느님의 명령과 이들 사건들에 관한 불확실성이 서로 양립하여 존재한다고 논증하지 않는다. 사실 라이프니츠는 모든 사건이 오류 없이 확실하게 하느님이 명령했던 대로 일어날 것이라고 주장한다. 라이프니츠는 확실성과 필연성, 특별히 확실성과 절대적인 필연성을 구분한다. 어떤 사건도 절대적으로 필연적인 것은 아니다. 왜냐하면 사건들의 비존재가 자기 모순적인 것은 아니기 때문이다. 사건들이 절대적으로 필연적인 것은 아니기 때문에, 사건들은 우연적이다. 그러면 합리적 존재들의 활동은 자유로워진다. 그러나 이들 합리적 존재들의 활동은 확실하다. 이에 대한 진리는 합리적 존재들의 활동이 현실적으로 일어나기 전에 결정된 것이다.

"미래의 우연싱"을 포함해 모든 사건들의 결정을 다루는 두개의 라이프니츠 논증 가운데 하나는 소위 "한정하는 이성의 원리"(principle of determinant reason)에 기초한다. 라이프니츠가 말하는 "한정하는 이성의 원리"란 "어떤 것도 원인이 없으면 혹은 적어도 그것을 결정하는 이유가 없으면 실현되지 않는다."고 주장하는 원리이다(FM 44). 이 한정의 원리를 다른 학자들은 "충분한 이유"의 원리라 불렀고, 나도 후에 논의의 일관성을 위해 "충분한 이유"의 원리라 부르겠다. 라이프니츠는 서로 영향을 주고받을 수 있는 "창"을 갖고 있지 않는 독립된 단자들(monads) 사이에 선재된 조화의 체계가 있다고 생각한다. 이 때문에 그는 세계 존재들 사이에 어떤 물리적인 인과성도 발생하지 않는다고 생각한다(FM 290). 한 사건에 대한 충분한 이유란 한 사건에 현실적 존재를 부여하는 하느님의 명령과 그 현실적 존재에 선행하는 사건 자체 즉 사건의 본질이나 사건의 이상적인 본성의 조화이다(FM 288, 291, 300, 323). 따라서 라이프니츠가 모든 실체들은 자발성이나 자기-결정성(self-determination)을 갖는 단자들이라고 말했음에도 불구하고 (FM 280, 288, 400), 이들 실체들은 주어진 순간에 선행적으로 하느님과 이상적인 형상들에 의해 주어진 것 외에는 아무 것도 하지 않는다. 인간의 행위들은 자유하지만 그들 역시 확실하다. 왜냐하면 언제나 오류 없이 의지로 하여금 의지가 받아들이는 과정을 받아들이도록 하는 편만한 이성이 있기 때문이다(FM 43, 45; FM 310).

라이프니츠는 하느님의 뜻이 모든 것을 이미 결정한다고 생각하는 사람들과 의견을 같이하는 가운데 앞서 진술한 자신의 입장을 발전시켜 간다. 그러나 그는 하느님의 예지가 자유에 상반된다고 생각한다. 라이프니츠는 미래 우연성의 결정에 대한 둘째 논증을 통해 자신의 입장을 전개한다. 먼저 "이성의 진리들에 대한 일차적이며 가장 큰 원리"는 모든 주장이 참이든지 아니면 거짓이라는 원리이다(FM 169). 이 원리는 "하나가 참이면 다른 하나는 거짓이라는 두 모순된 전제의 원리를"(FM 44) 주장하는 모순의 원리와 일치한다. 라이프니츠는 이 원리에 따르면 미래에 대한 모든 주장은 지금 참이거나 거짓임을 뜻하므로 미래에 대한 진리는 이미 결정된 것이라고 주장한다. 라이프니츠는 에피쿠로스(Epicurus)를 평가하면서 이 원리가 얼마나 자명한지를 밝힌다. 에피쿠로스는 우연히 장래에 일어나는 일들은 결정된 것이 아니라고 주장하는 아리스토텔레스와 같은 주장을 한다. 미래의 우연성에 대한 주장은 참도 아니고 거짓도 아니라는 에피쿠로스의 주장에 대해 라이프니츠는 "결국 그는 반박이 필요 없다."고 하였다(FM 169).

이 원리에 기초하여, 라이프니츠는 사건들에 대한 하느님의 예지가, 미래의 사건들이 철저하게 결정되었다고 해서, 그 사건들의 자유를 훼손하지 않는다고 주장한다. 왜냐하면 진리의 본성은 자유를 해칠 수 없고, 따라서 미래의 사건들이 미리 알려지는 것과는 독립되어 있기 때문이다. 미래의 사건들이 미리 알려진다고 해서 이들 사건에 어떤 결정성을 덧붙일 수는 없다. 미래의 사건들은 미리 알려지기 때문에 결정된 것이 아니다(FM 36-38).

하느님의 세계 창조에 관한 라이프니츠의 설명과 미래 사건들의 결정성을 위한 그의 두 논증은 모두가 유한한 현실태들의 본성에 대한 모호한 전제를 내포하고 있다. 이 전제는 현실적 사건에 대한 충분인(sufficient cause)이 그 사건을 전적으로 초월해 존재할 수 있다거나 혹은 그 사건 이전에 존재할 수 있다는 전제이다.

라이프니츠가 결정적 혹은 충분한 이유(determinate or sufficient reason)의 원리에서 끌어낼 수 있는 결론은 이 가정을 아주 분명하게 한다. 원리는 기본적으로 일어나는 사건마다 충분한 이유(sufficient reason)가 있다고 진술한다. 원리는 그 자체로 충분한 이유 전체가 과거에 있는 것인지 아니면 그 일부가 현재에 있는 것인지에 대해 의문의 여지를 남겨놓는다. 그러나 라이프니츠는 원리가 완전히 과거에 있다고 생각한다. (그래서 하느님의 "영원한" 명령은 언제나 과거에 있는 어떤 것으로 간주한다.) 왜냐하면 만일 사건의 충분인의 일부가 현재 사건 자체 안에 있다면, 그 사건은 원리상 미리 알 수 있는 것이 아닐 것이다. 그러므로 몇몇 형이상학자들이 생각하는 것처럼, 현실적 사건들이 적어도 부분적으로는 자기 결정적이라는 주장이 형이상학적 원리가 된다면, 완전한 지식을 가진 존재, 곧 가장 크게 인식 가능한 혹은 가능한 지식이 미래의 사건을 인식할 것이라는 것은 타당하지 않다. 가장 가능한 지식은 인식가능한 모든 것을 인식할 것이다. 그러나 미래의 사건들은 원리상 인식 가능한 것이 아니다. 적어도 완전하게 인식 가능한 것이 아니다. (만일 미래의 사건들이 부분적으로만 자기-결정적이라면, 이들 미래의 사건들은 또한 부분적으로는 이전의 원인들에 의해 결정될 것이고, 따라서 부분적으로 이들 이전의 원인들을 인식했던 사건이 미리 부분적으로 미래의 사건들을 인식할 수 있을 것이다.) 라이프니츠는 이 형이상학적 원리를 현실적 사건들에 대한 형이상학적 원리로 분명 받아들이지 않는다. 왜냐하면 라이프니츠의 기본적인 체계의 원리 중 하나가 "현재가 미래와 더불어 중요하다."라는 원리이기 때문이다. 이 원리의 의미는 "모든 것을 보는 사람은 그 안에서 미래에 되어 질 것을 보는 사람이다"(FM 360). 가장 분명한 것은 모든 현실적 사건의 충분인은 그 사건에 앞서 존재한다는 형이상학적 원리였다. 라이프니츠는 이 점을 명석판명하게 표현하였지만 이전의 모든 전통적인 유신론자들도 이 원리를 이미 받아들이고 있었다. 이들 전통적인 유신론자들은 완전한 지식을 가진 존재라면 연속하여 흘러가는 시간의 전체 사건들을 알아야 한다고 주장했다.(혼성의 자유의지론을 전개하는 자들은 부분적으로 예외적인 데가 있었다. 이들은 이 원리를 현실적 사건들 그 자체에 대해서는 받아들이고, 특별한 유형의 현실적 사건에 관해서 만큼은 거부한다.)

마찬가지로, 모순율(law of contradiction)에 대한 라이프니츠의 형식화는 한 사건의 충분인이 그 사건에 선행한다는 생각을 전제로 한다. 모순율은 다음과 같이 형식화될 수 있다. "결정된 존재들에 대한 모든 진술은 참이거나 거짓이어야 한다." 이 명제는 어떤 "존재들"이 결정된 것인가에 대한 의문을 남겨놓을 것이다. 모순율은 현재에 의한 미래의 완전한 결정론을 필연적으로 수반한다. 때문에 라이프니츠의 경우처럼 모순율을 형식화하는 유일한 기초는, 바로 의문에 부쳐진 전제인, 결정론적 명제 그 자체이다. 따라서 논증은 악순환 된다. "모든 진술이 참되거나 거짓되거나 혹은 아직 결정된 것이 아니다."라는 아리스토텔레스와 에피쿠로스의 입장은 본질적으로 거짓된 것이 없다. 또한 "진술이 가리키는 존재 자체가 아직 결정된 것이 아니기 때문에 적어도 미래에 대한 진술은 아직 결정된 것이 아니다." 라는 이들의 입장 또한 거짓된 것이 없다. 이 문제에 대한 에피쿠로스의 입장을 반박할 필요가 없다고 한 라이프니츠의 주장은 편견에 지나지 않는다. 매 순간 어느 정도의 자기-결정을 행사하는 우리가 자기 스스로를 경험함으로 생기는 편견이다. 물론 라이프니츠는 이러한 보편적 경험을 잘 알고 있다. 그는 우리가 우리 안에 선택의 결정인(determining causes)을 인식하지 못했다고 해서 결정인이 존재하지 않는 것을 의미하는 것은 아니라고 주장한다(FM 50). 물론 라이프니츠의 주장은 참이다. 그러나 우리가 결정인을 인식하지 못한다는 사실이 결코 결정인이 존재함을 증명하지는 않는다. 그리고 현재가 미래를 결정한다는 믿음을 위해서는 또 다른 원인이 주어져야 할 것이다. 예컨대 "이성의 진리들에 대한 가장 큰 원리" 라고 하는 다른 원인이 주어져야 할 것이다.

더욱이 라이프니츠의 창조에 대한 전체 설명은 현실 사건에 대한 동일한 전제를 전제한다. 라이프니츠는 하느님이 "결과적으로 일어나기를 원하는 전체 사건의 연속과 응집을 일방적으로 현실화한다."고 주장한다. 이러한 주장은 현실적 사건이 (형이상학적) 필연성으로 구성된 것이 아니라 부분적으로 하나의 자기-결정적인 존재임을 보여준다. 따라서 현실적 사건이 하느님이 최상인 것으로 생각해서 결국 실제로 일어나기를 원했던 것이었는지는 부분적으로 사건 자체에 달려 있음을 보여준다. 다시 말하면, 현실적 사건의 충분인이 철저하게 그 현실적 사건을 초월해 있어서 현실적 존재 말고 전혀 다른 존재가 그 현실적 존재를 결정할 수 있을 때에만, 어떤 존재가 원하는 현실적 사건에 일방적으로 영향을 미칠 수 있다. (라이프니츠는 현실적 사건의 충분인은 현실적 사건의 "형식인"[formal cause]이 되는 사건의 이상적 형상[관념적 형상, ideal form]과 하느님이라고 말한다. 그러나 이러한 사실이 현실적 사건 자체가 일어나는지 혹은 어떻게 일어나는지에 대한 입장을 바꾸지 않으며, 또한 하느님이 모든 존재의 유일한 작용인[효과인, efficient cause]이기 때문에 하느님이 원하는 연속적인 사건들을 완성한다는 입장을 바꾸지 않는다.) 만일 현실적 사건들이 적어도 부분적으로는 자기-결정적인 것이 형이상학적 진리라고 주장한다면, 그 처음 존재가 하느님이고 그래서 완전한 힘을 소유했다 해도, 원리상 어떤 현실적 존재가 또 다른 현실적 존재의 상태를 완전히 결정하는 것은 불가능할 것이다. 왜냐하면 대부분의 신학자들과 철학자들이 동의하는 대로, 완전한 힘이란 불가능한 것을 할 수 있는 힘을 의미하지 않는다. 따라서 만일 현실태의 본성에 대한 라이프니츠의 형이상학적 전제가 거짓이라면, 하느님이 일방적으로 모든 가능한 세계 중에 최상의 세계를 일으킨다는 그의 결론 또한 거짓이 된다. 어떤 존재가 모든 가능한 세계 중에 최상의 세계를 일으키기 위해서는 힘을 독점할 때만 가능하다. 그리고 힘을 독점할 수 있는 것은 그 존재가 유일한 존재일 때만 가능하다. 아니면 그 존재를 제외한 모든 존재들이 자신들의 상태와/나(and/or) 다른 존재들의 상태를 전혀 결정할 수 없이 무능할 때만이 가능하다.

또 다른 질문은 라이프니츠의 가능한 세계들 중 참으로 가능한 세계가 있는가라는 질문이다. 어떤 의미에서 우리는 여러 가능한 세계들에 대해 의미 있게 말할 수 있다. 이들 각각의 세계들은 가능한 사건들의 "연속과 응집"으로 구성된다. 예를 들어 '갑'이라는 사건 뒤에 '을'이라는 사건이 뒤따르고, '을'이라는 사건 뒤에 사건 '병'이 뒤따른다고 상상해 보자. 이와 동시에 '1'이라는 사건 뒤에 '2'라는 사건이 뒤따르고, '2'란 사건 뒤에 사건 '3'이 뒤따른다고 하자. 또 동시에 'I'이라는 사건 뒤에 'II'라는 사건이 뒤따르고, 'II'란 사건 뒤에 사건 'III'이 뒤따른다고 하자. 이런 동시적인 연속적 사건이 계속 일어난다고 가정한다면, 우리는 하느님이 이들 가능한 사건들을 현실적인 사건이 되게 할 수 있다고 의미 있는 상상을 할 수 있다. 더 나아가 신성(deity)은 그 원했던 바대로 가능한 사건들을 계속 유도해 갈 수 있다고 의미 있게 상상할 수 있다. 그런데 의문이 되는 것은 신성이 자신이 원했던 대로 연속과 응집이 일어나는 것을 보증할 수 있느냐 하는 점이다. 즉, 하느님이 이런 사건들을 일방적으로 일으킬 수 있느냐 하는 점이다. 다시 말하면, 라이프니츠의 가능한 세계들 속에서 이 가능한 세계들을 불가능하게 하는 것처럼 보이는 요소는 바로 어떤 존재, 심지어 가장 힘 있는 존재가 가능한 세계들의 연속과 응집을 현실태로 만들 수 있다는 생각이다. 라이프니츠는 어떤 가능한 세계가 현실적 세계가 될 것이라는 하느님의 명령은 그 세계 안에 있는 존재들을 결코 바꾸지 못한다고 주장한다. 예컨대, 하느님의 명령은 세계 안에 있는 존재들의 자유에 영향을 미치지 않고, 다만 이들을 가능태에서 현실태로 변화시킬 뿐이다. 그러나 이러한 "단순한" 변화는 하나의 절대적인 변화, 곧 가능한 한 가장 철저한 변화로 생각될 수 있다. 왜냐하면 이 변화는(다른 존재들 사이에서) 자기-결정성(self-determination)이 없는 존재에서(다른 존재들 사이에서) 자기-결정성을 가진 존재로의 변화로 여겨질 수 있기 때문이다. 그리고 가능한 존재들과 현실적 존재들 사이의 차이가 이런 방식으로 이해되어야 한다면, 우연적이지만 결정적인 미래 사건들이라고 전개한 라이프니츠의 전체 논의는 의미 없는 것이 되고 만다.

나는 앞서 하느님의 예지와 인간의 자유의 양립성에 대한 라이프니츠 논증의 정당성을 받아들이지 않는다고 하였다. 나는 이 문제를 앞에서 논박한 방식과 똑같은 방식으로 논박할 수 있었다. 마찬가지로 하느님은 어떤 의미에서건 도덕 악을 원치 않으며, 거부하는 사람이 있긴 하지만 하느님은 모든 사람들에게 충분한 은총을 주신다고 말하려 했던 라이프니츠의 주장을 논박할 수 있었다. 예컨대, "허용함"과 "원인이 됨" 사이를 구별했던 라이프니츠는 비판을 면할 수 없을 것이다. 그러나 여기서 이런 식의 논쟁을 펼칠 필요는 없다. 그 이유는 부분적으로는 앞에서 똑같은 논의가 있었기 때문이고, 또 부분적으로는 만일 하느님-세계 관계에 대한 라이프니츠의 전체적인 설명 배후에 깔려 있는 현실적 사건들의 본성에 대한 기본적인 가설이 거짓이라면, 세세한 체계에 대한 비판은 불필요한 것이 되기 때문이다. 나는 앞서 비평적인 시각에서 간단하게 다루었던 이 기본적인 가설이 왜 거짓으로 여겨져야 되는지 앞으로 충분하게 논의해 보고자 한다.

제12장 바르트 : 무에 대한 논의

대체로 전통적인 유신론을 다시 주장하고 있는 칼 바르트(Karl Barth)는 20세기 가장 많은 분량의 저술을 한 신학자일 뿐 아니라 가장 영향력 있는 신학자로 일컬어지고 있으며, 또한 지성적인 면에서 가장 영민한 학자로 평가되고 있다. 칼 바르트는 악의 문제와 관련해 많은 글을 남겼다. 따라서 전통적인 유신론의 상황에서 형성된 신정론들을 비판하는 바르트의 사상을 고찰하는 것은 실로 하나의 의무라 하겠다.

더군다나 바르트가 전통적인 신학이 부분적으로는 "자연 이성"에 기초하고 또 부분적으로는 성서적 계시에 기초해 기독교 신학을 형성하려 했던 점을 비판하고 있기 때문에, 바르트 사상의 연구는 하느님, 힘, 그리고 악을 포함하는 실제적인(substantive) 문제들과 신앙과 이성이라는 형식적인 문제들의 관계를 계속 성찰해 볼 수 있는 적절한 계기를 마련해 준다. 나는 특별히 라이프니츠를 다뤘던 앞 장에서 바로 악의 문제가 전통 신학으로 하여금 자기-일관성, 경험의 사실들에 대한 적합성, 그리고 조명하는 힘의 기반에서 실재를 설명 할 수 없게 한다고 주장하였다. 바르트는 명시적으로 이 사실을 인정하였다. 그리고 성서의 피할 수 없는 증언이 논리적 자기-일관성의 요구를 넘어선다는 자신의 생각에 충실하기로 하였다. 바르트의 입장을 살피면서 그의 입장이 우리들에게도 정말 실행 가능한 것인지 살펴보아야 할 것이다.

우선 바르트의 신정론 가운데 가장 새롭고도 중심적인 특성은 그의 무의 교리(doctrine of nothingness, das Nichitige)이다. 나는 여기서 바르트 사상을 두 부분으로 나누어 살펴볼 것이다. 첫째 부분에서 나는 무의 교리에서 추상한 창조자와 피조물 사이의 관계를 논할 것이다. 나는 이 과정에서 바르트가 창조의 완전을 명시적으로 주장하고 있기에, 무에 주목하지 않는 한, 형식 논리 중 전제 7을 부정하고 있음을 밝힐 것이다. 그러나 사실에 있어서 뿐 아니라 바르트 자신이 인정하는 것처럼, 바르트는 자신의 무의 교리에서 제기된 문제와 함께 자기-일관성이 있으면서도 기독교 신앙에 적합한 실재관(view of reality)을 제공하는 데 문제를 안고 있다. 둘째 부분에서 나는 바르트가 무의 교리를 통해 이 세계 안에 순수 악이 존재하든지 아니면 적어도 순수 악이 존재했었음을 말하려 했다는 점을 논의할 것이다. 또한 무의 교리는, 사실에 있어서 뿐 아니라 바르트 자신이 인정하는 것처럼 바르트의 입장에서, 자기-일관성의 결여가 있음을 논증할 것이다. 더 나아가 무의 교리가 갖는 분명한 새로움, 철저성, 그리고 무의 교리에 들인 많은 노력에도 불구하고, 이 무의 교리는 바르트의 입장과 이전 전통적인 유신론자들의 입장을 본질적으로 다르게 만든다.

창조자와 피조물

무의 문제가 명시화되지 않는 상황에서, 바르트는 하나님의 전능을 무조건적으로 긍정한다. 바르트는 하나님의 활동이 제약되는 곳이 있다면 하나님은 더 이상 하나님이 아니라고 말한다(133).[9] 하나님이 활동하지 않으면 아무것도 이루어질 수 없을 것이다(19). 의지를 수행하지 못하는 존재는 하나님이 아니다(114 f.). (곧 하나님만이 자신의 의지를 수행한다.) 전통적인 유신론적 단순성의 교리와 조화를 이루고 있는 바르트는 하나님의 지식은 하나님의 의지이고 일이며, 하나님의 예지는 곧 하나님의 전능이라고 주장한다(114, 119-130). 섭리에 대한 믿음은 "모든 것을 관장하는 분으로서의 하나님"에 대한 믿음이다(19). 이러한 신앙을 가지고 있으면, "크거나 작거나 어떤 일이든 하나님의 의지와 일에서 떨어져 나가지 않을까 혹은 그 일을 망가뜨리지는 않을까 하여 두려워할 이유가 없다"(34). 바르트는 바

9) 이번 장에서 다른 특별한 언급이 없을 경우 Karl Barth, *Church Dogmatics*, Vol. III/3, *The Doctrine of Creation*, tr. by G. W. Bromiley and R. J. Ehrlich(T. & T. Clark, 1960)을 참조한 것이다. 경우에 따라 *Church Dogmatics*, Vol. III/1을 참조할 경우는 쪽 번호 앞에 책 번호가 표기될 것이다.

로 이 교리를 신앙 자체에 적용시킨다. 바르트에 의하면 인간은 하느님의 섭리를 믿어야 할지 말아야 할지 선택권을 갖고 있지 않다. 다만 믿도록 선택된다. 그리고 이러한 믿음이 밖으로부터 강요된다(17).

하느님이 모든 것을 결정한다고 보는 바르트의 섭리 신앙은 관찰과 이성에서 파생된 개념이 아니다. 이성은 기독교 신앙이 "하느님"과 "세계"사이에 대한 다른 개념들과 만나도록 공동의 장을 제공한다(27). 하느님의 활동은 먼저 계시를 통해 알려진다. 그리고 이 특별계시의 사건 속에서 하느님이 전체적으로 창조 안에 일하고 있음이 드러난다(141 f.). 따라서 바르트는 하느님이 먼저 성서의 증언을 통해 우리에게 알려진 구원의 역사를 통해 알려지지만, 하느님의 통치에 관한 한 구원역사와 세계 역사 사이에 차이가 없다고 말한다. 그러므로 "하느님이 모세와 다윗이 일하는 것과 동일하게 일하고, 하늘과 땅과 비와 번개와 천둥이 일하는 것과 동일하게 일 한다"(132 f.). 하느님의 뜻은 "바람에 나부끼는 아주 작은 움직임에서도" 이루어진다(133).

간단히 말하면, 바르트는 전통적인 전능 교리에 일점일획도 가하거나 감하지 않는다. 바르트는 전통적인 유신론자들이 하느님의 영광을 하느님의 힘에서만 보았던 것이 실수라고 지적하면서, 기독교 신학에서 논의되고 있는 하느님은 예수 그리스도의 아버지이기 때문에 하느님의 힘은 오직 하느님의 사랑의 목적을 위해서만 사용된다고 강조하였다(31). 그럼에도 불구하고 바르트가 제시하는 하느님의 활동은 캘빈의 가르침에 나타나는 하느님처럼 주권적이다. 엄밀한 의미에서 "바르트의 하느님은 예정론적인 하느님이다"(131).

만약 바르트의 하느님이 예정론적이라면, 피조물에게 자유가 있을 수 있을까? 바르트는 피조물들이 자유를 가질 수 있다고 생각한다. 또한 기독교 신앙은 창조자와 구별된 현실세계에 대한 믿음을 요구한다고 생각한다. 그리고 바르트는 피조물들이 현실적이 되기 위해서는 피조물들이 그들만의 힘과 활동을 가져야 한다고 주장한다(92, 96f.). 기독교 신앙에 해가 되는 범신론은 통제받는 자(피조물)와 통제하는 자(창조자)가 서로에 대해 자신의 삶을 가지게 될 때에만 극복될 수 있다(27). 따라서 바르트는 하느님이 인간과 모든 피조물을 향해 자율적인 실재를 부여하면서 이들에게 개체 활동이 갖는 자유도 부여했다고 주장한다(87). 또한 피조물들이 창조자와 구별되면서 주어진 자유를 오용할 수 있기 때문에 악이 발생할 수 있다고 주장한다(III/1, 109).

그러나 하느님의 전능의 빛에서 본다면 어떻게 피조물의 자유가 인식될 수 있을까? 여기에서 바르트는 제 1 인과성과 제 2 인과성이라는 전통적인 교리를 빌려온다. 그는 아리스토텔레스의 "인과성"이라는 용어를 차용하는 데 잘못될 것이 없으며, 토마스의 시도가 나쁜 것이 아니었다고 주장한다(99, 100, 107). 더군다나 바르트는 하느님의 활동과 피조물의 활동의 관계에 대한 전통적인 설명은 형식적으로 정당하며 규범적이기까지 하다고 주장한다(100). 전통적인 관점에 따르면, 제 1 원인인 하느님은 다른 모든 원인들의 근거이고, 이들 제 2 원인들은 부분적으로가 아니라 절대적으로 하느님에 의해 조건지워지며, 사실에 있어서는 조건지워질 뿐 아니라 자리 매김이 된다고 보았다(99). 피조물들은 그들 나름대로 인과성과 독립된 활동을 갖는다. 그러나 하느님의 통제가 절대적이라는 말은 아니다. 그 의미는 하느님이 모든 것을 함에도 불구하고, 하느님은 단지 피조물을 통해 그 일을 한다는 의미이다. "하느님이 피조물을 통제한다는 사실은 피조물이 그 나름대로의 활동을 함에도 불구하고 하느님이 피조물의 주님이라는 의미이다. 하느님은 그 독립적인 활동 자체를 통제 한다"(165). 하느님의 인과성은 "하느님이 피조물들의 활동을 자신의 의지의 실행에 따르도록 한다는 사실에 있다"(105). 피조물들의 활동은 그 자율에서조차 종속된다(106). 하느님은 "모든 피조물의 활동이 하느님 자신의 활동이 되도록 하는" 방식으로 피조물을 통제한다(105). 하느님은 가장 친밀한 차원에 이르기까지 모든 사건이 일어나는 사실과 그 사건이 일어나는 방식 둘 다에 영향을 미친다(132). 하느님의 인과성이 절대적으로 다른 원인들을 지배하고 저들의 인과성을 지배하기 때문에, 하느님만이 하나의 참된 원인이다(99, 105). 제 2 원인들은 "원인"이라는 개념의 온전한 의미 중에 제한된 의미만을 갖는다(99). 사실 "원인"이란 하느님과 피조물의 원인들이 종(species)을 이루는 속(genus)이 아니다(102). 더군다나 제 2 원인들이 전적으로 초월적인 것에 근거되어 있고, 반면 하느님의 원인은 자기-자리매김(self-positing)이기 때문에, 이 두 원인들 사이에 유비란 존재하지 않는다.

여기서 질문은 이러한 바르트의 주장이 설득력이 있는가이다. 하느님과 피조물 사이에 유비가 존재하지 않는, 그래서 원인이라는 말 자체가 애매모호하게 사용될 것처럼 보이는 상황에서, 하느님과 피조물에게 똑같이 "원인"이라는 용어를 사용하는 것이 의미가 있을까? 피조물들의 활동이 철저하게 하느님에 의해 지배되는 상황에서 피조물들에게 "인과성"이라는 말을 사용할 수 있겠는가? 다른 존재에 의해 절대적으로 통제를 받는 피조물의 "자율"에 대해 말하는 것은 자기-모순적이지 않은가? 만약 그렇다면, 바르트는 자신의 기준에 의해서 결국 하느님이 겉으로 드러난 모양뿐 아니라 실재에 있어서 하느님과 구별된 현실적 세계를 창조하였다는 것을 부인하고 있는 것 아닌가?

바르트는 창조자의 활동과 피조물의 활동의 관계를 이해하는 것이 쉽지 않음을 인정한다. 그는 또한 일원론과 숙명론에 기울어 있는 자신의 개혁교회 전통의 경향도 인정한다. 그리고 그는 분명하게 하느님의 자유와 피조물의 자유 사이에 절대적인 모순은 없는지 질문을 제기한다(133, 188).

바르트는 명료성(이해할 수 있음, intelligibility)에 대한 질문과 관련해 네 개의 대답을 제시하는 것처럼 보인다. 첫째는 두 작인이 전혀 다른 질서에 속한다면 두 작인에 대한 개념은 납득이 간다고 보는 전통적 대답이다(133, 이 개념은 14장에서 자세하게 다뤄질 것이다.). 여기서 바르트는 글쓰기의 유비를 사용한다. "글 쓰는 행위는 전체가 손에 의해서 이루어지고 또한 전체가 펜에 의해서 이루어진다." 이러한 비교는 "손이 안내하고 펜이 안내를 받는 것처럼, 하느님 활동이 피조물의 활동과 함께 지배하고 피조물의 활동에서 보면 복종만이 존재함"을 우리에게 가르치기에 충분하다(134). 그러나 바르트는 피조물이 하느님의 지배에 복종할 것인지 안할 것인지를 하느님께서 결정한다는 방식으로 하느님의 지배 활동을 정의하였다. 피조물은 하느님처럼 일할 수 없다(115). 더군다나 바르트는, 손과 펜의 유비가 암시하듯이, 피조물들이 단지 "도구"에 지나지 않는다는 개념을 다른 곳에서 거부한다(145).

손-펜 유비가 보여주는 것처럼, 비록 바르트가 창조자와 피조물 사이의 관계에 대한 전통적인 이해 방식에 논리적 형식의 정확성을 문제 삼지 않지만, 순수 형식적인 개념들에 일차적인 강조점을 두는 것은 이것이 피조물의 개체성과 자유로운 활동을 파괴하기 때문에 하느님의 섭리 개념을 반대하게 하는 원인이 된다고 주장한다. 바르트는 “이와 같이 하느님과 하느님의 의지와 하느님의 일에 대한 공허한 개념들은 다만 왜곡된 개념들만을 만들어 낼 것”이라고 주장한다. “기독교 의미로 가득 찬 개념들이 이들 공허한 개념들을 배격할 것이다”(118). 하느님의 활동 양식에 대한 기독교 이해는 하느님이 언제 어디서나 말씀과 성령으로 일하신다는 이해이다. 이런 방식으로 하느님은 하느님의 자기-계시의 역사에서 중심 사건인 수육에서 일했고 하느님은 거기에 계시된 이로 언제 어디서나 일한다. 하느님은 자신의 말씀으로 피조물에게 명령하면서 객관적으로 일한다. 그리고 하느님은 자신의 영으로 응답을 일으키며 피조물 안에 주관적으로 일한다(141-143). 이러한 하느님 활동에 대한 개념을 가지고, 바르트는 최고의 하느님 활동은 “피조물의 자율, 자유, 책임성, 개체 존재와 피조물의 삶과 활동, 또는 피조물 자신의 활동의 순수성을 왜곡시키지 않고, 오히려 이들을 확인시켜주고 세워간다.”고 주장한다. 이러한 주장의 기초로서 바르트는 다음과 같이 말한다. “자신의 말씀과 영으로 지배하는 자는 그가 지배하는 피조물을 진정한 타자로서 인식한다. 이는 마치 지배자로서의 자신이 진정한 절대 타자로 남아있는 것과 같다”(144). 바르트의 이 말은 다른 이에게 말을 거는 이가 분명 타자의 타자성을 존중하는 것을 의미하는 것처럼 보인다. 그러나 바르트가 하느님은 또한 타자의 반응에 영향을 준다고 말을 이어가는 상황에서 타자의 타자성을 존중한다는 정신이 어떻게 지켜지겠는가? 만일 겉으로는 내가 행동하지만 실재 활동하는 이가 하느님이라면 나와 하느님이 실제로 어떻게 다르다고 할 수 있겠는가?

이 질문에 대해 바르트는, 하느님의 전능 교리가 피조물이 겉으로만 행동하는 것처럼 보일 뿐 실상은 행동되어지는 것만을 의미하는 것처럼 보이기 때문에, “우리가 하느님의 무제약적인 통치를 의도를 가지고 받아들이는 것이 얼마나 의미 있는가?”라는 질문으로 답한다(113). 바르트의 대답을 들어보자.

> 하느님의 말씀을 믿는 자들로서 그리고 성령의 사역의 증인들로서 우리는 분명 무제약적인 하느님의 주권 앞에 믿고자 하는 인간의 자발성 같은 것이 있는지 논의할 열망을 상실한다. (118)

이 대답은 바르트가 종종 가능성의 질문에 대답하는 범례처럼 보인다. 바르트는 그리스도인으로서 우리는 현실적임을 알기 때문에 가능하다고 말한다. 이러한 유형의 대답은 논점이 분명하지 않다는 문제를 갖고 있다. 이러한 문제는 바르트가 신학의 영역으로 삼지 않았던 기독교 신앙의 영역 밖에서 일어나는 질문과 관련된 것뿐 아니라, 그가 제기한 기독교 신앙의 독특한 형식, 특별히 창조자-피조물 관계 개념이 기독교 신앙의 본질에 속하는 것인지에 대해 분명한 논점을 피해가는 점에서 잘 나타난다.

피조물의 자율성과 개체성이 전능한 섭리와 양립 가능한가에 대한 바르트의 제3의 대답은 '우리는 그것이 현실적임을 알기 때문에 그것이 가능한 것을 안다'라는 것이다. 이 대답의 둘째 형식은 '우리는 피조물의 자율성과 개체성과 하느님의 전능한 섭리 이 둘은 성서에 함께 기록되어 있으며 또한 그리스도의 수육 안에 공존하기 때문에, 이 둘이 양립함을 안다.'라고 대답한다. 바르트는 "… 수육에서 행동으로 보여 지지 않는다면 … 창조자가 앞서고 피조물이 뒤따르는 것은 생각할 수 없을 것"이라고 주장한다(94). 하느님의 절대적인 세계 통제와 피조물의 실재와 자유가 서로 양립하는가라는 질문에 대하여, 바르트는 "우리가 성서가 증언하는 바대로 계약과 구원의 역사로 … 눈을 돌리게 될 때, 이러한 의문이 일어나지 않는 상황에서도 우리는 하느님이 전체적인 피조물의 존재와 활동을 다루게 된다."고 하였다(189 f). 바르트는 하느님의 주체와 인간의 주체가 함께 공존하고 협력하는 것은 "정말 이해할 수 없는 것"이라고 인정한다(106). 그리고 바르트는 피조물들이 하느님이 그들을 위해 제정한 것 외에는 아무 것도 하지 않으면서 어떻게 그들이 장기판의 말과는 다르게 모든 존재가 의존하는 자신만의 활동과 의미와 결정성을 가질 수 있는지 그 "서술적인 문제"에 대해 성서는 어떤 도움도 주지 못한다고 주장한다(189). 바르트는 성서의 기록이 하느님과 피조물의 두 세계가 모두 참이라는 사실을 단순히 지적하는 것만으로 충분하다고 생각한다.

이러한 바르트의 대답에는 적어도 세 가지 문제가 드러난다. 첫째, 성서의 증언이 모든 사건에 대한 하느님의 전체적인 통제가 바르트의 논증만큼 그렇게 명백한지 분명하지 않다는 점이다. 둘째, 바르트는 성서가 하느님의 통제를 명백하게 보여준다 해도, 성서의 증언이 그리스도인이 생각하는 만큼의 권위가 없는 사람들에게는 성서의 증언 자체가 관심의 대상이 되지 않는다고 본다. 셋째, 하느님과 피조물의 관계를 말로 표현할 수 없다면 의미 없는 말을 넘어 참된 진리를 어떻게 진술해야할지 그 표현을 찾아내는 것이 쉽지 않다.

바르트의 네 번째 대답은 위 세 대답과는 질적인 면에서 차이가 있다. 위의 세 대답은 지적인 문제를 해결하려는 시도였다. 그러나 피조물의 활동의 자유가 하느님의 저항할 수 없는 주권에 매몰되는, 곧 하느님과 피조물의 관계에 대한 명제를 받아들이는 데 기본적인 방해거리는 지적(intellectual)인 것보다 "영적"(spiritual)인 것이라고 바르트는 생각한다(146). 또한 이 명제에 대한 신학적 논증은 이러한 영적인 문제가 해결되는 범위 내에서만 힘을 받게 될 것이라고 주장한다(147f.). 여기 영적인 문제는 "하느님이 피조물을 이방인이거나 외계인, 심지어 적이라고 생각하여" 피조물은 하느님과의 관계에서 독립적이 되는 것이 더 좋을 것이라고 생각하는 "공포 컴플렉스"이다. 이 문제를 해결하기 위해 다음과 같은 진리를 인식할 필요가 있다.

> 하느님은 아버지이다. 아버지 컴플렉스를 지닌 아버지가 아니라 예수 그리스도의 아버지이며 그래서 우리의 사랑을 받는 아버지이다. 그러므로 피조물은 하느님의 주권 아래 온전히 거하면 거할수록 더욱 좋은 것이며 하느님의 주권에 제한과 제약을 두면 둘수록 그만큼 나쁜 것이다. … 제 2 원인(*causa secunda*)은 그저 제 2의 원인이 되고 그 이상이 되지 않는 것이 좋은 것이다. (146f.)

바르트는 계속해서 "피조물이 하느님의 은총의 활동에 절대적으로 지배를 받기를 요구하는 것보다 더 좋은 요구는 있을 수 없다."고 주장한다(149). 물론, 이러한 주장은 하느님에 저항하는 피조물의 자유를 구하는 것이 아니라, 오히려 선하신 하느님과의 관계에서 자유의 부족을 구하는 요청이다. 그러므로 바르트는 우리에게 필요한 것은 논쟁이 아니라 기도와 금식이라고 말한다(147f.). 이러한 바르트의 주장은 그 대답을 위해 무슨 새로운 논증을 필요로 하겠는가?

따라서 전능한 섭리가 피조물의 개체성과 자유와 함께 존재함을 상상할 수 있는가에 대해 바르트는 본질적으로 그리스도인이라면 이 둘이 함께 존재함을 받아들여야 한다고 대답한다. 물론 이 둘의 공존은 상상할 수 없다. 그러나 그리스도인은 성서의 기록과 자신의 삶의 경험에서 이것이 사실임을 인식하기 때문에 받아들여야 한다. 그리고 일단 하느님의 전능인(omnicausality)을 기독교적 의미로 이해하였으면, 하느님의 저항할 수 없는 통치의 개념을 반대할 이유가 없다. 바르트는 하느님의 활동 양식에 대한 우리의 개념이 "자연신학"에서 파생된 개념들보다 하느님의 중심적인 자기 계시 행위에서 파생된 개념들에 기초해야 한다고 주장한다. 그러나 이와 같이 파생된 하느님 활동의 개념은 형식상 자연신학을 전개시켰던 유신론자들의 개념과 다르지 않다. 바르트는 "하느님은 자신 외에 다른 존재나 활동이 없는 이로 자신을 계시한다."고 말한다(143). 그러므로 하느님은 우리에게 말걸어오면서 응답하기를 요구하는 분이지만, 또한 하느님은 우리의 응답을 결정하는 분이다. 따라서 하느님은 여전히 모든 사건의 유일한 결정권자이다. 그러면 하느님이 만물의 유일한 지배자이고 그래서 하느님의 뜻이 "하늘에서 이룬 것 같이 땅에서도" 이미 이루어진 것이라면, 악에 대해서 무엇을 말해야 하는가?(93). 바르트는 이 질문에 대해 무에 대한 논의의 유무에 따라 두 가지로 대답한다. 무의 문제를 제쳐놓게 되면, 바르트는 악이 전혀 존재하지 않는다고 대답한다. 창조란 세세한 개체 존재들에서 그리고 그 전체성에서 완전하다(III/1, 372). 바르트는 라이프니츠의 논제가 기독교의 입장에 가깝다고 주장한다. 사실 바르트는 이 세계가 "모든 가능한 세계들 가운데 최상의 것"이라는 주장을 받아들인다(III/1, 385, 388, 404). 바르트는 대부분의 사람들이 악이라고 생각하는 것들 대부분을 창조의 "부정적인" 혹은 "어두운" 면에다 분류해 놓는다. 하느님은 세계의 긍정적인 영역의 창조자인 것과 같이 부정적인 영역의 창조자이기도 하다. (심지어 바르트는 죽음, 악마, 인간의 죄를 하느님의 뜻이 온전히 실현된 창조의 그림자에 포함시키기도 한다[18-20].) 물론 이러한 그의 주장은 후에 진술한 것과는 모순되는 것처럼 보이기도 한다. 이와 같이 창조의 그림자는 창조의 선의 한 일면이다(298). 창조는 창조 그 자체로서 옳은 것이다. 창조의 겉으로 드러나는 불완전은 그 완전에 필수적인 것이다(III/1, 404).

그러므로 바르트에 따르면 18세기 낙관주의의 위대함은 창조의 불완전성을 허상이라고 선언한 데 있었다(III/1, 408). 여기 낙관주의와 기독교 입장 사이의 기본적인 차이는 기독교 신앙이 밝고 즐거운 세계를 어둡고 그늘진 세계보다 확실한 기반 위에 올려놓는다는 점이다(364). 그리스도인은 모호한 사색에 의존하기보다 예수 그리스도 안에 나타난 하느님의 수육적 자기-계시에 기초하여 인식한다. 계시 가운데 나타난 하느님의 창조는 긍정적인 면에서 뿐 아니라 부정적인 면에서도 선하다(296, 303; III/1, 370). "예수 그리스도의 지식 안에서 우리는 창조의 부정적인 면에 대한 눈에 띄는 편견을 버리고 하느님이 부정적인 면까지 모든 것을 훌륭하게 계획하고 만들었다고 고백해야 한다"(301). 이 세계가 모든 가능한 세계 중에 가장 훌륭한 것이라고 말할 수 있는 근거는 바로 이 세계가 하느님의 활동의 장이며 도구이고 대상이라는 점이다(III/1, 382, 385).

어떤 의미에서 이 세계가 완전한가? 이 세계가 완전한 것은 예수 그리스도의 주권을 통해 전능한 은총의 통치가 하느님의 영광을 이루고 피조물의 영화를 이루기 위해 이 세계가 하느님을 향해 봉사하기 때문이다(42, 168; III/1, 370). 이 점에서 바르트는 다른 전통적인 유신론자들과 더불어 하느님의 전체 통치에 대해 알지 못하는 인간의 무지에 호소한다. 이 세계의 봉사는 하느님께만 알려진다. 왜냐하면 우리는 하느님의 전체 통치에 대해 알지 못하기 때문이다. 바르트는 이러한 관점이 세계가 불완전하다는 불평에 답이 된다고 말한다(42f.). 그는 존재의 긍정적이고 부정적인 면들이 묘하게도 숨겨진 정의에 따라 배분된 "가장 불공평한 기준으로" 피조물들에게 주어진다고 주장한다. 그러나 우리는 이 존재들에게 적용된 숨겨진 정의가 있음을 의심해서는 안 된다. 바르트의 태도는 다음의 설명에서 가장 잘 드러난다.

> 일단 우리가 빛의 세계와 어둠의 세계 모두가 … 하느님의 창조로서 예수 그리스도의 손에 붙이셨음을, … 또한 존재들이 그렇게 다르지 않음에 실망하여 머리를 가로젓고 있는 사이, 하느님의 창조는 자신의 지어진 모습으로 하느님을 찬양하였고 그 때문에 하느님의 창조가 바르고 완전하였음을 깨닫게 되면, 우리가 그토록 엄청난 부도덕함과 무익한 걱정과 불만족을 갖고 있었던 것에 대해 얼마나 당황해하고 부끄러워 할 것인가! (297)

바르트는 세계의 완전한 선이란 계시를 통해 우리에게 주어진 지식이기 때문에 세계의 선에 대해 우리 나름의 평가를 할 필요가 없다고 여러 차례 강조하였다(III/

1, 370, 380). 우리는 전선하고 전능한 하느님이 세상을 창조하고 다스리기 때문에 세계는 그 자체로 선한 것이라는 진리를 신앙으로 받아들인다. 따라서 계시 없이는 우리가 진리를 알 수 없다. (이 점에서 바르트는 자연신학을 거부한다.) 또한 계시에 기초해서도 여전히 우리는 세계의 역사가 실제로 하느님의 영광의 역사가 될 수 있는지 상상할 수 없다. 하느님이 세계를 다스리고 세계가 선한 것이라는 이 진리는 신앙의 눈을 가지고도 이해할 수 없으며 완성의 때까지 감추어져 있게 될 것이다(16, 19f., 296). 다시 말하면, 기독교 신학자는 이 진리가 가장 자기-일관성이 있고, 적절하며, 분명한 실재관을 위한 시발점이 됨을 보여줌으로써 기독교 신앙을 소개하려 하지 않는다. 즉 바르트는 철학적 입장들의 탁월함을 판단하는 형식적인 기준에 따라 다른 철학들보다 우월한 "기독교 신학" 혹은 하느님-세계 관계를 내용으로 하는 "기독교 자연신학"을 구성하려 하지 않는다. 오히려 바르트는 신앙은 가설이 아니라 자명한 지식이라고 주장한다. 그리고 신앙이란 "그럼에도 불구하고"에 기초하여 지켜진다(16f.). 신앙이란 어떤 상황을 만족스럽게 이해하도록 어떤 가설의 시발점을 제공하기 때문에 지켜지는 것이 아니라, 그런 상황에도 불구하고 지켜진다. 더군다나 바르트는 이 세계가 어떻게 모든 가능한 세계 중 최상의 것일 수 있는지 보여줄 필요가 없다고 한 점에서 라이프니츠와는 다른 견해를 갖고 있었다. 바르트는 하느님의 자기 계시가 현실세계를 있는 그대로 선포하는 것으로 충분하다고 보았다.

앞 장들에서 살펴보았듯이, 논리적 일관성과 하느님의 선을 주장하려면, 결국 전통적인 전능 교리는 순수 악의 실재를 부정해야 한다. 무의 교리를 다루기 전, 순수 악의 실재를 부인하는 입장을 분명히 한 점에서 바르트는 라이프니츠 외에는 이전의 모든 전통적인 유신론자들과는 입장을 다르게 했다. 이에 기초하여 바르트는 하느님의 "주권과 전능이 제약되어 있고, 하느님의 활동이 한정되며, 피조물과 일치되거나 부분적으로는 피조물에 의해 한정된 것으로 보려는 어떤 시도"도 확신있게 거부할 수 있었다(119). 바르트는 "모든 것의 모든 것이 되는 하느님을 많은 것 중의 많은 것이 되는 하느님"(119)으로 하느님을 축소하는 것은 "비신앙의 형식이며 가장 최악의 형식"이라고 생각했다. 왜냐하면 우리가 이런 전제에서 우리 스스로 하느님의 뜻에 순종한다면, 이는 결코 순종이 아니며, 따라서 기독교 신앙이 되지 않을 것이기 때문이다(115). 모든 것의 하느님에서 많은 것이 되는 하느님으로의 축소가 기독교 신앙에 필연적이지도 않고 가능한 것도 아니라고 보는 그 범주가 바르트의 진술 가운데 나타난다. “하느님이 악의 창조자로 생각될 수 있고 생각해야 한다고 하는 … 끔찍한 결론은 부분적으로 반박하기보다 전체적으로 반박함으로써, 즉 왕권과 치리가 하느님의 손에 있다고 함으로써 극복될 수 있다”(121). 여기서 전체적인 반박이란 세계가 완전하므로 하느님이 창조한 순수 악이란 없다는 주장이다.

그러나 바르트 사유의 흐름 가운데는 무의 교리라는 다른 흐름도 있다. 무의 교리는 하느님 말고 또 다른 실재의 힘이 있다고 말하는 것처럼 보인다. 이 실재의 힘에 의해 피조물들은 하느님의 뜻을 어기고 순수 악을 일으키게 한다. 이제 이 교리로 관심을 돌려보자.

제 3의 요인인 무

세계 안에 존재하는 모든 것이 옳은 것은 아니라는 분위기는 이미 앞의 네 단락의 인용구들에서 나타난다. 이 인용구들에서 바르트는 세계에 대해 불평하는 것이 온당치 못하다고 말한다. 역설적이게도 세계가 지닌 완전함을 감사하지 못하는 것은 완전함을 파괴하는 것처럼 보이기 때문이다. 때문에 온당치 못한 불평은 하느님이 원하는 것이 아닌 것처럼 보일 수 있다. 바르트는 또한 우리가 세계 내에서 편안함을 느끼지 못한다면 이는 하느님의 잘못이 아니라고 주장한다(48). 그러나 사건에 대한 하느님의 전적인 결정에서부터 사건들의 가장 심오한 깊이에 이르기까지 앞에서 말한 모든 내용의 빛에서 볼 때, 우리가 세계 내에서 편안함을 느끼지 못하는 것이 누구의 잘못인지 의아하게 된다. 바르트는 피조물이 하느님의 뜻에 어긋나는 일을 한다는 것은 불가능하다는 식으로 창조자와 피조물의 관계를 서술하였다. 이런 상황에서 바르트는 창조자와 피조물과 더불어 무를 제 3의 요인으로 자신의 신학 속에 소개한다.

바르트는 창조의 어두운 면에 무를 포함시켜서는 안 된다고 여러 차례 강조하였다. 피조된 존재의 어두운 면은 피조성의 본질에 속하지만 무는 그렇지 않다(296,350). 무는 오른 쪽에 균형을 이루지 못하는 왼쪽이다. 무란 긍정적인 면이든 부정적인 면이든 창조의 모든 요소와 반대되는 절대 타자이다(302). 이 두 가지 사실을 혼동하는 것은 큰 실수이며 실상 무의 승리가 된다. 그 이유는 이 둘의 혼동이 창조를 비방하고 창조자에 대해 잘못된 비판을 가져올 뿐 아니라, 우리의 철학적 견해에 통합되어 결국은 무가 창조의 본질적이고, 해가 없는 심지어 유익한 것으로 정당화함으로써 무인 악을 미묘하게 감추는 결과를 가져오기 때문이다(299f.). 따라서 바르트는 세계 내에 존재하는 많은 자명한 악을 그저 보이는 악으로만 생각하고 있는데, 이는 무를 염두에 두고 그런 것은 아니라고 분명하게 밝힌다. 무는 순수 악으로 받아들여야 한다. 바르트는 나와 아주 비슷한 실재적인 혹은 순수 악에 대한 정의를 제시한다. 바르트가 "실재 악"(real evil)을 말할 때의 "실재적"(real)이라는 말은 "하느님 창조의 전체성과 반대되는 의미"로 사용한다. 바르트가 이 세계의 창조를 완전한 것으로 또한 모든 가능한 세계 중의 최상으로 서술하였기 때문에, 이 세계와 반대해서 존재하는 악이란 가장 가능한 선이 실현되는 것을 막는 악일 것이다.

그러나 여기 무란 무엇을 말하는가? 어떤 의미에서 무가 하느님과 하느님의 창조와 더불어 제 3의 요인으로 "존재하는가?" 형식적으로 무란 하느님이 부정하였거나 거부했던 것, 즉 하느님이 원치 않았던 것을 말한다. 바르트는 무를 "하느님이 그의 영원한 명령에서 거부하였던 가능성으로 그러므로 하느님이 원치 않았고 원치도 않을 가능성으로 정의한다"(74). 무란 단수로 표현되지만, 다른 곳에서는 무의 의미가 복합적인 성격을 갖는 것으로 표현된다. 예컨대 바르트는 "한 건축자가 특별한 과제를 택하고는 다른 일은 거부하고 간과하는 것처럼, 하느님이 그의 창조적인 결정에서 간과하고 경시하였던 가능성"으로서 무를 표현하거나 "무란 아직 실현되지 않은 채 남아 있는 여러 타자"로서 표현하기도 한다(III/1, 108). 또한 무의 복합적인 성격은 바르트의 글 가운데 라이프니츠의 냄새가 나는 구절에서 나타난다. 바르트는 하느님이 선택하지도 않았고 원치도 않았던 이 무가 "하느님이 지나쳐 버리고 선한 이유에서 실현하지 않았던 무한한 모든 가능태들을 품고 있다."고 말한다(77).

그러나 바르트가 이처럼 순수 형식적인 정의를 넘어서서 무의 내용을 표현하면서 그 의미가 하나의 개념으로 좁혀진다. 바르트는 무의 형식을 실재적인 죄, 실재적인 죽음, 고통을 갖고 있는 실재 악, 악마, 지옥으로 표현한다(74, 300, 310). 죄는 가장 중요한 형식이다(305). 그러나 죄와 마찬가지로 고통도 피조물과 반대하여 존재한다(310). 무의 모든 형식이 갖는 공통점은 "하느님 은총의 반대 논제(antithesis)"란 점이다. "우리와 모든 창조 안에서 하느님을 반대하는 것, 하느님의 자비로운 뜻을 낯설어하고 반대하는 것, 바로 그것이 나쁜 것으로 진정한 형식에서 진정 무이고, 죄이고, 악이고 죽음이다"(331 f.). 하느님을 반대하는 것이 악의 본질로 이해되어야 한다. 왜냐하면 바르트에게 하느님의 은총은 모든 존재의 기초이며 규범이고 모든 선의 표준이 되기 때문이다. 그러므로 하느님의 은총의 부정이 본래적으로 악한 것이다(354). 그러므로 대부분의 사람들이 악이라고 생각한 것의 많은 경우가 그리스도인들에게는 단지 완전한 세계의 어두운 면으로, 표면적 악일뿐이라고 바르트는 생각한다. 그러나 바르트는 그리스도인은 순수 악의 실재를 인정해야 한다고 주장한다. "그러므로 기독교의 의미에서 악이란 은혜에 낯설고 반대되는 것, 은혜가 없는 것을 뜻 한다"(353).

바르트가 말하는 무는 하나의 실재이다. 그러나 무는 독자적인 실재이다(352). 하느님과 피조물들만이 본래적으로 존재한다. 무는 이들과 더불어 무를 갖는다. [무는] "제 3의 독자적인 무의 방식으로 '존재 한다'"(349). 무는 "비존재의 존재(the being of non-being), 존재하지 않는 것의 존재"를 갖는다(77). 이런 이유에서 바르트는 비존재의 존재를 무라 부른다. 무는 불합리한 방식으로 실재한다(III/1, 108). 사실 바르트는 무란 "내재적인 모순으로서, 불가능한 가능성"으로서만 "존재한다."고 주장한다(351).

무의 존재하는 방식에 대한 이러한 표현은 무가 어떻게 존재할 수 있는가라는 질문에 대답을 제시한다. 그 대답은 "무란 존재할 수 없다."이다. 하느님이 원하는 것만 존재할 가능성이 있다. 정의해 보면 무란 하느님이 원치 않는 것이다. 그러므로 무는 존재할 수 없다. 그런데 무가 존재한다. 그러므로 무란 불가능한 가능성으로 존재한다.

만일 비평가가 이러한 사고의 흐름이 바르트 신학의 내부에 흐르는 일관성을 무너뜨린다고 주장한다면, 바르트는 그들의 비판에 동의할 뿐 아니라 오히려 기뻐할 것이다. 바르트가 "조직신학"의 개념을 거부하였던 것은 익히 알려진 바다. 그러나 사람들은 그 거부가 무엇을 의미하였는지 또 거부의 기초가 무엇이었는지 충분히 인식했던 것은 아니다. 여기에서 거부란 바르트가 하나의 중심 개념을 가지고 시작하여 그 중심개념과 관련한 다른 모든 교리들을 풀어가는 조직신학의 규범의 거부를 의미한다. 또한 여러 교리 가운데 흐르는 내면적인 일관성의 규범의 거부를 의미한다. 그러므로 악의 문제는 이러한 거부를 위한 중요한 기초가 된다.

바르트는 우리가 하느님, 피조물, 그리고 무에 대해 논의할 때 조직적인 일관성을 기대해서는 안 된다고 분명하게 선언한다. 그는 모든 신학은 필연적으로 단편적이라고 주장한다. 그래서 "신학은 다양한 시각에서 하나의 대상을 향해 나아가는 독립적인 사유와 진술에서만 발전할 수 있다."고 보았다. 그리고는 이러한 주장을—주로 무의 문제로부터 추상적으로 시도했던, 그리고 "어느 정도 지적이고 분명하게" 전개하고자 했던—창조자와 피조물의 관계에 대한 자신의 논의에 적용한다(293, 290f.). (그러므로 바르트는 이 논의가 충분히 지적인 것이 아니라는 평가에 분명하게 공감한다.) 그러나 무와 관련하여 우리는 "모든 신학적 사유와 표현이 필연적으로 단편적일 수밖에 없는 탁월한 예증을 갖게 된다"(293). 다른 곳에서는 몰라도 적어도 여기에서 우리는 "우리의 지식이 단편적임을 분명하게 알고 인정해야 한다." 신학이 단편적인 이유는 바로 "무의 존재, 현존, 그리고 활동 때문이다." 왜냐하면 "신학이란 객관적인 실재에 대한 주관적인 재생산"이 되어야 하기 때문이다. 그러나 객관적으로 말해서 창조자와 피조물 사이의 관계는 하나의 체계가 아니다. 왜냐하면 "이 둘의 관계는 언제나 무라는 낯선 요인으로 인해 무너지기 때문이다"(294).

다시 말하면, 바르트는 존재의 사실들에 맞는 적합성이 일관성에 우선한다고 주장한다. 그리고 존재가 모순을 담고 있는 것처럼, 곧 존재가 불가능한 어떤 것이 존재하는 것처럼, 신학도 모순이어야 한다. 바르트는 우리가 "엄격한 논리와 객관성"을 가지고 신학을 전개해야 함을 강조한다. 그러나 그는 곧 이어 객관성은 때로 파기되어야 할 논리적 일관성을 요구한다고 분명히 밝히고 있다. "객관성의 의미란 있는 그대로 어떤 것도 축소하지 않고 그 입장과 방법에서 모든 모순되는 주장들을 받아들이고 주목할 준비를 해야 하는 것이다." 바르트에 따르면 이들 모순되는 주장들 중에 첫 번째는 "하느님의 거룩함과 전능이 똑같이 존중되어야 한다는 주장"이다(295).

물론 모순의 근거는 하느님의 거룩함을 깨뜨리지 않고는 우리가 악을 하느님께 돌릴 수 없지만, 동시에 "펠라기우스주의자들이 그랬던 것처럼 악을 피조물에게만 돌릴 수 없다는 점이다. 그러므로 악은 하느님의 섭리와 주권 밖에 있다고 하면서, 하느님의 전능과 전능인을 명백하게 혹은 은밀하게 부인함으로써 하느님께 책임을 지우는 모순이 일어나게 된다"(292). 그러나 순수 악이 존재하기 때문에, 우리는 창조자의 편에서도 설명될 수 없고 피조물의 편에서도 설명될 수 없는 제 3의 뭔가를 끌어들여야 한다. 따라서 여기 제 3의 요인은 설명할 수 없고 "조직화의 영역 밖에 존재"하는 어떤 것이다(292, 354). 이는 모순적인 진술이 있어야 함을 의미한다. 바르트는 인간이란 죄를 지을 힘이 없다고 말한다. 그러므로 "인간이 죄를 지었을 때, 그는 불가능한 것을 한 것이었다"(356). 불가능이란 수행될 수 없는 것으로 정의되기 때문에, 제 3의 요인은 -- "일관성의 사소한 생각들로 이루어진 요귀"(에머슨은 "어리석은 일관성"이라고 함)라고 생각하는 사람이 바랄 수 있는 것같이 -- 철저히 모순적이다. 따라서 바르트는 하느님을 "모든 피조물의 유일한 통치자"라고 서술한 다음, 제 3의 요인 또한 피조물의 활동에 영향을 줄 뿐 아니라 피조물의 활동을 결정한다고 주장한다(290, 291). 더 나아가 바르트는 "하느님의 의지만이 절대적으로 모든 피조물의 활동과 피조물 안에 실현된다고 주장하면서" 이러한 교리를 논리적 결론으로 이끌었던 개혁교회 신학자들을 찬양한다(115). 그리고 하느님은 결코 무의 창조자가 아니었으며, 하느님을 향한 무의 도전은 "분명 하느님 자신이 선택했거나 원했거나 혹은 실행했던 바가 아니었다고 주장한다"(353, 304).

이 관점에서 우리는 악의 문제에 대한 바르트의 대답은 하느님과 세계의 관계를 논할 때, 논리의 타당성을 부정하고 있다고 결론 내려야 할 것이다. 따라서 바르트는 신정론의 문제에 대한 형식 논리 중에 전제 6을 거부하고 있는 것이다. 그러므로 사실상 바르트가 순수 악을 긍정하면서 그 대안으로 하느님의 전능이나 전선을 거부해야 하는 문제를 갖고 있기 때문에 "추상적인" 전제를 거부하는 것이다. 바르트는 이들 대안들을 받아들이는 것은 "신학과 교회에 의심스러운 가치를 지닌 학문적 논의"로 이끌려 가는 것이라고 주장한다(365f.). 그러므로 무와 상관없이 하느님의 거룩함과 전능을 통합할 필요가 있는지 질문한다(294). 물론 이전의 전통적인 유신론자들과 같이 하느님의 전능에 관한 전제 2(완전한 실재는 전능한 존재이다.)와 전제 3(전능한 존재는 일방적으로 순수 악이 존재하지 않는 현실세계를 만들 수 있다.)에 집착하고, 하느님의 선에 관한 전제 4(완전한 실재는 도덕적으로 완전한 존재이다.)와 전제 5(도덕적으로 완전한 존재는 순수 악이 존재하지 않는 현실세계를 원할 것이다.)를 집착하면서, 순수 악이 존재한다는 전제 7을 거부하는 전통적인 유신론자들을 따르지 않을 때, 치르는 대가가 바로 신학의 논리적 일관성을 거부하는 것이다. 바르트는 논리적 모순이 큰 희생은 아니라고 생각한다. 그러나 이것을 큰 대가로 생각하여 순수 악의 존재를 거부하면서 이전의 전통을 따를 수 없는 사람들은 전제들을 다시 살핌으로써 논리를 부정하든지 아니면 악을 부정하든지 어쩔 수 없는 선택을 하는 바르트의 입장으로부터 자극을 받을 필요가 있다. 기독교 신앙과 양립하는 하느님의 개념은 당연히 전제 4와 전제 5를 요구한다고 생각하기 때문에, 나는 이 책에서 전제 2나 전제 3을 다시 살필 것을 제안한다.

이러한 과정을 통해 바르트의 입장에 대한 비평이 이루어질 수 있을 것이다. 그러나 악의 문제에 대한 바르트의 연구는 앞에서 다룬 것만으로 충분하지 않다. 바르트의 사상을 명시적이고 일관성 있게 발전시킨다면, 전제 6(세상에 순수 악이 존재한다면, 하느님은 존재하지 않는다.)보다 전제 3의 거부를 얘기할 수 있는 흐름이 있다. 이 흐름은 하느님의 뜻은 언제나 실제적이고, 하느님은 무를 원하지 않지만 무는 실제로 존재한다고 말할 때 일어나는 명백한 논리적 모순을 해결하는 방법을 제시한다.

창세기 1장에 나오는 창조설화를 주석하면서, 바르트는 무와 동일한 것으로 생각되는 혼돈이 플라톤의 이론에서처럼 그 자체의 독립적인 실재와 힘을 갖고 하느님과 대면하는 선재하는 실재라는 관점을 거부한다(III/1, 100, 103). 그러나 바르트는 혼돈이나 무는 하느님과 적대 관계에 있으며 실상은 하느님과 근본적으로 반대해 있다고 주장한다(290, 302-304). 따라서 자신의 창조 교리에서 바르트는 하느님이 지혜나 힘이 부족하다고 하지 않고, 하느님의 의지와 행동이 다소 하느님과 적대되는 것의 기초가 된다고 말할 필요가 있었다. 무의 개념을 명시적으로 소개하면서, 바르트는 "하느님이 모든 것을 다스리는 주님이라는 순수한 인식이 여기 제 3의 요인에도 분명하게 적용되어야 하기 때문에," "전체 섭리 교리가 새롭게 연구되어야 한다."고 주장한다(289, 292). 왜냐하면 제 3의 요인인 무가 낯선 요인임에도 불구하고, "무가 아버지 하느님의 통치 관할 밖에 있는 것으로 상상될 수도 없고 이해될 수도 없기 때문이다"(365). 바르트의 해법은 하느님의 "낯선 사역"(alien work, opus alienum)과 하느님의 "비-의지 "(non-willing)의 상관적인 개념을 포함한다.

한편, 바르트는 무의 심각성을 상기시키기 위해 무를 하느님이 원치 않는 것으로 신성과 반대되는 것으로 보아야 한다고 주장한다. 그러나 하느님의 전능에 대한 "마니교도적" 한계를 피하기 위해서는 무가 절대적으로 하느님께 대항해 어떤 힘도 가지지 못하며, 하느님을 향해 경쟁할 수도 없고, 하느님의 유일한 통치에 어떤 제한도 할 수 없는, 하느님께 종속적인 것이라고 주장한다(76, 77, 158, 331f., 358). 무가 마치 제 2의 하느님으로 보일 수도 있다. 그러나 무는 실상 자율적인 영역을 가지지 못하며 하느님이 허락하고 수여한 힘 외에는 어떤 힘도 갖고 있지 않다(76f., 351, 358). 심지어 무는 하느님의 창조적인 행위가 없다면 그 부정적인 현실태조차 가질 수 없을 것이다(74).

이제 왜 하느님이 무에다가 부정적인 현실태와 힘을 허락하여 피조물들을 유혹하게 하고 어떤 면에서는 이들의 현실태를 결정하게 하였는지 질문이 일어난다. 바르트의 몇몇 진술을 보면, 무를 적극적으로 긍정하는 것은 아니지만 하느님도 무의 등장을 어쩔 수 없었다고 인정한다. 앞서 살펴 본대로, 무는 하느님이 원치 않는 것으로 정의된다. 그러나 바르트는 하느님의 긍정적인 뜻과 부정적인 뜻 사이의 구분을 제시한다. 무의 존재는 피조물의 존재와 같은 방식으로 뜻한 바가 아니다(353). 이 말의 뜻은 무는 다른 방식으로 뜻한바 된 것이라는 가능성을 열어놓는다. 보다 분명하게 말하면, 바르트는 혼돈이 하느님의 뜻의 긍정적인 내용에 속하지 않고(III/1, 149), 부정적인 내용에 속한다고 주장한다. 그리고 바르트는 하느님의 부정적인 의지 혹은 "비-의지"는 무의 존재의 근거라고 분명하게 주장한다(353). 이와 같이 비존재에 기초한 거부하는 활동을 바르트는 하느님의 낯선 사역, 하느님의 "왼손"의 사역으로 표현한다. 무는 "하느님의 낯선 사역(opus alienum)의 대상으로서 하느님의 왼손으로만" 존재한다(361).

여기까지는 논리가 분명하다. 그러나 바르트가 명쾌하게 대답하지 못하는 질문은 무에다가 그 부정적 존재 유형을 수여함으로써 무를 하느님과 피조물과 더불어 실제로 제 3의 요인이 되게 하지 않았더라면, 하느님이 현실세계를 창조할 수 있었느냐이다. 이 질문과 관련된 구절들은 부정적인 대답을 안고 있다. 즉 하느님의 현실세계 창조는 무를 필연적으로 수반해야 했다. 먼저, 바르트는 하느님이 원하는 피조물에 대해 '예'라고 말하는 하느님의 고유한 사역은 하느님이 원치 않는 피조물에 대해 '아니오!'라고 말하는 하느님의 낯선 사역을 포함하고 있다고 주장한다. "하느님이 증언하고 선택하며 자신의 고유한 사역(opus proprium)인 하느님의 은총의 사역을 행할 때, 언제나 하느님의 낯선 사역에도 참여 한다"(353). 그러므로 바르트는 "어쩔 수 없는 하느님의 부정과 거부"(361)에 대해서 말한다. 그 어쩔 수 없는 것은 필연적이어야 하는 것처럼 보인다. 물론 그는 "하느님이 왼손으로 하는 활동을 오른손으로 하는 활동처럼 필연적이고 영속적이게 하지는 않는다."고 주장한다. 그러나 여기서 바르트가 부인하는 것은 낯선 사역의 필연성을 부인하는 것이 아니라 낯선 사역의 영속성을 부정하는 것이다. 왜냐하면 바르트는 낯선 사역에 "일시적인 필연성"만을 부여하기 때문이다(361).

둘째, 바르트는 하느님의 낯선 사역의 필연성을 긍정하면서 또한 낯선 사역이 실제로 존재하는 하나의 객체를 가져야 한다고 주장한다. 그는 무에 대해서 다음과 같이 설명한다.

> 그러나 무는 하느님의 왼손에 있기 때문에, 실로 역설적인 방법으로 "존재한다." 왼손에 있다 하더라도 하느님의 활동이 헛된 것이 아니다. … 하느님의 거부, 반대, 부정, 해고 등은 하느님의 모든 사역과 같이 힘 있고 효과적이다. 하느님이 자신의 결정을 따라 포기하고 단념하는 것은 헛된 것이 아니다. (351f.)

좀 더 분명하게 바르트는 자신의 입장을 발전시킨다.

> 하느님이 원하는 것뿐 아니라 원치 않는 것도 하느님이 소망하는 것이기 때문에 이에 대한 실제적인 응답이 있어야 한다. 하느님이 원치 않는 것에 실제로 응답하는 것이 무이다. (352)

따라서 바르트는 일시적이긴 하지만 하느님이 필연적으로 비-의지에 참여할 뿐 아니라, 이 일시적인 비-의지는 필연적으로 하나의 객체를 가지며, 이 객체는 무로 표현되었던 것이다. 이것이 바르트의 입장이라면, 바르트는 악의 문제에 관한 형식 논리 중 전제 3(전능한 존재는 일방적으로 순수 악이 존재하지 않는 현실세계를 만들 수 있다.)을 거부하고 있는 것이다. 바르트는 실상 하느님이 인식할 수 있는 최고의 힘을 소유한 전능한 존재임에도 불구하고, 무가 없이는 그래서 그 현실세계 안에 현존하는 순수 악이 없이는 현실세계를 창조할 수 없었다는 점을 말하고 싶은 것이다. 전제 3의 반대 명제를 위해 가능한 삼단논법을 적용하는 것이 도움이 될 수 있다. (물론 바르트는 이러한 적용이 무익한 추상이라고 분명 생각할 것이다.)

A. 현실세계를 일으키는 것은 필연적으로 일련의 가능성들로 구성된 현실적 존재를 원하면서 다른 가능성들은 원치 않음을 의미한다.
B. 전능한 존재는 원치 않는 것을 거부하지 않고는 현실세계를 일으킬 수 없다.
C. 전능한 존재가 원치 않는 것 그래서 전능한 존재가 거부하는 것이 무이다.
D. 무는 현실세계 내에서 순수 악이거나 순수 악을 만들어 낸다.
E. 그러므로 전능한 존재는 순수 악이 없이는 현실세계를 일으킬 수 없다.

실제적인 부정의 의지 교리 혹은 비-의지 교리는 하느님과 무의 관계에 대한 바르트의 진술 가운데 나타나는 명백한 논리적 모순들을 하느님 안에서 화해시킨다. 비-의지 교리는 무가 전적으로 하느님께 종속적이며 의존한다고 설명한다. 무는 하느님의 비-의지 와 낯선 사역에 의존한다. 또한 비-의지 교리는 무가 어떻게 하느님과 반대하는지, 또한 하느님의 긍정적인 의지와 고유한 사역에 반대하여 존재할 수 있는지에 대해서도 설명한다. 거기다가 비-의지 교리는 하느님이 원치 않는 것의 존재와 하느님의 뜻만이 실현된다는 진술을 화해시킨다. 왜냐하면 비-의지 교리가 "하느님의 뜻"의 개념이 하느님의 부정의 의지(뜻)를 포함하는 데까지 확장하도록 하기 때문이다. 그러므로 하느님의 부정의 의지와 낯선 사역의 개념은 어떻게 무가 "아주 특별한" 방법으로 하느님의 섭리의 대상이 될 수 있는지 설명한다(289). 부정의 의지는 심지어 하느님은 무의 창조자가 아니라는 바르트의 주장을 풀어준다. 왜냐하면 바르트는 하느님의 창조적인 활동을 하느님의 긍정의 의지와 고유한 사역을 연결시키는 반면, 하느님의 부정의 의지와 낯선 사역을 하느님의 "거부하는" 활동과 술어적으로 연결시키기 때문이다. 따라서 바르트는 하느님이 무를 거부하는 한에서만 무가 하느님과 관계된다고 말할 수 있었다.

그러나 크게 강조하지는 않았어도 이러한 입장이 바르트가 말하고자 의도한 것이었다면, 이 입장은 오히려 이상한 전능의 개념을 담고 있다. 하느님의 힘이 전능하다는 점에서 우리의 힘과 다르기 때문에 원치 않는 것에 필연적으로 현실태를 부여한다는 점에서 우리와 다르다고 보는 생각은 아주 역설적이다.[10] 이와 같이 역설적으로 표현되는 하느님의 힘은 바람직한 힘의 형상이기보다는 무능한 힘의 형상처럼 보인다. 이 역설은 완전한 힘을 가졌다고 상상되는 신성은 열등한 힘을 가진 우리를 괴롭히지 말아야 하는 운명을 가지고 있음을 의미한다. 손이 닿는 것마다 금으로 바꿔놓을 수밖에 없었던 마이더스(Midas)처럼, 하느님은 어떤 것에 현실태를 부여하지 않고서는 그 어떤 현실적 존재도 거부할 수 없는 운명을 갖고 있다.[11] 따라서 어떤 독자들은 바르트가 단순히 전제 3(전능한 존재는 일방적으로 순수 악이 존재하지 않는 현실세계를 만들 수 있다.)을 거부했다고 보기보다 전제

10) 나는 존 힉이 바르트가 선재하는 여러 대안들 사이에서 선택해야 한다고 하면서 하느님의 선택을 말하는 중에 의인화된 개념을 사용했다고 평가한 것은 잘못이라고 생각한다(Hick, *Evil and the God of Love*, 142, 193). 오히려 바르트에게 무란 하느님의 선택과 독립하여 존재하지 않고, 그 부정의 차원에서 선택에 의해 존재한다. 하느님의 힘이 거부된 것에 어떤 현실태를 부여해야 한다는 점에서 하느님의 선택은 우리의 선택과는 다르다.

11) 따라서 힉이 바르트의 하느님은 하느님과 독립해 있는 어떤 것, 곧 무에 의해 제약을 받기 때문에 "제약된 하느님"의 개념을 갖는다고 말한 것은 잘못이라고 나는 생각한다(Hick, *Evil and the God of Love*, 144 ff). 그러나 바르트에게 있어서 무는 하느님과 독립된 것이 아니라 하느님의 부정의 의지에서 나온다. 하느님에게 미치는 유일한 제약은 하느님의 지나친 힘이다. 바르트는 힉이나 다른 전통적인 유신론자들과 마찬가지로 유한한 현실태가 하느님의 뜻과 독립해서 존재한다는 것을 철저히 부인하였다.

2(완전한 실재는 전능한 존재이다.)를 거부했다고 생각하려 한다.

하느님의 부정의 의지와 부정의 사역 교리는 겉으로 드러난 여러 모순들을 극복한다. 그럼에도 불구하고 "창조하기"(creating)와 "거부하기"(rejecting)라는 용어의 차이를 통해 바르트가 자신의 말로 "마니교도들과 브리스길라 교도들 그리고 초기의 이단자들과 더불어 무는 무가될 것(causalitas mali in Deo, Nothing will come of nothing)이라고 주장함으로써 하느님의 거룩함을 깨뜨렸다."는 비난을 어떻게 면할 수 있는지 살피는 것은 쉬운 일이 아니다(292). 왜냐하면 무가 창조되었다고 말하든 거부되었다고 말하든 상관없이 무를 있게 한 것은 여전히 하느님의 활동이기 때문이다.[12] 이런 이유 때문에 바르트의 입장이 하느님의 "거룩함" 혹은 도덕적 완전을 다루는 전제들 중 하나를 거부할 수 있는지 물음이 생긴다. 그러나 실상은 그렇지 않아 보인다. 하느님의 도덕적 완전(전제 4, 완전한 실재는 도덕적으로 완전한 존재이다.)은 신성이 필연적으로 자신이 원치 않는 가능태들을 거부한다는 개념에 의해 거부되지 않는다. 왜냐하면 하느님의 도덕적 완전은 언제나 참이어야(tautologous) 하기 때문이다. 그리고 전제 5는 도덕적으로 완전한 존재는 순수 악이 존재하지 않는 현실세계를 원한다고 한다. 이 전제는 앞서 설명한 대로 바르트의 입장으로 거부되지 않는다. 왜냐하면 이 말의 의미가 하느님이 제 3의 요인인 무가 없이 현실세계를 창조하기를 원치 않는 것이 아니라, 현실세계의 창조에는 무가 필연이기 때문이다. 그러므로 하느님의 거룩함과 전능을 무의 실재와 화해시킬 수 있는 일관된 입장을 갖고 있지 않은 바르트의 제안을 우리가 단순히 받아들이고 싶지 않음을 고려한다면, 바르트는 전제 3(전능한 존재는 일방적으로 순수 악이 존재하지 않는 현실세계를 만들 수 있다.)을 부인한다고 보는 것이 가장 적절한 이해인 것처럼 보인다.

그러나 여전히 바르트의 입장에서 다루어야 할 문제가 있다. 다행히도 여기 마

12) 힉은 무가 하느님의 비-의지에서 일어난다는 이러한 해석을 거부한다. 왜냐하면 이 해석은 "말뿐인 겉으로 드러나는 해법"만을 제시하기 때문이다. 힉은 무의 등장이 하느님의 의도에 의해서인지 아니면 필연에서인지 우리가 물을 수 있다고 생각한다(Hick, *Evil and the God of Love,* 148). 힉은 여기서 무가 하나의 필연인 것은 하느님의 힘의 본성 때문이라고 한 바르트의 주장을 간과하고 있는 것이다. 그러므로 나는 "창조하기"와 "거부하기"의 차이가 말뿐이긴 하지만, 무의 기원에 대한 바르트의 대답은, 이상하게 들릴지 모르지만, 말뿐만은 아니라고 생각한다.

지막 입장은 그 설명이 분명하다. 그래서 이 입장을 설명하는 데 앞서 하느님의 비-의지를 논의할 때 일어났던 의문 같은 것들은 일어나지 않을 것이다. 이제 다루려는 입장은 하느님의 비-의지에 대한 해석과 긴장관계가 아니라 보완관계를 이룬다. 그러므로 바르트가 받아들인 것처럼 보이는 전제 7(세상에는 순수 악이 존재한다.)과는 긴장관계가 될 수도 있다. 따라서 바르트 신정론의 마지막 입장은 논리적 모순이라는 또 다른 질문을 일으킨다.

바르트 신정론의 마지막 입장에 대한 논의는 바르트가 창조의 그림자(기껏해야 드러난 악)와 무(실재 악)를 절대적으로 구별하는 이유들을 고찰하면서 시작할 수 있다. 창세기 1장에 대해 주석하다 보면 이 구별을 하게 되는 형식적인 이유가 주어진다. 그러나 대부분의 성서학자들과 신학자들은 창세기 1장에서 자신의 악에 대한 이해를 찾았다고 한 바르트의 주장은 "오히려 자신의 생각을 성서 본문에 부과한 것이었다."[13]고 본 존 힉의 의견에 동의할 것이다.

바르트가 드러난 악과 실재 악, 창조의 그림자와 무를 구분한 실질적인 이유는 이 구분이 되지 않으면, "참 무의 진지함을 대면할 수 없기 때문이다"(299f.). 구별이 없다면, 우리는 무를 선한 창조의 본질적인 부분으로 합리화하려 하고, 그렇게 되면 결국 무는 해도 없고 심지어 선한 것으로 합리화하려 할 것이기 때문이다(300). 바르트는 이러한 합리화 대신 우리는 무를 두려워하고 싫어해야 한다고 주장한다. 그런데 우리가 무를 하느님의 뜻과 행위로 본다면 무를 두려워하고 싫어할 수 없다(301). 우리는 무를 신성에 반대되는 것으로 하느님도 이 무를 심각하게 생각했던 점을 주시해야 한다. 왜냐하면, 무가 하느님을 위해 어떤 실재도 가지지 않는다고 확신한다면, 그 무가 우리를 위해 어떤 실재를 가질 수 없기 때문이다(329, 349). 바르트는, 기독교의 입장에서 볼 때, 무를 겉모양만으로 받아들일 수는 없다고 주장하였다(353).

드러난 악과 실재 악을 구분함으로써 순수 악의 실재를 긍정하는 두 번째 실질적인 이유는 첫 번째 이유와 밀접하게 관련되어 있다. 만일 순수 악이 없다면, 성서

13) Hick, *Evil and the God of Love*, 149.

의 증언에 나타나는 예수 그리스도의 화해의 중심적인 활동이 무의미하게 될 것이다. 왜냐하면 순수 악이 없다면 화해할 것이 없을 것이기 때문이다(318). 수육의 중요성은 긍정적인 면에서 뿐 아니라 부정적인 면에서도 하느님의 창조를 드러내는 유일한 기능으로 축소될 것이다. 그렇지만 성서의 증언은 하느님이 실제의 적을 정복할 목적으로 피조물이 되었음을 분명히 한다(303 f.).

그러나 바르트가 예수 그리스도를 통해 화해의 교리를 전개하는 방식은 무를 진지하게 생각해야 한다는 앞의 주장과 맥을 같이한다고 보기 어렵다. 바르트는 무가 하느님에게는 실제로 아무 문제가 아니며 무를 쉽게 정복할 수 있다고 주장할 뿐 아니라(77, 359), 하느님은 이미 예수 그리스도 안에서 무를 정복했다고 주장한다. 유대교에 반대하여 바르트는 하느님이 의를 행하실 것이라는 확신의 유일한 기초는 하느님이 이미 그것을 행하였음을 인식하는 것이라고 주장한다(28). 바르트는 하느님이 이미 무를 없애 버려서 하느님에게 무는 그냥 무일 뿐 아니라 아무것도 아닌 것이 되어, 하느님을 반대하고 대적하고 관계하기에는 아무것도 아닌 것이 어느 정도 진리로 보이는 경우가 있다고 주장한다. "그러나 우리는 이러한 생각을 논리적인 목표로 삼아서는 안 된다."고 바르트는 주장한다(365). 그러나 논리적 사유의 과정을 거쳐 자신들의 결론을 도출하고자 하는 사람들에게 바르트가 말하는 어느 정도의 진리는 진지하게 무를 생각하려는 모든 기반을 흔드는 것으로 보일 수도 있다.

더군다나 바르트는 무는 더 이상 실제로 존재하지 않는다는 명시적 단언으로 무에 대한 자신의 논의를 결론한다. 앞서 살펴본 대로, 바르트는 하느님의 고유한 사역(opus proprium)과는 다르게 하느님의 낯선 사역(opus alienum)은 단지 일시적인 활동이라고 말한다. 하느님의 낯선 사역은 예수 그리스도 안에서 그 목적이 사라지면서 끝을 맺게 된다.

> 하느님이 왼손으로 하는 전체 활동인 하느님의 낯선 사역은, 예수 그리스도의 죽음 안에서 끔찍스런 완성을 이루게 되었을 때, 유일회적으로 완성되고 성취되어 그 목표를 빼앗겨 버렸다. (362)

따라서 하느님이 부정하는 것은 더 이상 존재하지 않는다.

> 무는 갖고 있었던 일시적이며 시간적인 덧없는 존재마저도 빼앗겨 버렸다. 하느님의 왼손에 들려진 거짓의 진리, 무능의 힘, 무의미의 의미, 불가능의 가능마저 하느님의 오른손의 승리 때문에 하느님의 왼손에서 퇴출되고 말았다. 무를 존재하게 했던 허용마저도 취소되었다. (362 f.)

창조자와 피조물의 관계는 예수 그리스도 안에서 절대적으로 무로부터 자유하게 되었다. 따라서 "예수 그리스도 안에 있는 관계에는 더 이상 제 3의 요인이 참여하지 못 한다"(363).

그러나 이 모든 것이 참이라면, 어떻게 우리가 계속해서 무를 두려워 할 수 있을까? 바르트 자신은 심지어 "예수 그리스도의 빛에서 … 두려워할 것이 없다."고 주장한다(363). 바르트는 지금의 이 주장과 그가 이전에 주장했던 것 사이에 존재하는 긴장을 다음과 같이 말하면서 해소하려고 한다.

> 묘하게도 두려움은 하느님이 무에서 영원성을 부인하고 빼앗아 버릴 때에만 두렵게 된다. 그러므로 우리는 두려움을 두려워할 필요가 없다. (366)

그러나 바르트가 특별히 무가 하느님 앞에서 실재를 갖지 못함을 확신한다면, 그 무를 우리가 진지하게 받아들일 수 없다고 말했던 사실에 견주어 볼 때, 앞서 말한 바르트의 주장은 크게 설득력이 없다.

무는 예수 그리스도 안에서 완성된 위대한 구원의 행위 속에서 무너졌기 때문에, 더 이상 존재하지 않으며 다만 우리의 눈이 멀어서 그렇게 보일 뿐이다(363). 우리의 눈 멈은 궁극적인 계시가 임하여 무가 무너지기까지 계속될 것이다. 그때까지 무는 위험한 허상일 뿐이다(367). 그런데 왜 무가 이러한 타당성의 모양조차 갖게 되는 것일까?

> 무는 그 타당성의 모양마저도 하느님의 명령 하에서만 가질 수 있다. 이제 무의

> 존재와 무의 활동은 하느님의 손 안에서만 가능하다. … 하느님은 여전히 우리에게 하느님의 나라가 보이는 것을 허락지 않는다. 하느님은 여전히 우리가 무의 희생이 되도록 허용한다.(367)

그러나 하느님은 왜 이러한 것들을 허용하는가? 그 이유에 대해서 바르트는 다음과 같이 설명한다.

> 하느님은 그가 아직 우리를 위해 무를 정복하지 않은 것"처럼" 우리가 존재해야 하는 것을 좋게 생각한다. 여기서 "처럼"이라고 표현하는 것이 정당한 표현일 것이다. (368)

겉으로 존재하는 무는 이제 하느님의 도구로 기능한다. 하느님은 우리의 적이 이전에 무엇이었는지 상기시키기 위해 무를 사용한다. 그래서 우리는 "무를 보는 순간 홀로 무를 정복한 분에게로 피할 수 있다"(368).

따라서 바르트의 교리는 이제 세계 안에는 순수 악이 존재하지 않는다고 가르친다. 모든 드러난 악은 창조의 그림자에 속하며, 이 세계가 모든 가능한 세계 중에 최상의 것이 되기 위해 드러난 악이 필연적이 되기 때문에 도구적으로 선한 것이든지, 아니면 드러난 악이란 무의 모양일 뿐이며 하느님께만 의지함으로 존재하는 합리적 피조물들을 위해 최고의 선을 장려함으로써 하느님의 목적을 이루도록 하기 때문에 도구적으로 선한 것이다.

그러므로 바르트의 입장은 전제 3(전능한 존재는 일방적으로 순수 악이 존재하지 않는 현실세계를 만들 수 있다.)과 전제 7(세상에는 순수 악이 존재한다.)의 거부를 재미있게 배합했다고 보면 좋을 듯싶다. 여기서 바르트는 전제 7, 곧 순수 악의 실재를 거부하는 점에서 다른 전통적인 유신론자들과 생각을 같이한다. 예수 그리스도 안에서 무가 무너진 이래, 세계 안에 존재하는 모든 자명한 악은 그저 드러난 악일뿐이다. 그러나 악이 무너지기 전, 드러난 악 중의 얼마는 순수 악이었다. 이것이 분명한 것은 하느님이 무가 없이는 적어도 합리적 피조물이 있는 현실세계를 창조할 수 없었기 때문이다. 무는 창조자와 피조물의 관계를 무너뜨리는 제 3의 요인으로서 일시적으로 존재하였고, 하느님이 거부했던 어떤 것이다. 그러므로 무의 힘을 무너뜨리기 전의 세계에 대해서 바르트는 다른 전통적인 유신론자들과는 다르게 전제 3(전능한 존재는 일방적으로 순수 악이 존재하지 않는 현실세계를 만들 수 있다.)을 거부하고 있는 것이다.

그러나 바르트의 입장에 최종적인 하나의 질문이 남아있다. 곧 무가 한때 존재했던 것이 지금에 와서 좋은 것인가라는 질문이다. 그 대답을 예라고 한다면, 무는 결코 순수 악이 아니었음을 의미할 것이다. 왜냐하면 무가 한때 존재하였지만 그 후 극복되었기 때문에 무가 없었던 것보다 오히려 무가 있어서 세계가 궁극적으로는 더 좋은 것이 되었다면, 무는 궁극적인 분석에 따르면 순수 악이었던 것으로 평가될 수 없다.

바르트의 입장이 가지는 이 문제에 대해 몇몇 제안이 있다. 먼저, 비록 바르트의 전체 입장이 수육 이전과 이후라는 시간적인 구분을 둘러싸고 이루어지고, 신학은 하나의 체계이기보다 역사에 대한 보고여야 한다고 주장하지만, 기억할 일은 바르트가 전통적인 신론을 받아들이고 있다는 사실이다. 이 점이 바르트로 하여금 시간중심적인 시각을 계속 견지하는 것을 불가능하게 하였다. 창세기 1장을 주석하면서 바르트는 세계의 창조 안에 혼돈이 이미 하느님의 목적을 위해 봉사하는 것으로 보았다(III/1, 135). 또한 예수 그리스도 안에 이루어진 해답은 영원한 해답이었다. 바르트는 영원부터 예수 그리스도께서 혼돈에 대항하여 우리의 원인이 되었다고 주장한다(III/1, 381). 다음으로, 왜 그리스도인들은 이 세계를 모든 가능한 세계 중에 최상의 것으로 여겨야 하는지 그 이유를 제시하면서, 바르트는 바로 이 세계가 "세계의 불완전과 하느님이 싸워 이기신" 경기장이라는 사실을 하나의 이유로 포함시킨다(III/1, 385). 창조의 그림자와는 반대로 혼돈이나 무는 하느님이 싸우고 극복하는 것이기에, 여기 언급된 "불완전"은 무임이 분명하다. 그리고 여기 "불완전"은 이 세계를 모든 가능한 세계 중에 최상의 것을 만드는 것의 일부이기 때문에, 순수 악이라 할 수 없다.

따라서 무의 교리로 인해 자신의 입장을 분명 새롭게 하였음에도 불구하고, 바르트의 입장은 본질적으로 세계 안에 순수 악은 존재하지 않는다고 분명하게 주장했던 전통적인 유신론자들의 입장과 다르지 않았다.

이러한 해석은 이전의 해석을 완전히 폐기해 버린다고 생각할 수 있다. 이전의 해석에서는 하느님은 하느님이 부정하였던 가능태들에 의해 위협을 받은 피조물들 없이는 가능태들을 현실화시킬 수 없었다. 그러므로 여기 맨 마지막 해석을 받아들인다면, 우리는 제 3의 요인인 무의 현존 없이 현실세계가 창조될 수 있었음에도 불구하고, 하느님이 자유로이 무로 하여금 잠시 동안 그의 창조를 위협하도록 허락하였다는 의미로 바르트를 읽어야 할 것이다. 그러나 또 다른 결론도 가능하다. 하느님의 본성이 필연적이기 때문에, 하느님의 창조 활동은 부정적이라 할지라도, 하느님이 창조할 수 있는 현실세계와 관련하여 거부된 것에 실제적인 현실태를 부여할 것이라 가정할 수 있다. 그러므로 궁극적으로는 무가 순수 악임을 부정하는 것으로 바르트를 읽어야 한다면, 이는 하느님이 무로 하여금 제 3의 요인으로 존재하도록 허락하지 않은 것으로 읽어야 한다. 왜냐하면 무가 결코 존재하지 않는 세계는 잠시 무가 존재했다가 극복된 그런 세계보다 더 좋은 세계가 아니기 때문이다. 오히려 잠시 무의 힘에 위협을 당한 세계는 모든 가능한 세계 중에 최상의 세계가 될 수 있다. 왜냐하면, 그렇게 위협을 당하지 않는 세계는 가능한 세계가 아닐 것이기 때문이다. 따라서 우리는 이해할 수 없는 하느님의 뜻 안에 감추어진 이유 때문에 하느님이 잠시 동안의 불완전을 허락하였다고 주장하지 않고도, 잠시 무에 의해 위협을 당한 세계가 모든 가능한 세계 중에 최상의 세계라고 주장할 수 있다. 오히려 우리는 이러한 잠시 동안의 불완전이 하느님의 힘의 본성 때문에 필연적이라고 주장할 수 있다. 하느님의 힘은 부정하는 것에 부정의 현실태를 주지 않고는 부정할 수 없는 본성을 갖는다.

이 점에서 바르트의 입장은 이전의 전통적인 유신론자들의 입장과 다르다. 세계 안에 드러난 악은 이해할 수 없는 감추어진 하느님의 뜻 때문이 아니라, 하느님의 본성 안에 내재되어 있는 필연 때문이다. 그러므로 바르트는 "하느님의 왼손 통치"(divine rule on the left hand)가 "창조자가 그의 피조물 위에 그리고 그의 피조물과 더불어 존재하는 참된 방식"으로 여겨져야 한다는 개념을 분명하게 거부한다(35). 바르트에게서 하느님의 오른손 통치 곧 하느님의 고유한 사역이 왼손 사역보다 탁월하다는 것은 의심의 여지가 없다. 따라서 캘빈과 같은 이전 유신론자들의 경우와는 다르게 바르트의 하느님은 우리의 기준에서 도덕적으로 선하다고 여겨져야 한다. (이 점은 특별히 바르트 신학 안에 나타난 보편적 구원의 강조 속에 잘 나타난다.)

그러나 바르트가 전제 4(완전한 실재는 도덕적으로 완전한 존재이다.)나 전제 5(도덕적으로 완전한 존재는 순수 악이 존재하지 않는 현실세계를 원할 것이다.)를 암묵적으로 거부했다고 생각할 만한 근거가 없지만, 바르트의 입장을 어떻게 정확히 이해할 것인지 결정하기가 어렵다는 것을 살펴보았다. 바르트 사유가 갖는 하나의 흐름은 전제 3(전능한 존재는 일방적으로 순수 악이 존재하지 않는 현실세계를 만들 수 있다.)의 거부를 담고 있다. 때문에 많은 사람들은 전제 2(완전한 실재는 전능한 존재이다.)의 거부에 대해서도 생각한다. 왜냐하면 "전능"의 내재적 개념은 일종의 무능을 암시하기 때문이다. 다른 사유의 흐름은 전제 7(세상에는 순수 악이 존재한다.)의 거부를 연상시킨다. 그러나 또 다른 사유의 흐름은 전제 6(세상에 순수 악이 존재한다면, 하느님은 존재하지 않는다.)을 거부함으로써 논리적 일관성의 필요를 거부한다. (물론 여기에 소개되는 거부들은 진정 바르트의 입장이 무엇인지 어렵게 하는 사실과 통한다.)

내 관점에서 보면, 바르트의 독특한 무의 교리와 이에 관계된 역설과 모순의 기본적인 이유는 비록 바르트가 문제가 되고 있는 전제 3을 감히 부정하고는 있지만, 그 거부가 피조물의 본성에 기초한 것이 아니고 전능한 비-의지의 본성에 기초한 것이기 때문이다. 바르트는 현실적인 것이 되는 피조물은 필연적으로 본래적인(inherent) 힘을 가질 수 있다는 생각을 절대 거부하는 전통을 따랐다. 여기서 "본래적인"이라는 말은 자생적(self-derived)이라는 의미가 아니다. 이 말의 의미는 만일 어떤 특정 피조물이 현실적이라면, 그 피조물은 필연적으로 그 나름의 존재상태를 결정할 힘을 갖는다는 의미이다. 심지어 하느님과의 관계에서조차 자기 존재를 결정할 힘을 갖는다. 따라서 원칙상 현실태를 갖는 피조물은 자기 외에 어떤 존재나 다른 존재들, 심지어 하느님에 의해 절대적으로 결정될 수는 없다. 전통적인 유신론자들은 이러한 생각을 언제나 거부하여 왔다. 왜냐하면 이는 하느님의 부고성(impassibility, 고난 받을 수 없음)과 전능인(omnicausality) 교리와 모순이 되기 때문이다. 이러한 전통적인 하느님 교리는 펠라기우스주의와 관계된 자기-의

(self-righteousnes)의 위험이 어떤 희생을 감수하고서라도 극복되어야 한다는 믿음과 언제나 상호보완의 관계에 있었다. 이러한 경향은 아우구스티누스에게서 잘 나타난다. 아우구스티누스가 좋아하는 성서 구절은 "너희가 받지 않은 것이 무엇이뇨?"였다. 이러한 전통이 바르트에게도 또한 나타난다. 바르트는 악의 책임을 피조물에게만 돌리는 펠라기우스주의자들은 "하느님의 전능과 전인성을 명백하게 혹은 암암리에 거부한" 책임이 있다고 하였다(292). 상호 보충하는 관계 때문에 위에 제시된 것들에 기초하여 전제 3(전능한 존재는 일방적으로 순수 악이 존재하지 않는 현실세계를 만들 수 있다.)을 거부함으로써 악의 문제를 해결하려는 시도는 전통적인 신론과 함께 인간의 기본적인 문제에 대한 전통적인 개념도 비판하게 될 것이다.

이제 "펠라기우스적"이라고 이름을 붙일 수 있는 모든 사상이, 장단점을 고려하지 않고, 자동적으로 폐기되어야 하는가라는 물음을 던져야 할 때가 아닌가? 그리고 자기-의라는 의미에서 교만은 모든 가능한 죄들 가운데 가장 나쁜 죄로 받아들여야 하는가? 라인홀드 니버가 해석하는 대로, 교만을 개인이든 단체든 스스로를 더 높은 가치의 존재로 받아들여, 마치 그들 자신이 우주의 중심이고 나머지 것들은 자신의 목적을 위해 수단으로만 여겨질 수 있는 것처럼 느끼고 생각하고 행동하는 성향으로 이해하여서는 안 되는가? 이런 의미에서 인간의 기본적인 문제가 교만으로 이해되고 교만의 반대는 자신의 중요성을 바르게 평가한 것에 기초하여 창조의 나머지 동료들과 조화를 이루며 사는 삶이라고 한다면, 하느님의 자유에 반대하는 인간 자유의 부정은 죄에서 구원으로 옮긴 것과 관계되지 않을 것이다. 그러므로 아우구스티누스로부터 바르트에 이르기까지 우리가 살핀 유신론자들의 악에 대한 이해와 관련해 창조자와 피조물의 관계가 어려운 미궁 속에 빠진 것처럼 표현할 필요는 없을 것이다.

제13장 존 힉 : 끝이 좋아야 좋은 것

존 힉(John Hick)은, 『악과 사랑의 하느님』(*Evil and the God of Love*)[1]이라는 책에서 하느님의 선이 갖는 "혼성적 자유의지론"(hybrid free-will defense)이라 불리는 형식을 전개하였다. 여기 "혼성적 자유의지론"이란 전통적인 전능 교리가 유지된다는 점에서 전통적인 자유의지론과 유사하다. 하느님은 여전히 현실적이건 가능적이건 만물을 통제하는 자이다. 하느님이 일방적으로 그 사건들을 결정할 수 있는 현실세계가 있을 수 있다. 그러나 혼성적 자유의지론에서는 하느님이 자발적으로 만물을 실제 통제하는 것을 포기하였다고 주장한다. 신성은 신성 자체에 반대함으로써 순수 자유를 가진 창조하는 존재들에 의해 스스로를 제약하였다. 이번 장에서 우리가 다루게 되는 질문은 힉의 이러한 자기 제약적인 하느님이 곧 만물을 일방적으로 결정할 수 있는 하느님인가에 대한 물음이다.

이레나이우스형 신정론(The Irenaean Theodicy)

힉의 책은 아우구스티누스형 신정론과 이레나이우스형 신정론을 비교하는 것으로 구성되어 있다. 힉은 이 둘의 비교를 통해 어떤 점이 일치하고 어떤 점이 일치하지 않는지 살피면서, 일치하지 않는 경우에는 이레나이우스의 입장에 서서 변호한다. 그러나 다시 연구를 해보면 아우구스티누스와 이레나이우스의 차이가 사라지는 경우가 있다. 나는 일치하는 점들을 주로 논의해 보고 일치하지 않는 점들에 대해서는 힉의 입장을 정리하는 방식으로 논의하겠다. 처음 세 입장은 전능 교리

1) John Hick, 『악과 사랑의 하느님』 *Evil and the God of Love*(Harper & Row, Publishers, Inc., 1966). 존 힉에 대한 인용은 모두 이 책에서 하였다.

와 관계된다.

1. 힉은 아우구스티누스형 신정론이 하느님을 악의 책임에서 면제시키려 하였다고 비판한다. 이것은 잘못된 방향으로 나아간 경우이다. 왜냐하면 기독교 유일신론에 기초해 보면 궁극적으로 하느님 외에 다른 존재나 원리에 악의 출처를 둘 수 없기 때문이다(235, 258, 262). 힉은 전통적인 예정론이 궁극적으로는 모든 드러난 악에 대한 하느님의 전적인 책임을 인정한다고 본다. 따라서 아우구스티누스와 이레나이우스의 차이는 이레나이우스(힉 자신)가 악에 대한 하느님의 책임에 대해 보다 열려진 태도로 표현한다는 점이다.

2. 힉은 때로 악이 무라는 개념에 대해 비판적인 것처럼 보인다(185 f., 200, 262). 그러나 논제는 실상 그 주장이 어디에 기초해 있느냐이다. 악이 무라는 개념은 아우구스티누스의 전통에서와 같이 경험적 진술이어서는 안 되고, 신학적 신론과 창조론에 기초한 형이상학적 진술이어야만 한다(60-64, 185-188). 악에 대한 개인의 정의도 그 나름으로 받아들여져야 한다.

 [악에 대한 형이상학적 정의란] 전능하며 선한 하느님이 창조한 우주 안에 악이 존재론적으로 자리함을 유일하게 설명하는 방법일 수 있다. 이러한 관점에서 보면, 악은 궁극적인 실재의 구성요인일 수 없다. 왜냐하면, 유일한 궁극적 실재는 무한히 선한 창조자이기 때문이다. (186)

3. 힉은 아우구스티누스와 이레나이우스 둘 다 하느님의 전능을 표현하는 데 논리적인 제약들이 있다는 점과, 이 논리적 제약들이 하느님의 힘에 실제적인 제약을 주지 못한다는 생각을 갖고 있다고 본다. "왜냐하면 자기-모순을 행할 수 없다는 것은 작인의 무능을 반영하는 것이 아니라 주어진 과제에 논리적인 모순을 반영하고 있는 것이기 때문이다"(265, 참조. 301).

처음 세 입장은 힉이 아우구스티누스와 다른 전통적인 유신론자를 따르고 있음을 보여준다. 앞서 살핀 바대로 이들은 하느님이 일방적으로 자기 모순적이지 않는 사건의 상태를 만들 수 있다고 본다. 다음 이어지는 세 입장은 선한 존재가 선하게 창조할 수밖에 없는 그런 세계를 다룬다.

4. 힉은 세계가 완전해야 한다는 데 동의한다. 그러나 그는 완전의 본성을 다소 "비인격적"인 것으로 생각하는 아우구스티누스의 완전 개념에 문제를 제기한다(160, 199, 204). 여기 완전의 개념은 존재를 본래적으로 선한 것으로, 그리고 모든 존재의 종이 나름의 독특함으로 전체에 공헌하기 때문에 다양성 자체를 선한 것으로 보는 것에 기초한다(173, 176-178). 따라서 이러한 완전의 개념은 근본적으로 심미적이다(204). 인간은 존재의 질서 가운데 있어야 할 자리를 채우기 위해 창조되었다(200). 다른 존재들은 인간을 위한 도구적인 가치와 상관없이 선하다(173, 266). 힉이 제시한 이레나이우스형 신정론 역시 이 세계를 모든 가능한 세계 중 최상의 세계로 본다. 그러나 존재의 선은 본래적으로 선이라는 면에서 철학적으로 이해되지 않고, 하느님의 존재에 대한 가치평가란 면에서 신학적으로 이해된다(176-178). 그러므로 세계는 하느님의 목적을 적절하게 이루었다는 면에서 최고의 가능한 세계로 보여야 한다(173, 202). 하느님의 본성과 목적에 대한 기독교 인식의 기초가 되는 수육을 통해, 우리는 하느님의 목적이 하느님과 자유로이 인격적인 관계를 이루며 삶의 도덕적 품성을 발전시키게 될 존재를 창조하는 것임을 배운다(201 f., 289-295). 따라서 인간보다는 낮은 존재의 질서에 속하는 세계는 하느님의 창조 목적을 위한 선이라는 면에서 평가되어야 한다(202). 다시 말하면, 여기에 적용되는 범주는 윤리적인 것이지 심미적인 것이 아니다(204).

힉은 아우구스티누스와 이레나이우스의 차이를 다소 누그러뜨린다. 힉에 따르면 이레나이우스의 입장은 하느님의 세계에 대한 긍정적인 가치평가를 부정하지 않는다. 그리고 인간을 둘러싼 자연 환경이 단순히 인간의 삶을 위한 환경으로서 보다 하느님을 위해 더 깊은 의미를 가질 수 있다고 본다. 힉은 이레나이우스와 개신교 사상이 신인동형론에 빠질 위험이 있음을 인정한다. 이들은 아우구스티누스와 가톨릭 사상에서 배우고자 하면 좋은 것이다(203, 266, 295 f., 353). 그러나 힉은 세계의 선이 그 본래적 선에 대한 철학적 개념에 기초되어서는 안 되고, 하느님이 세계를 창조하였고, 원하며, 가치를 부여한다는 사실에 기초되어야 한다고 주장한다. 그러므로 힉은 하느님이 자신의 목적을 이루기 위해 개체 존재들을 향해 부여한 가치 중에 인간과 관계된 가치를 넘어서는 것에 대해서는 우리가 아무 것도 알지 못한다고 주장한다(266, 353). 그러므로 기독교 신정론은 오직 인간에게 어울리는 환경으로써 인간을 둘러싼 창조세계를 창조한 것처럼 다루어야 한다.

5. 힉은 완전에 대해 심미적 관점과 윤리적 관점을 대조시키는 것은 물론, 종말론적 관점과도 대조를 시킨다. 아우구스티누스 전통에 따르면, 완전이란 가치들로 구성된 균형 있는 조화 안에 존재하며, 세상에 속한다고 가르친다. 반면, 이레나이우스 신정론은 세계의 완전을 무한히 선한 종말을 향해 나아가는 과정으로 본다. 무한히 선한 종말은 도상에서 일어난 모든 일을 정당화시킬 것이다(264). 아우구스티누스가 "당신에게 악과 같은 것은 존재하지 않는다."라고 주장한다면, 이레나이우스는 노르위치의 줄리안(Mother Julian of Norwich)의 종말론적인 통찰을 반복해서 주장한다. "죄는 꼭 있어야 하지만 모든 존재는 잘 될 것이다. 그리고 모든 존재의 방식도 잘 될 것이다"(264).[2)]

6. 이와 같이 이레나이우스는 종말론적인 완전 개념을, 아우구스티누스는 비종말론적인 완전 개념을 주장한다. 그런데 이 둘은 "축복받은 타락"(O felix culpa)이라는 주제에 대해서는 의견을 같이한다. "축복받은 타락"이라는 개념은 인간의 타락을 도구적인 선이라고 보는 선언이다. "오! 축복받은 타락이여, 그토록 위대한 구원자의 공덕을 얻었도다." 힉은 아우구스티누스나 아퀴나스의 신정론이 전체적으로 "축복받은 타락"의 통찰에서 영향을 받지 않았지만, 이레나이우스형 신정론자들은 이 통찰로부터 많은 영향을 받았다고 보았다(265). 그러나 이 주장은 내가 보기에는 기껏해야 명료성의 문제인 것 같다. 앞서 살펴본 대로, 이 땅의 삶에서 경험하는 악은 궁극적으로 저들의 미래 삶에 대한 언급으로 정당화되었다. 어떤 경우든 힉은 "인간 이야기의 궁극적인 최종결과가 그 이야기 안에 있는 악을 정당화할 두 종류의 신정론이 있음을 인식한다"(265).

7. 세계의 악을 정당화하는 종말론적인 세계에 대한 이해가 아우구스티누스와 이

---

2) 『노르위치의 줄리안이 보내는 하느님 사랑의 계시들』 *The Revelations of Divine Love of Julian of Norwich*) tr. James Walsh(London: Burns & Oates, 1961), ch. 27, 92.

레나이우스 사이에 또 다른 중요한 차이를 보여준다. 아우구스티누스의 관점은 영원한 하늘나라뿐 아니라 영원한 지옥을 믿는다. 그러므로 어떤 사람들은 결코 구원을 받을 수 없을 것이라고 생각한다. 한편 이레나이우스의 관점은 궁극적으로 모든 사람들이 구원받을 것이라고 믿는다. 아우구스티누스에 따르면 모든 하느님의 자녀들이 사랑을 받은 것이 아니다. 따라서 배타적인 소집단의 하느님 개념에 빠지게 된다(131). 그 결과 하느님을 인격적이고 무조건적인 사랑의 용어로 생각하지 못하게 한다(132). 영원한 형벌의 교리는 악의 문제와 관련해 가장 큰 주제가 된다. 실제로 형벌의 교리는 하느님의 선을 주장하지 못하게 한다(377, 263). 그러나 힉이 아우구스티누스와 이레나이우스의 차이를 구분하였지만 그의 구분이 정당하다고 보기는 어렵다. 힉이 서술한 것처럼 아우구스티누스의 입장이 영원한 형벌의 교리를 꼭 필요로 하는 것은 아니다. 그렇다고 이레나이우스 입장이 영원한 형벌의 교리를 배제하지도 않는다. 사실은 “슐라이어마허 이후”에 이레나이우스 계통의 사상가들이 영원한 형벌의 교리를 거부하는 경향을 보여 왔다(263). 거기다가 힉은 바르트를 아우구스티누스 계열의 사상가로 분류한다. 그리고 많은 사람들은 바르트의 입장이 보편적인 구원을 담고 있는 것으로 생각하였다. 여하튼 힉은 인간을 향한 하느님의 목표가 이 세계의 삶에서 자주 실패하였기 때문에 사후 교리를 본질적으로 생각하였다(252-255, 372). 그리고 하느님의 사랑과 주권의 교리에 따라 결국은 모든 사람들이 구원을 받을 것이라고 생각하였다.

8. 마지막으로 힉은 아우구스티누스 신정론과 이레나이우스 신정론의 주요한 차이를 실제로 제시한다. 아우구스티누스는 인간의 창조가 완전하게 이루어졌고 이후에 타락한 것이다. 따라서 (비록 타락이 하느님이 예정하신 “축복받은 타락”으로 받아들여지긴 해도) 아우구스티누스는 타락과 타락에 대한 우리의 책임을 강조한다. 이레나이우스는 우리가 완전으로부터 타락했기 때문이 아니라, 아직 완전에 이르지 못했기 때문에 인간을 불완전한 존재로 본다(319). 인간은 그 궁극적인 완전을 향해 바라보는 불완전한 존재로 지음 받았다. 우리는 “하느님의 형상”대로 자유롭고, 지성적이며, 책임적인 존재로 지음 받았다. 또한 우리는 “하느님의 모양”을 이루려는 궁극적인 목적을 갖고서 “창조자 하느님의 삶을 유한하게 반영하는 인격적 실존”이 될 것이다(217 f.). 이 과정을 통해

서 우리는 동료 인간을 향해서는 도덕적 태도를, 하느님을 향해서는 사랑과 신뢰와 순종이라는 신앙의 태도를 발전시켜 나갈 것이다. 발전이라는 필연적 과정의 빛에서 힉은 자신의 신정론을 구성한다.

분석

힉의 신정론의 요점을 요약했으니 이제 앞 장에서 사용했던 범주에 따라 힉의 신정론을 분석해보려 한다. 먼저 힉은 하느님이 완전하다고 하는 전제 1을 부정하지 않는 것이 분명하다(35). 그리고 하느님의 전능을 표현하고 있는 전제 2도 부정하지 않는다. 힉은 기독교 유일신론은 플라톤과 밀(J. S. Mill)의 "외연적" 이원론과 같은 모든 궁극적 유형의 이원론을 마니교적인 것으로 배제한다고 본다. 이 이원론에 따르면 하느님이 창조하지 않은 어떤 현실태가 있어서 하느님의 주권을 제한한다. 그러나 절대적 유일신론은 계시 신학에 기초한 것으로 "타협이 불가능한 것"이다(32-35). 힉은 또한 세계 안에 악이 논리적이거나 형이상학적인 필연성 때문에 필연적이라고 말하는 모든 주장에 대해서도 마니교의 유형이라고 거부한다(157, 170, 172, 197). 하느님은 보이는 것들과 보이지 않는 것들의 유일한 창조자이다(35).

힉은 또한 적어도 자연 악과 도덕 악에 관계되는 전제 3을 긍정한다. 그는 "그 안에 악으로부터 자유로운 세계가 있음을 허용하지 않는 라이프니츠의 영원한 가능태들의 교리는 하느님의 주권을 제약하는 아류 기독교 사상"이라고 주장한다(171 f.). 힉은 하느님이 악을 막을 수 없다고 말하는 사상은 하느님의 힘이 유한함을 의미한다고 지적한다(31 f.). 고통에 대해서 힉은 "전능한 하느님은 … 직접 고통의 계기를 막고자 자연의 과정에 간섭한다."고 주장한다(360). 그리고 "전능은 자연의 과정에 특별한 조정을 통해 아픔을 일으키는 상황이 조직적으로 예방되었을, 지금과는 다른 그런 세계를 대신 창조할 수 있었을 것"이라고 주장한다(341). 죄에 관해서는 잘못된 것을 선택할 자유를 가진 사람에게 돌리는 대신에, "하느님이 선택의 자유도 없고 그래서 잘못된 선택을 할 가능성이 없는 다른 종류의 존재를 창조할 수 있었을 것"이라고 말한다(302). 따라서 힉은 하느님이, 여러 면에서 우리가 살고 있는 세계와 같은 많은 가치를 지니고 있지만(370), 죄와 고통이 없는 현실적인 세계를 창조할 수 있었을 것이라고 주장한다. 이러한 상황에서 그렇다면 왜 하느님이 그런 세상을 창조하지 않았는가라는 질문이 일어난다.

이에 대한 대답은 전제 4(완전한 실재는 도덕적으로 완전한 존재이다.)를 부정해서 되는 것이 아니다. 힉은 자신의 보편적 구원이 "하느님이 무한하고 돌이킬 수 없는 사랑으로 그의 모든 자녀를 사랑한다는 신약성서 유일신론의 최고 통찰과 신앙"에 기초한다고 주장한다(131). 그리고 힉은 이 세계가 모든 가능한 세계 중 최상의 것이라는 사상을 하느님의 완전한 선을 비난하는 것이라 하여 부정하는 몇몇 토마스주의자들을 비판한다(153, 168, 172 f.).

적어도 얼핏 보기에 힉은 순수 악을 말하고 있는 전제 7을 부정하는(바르트는 예외일 수 있다.) 이전의 전통적인 유신론자들을 따르지 않는 것처럼 보인다. 그는 죄와 고통은 "순수 악으로 여겨져야 하며, 완전히 하느님의 뜻과 목적"에 어긋나는 것이라고 주장한다(21 f.). 아우슈비츠와 같은 사건들은 "악의 악마적인 특성을 보여주고 있고," "전혀 이유가 없는 악"이고, "순전하고 분명한 악"임을 보여주고 있다(324, 325). 힉은 심지어 내가 순수 악이라 부르는 존재에 대해서도 인정한다. 아우슈비츠와 같은 악을 "우주에 종말적인 파괴를 가져오는 끔찍스러움"(horror)으로 표현한 힉은 "그런 일들이 일어나지 않았더라면 더더욱 좋았을 것"이라고 말한다(37). 힉은 악이란 "실제로 좋은 것인데 우리의 유한한 인간의 관점에서 보면 악하게 보일 뿐이라고 하는" 생각을 단호하게 거부한다. 마지막으로, 힉은 악을 선하게 보이도록 하는 어떤 사색적인 이론도 거부해야 하는 근본적인 이유를 훌륭하게 표현한다. "어떤 형태로든 악을 미워하고 거절하며 두려워해야 하는 것은 어떤 것으로도 우리에게서 빼앗을 수 없는 어쩔 수 없는 도덕적 의식의 표현이기 때문이다"(398 f.).

힉은 신정론을 전개함에 있어서 논리적 일관성의 필요를 되도록이면 지켜가고자 한다.[3] 또한 힉은 악의 문제에서 지성적인 문제는 간과되어야 하거나 간과될

3) 일원론과 이원론 모두 일관성 있는 해법일 수 있다고 한 힉의 주장은 악의 문제와 관련해 다소 모순된 해법을 받아들이려는 의지가 보이는 부분이다. 그러나 불행히도 일원론이든 이원론이든 기독교 신학

수 있는 순전히 실천적인 문제라고 하는 입장을 분명하게 거부한다(6-11). 따라서 힉은 전제 6(세상에 순수 악이 존재한다면, 하느님은 존재하지 않는다.)을 부정함으로써 악의 문제를 피하려 하지 않는다.

이러한 힉에 대한 분석은 세 가능성을 열어 놓는다. 먼저 나는 힉이 언뜻 보기에 전제 7을 긍정할 수 있을 것이라고 주장하였다. 전제 5(도덕적으로 완전한 존재는 순수 악이 존재하지 않는 현실세계를 원할 것이다.)는 아직 다루지 않았다. 그리고 나는 힉이 전제 3(전능한 존재는 일방적으로 순수 악이 존재하지 않는 현실세계를 만들 수 있다.)을 부정할 수 있는 가능성을 시사하였다. 그 이유는 내가 전제 3에 대한 힉의 긍정을 도덕 악과 물리적 악에만 한정하였기 때문이다. 이제 여기 세 가능성을 반대의 순서대로 살펴보도록 하겠다.

혼성 자유의지론

내가 이 책에서 사용하고 있는 순수 악이란 비교 개념(comparative notion)이다. 왜냐하면 순수 악이란 그것이 없었더라면 모든 것을 고려해 볼 때, 세계가 더 좋은 곳이었을 어떤 것을 의미하기 때문이다. 순수 악은 논리적으로 보상을 주는 어떤 선이 필연적일 이유가 없는 죄나 고통(자명한 악)을 포함할 것이다. 그러므로 어떤 자명한 악은—그 도구적인 선이 보다 포괄적인 상황에서 생각해볼 때, 본래적 악을 무력하게 하였다고 생각될 수 있기 때문에—단지 드러난 악으로만 생각될 수 있다. 그러나 이러한 판단의 역전은 다른 결과를 가져올 수 있다. 자명한 악이 아닌 것들이 보다 포괄적인 상황에서는 악으로 생각될 수 있다. 왜냐하면 자명한 악이 아닌 것들의 현실화가 세계를 더 좋게 할 수 있는 다른 가능성들의 현실화를 방해하였다고 생각될 수 있기 때문이다. 따라서 순수 악으로 생각되는 어떤 죄나 고통이 이제껏 죄나 고통으로 생각된 것과 비교하여 그렇게 여겨지기에 "비교 악"(comparative evil)인 반면, 죄나 고통에 관계되지 않는 비교 악도 있을 수 있다. 이 후자의 경우를 "엄격한 비교 악"(strictly comparative evil)이라 할 수 있다.

의 기본적인 주장과 일치하지 않는다(21).

죄와 고통뿐 아니라 “엄격한 비교 악”을 포함할 수 있는 순수 악의 이해를 통해서 힉은 전제 3(전능한 존재는 일방적으로 순수 악이 존재하지 않는 현실세계를 만들 수 있다.)을 부정하는 입장에 있다고 볼 수 있다.

힉이 전제 3을 부정하는 입장을 발전시킨 가장 단순한 방식을 살펴보자. 먼저 사람은 본질적으로 자유하며, 바르게 행동하도록 강요받을 수 없는 스스로 다스리는 존재이다. 최고의 선은 인간이 자유롭게 바르게 행동하는 습관을 발전시킬 때 완성된다. 이러한 사람들이 있는 세계는 그런 사람들이 없는 세계보다 훨씬 가치 있는 세계이다. 그러므로 사람들이 없는 세계는 사람들이 있는 세계보다 필연적으로 덜 가치가 있는 세계일 것이다. 따라서 순수 악은 사람들이 없는 세계에 존재할 수 있다. 왜냐하면 사람들이 없는 세계는 적어도 “엄격한 비교 악”을 내포하고 있기 때문이다. 그러므로 하느님이 순수 악이 없는 세계를 창조하기 위해서는, 사람이 있는 세계를 창조해야 한다. 그러나 하느님은 인간이 도덕적일 것이라고 보증할 수 없기 때문에, 사람이 있는 세계에도 역시 어떤 순수 악, 예컨대 순수 도덕악이 존재할 수 있다. 그러므로 하느님이 사람이 있는 세계를 창조하든 사람이 없는 세계를 창조하든, 순수 악이 없도록 보증된 세계를 창조할 수 없었다.

힉의 이러한 입장은 그의 몇몇 진술 속에서 제시되어 있다. 힉은 “인간의 삶이란 자유하며 스스로 다스린다. 인간의 삶이란 하느님의 절대 명령에 의해 완성될 수 없고, 개체 인간의 자발적인 응답과 자의적인 협력을 통해서만 완전하게 된다.”고 말한다(291). 여기에서, 힉은 인간의 창조에 이르기까지 창조의 처음 단계는 “하느님의 전능으로 인해 어렵지 않은” 단계임이 분명하다. 그러나 두 번째 단계는 “전능한 힘만으로는 이루어질 수 없다”(291). 그러므로 힉은 바르게 선택하기에도 자유롭지 않고 잘못 선택하기에도 자유롭지 않은 인격적인 존재의 창조 개념은 “자기 모순적”이며, 따라서 하느님의 전능의 범주에 속하지 않는다는 주장을 “아주 건전한 것”이라고 서술한다(302). 힉은 하느님이 선택의 자유도 없고, 때문에 잘못된 선택을 할 가능성도 없는 다른 종류의 존재를 대신 창조할 수 있었다고 주장한다. 그러나 이와 같이 자유가 없는 존재들은 죄를 지을 가능성이 있는 순수하게 자유로운 존재들만큼 가치 있는 존재는 아닐 것이라고 암시한다(302 n. 2). 더욱이 최고의 세계가 자유를 가진 존재들을 포함한다는 것은 힉의 가치 판단에 의한 것이다. 힉은 "만남과 궁극적인 악의 극복을 통해서, 결국 구체적인 상황 속에서 책임 있는 선택을 바르게 함으로써 선에 이른 사람은 처음부터 순진하고 덕이 있는 상태로 피조된 사람보다 더 풍요롭고 가치 있다는 의미에서 선한 사람"이라고 생각한다(292). 이러한 맥락에서 하느님이 우리가 살고 있는 모양의 세계 창조 결정은 정당화될 수 있다. 왜냐하면, "… 개인적인 도덕적 노력의 역사를 통해 서서히 쌓아올려진 인간의 선은, 영혼-형성 과정의 긴 진통까지도 정당화하는 창조자의 눈으로 볼 때, 하나의 가치를 지닌 윤리적으로 합당한 판단이기 때문이다."(292).

앞서 전개한 내용은 하느님이 순수 도덕 악이 가능한 세계를 창조했기 때문에 정당화된다고 말한다. 왜냐하면 엄격하게 비교적인 다양성의 순수 악을 지닌 세계를 피하기 위해서는, 순수 도덕 악이 가능한 세계를 창조하는 것이 필연적 모험이기 때문이다.

그러나 힉의 관점은 이처럼 단순하지 않다. 왜냐하면 그는 앞선 논증이 아주 충분하다고 생각하지 않기 때문이다. 힉은 플루(Anthony Flew)와 매키(J. L. Mackie) 같은 학자들과 생각을 같이한다. 이들은 자유가 성격-결정론(character-determinism)과 양립한다고 주장한다. 성격-결정론이란 우리가 행동할 때 성격이나 본성에 따라 행동하게 됨에도 불구하고, 우리가 외부의 제약으로부터 자유하다면 자유하게 행동한다고 주장하는 이론이다. 따라서 전능한 창조자는 우리가 언제나 자유롭게 바른 행동을 하게 될 본성을 먼저 줄 수 있었을 것이다(304). 힉은 매키의 삼 단계 논증을 따른다. 1) 어떤 계기에 어떤 사람이 자유로이 선을 선택해야 한다는 것이 논리적으로 가능하기 때문에, 모든 사람들이 언제나 선을 선택해야 하는 것도 논리적으로 가능하다. 2) 이 점을 인정한다면, 모든 사람들이 선을 자유롭게 선택하도록 구성되어야 하는 것도 논리적으로 가능하다.(이러한 논리는 자유와 성격-결정론의 일치에 기초한 것이다.). 그리고 이 논리는 사람들이 언제나 실제 유혹에 저항한다는 개념을 포함할 수 있다. 3) 이 점을 인정한다면, 하느님이 사람들을 그렇게 창조하였다는 것이 또한 논리적으로 가능하게 된다. "그래서 인간은 자유롭게 올바로 행동하도록 언제나 앞서 보증될 것이다." 나중에 다시 언급하겠지만, 힉은 바로 이 세 번째 논증 때문에 매키와 의견을 같이한다. 말하자면, "이런 종류의 인간 존재가 논리적으로 가능하다면, 하느님이 이러한 종류의 인간을 만드신 것은 논리적으로 가능하다"(307).

힉은 자유로이 옳은 바를 행하는 존재들의 현존은 잘못할 수 있는 모험을 필요로 하지 않는다고 생각한다. 이 점에 대해서 힉은 분명하게 주장한다.

> 그가 창조한 존재들의 본성과 그가 자리매김한 환경의 성격을, 무로부터 창조하고 자신의 주권적 의지로만 결정한 전능한 하느님은, 자신이 원하였다면 한편 죄를 지을 자유와 심지어 죄의 유혹을 받으면서도 영원히 죄 없이 존재할 수 있는 완전한 인간들을 창조할 수 있었을 것처럼 … 보인다. (303)

앞서 인용한 힉의 주장은, 하느님의 목표가 성취되는 과정은 배움의 과정이고 그 배움의 과정에는 실제 유혹이 존재하기 때문에, 하느님의 목적의 성취를 위해 죄의 가능성을 열어놓는 모든 구절들을 부정한다(예. 291, 344). 힉에 따르면, 우리는 자유로이 점진적인 배움의 과정을 통해 죄를 범하지 않으면서 유혹을 지닌 채 삶을 완성할 수 있다. (그러나 앞에 인용한 구절 중에 "죄를 지을 자유"란 표현은 적절하지 않다. 왜냐하면 사람들의 본성은 죄를 짓지 않도록 보증된 것이기 때문이다.)

따라서 힉은 순수 도덕 악이 가능한 세계를 창조할 때 하느님이 정당화된다는 논증을 반박한다. 왜냐하면 이러한 악에 대한 가능성은 자유로이 바르게 행동하는 존재가 있는 세계를 필요로 하기 때문이다. 그러면 어떻게 자유의지론이 가능한가? 이 점에서 힉은 하느님의 목표를 둘로 구분한다.

> 기독교에 따르면, 인간을 향한 하느님의 목표는 인간이 서로를 향해 바르게 자유로이 행동하도록 하는 것일 뿐 아니라, 또한 자유로이 하느님과 효성스러운 부모-자녀의 인격적 관계에 들어가도록 하는 것이다. 다시 말하면, 인간을 향한 하느님의 목표는 윤리적 차원과 종교적인 차원이 있다. (308)

종교적인 차원에 대해서 힉은 자유의지론이 합당하다고 생각한다. 힉은 "우리 인간이 하느님의 인간을 향한 목표를 생각할 때에만 … 인간이 동료 인간과의 관계를 이루는 한에서만," 매키의 주장(만일 이러한 존재가 논리적으로 가능하다면, 하느님이 이러한 존재를 만드시는 것이 논리적으로 가능하다.)이 합당하다고 주장한다(310). 힉은 매키의 주장이 우리와 하느님의 관계에서는 타당하지 않다고 생각한다. 힉은 "하느님이 순수한 믿음과 사랑으로 하느님께 자유로이 응답하도록 보증된 인간을 만드는 것이 논리적으로 가능한 것일 수 없다."고 생각한다(310).

이러한 힉의 논증은 최면술사와 환자의 유비에 기초한 것이다. 만일 최면술사가 환자에게 어떤 특별한 행동을 하라고 최면의 암시를 준다면, 그 행위는 세계와의 관계로부터 자유하다. 왜냐하면 그 행동은 "외부로부터 강요된 것이 아니라, 작인의 성격으로부터 흘러나온 것이기 때문이다." 그러나 최면술사와의 관계에서 환자는 자유하지 않고 다만 꼭두각시에 불과한 것이다. 그러므로 만일 최면의 암시가 환자로 하여금 최면술사를 사랑하고 믿도록 한 것이었다면, 이러한 태도는 "비 본래적인 것"일 것이다. 왜냐하면 최면술사는 환자의 사랑과 믿음이 최면술사의 인격적 품성에 자발적으로 반응한 것이 아님을 알 것이기 때문이다(309). 유비에서처럼, 만일 하느님이 우리의 본성을 그렇게 형성해서 우리의 응답이 미리 결정된 것이라면, 우리가 동료 피조물들과의 관계에서는 자유 할 수 있지만, 하느님과의 관계에서는 자유 할 수 없다. "우리의 행동과 태도가 우리 자신의 본성으로부터 흘러나온 것이긴 하지만, 사실은 그 본성과 환경을 하느님이 먼저 꼴을 지음으로써 결정된 것이라는 것을 하느님만이 알 것이다"(310).

> [최면술사의 암시에 의해] 최면술사에게 드려진 환자의 믿음과 헌신은 [환자 자신이] 자유로이 드리는 믿음과 헌신의 가치를 떨어뜨리는 것처럼, [하느님에 의해] 하느님께 드리는 인간의 예배와 순종도 [인간 스스로] 자유로이 드리는 예배와 순종의 가치를 떨어뜨릴 것이다. 하느님과의 관계에서 우리는 그분과 참된 인격적 관계로 들어가는 대신, 단지 꼭두각시가 되어야만 한다. (310)

힉은 존재들로 하여금 사랑과 믿음을 가지고 하느님께 응답하도록 하는 위대한 가치가 우주 안에 있을 수 있지만, 그러한 우주는 가치 면에서 [자유를 가진] 우리의 현재 세계보다 열등할 것이라고 말한다(310).

힉은 이러한 입장이, 자신의 본성이나 성격에 따라 결정되지만 외부로부터는 자유하게 된 경우와는 다르게, 하느님과 맞서 자유하게 된 보다 강력한 자유의 개념을 요청한다고 본다. 힉은 자유의 개념을 제한된 창조성으로 생각한다. 제한된 창조성 때문에 [현재의]행위는 작인의 이전 상태에서 완전하게는 아니지만 대부분 이미 예상된다. 왜냐하면 성격 자체가 부분적으로는 결정의 순간에 다시 형성되기 때문이다(312).[4]

이처럼 보다 강력한 자유의 개념을 견지하고 있는 힉은 자유로운 피조물들과의 관계에서 하느님의 자발적인 자기-제한(self-limitation)에 대해 말한다(38). 힉은 "자유로운 존재의 사유와 행위는 원칙적으로 그 사유와 행위가 일어나기 전까지는 알려질 수가 없다."고 주장한다(379). 하느님은 원칙적으로 알려질 수 없는 것을 알 수가 없기 때문에, 하느님의 자기-제한은 미래와 관련해서 전지의 포기를 포함시켰던 것처럼 보인다. 또한 힉은 자유의지를 가진 피조물이 궁극적으로 하느님을 사랑하고 하느님께 순종하는 것이 미리 결정된 것이라고 한다면, 이것이야말로 논리적 모순이 된다고 주장한다(379; 참조. 304, 312). 더욱이, 그는 하느님의 뜻함과 허용함 사이의 구분이 물리적 우주와의 관계에서는 타당하지 않지만, 자유로운 존재들과의 관계에서는 타당하다고 말한다(109 f.). 이러한 주장은 하느님이 자발적으로 모든 사건의 전체 결정을 포기하는 것처럼 보인다.

최상의 가능한 세계를 위해 요청되는 하느님과 인간의 관계 개념에 기초하여, 힉의 입장은 다음과 같이 표현될 수 있을 것 같다. 비록 우리가 도덕적이기 위해서는 위험스런 자유가 필연적인 것이 아니지만, 종교적이기 위해서는 위험스런 자유가 필연적이어야 한다. 이처럼 보다 높은 목표는 하느님이 우리에게 자기-중심적이 되는 여유를 허락함으로써 다른 사람들과의 관계에서 부도덕적이 되는 것을 허용하든지, 아니면 자유롭게 하느님 신앙에 나아오게 함으로써 자기-중심성을 극복하도록 허용한다. 따라서 힉의 입장은 하느님이 죄가 없으므로 고통도 없는 현실

---

4) 확실하지는 않지만, 힉이 염두에 두고 있는 피조물의 자유와 하느님의 힘 사이의 관계를 전개하기 위해 힉은 찰스 하트숀(Charles Hartshorne)과 캠벨(C . A. Campbell)이 말하는 제한된 창조성으로서의 자유 개념을 지지하고 있다. 하트숀은 제한된 창조성 개념이 전통적인 전능교리에 반한다고 한 반면, 캠벨은 오히려 제한된 창조성 개념이 전통적인 교리를 지지한다고 주장한다. 전통적인 교리는, "하느님과 독립된 힘을 인정하지도 않고 하느님과 현실태건 가능태건 적대관계를 가진 힘을 부정한다."(*On Selfhood and Godhood* [London: George Allen & Unwin, Ltd., 1957], 291.)

세계를 만들기를 원하는 것처럼 보일 수 있다. 이 점에서 전제 5(도덕적으로 완전한 존재는 순수 악이 존재하지 않는 현실세계를 원할 것이다.)가 긍정되는 것처럼 보일 수 있다. 그러나 가장 좋은 세계는 도덕 악의 가능성이 있어야 한다. 그럴 경우, 힉의 입장은 다음과 같이 정리될 수 있다. ("하느님을 향한 자유로운 순종"이라는 개념은 "본래적인 순종의 태도" 대신에 사용될 것이다. 왜냐하면 "하느님을 향한 자유로운 순종"은 악과 관련하여 "본래적인 순종의 태도"의 중심적인 요인이기 때문이다.)

A. 더 좋은 현실 세계일 수 있는데 그보다 가치가 덜한 현실세계는 순수(엄격한 비교) 악을 가진 현실세계이다. (정의)
B. 존재들을 포함시킬 수도 있었고, 그랬더라면 현실세계를 더 가치 있게 했을 그런 존재들을 영원히 갖지 않는 현실적 존재는 순수 악을 가진 현실세계이다. (A의 재 진술)
C. 자유롭게 하느님께 순종하는 인간을 가진 현실세계가 존재할 수 있다. (사실)
D. 자유롭게 하느님께 순종하는 인간들이란 그들이 없는 현실세계보다 그들이 있는 현실세계를 더 가치 있게 만드는 존재들이다. (사실)
E. 영원히 자유롭게 하느님께 순종하는 인간들이 없는 현실세계는 순수 악이 없는 현실세계일 것이다. (B-D)
F. 영원히 자유롭게 하느님께 순종하는 인간들이 없고 또한 순수 악도 없는 현실세계는 불가능할 것이다. (E의 재 진술)
G. 전능한 존재는 불가능한 일을 할 수 없다. (정의)
H. 전능한 존재는 영원히 자유롭게 하느님께 순종하는 인간들이 없고 또한 순수 악도 없는 현실세계를 만들 수 없다. (F, G)
I. 인간들이 없는 현실세계는 필연적으로 자유롭게 하느님께 순종하는 인간들이 없는 세계가 될 것이다. (정의)
J. 전능한 존재는 영원히 자유롭게 하느님께 순종하는 인간들이 없고 또한 순수 악도 없는 현실세계를 만들 수 없다. (H, I)
K. 본질적으로 부분적으로 자유로운 존재들은 그 존재에 순종하는 다른 존재들로 인해 보증될 수 없다.
L. 사람들은 본질적으로 부분적으로 자유로운 존재들이다. (정의)

M. 전능한 존재는 사람들이 전능한 존재에게 순종할 것이라는 것을 (오류 없이) 보증할 수 없다. (G, K, L)
N. 하느님은 전능하며 유일한 존재이다. (정의)
O. 하느님께 순종하지 않는 인간들은 자기들이 살고 있는 세계 내에 순수(도덕) 악을 일으킨다. (정의)
P. 인간들이 살고 있는 세계는 순수(도덕) 악이 없는 세계가 되는 것을 보증할 수 없다. (M–O)
Q. 전능한 존재는 인간들이 살면서 순수(도덕) 악이 없도록 보증된 세계를 만들 수 없다. (G, P)
R. 전능한 존재는 순수 악이 없도록 보증된 현실세계를 만들 수 없다. (J, Q)(설명: 세계가 엄격한 비교 악을 가지거나 도덕 악에 반대되는 것으로 보증될 수는 없다.)

여기 전개한 논증은 힉의 본질적인 입장을 요약한 것이다. 비록 힉이 하느님은 어떤 논리적이거나 형이상학적인 필연성 때문에 악이 없는 세계를 창조할 수 없다고 말했다는 이유에서 다른 사람들을 비판했음에도 불구하고(31 f., 171 f.), 힉 자신도 같은 비판을 면할 길이 없다. 왜냐하면 최고로 좋은 세계가 가능하고 그리고 이 세계는 악이 없다는 것을 보장하는 것은 논리적으로 불가능하다고 주장하기 때문이다. 만일, 이것이 힉의 입장이라면, 힉의 하느님은 도덕 악에 대한 궁극적인 책임에서 자유롭지 않게 된다(258). 왜냐하면 힉은 하느님이 도덕 악이 가능한 상황을 뜻하였고 창조하였다고 말할 것이기 때문이다. 그럼에도 힉은 하느님이 순수 악이 존재하지 않는 현실세계를 원할 것이라는 전제 5를 주장함으로써 하느님의 선을 정당화할 수 있었다. 그런데 하느님이 순수 악이 존재하지 않는 현실세계를 창조할 수 없었던 이유는 하느님과의 관계에서 실질적인 자유를 갖고 피조된 인간들이 죄를 짓는 데 그 자유를 사용하였기 때문이다. 다시 말하면, 하느님은 도덕 악이 없는 세상을 만들지 못한 것에 대해 비난받을 이유가 없다. 왜냐하면 최고로 좋은 세계를 위해 당연히 자유를 가진 존재들이 세계 안에 있어야 하는 상황에서 하느님의 창조는 그렇게 일방적으로 이루어질 수 없었기 때문이다. (힉은 만일 우리가 이와 같이 "보다 높은 목표"를 하느님께 돌려야 한다면, 절대적으로 하느님을 향해 불가피하게 응답하도록 하느님이 인간을 창조하셨다는 개념은 자기 모순적이라고 선언해야 한다고 주장한다[310 f.]). 만일 자유를 가진 존재가 존재하는 세계에 순수 악이 없어야 한다면, 이는 부분적으로는 사람들 자신에게 달린 문제가 될 것이다. 그러므로 세계에 악이 존재한다 해도 하느님은 정당화된다. 왜냐하면 하느님은 적어도 순수 악을 피할 가능성이 있는 세계를 만들고자 했기 때문이다.

혼성적 자유의지론에 대한 반대들

혼성적 자유의지론은 가능한 입장이다. 그러므로 혼성적 자유의지론이 힉의 전체적인 입장을 대변하진 않더라도 전제 5를 긍정하는 것을 제외하고는 혼성적 자유의지론 안에 있는 모든 개념들은 힉의 전체적인 입장에 포함된다. 따라서 힉의 입장에 대한 최종적인 요인을 살피기 전에 혼성적 자유의지론 설명에 반대하는 이론들을 살펴볼 수 있을 것이다.

1. 앞서 진술한 바대로, "혼성적" 자유의지론은 전통적인 자유의지론과 다른 점도 있고 같은 점도 있다. 피조물들의 행위가 전적으로 하느님에 의해 결정됨에도 불구하고, (적어도 하느님과의 관계에서) 피조물들이 자유로울 수 있다는 개념을 거부함으로써 혼성적 자유의지론은 전통적인 자유의지론과 구분된다. 또 다른 한편, 하느님이 모든 피조물의 행위를 철저하게 통제하는 현실세계를 창조할 수 있다고 주장한다는 점에서 혼성적 자유의지론은 전통적인 신학과 맥을 같이한다. 다시 말하면, 현실 존재들의 행위를 하느님이 철저하게 통제한다는 개념에는 본래적으로 자기 모순적인 것이 없다. 그러나 하느님은 보다 큰 가치의 실현, 예컨대 창조의 총체적인 통제를 포기함으로써 수반된 악의 모험을 정당화할 만큼 충분히 큰 가치의 실현을 가능하게 하기 위해, 적어도 몇몇 현실적인 피조물들과 관련하여 자신의 통제를 자발적으로 포기한다. 이는 하느님이 어느 때든 자율이 주어진 존재들의 현실태를 망가뜨리지 않으면서 이들을 총체적으로 다시 통제할 수 있음을 의미한다. 그러므로 하느님은 어떤 죄들을 예방할 수 있었고, 이 죄들로 인해 생긴 모든 고통 또한 예방할 수 있었다. 예컨대, 히틀러의 마음을 바꾸든지 아니면 그의

부하들로 하여금 히틀러의 명령에 저항하게 할 수 있었을 것이다. 더군다나 하느님은, 비인격적인 작인들이 하느님으로부터 자유로운 자율을 가지고 있건 그렇지 않건 상관없이, 이들이 만들어내는 감각적 존재들의 모든 고통을 예방할 수 있었다. 만일 비인격적인 감각적 존재들이 자율을 갖고 있다면, 하느님은 사람에게 했던 똑같은 방식으로 이들의 자유를 없앨 수 있다. 그리고 힉이 추정하는 대로, 이들이 자율을 갖고 있지 않다면, 하느님은 이들을 움직이는 법칙에 방해를 놓을 수 있다. 예컨대, 하느님은 "너무 젊어서 죽어서는 안 되는" 한 젊은이의 심장을 향해 날아가는 총알을 빗나가게 할 수도 있고 아니면 살인자에게 향하게 할 수도 있다. 덕이 넘치는 품성을 갖춘 사람을 무는 방울뱀의 독의 독성을 없앨 수도 있고, 너무 이른 나이에 죽는 것이 비극인 사람에게 암세포가 퍼져가는 것을 막을 수도 있다.

혼성 자유의지론과 관련해서 일어나는 기본적인 질문은 다음과 같은 것이다. 만일 하느님이 우리의 세계와 같은 세계를 창조하고는 세계의 자유와 법칙을 유보시킴으로써 세계 내 존재하는 전체의 악 혹은 그 일부를 예방할 수 있다면, 하느님은 왜 그런 일을 하지 않는 것일까? 이 기본적인 질문은 여러 다른 형태로 표현된다. 첫째는 만일 하느님이 순수 자유를 가진 존재로 스스로를 생각하는 가치를 포함해 우리 인간이 즐기는 모든 유형의 가치들을 즐길 수 있는 존재, 그렇지만 죄를 지을 자유가 없다는 점에서만 우리와 다른 그런 존재가 사는 세계를 창조할 수 있었다면, 하느님은 왜 그런 세계를 창조하지 않았을까? 이 질문에 대한 힉의 대답은 이미 진술한 바 있다. 순수 인간이 만들어낸 악을 정당화하기 위해 하느님과 비교하여 순수 자유를 가진 순수 인간이 거짓 인간들보다 훨씬 더 가치가 있다. 힉은 다음과 같이 말한다.

> 하느님은 스스로 피조물들의 본성을 먼저 형성함으로써 피조물들로 하여금 하느님께 응답하게 한다. 그리함으로 하느님을 향해 자유로이 주어진 사랑과 믿음과 예배로 응답하는 피조물들이 거하는 우주는 정말 아주 큰 가치를 지닐 수 있다. (310)

(힉의 정의에 의하면, 여기 "자유로이 주어진 사랑"(freely given love)이라는 표현은 문장의 나머지 부문과 모순이 된다.) 그러나 힉은 다음과 같이 보충한다.

> 이 우주는(하느님이 미리 피조물들의 본성을 형성한 우주) -- 하느님을 향한 응답이 미리 "고정되어" 있지 않아서 자유로이 하느님을 사랑하고 믿고 예배하는 피조물이 거하는 우주에 비하면 -- 단지 조약한 이류의 우주일 수밖에 없다. (310)

힉은 때때로 라이프니츠가 했던 것과 똑같은 선험적 논증에 기초하여 이러한 가치 판단을 한다. 만일, 하느님이 선택한 것이라면 최상의 것임에 틀림없다. 왜냐하면 하느님은 완전하게 선하고 힘이 있기 때문이다. 예컨대, 힉은 "악이 존재하고 하느님이 주권적이기 때문에, 하느님이 악을 허락한 것은 분명 좋은 이유가 있기 때문"이라고 주장한다(182). 하느님은 순수 인간이 없는 세계를 창조할 수 있었다고 말한 다음, 힉은 다음과 같이 덧붙인다. "그러나 사실 하느님은 사람들을 창조하기로 하였다. 우리 인간은 이러한 하느님의 결정을 우리 존재에 기본적인 것으로 받아들일 수 있으며, 우리 생각의 전제로 여길 수 있다"(302). 물론 이러한 논증 자체는 겉으로 드러나야 할 것을 전제하며 어떻게 하느님의 선택이 좋은 선택일 수 있는지에 대해서는 인식 가능한 방법조차 제시하지 않을 것이다. 그러나 힉은 순수 자유를 가진 보다 큰 가치는 우리 자신의 경험에서 내릴 수 있는 판단임을 내비친다. 힉은 헉슬리(T. H. Huxley)의 진술을 인용한다.

> 만일 어떤 큰 힘이 나로 하여금 시계와 같은 존재가 되어서 언제나 진리를 생각하고 옳은 것을 하게 한다면, … 즉각 그런 제안에 응해야 한다는 생각에 나는 저항한다.[5)]

힉은 사건을 성찰 한 후에 헉슬리와 동의할 사람이 거의 없다고 생각한다(302 n. 2). 또한 죄가 없으면서 자유가 없는 우주는 조약한 이류의 우주라고 한 힉의 결론은 최면술사와 환자에서와 같이 "인간의 유비들"에 기초한 것이다(310).

힉의 신정론의 성공 여부는 많은 사람들이 헉슬리가 아니라 힉을 지지하는 데 달려 있다. 만일 헉슬리의 우주가 가능한 세계라고 생각된다면 많은 사람들이 헉슬리의 편을 들어줄 것이다. 예를 들면, 바르트는 선한 하느님과 관련하여 자유는

5) T. H. Huxley, *Collected Essays*, Vol. I(London: Macmillan & Co., Ltd., 1894), 192 f.

바람직한 것이 아니라고 분명하게 말한다. 그리고 루터와 캘빈은 하느님이 모든 것을 통제한다는 믿음을 찬양하였다. 따라서 힉의 신정론은 많은 사람들이 의심스럽다고 생각하는 가치 판단에 기초한다. 피조물의 신앙의 태도가 위선적이기보다는 본래적이라는 하느님의 인식에 의해서 하느님은 부가적인 가치를 더해 간다. 이 부가적인 가치를 하느님이 포기하고자 하였다면 피해갈 수 있었던 모든 악을 부가적 가치를 위해 정당화하는 것은 분명 충분하지 않다.

혼성적 자유의지론에 반대하는 기본적인 논증의 둘째 형태는, 만일 하느님이 모든 인간의 아픔과 고통이 일어나지 않는 현실세계를 창조할 수 있었다면(341, 360), 왜 그런 세계를 창조하지 않았는가 하는 것이다. 하느님이 모든 인간의 아픔을 없애지 않은 이유는 "부드럽고 도전이 없는 세계에는 부드럽고 도전을 받지 않는 인류가 살 것이기 때문이다"(343). 기독교는 하느님이 영혼-형성을 위한 자리로 세계를 창조한 것이지 최대의 쾌락을 위한 쾌락주의자들의 낙원으로서 세계를 창조한 것이 아니라고 주장한다(344). 그러므로 모든 형태의 고통이 사라진다면, 도덕적 가치를 논할 자리도 사라지게 된다. "기본적으로 잘못 행동한다는 것은 누군가를 해친다는 의미이다." 그러나 고통이 없다면, 그래서 누군가를 해치는 것이 불가능하다면, 누군가에게 유익을 주는 것도 불가능해질 것이다. 따라서 자기희생, 이웃을 돌봄, 공동체의 선을 위한 헌신, 용기, 사랑할 힘과 같은 성품들은 기능할 이유가 없기 때문에 계발되지 않는 것이다(360 f.). 다시 말하면, 분명코 이 세상은, 도전과 불확실성과 위험 속에서, "보다 가치 있는 전체적인 인간 품성을 우리에게 선물한다"(362 f.).

하느님은 모든 도덕 악과 모든 아픔과 고통을 예방해서는 안 된다는 힉의 의견에 우리가 동의한다면, 아직 혼성 자유의지론에 대해 일어나는 셋째 형태의 기본적인 질문이 남게 된다. 하느님이 왜 도덕 악과 자연 악이 가지는 최악의 경우를 예방하지 않았는가? 실제 인간이 사는 세계는 인간이 살지 않는 세계보다 더 좋은 세계란 것을 인정한다면, 왜 때때로 이들 존재들의 자유를 유보시키지 않는가? 예를 들면, 순식간에 하느님은 유대인을 미워하는 히틀러의 마음을 일방적으로 바꿔 놓을 수 있었을 것이다. 그 순간은 자유가 잠시 유보되었을 것이기 때문에, 히틀러가 사람의 "인격"을 가지지 않았을 것이다. 그렇지만 그 순간을 빼고는 히틀러는 인간으로 남아있게 될 것이다. 한 순간 인격성을 분실한 것이 2차 세계대전의 잔학상이 피해갈 수 있었다면 그렇게 큰 희생이었다고 할 수 있겠는가? 또한 히틀러가 회심 이후의 삶이 강요된 회심에 기초한 것이기에 회심 이후 참 인간이 아닐 것이라고 주장한다 해도, 여전히 히틀러의 인격성 상실이 히틀러 개인이 저지른 모든 고통을 예방한 것에 비한다면 그렇게 큰 희생이었다고 할 수 있겠는가?

하느님은 때로 최악의 도덕 악들을 예방하기 위해 직접 간섭해야 한다는 생각에 반대하여 힉은 "최악" 혹은 "예외적인" 악의 개념은 상대적인 용어라고 논증한다. 만일, 하느님이 지금 우리의 생각에 최악이라 여겨지는 악을 예방하였다면, 이차적인 최악의 악이 최악의 악이 될 것이다. 그러면 우리는 하느님이 그 이후에 뒤따르는 이차적인 최악의 악들을 줄줄이 예방했어야 했다고 불평을 늘어놓게 될 것이다. "세상이 하느님의 낙원에 미치지 못하니, 불평이 멈추지 않을 것이다"(363). 그리고 그와 같은 낙원은 영혼-형성을 위해 최고의 세계가 못된다. 왜냐하면 우리가 인류에게 위협이 되는 것이 일어나지 않을 것이라는 것을 미리 알아버린다면, 최고의 도덕적 품성을 가져오게 될 투쟁의 훈련은 비현실적인 것이 될 것이기 때문이다(364 f.).

힉의 미끄러운 비탈길 식 논증에도 기본적인 개연성은 있다. 그러나 여기에는 하느님의 지혜가 부족한 것을 암시하고 있다. 왜냐하면 부모의 경험이 있는 우리는 자녀들을 과잉보호하면 아이들이 성숙하게 자라지 못하게 되고 너무 노출을 시키면 성숙할 기회조차 놓쳐 버리게 되는 것을 알아 아이를 보호하는 것과 노출시키는 것 사이의 적절한 균형이 어디쯤인지 잘 결정할 수 있기 때문이다. 분명 하느님이 지혜롭다면 대부분의 하느님의 자녀들에게 너무 위험한 현재 세계와 도덕적 품성이 전혀 자라지 못하게 되는 세계 사이의 중도를 택할 수 있다. 실로 현재 우리가 살고 있는 세계보다 악이 다소 적은 세계는 더 많은 도덕적 품성을 가져다 줄 것이라고 우리가 생각할 수 있을까? 의문이 아닐 수 없다. 왜냐하면 현재의 많은 사람들은 현재 세계가 희망이 없어 보이기 때문에 이곳에서 선을 위한 싸움을 포기하고 있기 때문이다.

이제까지 나는 좀 과장되게 보이기도 하고 비-목적론적(선을 가져오지 않는)으로 보이기도 하는 도덕 악(도덕적 작인에 의해 일어난)에 대한 힉의 대응을 살펴보았다. 힉은 "자연 악"의 범주에 속하는 겉으로 드러난 과도한 고통을 보다 진지하게 대한다. 힉에게 자연 악이란 인간 말고 자연에 의해 일어난 고통을 의미한다(19). 예컨대, 수백만이 죽어가는 엄청난 기근, 도시 전체를 뒤덮은 화산 폭발, 수천 명을 공포의 죽음에 몰아넣는 지진, 암과 뇌막염과 같은 질병 등이 자연 악에 속한다. 예기치 않은 순간에 의미를 물을 수 없는 방식으로 닥쳐오는 것처럼 보이는 보다 극단적이고 파괴적인 악들은 종종 사람의 인격을 고상하게 하기보다 짓뭉개 버린다(365-367, 369). 힉은 하느님이 왜 이토록 엄청난 악을 예방하지 않는지 우리가 알 수 없다고 말한다. 실로 자연 악은 신비이다. 그러나 자연 악이 가져다주는 고통의 가치는 바로 그 신비로움과 비합리성에 있다. 왜냐하면 지진과 같이 상상할 수 없는 방식으로 무질서와 불공정함을 가지고 사람들을 덮치는 이처럼 아주 파괴적인 악은 인간의 삶 가운데 가장 좋은 가치들인 동정과 측은함과 자기를 내어주는 사랑을 불러오기 때문이다(370 f.). 이 엄청난 악들로 인해서 도덕적으로나 육체적으로 무너진 사람들에 대해서 힉은 사후의 삶에서 이 땅에서 만난 모든 악을 상쇄하고도 남을 충분한 선을 보상받게 될 것이라고 말한다(376, 377).

나는 개인적으로 힉이 끔찍스런 엄청난 악들을 정당화하는 것에 섬뜩한 생각이 든다. 그리고 그렇게 해서까지 힉이 변호하고자 하는 하느님의 선을 받아들일 수 없다. 그러나 논증을 통해 그의 입장을 반박할 길이 없다. 왜냐하면 여기에 다른 가치 판단이 관계되어 있기 때문이다. 나는 영원한 형벌의 개념과 관련해 힉이 진술한 것을 반복할 뿐이다. "신학이 그 고백의 기초가 되는 종교적 실재들이 형성해온 도덕적 의미와 일치하지 않을 때, 신학은 도전 없이 앞으로 나아갈 수 없다"(98). 이에 기초해서 나는 힉이 제시하는 여러 이유 때문에 그처럼 끔찍한 악을 허용하거나 악을 일으키는 하느님에 대해서는 카뮈(Camus)의 『페스트』(김화영 옮김, 책 세상, 1998, *The Plague*)에서 그리고 있는 하느님을 향해서 저항했던 만큼이나 철저하게 저항해야 한다고 생각한다. 나는 앞으로 다루게 될 세 번째 반대의 빛에서 이 점은 아주 분명하다고 생각한다. 어떤 경우든, 위의 논의는 피조물들의 자기 결정성이 하느님에 의해 피조물들에게 자발적으로 주어졌기 때문에, 하느님은 우리와 같으면서도 자기 결정성이 없는 현실 존재를 창조할 수 있었다고 주장하는 자유의지론이 직면한 어려움을 보여주고 있다.

2. 그러나 혼성적 자유의지론에 대한 힉의 특별한 해석에는 또 다른 문제들이 있다. 하나는 눈에 보이는 동물의 아픔 때문에 생기는 문제이다. 내 생각에 힉은 동물의 아픈 현실을 부정하려 하지 않는다. 힉은 어떤 동물의 의식은 인간의 의식과 비교해서 정도의 차이만 있다고 주장한다(346). 심지어 힉은 외로움, 두려움, 시기, 사별의 아픔과 같은 어떤 정신적인 비탄은 동물들도 느낀다고 주장한다(347). 이러한 고통의 현존을 어떻게 정당화하는가?

힉은 왜 인간 외의 피조물들이 고통을 당하는가가 아니라 왜 그들이 존재해야 하는가가 정말 물어야 할 질문이라고 주장한다(350). 앞서 살펴본 대로, 힉은 모든 존재의 종은 그 독특한 본래적 가치의 형태를 갖기 때문에 종이 다양할수록 전체적인 맥락에서 가치가 더 많은 것이라고 제안하는 모든 "충분의 원리"(principle of plenitude) 논쟁을 거부한다(350). 신정론은 인간에게 도구적인 가치로서만 비인간적인 종들의 존재를 정당화해야 한다(204). 힉은 다음과 같은 정당성을 제시한다. 인간이 하느님과의 관계에서 인식적인 자유를 갖기 위해서는, 인간은 보다 큰 유기체적 삶의 흐름에 들어가야 한다. 이렇게 될 때 사람들은 하느님에 대한 인식이 강요되지 않는 상황에 처하게 된다. 이러한 "인식의 거리"가 있으면, 사람들은 자유로이 하느님께 나아올 수 있다. 그러므로 동물의 삶의 존재는 우리의 창조자로부터 인식의 거리를 두게 하는 데 공헌한다는 점에서 정당화된다(317, 351 f.).

여기서 이 대답이 믿을 수 있는 것인가라는 질문이 제기된다. 만일 지구의 역사를 12권으로 된 바르트의 『교회 교의학』의 길이로 환산해서 한쪽 당 50만년의 역사를 담고 있다고 한다면, 인간은 마지막 책 마지막 쪽 어딘가에 등장한다고 볼 수 있다. 이런 상황에서 힉이 제안하는 것처럼 나머지 우주가 인간을 위해 창조되었다고 하는 것이 믿을 만한 것인가?(173, 263). 어떤 경우든, 힉의 주장은 하느님의 지혜와 전능이 양립할 수 없게 한다.

힉은 동물의 존재에 대한 자신의 정당화는 "그 나름의 내적인 우연성을 가지고 인간을 탄생시키고 인간과 자연 세계를 연결시킨 광대한 복합적 진화 발전에 기초한 것"이라고 주장한다(353). 그러나 왜 먼저 이와 같이 복합적 진화 과정이 있어야 하는가? 만일 하느님이 점진적으로 질서를 잡아가는 원초적인 자료를 가지고 창조하기보다 무로부터 창조를 한다면, 제일 중요한 행위를 하는 데 왜 그렇게도 많은 시간이 걸려야 했는가? 만일 인간이 참여해야 할 자연 세계가 필요하였다면, 인간과 나머지 자연을 동시에 창조할 수 있지 않았을까? 그리고 진화론에 중요한 가치가 있다면, 인간이 오랜 진화 과정을 통해 등장한 것처럼 보이는 방식으로 하느님이 창조할 수 있었다. 물론 많은 신학자들은 이런 방식으로 하느님의 창조를 설명하였다. 그러나 힉은 이들 신학자들의 진영에 동참하려 하지 않았다. 우리가 자연 세계에 돌릴 수 있는 유일한 가치가 하느님과 우리 사이의 인식의 거리를 갖게 하는 도구적인 가치뿐이라면, 왜 전지전능한 하느님이 진화 과정을 사용하였는지에 대해 힉은 설명하지 않았다.

더군다나 힉은 "동물의 아픔을 정당화한 것은 동물의 현존의 정당화와 일치한다."고 주장한다(352). 그러나 이러한 논리는 자연스러워 보이지 않는다. 왜 동물들은 아픔과 고통 없이 존재해서는 안 되는가? 힉은 전능한 창조자의 힘은 한정되지 않는 것이라고 정의한다.

> (그러므로) 하느님이 삶을 삼켜버리는 세상, 예컨대 피조물들이 상처를 입고, 병신이 되고, 굶고, 동상에 걸리고, 병에 걸리고, 사냥의 희생양이 되어 죽게 되는 그런 세계를 창조해야 하고 또 그런 세계만을 창조할 수 있다고 말할 수는 없다. (110)

그러나 힉 자신은 동물들의 아픔이 "유기체적 생명이 생존하도록 전체적인 체계 안에서 일어나는 것"이라고 주장하는 것처럼 보인다(348). 또한 힉은 아픔과 멸종의 위협이 없는 세계에서 "진화 과정이라는 가장 초기의 단계를 넘어 발전해 갈 수 없을 것"이라고 말한다. 그렇게 되면 세계는 그저 해파리만 존재하는 세계가 되었을 것이라고 말한다(342). 이런 힉의 주장 역시 자신의 입장을 위반하는 것처럼 보인다.

앞서(353에서) 인용한 문장에서, 힉은 진화 발전의 "내적인 우연성"에 대해 말하였다. 이 내적인 우연성이란 진화 발전 과정에서 겪는 많은 고통이 직접 하느님에 의해 계획된 것이 아니라, 새로 생겨나는 피조물들의 내면적인 자유 때문이었음을 암시한다. 그러나 하느님의 자기-제한은 인간과의 관계에서만 이루어진다. 다른 자연 세계와 관련하여서, 힉은 하느님의 허용함과 뜻함 사이에 구분이 없다고 주장한다(190 f.). 따라서 동물의 고통은 다소 하느님의 통제와 의지를 넘어선다는 주장은 가능하지 않다. 그러므로 우리는 하느님이 왜 그토록 불필요한 동물의 아픔이 있는 세계를 원하는지에 대한 대답을 필요로 한다.

이는 특별히 힉이 동물이 당하는 고통을 보상해 줄 하늘나라가 없다고 생각하기 때문이다. 동물에게는 하늘나라가 없다는 힉의 주장은 충분히 이해할 만하다. 그러나 이러한 힉의 주장은 독자들로 하여금 힉의 하느님은 힉의 표준에 의해서조차 정말 선한 하느님인가 하는 의심을 불러일으킨다. 힉은 데카르트 철학의 이원론을 거부한다. 그리고 동물의 의식이 인간의 의식과 다른 것은 단지 정도의 차이라고 주장한다. 그러나 그는 가장 잘 발달된 척추동물이라 할지라도 동물을 향한 하느님의 태도는 인간을 향한 태도와는 질적으로 다르다고 주장한다. 하느님은 인간을 사랑하며 인간 그 자체를 위해 인간을 소중하게 생각한다. 그러나 다른 동물들의 가치는 인간과 더불어 하느님의 목표를 이루어 가는 데 필요한 유용성으로서만 인정된다(200, 202-204, 263). 이것은 하느님이 기껏해야 "자신이 사랑하는 선택된 배타적인 소집단의 주님"에 불과한, 또한 힉 자신도 천국-지옥이라는 이분법적 구도를 거부하면서 반대하였던 부족중심주의의 다른 유형을 뜻하는 것이 아닌가? 이러한 인간중심주의는 하느님의 사랑을 "당파적인 인간의 차원으로 환원시킨 것"이 아닌가?(131).

3. 힉의 특별한 혼성 자유의지론이 갖는 또 다른 문제가 있다. 그의 논증을 간략하게 요약해 보면 다음과 같다. 하느님은 인간들이 서로의 관계에서 도덕적이도록 보장할 수 있었다. 그러나 하느님의 힘은 인간들이 하느님의 인격과 본래적인 신앙의 관계에 들어가도록 보증할 수는 없었다. 저들이 하느님께 자유로이 나오게 하기 위해 가져야 하는 인식의 거리는 인간들로 하여금 하느님-중심적이 되기보다 자기-중심적이 되게 하는 결과를 낳았다. 따라서 자기-중심성의 죄로부터 "인간이 인간을 향해 비인간적인" 도덕 악이 나타나게 된다(298-300, 359). 하느님-중심과 인간의 자기-중심의 관계는 다음과 같은 힉의 진술 가운데 암시되어 있다.

"인간은 자유해야 한다. 스스로가 자신의 삶의 중심일 만큼 자유 해야 하고, 자신과 다른 사람에게 고통을 초래할 만큼 자유해야 한다"(359).

힉은 하느님을 향해 본래적인 신앙의 태도를 발전시키기 위해서는 자유가 요청된다고 주장한다. 그러나 왜 그 자유가 다른 인간을 향해 잘못된 행위를 감행한다는 의미의 도덕 악이 필연적으로 수반해야하는지에 대해서는 힉 자신이 결코 설명하지 않는다.

> 인간을 향한 하느님의 목적은 저들이 서로를 향해 올바로 자유로이 행동하게 할 뿐 아니라 하느님과 자유로이 부모-자식의 효성에 기초한 인격적 관계에 들어가게 하는 것이다. (308)

힉은 왜 하느님의 목적의 종교적인 차원(후자)의 요구가 하느님의 목적의 윤리적인 차원(전자)의 몰락을 필요로 하는지에 대해 설명해주지 못하고 있다. 힉은 우리가 다른 인간들과의 관계에서 언제나 바르게 행동할 수 있는 방식으로 하느님이 우리의 본성을 결정할 수 있었다고 말한바 있다. 이러한 주장에 기초한다면, 하느님은 언제나 우리가 바르게 행동하게 하실 수 있었다. 그러면서도 여전히 우리로 하여금 하느님의 존재를 인정하고 하느님과 인격적 관계에 들어가고자 할 것인가에 대해서는 인간의 자유 영역으로 남겨 놓을 수 있다. 힉과 마찬가지로 신학사들이 피조물 혹은 온 인류를 사랑하는 하느님에 대한 신앙이 부족함으로 우리 인간이 자기-중심적이 되어 이웃 동료 피조물들에게 바르게 행동하지 못하게 된다는 생각은 자연스러워 보인다. 그러나 거기에 인과관계가 꼭 필요한 것은 아니다. 자기 동료를 향한 철저한 윤리적 태도와 행동이 필연적으로 하느님 신앙으로 이끌어 간다고 전제하지 않는다. 그러므로 도덕 악의 가능성이 필연적이어야 한다는 힉의 논증은 바람직하지 않다. 요약한다면, 힉은 "죄"라는 용어를 애매모호하게 사용한다. 예컨대 도덕 악을 가리켜 사용하기도 하고, 하느님을 향한 본래적인 신앙의 태도가 결핍된 것을 의미하여 사용하기도 한다. 그러나 종교적인 차원의 죄의 조건들이 어떻게 윤리적 차원의 죄의 조건을 수반하는지 설명하지 않는다.

4. 힉이 구분한 하느님의 목적의 두 차원을 둘러싸고 여전히 문제들이 존재한다.

힉이 인간의 도덕적 관계와 관련하여 자유와 하느님의 결정론의 양립은 받아들이면서, 인간의 종교적 관계와 관련하여서는 양립할 수 없다고 여기는 것은 타당성이 없는 논증이다. 앞서 지적한 대로, 서로를 향한 인간들의 관계와 관련하여 힉은 매키(Mackie)의 논증을 받아들인다. "만약 현재 인간의 모습이 논리적으로 가능하다면, 하느님이 지금의 모습으로 인간을 만드셨다고 하는 것 또한 논리적으로 가능하다"(307). 힉이 타당하다고 받아들이는 논증은 다음과 같이 보다 철저하게 설명할 수 있다.

A. 전능한 존재는 오류 없이 논리적으로 가능한 존재를 만들 수 있다.
B. 자유하면서도 언제나 선을 택하도록 만들어진 존재가 논리적으로 가능하다.
C. 그러므로 전능한 존재는 자유하면서도 언제나 선을 택하도록 만들어진 존재를 오류 없이 만들 수 있다.

그러나 힉은 "하느님이 자유로이 하느님을 향해 사랑과 믿음과 신앙으로 응답하는 인간을 만드는 것이 논리적으로 가능하다."고 하는 사실을 부인한다(308). 여기서 힉이 묵시적으로 거부하고 있는 논증은 다음과 같이 설명될 수 있다.

D. 전능한 존재는 오류 없이 논리적으로 가능한 존재를 만들 수 있다.
E. 자유하면서도 언제나 하느님을 향해 사랑과 믿음과 신앙으로 응답하도록 만들어진 존재가 논리적으로 가능하다.
F. 그러므로 전능한 존재는 자유하면서도 언제나 하느님을 향해 사랑과 믿음과 신앙으로 응답하도록 만들어진 존재를 오류 없이 만들 수 있다.

어떤 근거에서 힉은 F를 부인할 수 있는가? 논증의 형식은 그 논증이 타당하다고 한 앞의 논증과 동일하다. 따라서 힉은 여기 타당성에 대한 그의 생각을 바꾸든지, 전제 중 하나를 거부해야 한다. D는 힉이 참이라고 한 A와 동일하다. 그러므로 그는 E를 거부해야만 할 것이다. 그러나 E의 모습은 힉의 생각에 하늘에 있는 성도들을 특징짓는 요건들의 묘사가 아닌가? (또한 힉은 예수께서 이러한 삶의 모범을 보였다고 주장할 수 있을 것이다.) 그러므로 E 또한 논리적으로 가능한 내용이다. 따라서 앞의 A, B, C의 논증은 받아들이면서 뒤의 D, E, F의 논증을 거부하는 것은 순전히 임시방편의 논리인 것처럼 보인다. 힉이 F를 받아들이고 싶어 하지 않는 것은 "전능한 존재"와 "하느님"이 동일한 존재라는 사실 때문일 것이다. 예컨대, 힉은 하나의 원리를 주장한다. 곧, "하느님이 당신 밖에 있는 어떤 것에 의해 강요받지 않은 [자발적인] 당신의 사랑을 받으면서 하느님 자신은 그것을(자발적인 당신의 사랑을) 강요하는 것은 논리적으로 불가능한 것이다"(309). 물론 나는 이러한 힉의 원리에 전적으로 동감한다. 그러나 문제는 앞의 A, B, C의 논증을 받아들였다면, F를 거부할 근거가 없다는 점이다. 동일한 존재가 다른 이름으로 두 개의 전제와 관련되었다는 사실은 적절하지 않다. 만일, 전제들이 참이고 논증이 타당하다면, 그 결론은 거부될 수 없는 것이다.

힉이 시도한 위의 두 논증의 구분은 분명 바람직하지 않다. 이 논법은 힉이 사용했던 최면술사와 환자의 유비를 생각나게 한다. 힉은 어떤 방식으로 행동할 것이라는 최면의 암시가 주어지면 환자는 다른 사람들과의 관계에서 자유하게 되지만, 최면술사와의 관계에서는 자유하게 되지 않는다고 말한다. 왜 그럴까? 최면술사만이 환자가 심리학적 조작에 따라 행동하고 있음을 알 것이기 때문이다. 그러나 여기서 힉은 순수 이성의 문제와 존재의 문제를 분명히 혼동하고 있다. 만일, 환자가 심리학적 조작에 의해 행동하고 있다면, 그 환자는 그 사실을 알든 모르든, 다른 사람들과의 모든 관계에서 자유로운 것이 아니다. 예를 들어 스미스가 환자이고 존스는 스미스가 싫어하는 동료 직원이라고 상상해보자. 어느 월요일 아침 최면술사가 스미스에게 앞으로 존스를 좋아하게 될 것이라는 최면 암시를 준다. 그날 스미스는 존스를 좋아하고 자기의 좋아하는 느낌을 표현한다. 스미스와 존스는 서로의 의견 차이를 조정하고 친구가 된다. 그러나 화요일 최면술사가 존스를 불러 어떤 일이 있었는지를 얘기해 준다. 이러한 뒷이야기를 들은 존스는 그동안 일어난 일들에 대해 다른 평가를 하게 될 것이다. 힉은 이 점에 대해서 분명 옳다. 그러나 존스가 뒷이야기를 들었다고 해서 이들의 자유와 관련된 사건들의 본질을 바꾸지는 못할 것이다. 최면술사가 진실을 존스에게 폭로하기까지만 스미스가 존스와의 관계에서 자유로이 행동한 것이 아니었다. 따라서 종교적인 자유에 대한 조건이 도덕적인 자유에 대한 조건과 다르다고 주장하는 힉의 논증은 타당하지가 않다. 왜냐하면 힉의 논증은, 만일 우리의 행위가 우리의 본성에 의해 결정된다면, 그 결정되는 것을 하느님만 알고 있다는 사실에 기초하기 때문이다. 그러므로 우리의 태도와 행위가 결정될 때, 어떻게 "자유"라는 말이 정의되느냐에 따라, 우리는 하느님을 포함해 다른 존재들과의 관계에서 자유로울 수도 있고, 자유롭지 못할 수도 있다. 그러므로 만일 힉이 매키의 논증의 타당성을 주장하려 한다면, 혼성적 자유의지론을 주장할 만한 기반을 상실하게 될 것이다. 또한 힉은 인간의 자유와 책임과 하느님이 인간의 모든 행위와 태도와 감정을 완전하게 결정한다는 하느님의 결정성이 양립한다고 주장하는 전통적인 자유의지론을 거부할 만한 기반을 잃게 될 것이다. 이렇게 해서 결국 우리는 제 1 인과성과 제 2 인과성의 구조로 다시금 돌아가게 된다.

하느님의 자기 제한에 대한 양면성

사실 힉에게는 보다 전통적인 입장에 다가간 것처럼 보이는 또 다른 사유의 흐름이 있다. 왜 그런지 그 이유를 나는 잘 모르겠지만, 힉은 찰스 워너(Charles Werner)의 견해를 "장래성 있는"(promising) 입장이라고 본다. 워너에 따르면, 하느님은 아직 창조되지 않는 자유로운 존재들의 행위를 미리 예견할 수는 없지만, 일단 자유로운 존재들이 창조되면, 하느님은 "저들의 우연한 미래의 행위를 하느님의 영원한 현재 안에서" 볼 수 있다고 한다(185). 힉은 워너의 견해를 다음과 같이 말하면서 자신의 입장을 암시해주고 있다.

> 피조물을 일단 창조하였으면, 하느님은 자신의 창조의 행위를 다시 뒤집지 않는다. 하느님은 피조물들이 자신들의 자유를 남용할 것이라는 것을 알면서도 피조물들의 자유와 책임을 존중한다. (185)

더군다나 비록 힉이 원칙상 일이 일어날 때까지 예견할 수 없고 인식할 수도 없는 선택의 힘을 가진 인간에 대해서 말하고 있지만(304, 312, 379), 또 다른 곳에서는 하느님은 자유로운 피조물들이 타락할 것이라는 사실을 분명히 미리 알고 있었고, 처음부터 그의 창조가 어떤 경로를 거칠 것인지 알았다고 주장한다(197, 234). 힉은 그리스도의 죽음은 하느님께는 미리 예견된 것이었다는 전통적 입장을 따르고 있는 것처럼 보인다(391). 또한, "하느님의 통치와 통제에서 벗어난 것처럼 보이는" 악마적인 악을 논하면서, 힉은 다음과 같이 주장한다.

> 악마적인 악은 창조자가 예견할 수 없었던 것이 아니고, 하느님의 통제를 넘어설 수 있는 것도 아니다. 우리는 하느님이 조그만 가축으로 악을 계획하였는데 후에 크게 노략질하는 짐승으로 자란 것을 보고는 깜짝 놀라게 되었다고 생각해서는 안 된다. 이런 일을 경험할 수 있는 창조자는 하느님이 아니다. (325)

분명 이 구절은 자유로운 존재를 창조할 때 하느님이 예지와 관련하여 자기-제한을 하였다는 제안을 일축한다. 또한 하느님이 아직도 만물을 통제하고 있음을 암시하고 있다. 이러한 생각은 하느님이 악에 책임이 있다는 의미를 설명하는 구절에서 보다 분명하게 제시된다.

> 누군가의 행위 A는 어떤 결과 O의 일차적이고 필연적인 전제 조건이다. 만일 그가 O와의 관계를 인식하면서 A를 행하고, 또한 A가 주어지면 그 종속 조건들이 완성될 것임을 그가 인식한다면, A를 조건으로 하는 O의 여타 모든 직접적인 조건들은 O에 책임이 있다고 할 수 있다. (326)

힉은 하느님이 실제 어떤 사건이 일어날 것인지를 인식하기 때문에, 연관된 작인이 하느님이라면 우리는 재난의 결과를 가져오는 위험에 대해 말할 수 없다고 주장한다. 비록 힉이 하느님이 악의 "충분조건"이라고 말하진 않지만, 다음과 같은 그의 주장을 보면 하느님이 악의 조건이 됨을 암시하고 있는 것처럼 보인다.

> 현존하는 우주를 창조하려는 하느님의 결정은 악의 발생의 일차적이면서도 필연적인 전제 조건이었다. 여기서 모든 다른 조건들은 하느님의 결정을 조건으로 한다. 하느님은 자신의 결정에서 모든 것이 흘러나올 것이라는 것을 인식하면서 자신의 결정을 하였다. (326)

더욱이 힉은 하느님의 원인이 됨(causing)과 허용함(permitting)의 구분에 대한 슐라이어마허의 거부를 분명하게 받아들인다. 하느님의 원인이 됨과 허용함의 구분을 통해 기독교 사상은 스스로 유일신론의 논리를 피해가려 하였다. 그러나 힉은 유일신론의 논리를 통해 죄된 피조물들의 현존과 피조물들이 만들어내고 고통을 겪게 하는 악들에 대한 책임이 궁극적으로 하느님께 있음을 암시하고 있다(234). 다른 곳에서와 마찬가지로, 여기서도 힉은 두 구분은 자유로운 인격 존재와의 관계에서 타당한 것이 아니라고 주장한다(109 f.).

이러한 사유의 맥락에서, 힉은 제 1 인과성과 제 2 인과성이라는 전통적인 시각을 긍정하는 것처럼 보인다. 그는 하느님의 허용함과 원인이 됨의 일치가 우리 자신의 죄에 대한 책임을 부인하지 않는다고 주장한다. 왜냐하면 "우리 개체 인간의 책임과 궁극적인 하느님의 책임은, 서로의 차원을 축소하지 않는 방식으로, 다른 차원에서 존속한다"(234). 그러나 여러 곳에서 책임의 "두 차원"에 대해 논의한 힉은 어떻게 이 두 차원의 관계를 이해했는지 분명하게 제시하지 않는다(참조. 326 f., 396). 그러나 그는 아우구스티누스, 아퀴나스, 그리고 캘빈과 본질적으로 같은 입장을 보이고 있는 슐라이어마허에 대해서는 아무런 비판도 하지 않는다.

그러나 만일 하느님이 모든 사건들, 심지어 자유로운 존재들의 사건들까지도 통제한다는 생각을 갖고 있다면, 힉이 생각하는 하느님은 모든 악에 대해 직접적인 책임이 있다고 할 수 있다. 지금까지 나는 힉이 하느님은 도덕 악이 가능한 상황에 책임이 있지만 죄 자체를 원하거나 일으킨 것은 아니라고 주장한 것처럼 그의 사상을 다루어 왔다. 그러나 힉은 인간을 위해 피조된 상황에서 "인간은 하느님께 자신의 삶의 중심을 맞추기보다 인간 자신에게 맞추는 것이 가능할 뿐 아니라 또한 그렇게 하는 것이 사실상 불가피한 것"이라고 말한다(359). 비록 힉은 일반적으로 "사실상의 죄의 불가피성"(virtual inevitability of sin)에 대해 말하지만(229, 320-322, 327, 389), 때로는 죄를 단순히 "불가피한"(inevitable)(262, 264) 것으로 심지어 "필연적인"(necessary) 것으로 말한다(343).

이러한 불가피성 혹은 필연성의 개념은, 힉이 주장하는 바, 기독교 신정론의 초석 가운데 하나이자 심장이라고 할 수 있는 "축복받은 타락"(O felix culpa)이라는 주제와 조화를 이룬다(182, 400). 힉은 "축복받은 타락" 개념을 "담대하고도 흥미를 유발시키는 제안"이며 "종교적 · 도덕적으로 심오한 개념"이라고 평가한다. 이 개념의 대담함은 문제의 심각성에 걸맞을 뿐 아니라, 악의 신비에 본래적인 빛을 분명하게 던져주고 있다(116). 그러니 힉이 이 개념에 대해 열정을 쏟는 것은 당연하다.

힉이 '하느님이 죄의 가능성뿐 아니라 죄의 현실태를 원했다.'라는 개념을 사유할 때, "필연성"이 문제로 떠오른다. 힉은 "하느님의 시각에서 보면 죄와 구원이 같이 있는 것이 죄도 구원도 용납하지 않는 천진난만함보다 더 가치가 있어야 한다."고 주장한다(182). 그러나 이러한 주장은 인간이 실제로 죄를 짓지 않았더라면, 죄 지을 가능성이 있을 수도 있었다는 제 3의 가능성을 허락하지 않는다. 하느님은 인간이 실제로 죄를 짓는 상황보다 죄 지을 가능성이 있었던 상황을 약속하진 않더라도 왜 희망하지 않았을까? 힉은 하느님이 우리에게 바라는 "본래적 신앙의 태도"를 위한 조건들을 분석한다. 이 분석에 따르면, 먼저 하느님과 맞서는 순수 자유가 필요하다. 즉 하느님을 거부할 수 있는 자유가 있어서 자유롭게 하느님을 받아들일 수 있는 자유가 필요하다. 어떻게 하느님을 맞서 순수 자유를 말하는 사유의 맥락과 다른 사유의 맥락 곧, "하느님이 악이 없는 것보다 악이 있어서 더 좋은 세상을 만들 수 있기 때문에" 하느님이 악의 가능태뿐 아니라 악 자체를 허락하는(일으키는) 그런 사유의 맥락과 관계될 수 있을까?(182).

힉은 위의 두 사유의 흐름을 연결하고자 한다. "피조물의 자유가 갖는 역설은 먼저 하느님과 맞설 수 있는 자들만이 자기만의 자유로운 의지를 갖고 하느님을 위해 존재하기를 선택할 수 있다. 인간은 도덕적으로 하느님으로부터 자유 할 때만이 하느님을 위해 참으로 존재할 수 있으며, 따라서 먼저 하느님과 맞섬으로써만 독립적일 수 있다"(323). 왜 그런지는 분명하지 않다. 힉은 다음에 인용되는 진술 속에서 이에 대한 이유를 암시하고 있다. "하느님은 저항할 수 없이 크신 분이기에 하늘나라에 있는 하느님의 자녀들은 자발적으로 먼 나라에서 아버지께 돌아온 탕자들임에 틀림없다"(359). "먼 나라"란 개념은 "인식의 거리"의 필요성을 가리키는 말이다. 그러나 힉은 왜 먼 나라에 있는 사람들이 실제로 탕자여야 하는지는 설명하지 않는다. 그러므로 나는 힉이 하느님과 맞서는 자유의 필요성에 대한 그의 논증과 현실적 죄가 행복한 현실이라는 개념을 성공적으로 연결시켰다고 생각할 수 없다.

더 나아가 "그렇게 저항할 수 없이 크신" 하느님으로부터 "인식의 거리를 가질 수 있는 가능성"이 있는지 의심스럽다. 힉은 질문한다. "어떻게 자신의 존재를 위해 그리고 자신의 존재의 모든 힘과 특성을 위해 무한한 창조자에게 의존하는 유한한 피조물이 그의 창조자와의 관계에서 자신만의 자율을 가질 수 있겠는가?" 자율을 위해서는 거리가 있어야 한다고 제시한 다음 힉은 두 번째 질문을 한다. "어떻게 존재하는 것이 무한하고 전지한 분에게서 거리를 둘 수 있겠는가?"(317). 그는 공간적인 거리는 불가능하지만 인식의 거리는 필요하다고 대답한다. 인식의 거리가 필요하다는 말은 "인간을 둘러싼 환경이 인간의 주목을 강요하는 것과는 달리, 하느님의 실재를 인간에게 강요하지 않기 위하여 숨어 계시는 방법으로 인간에게 다가온다."는 의미이다(317). 힉은 "이것이 바로 하느님과의 관계에서 인간에게 보증할 수 있는 유일한 자유라고 결론한다. 곧 창조자를 인식할 수도 있고 인식할 수도 없는 순간의 가능성인 인식적인(cognitive) 자유이다"(317). 그러나 이 또한 문제를 안고 있다. 힉이 처음 제기했던 질문에서 알 수 있는 것처럼, 만일 유한한 존재가 "그 존재의 모든 힘과 속성"에서 하느님께 의존되어 있다면, 어떻게 하느님을 인식하는 문제와 관련해서조차 자유로울 수 있겠는가? 만일 유한한 존재가 하느님을 인식하지 않는다면, 이는 신성이 스스로를 숨겼기 때문이지 유한한 존재에게 하느님-인식의 힘이 주어지지 않았기 때문이 아니다. 그러므로 힉이 말하는 대로 인간이 하느님을 인식하지 못하는 삶을 시작해야 한다면, 피조물이 인식적으로 자유롭다고 볼 수 없다. 그리고 이처럼 인간이 하느님을 인식할 수 없음은 하느님에 의해 결정된 것이기 때문에 인간은 인식적으로 자유로운 것이 아니다.

이 비판의 요점은 힉이 두 입장 사이에서 혼동하고 있음을 보여주는 것이다. 한편으로 보면 힉은 순수 자유로운 인간의 실재가 있다는 것은 곧 하느님의 예지와 통제에 한계가 있음을 암시한다고 생각하는 것 같다. 또한 이러한 한계가 형이상학적 필연성에 기초되지 않고, 자발적인 자기-제한에 기인한 것이라면 "마니교의 이원론"은 설득력이 없다고 생각하는 것 같다. 이러한 생각들과 더불어 힉은 논리적으로는 아니더라도 도덕적으로 모든 인간이 결국 하느님께 돌아갈 것이 분명하다고 주장한다. "자유의지를 선물로 받은 피조물이 하느님을 사랑하고 순종하게 되는 것이 미리 정해진 것이라면, 엄밀한 의미에서 그 존재 안에 논리적 모순이 있는 것일 것이다." 따라서 어떤 사람들 혹은 심지어 모든 사람들이 저들의 자유를 가지고 하느님을 영원히 거부하는 것이 논리적으로 가능하다(379). 우리는 보편적 구원에 대한 실천적이며 도덕적인 확실성을 가질 수 있다(379f). 그러나 다른 한편으로 보면 하느님의 예지와 모든 사건을 통제한다는 사실은 세계 내 인간이 현존한다고 해서 제약을 받는 것은 아닌 것처럼 주장한다.

순수 악의 부정

결국, 하느님이 단순히 죄의 가능성보다 죄의 현실태를 수립했다는 힉의 관점은 이전 전통적인 유신론자들과 더불어 순수 악의 실재를 부정하고 있음이 분명하다. 만일 하느님은 악이 가능한 상황을 원하기만 하고, 실제로 피조물들이 하느님이 원치도 않았던 악을 만들어낼 만큼, 심지어 하느님이 기대했던 것보다 더 많은 자유를 가지고 있었다고 한 이전의 입장을 견지했더라면, 힉은 순수 악의 실재를 주장할 수 있다. 왜냐하면 악을 일으키는 자유는 선한 반면, 현실적인 자유의 행사는 그렇게 되어서는 안 되는 결과를 가져왔기 때문이다. 예컨대 그 자유를 현실적으로 행사하지 않았더라면, 모든 것을 고려해 볼 때, 세계가 더 좋았을 것이기 때문이다. 그러나 하느님이 도덕 악을 현실적으로 원하고, 하느님은 그 모든 것이 하느님의 결정에서 나온 것이기 때문에 그 모든 것을 미리 알았다고 한다면, 그리고 이 모든 것이 "축복받은 타락"(O felix culpa)의 원리에 의해 설명될 수 있다면, 드러난 모든 악이 순수하다고 주장하는 것은 불가능해 보인다.

힉은 순수 악의 실재를 아주 용감하게 주장한다. 앞서 살펴본 바대로, 힉은 "전혀 분명하게 악하고, 순수하게 악하며, 하느님의 뜻에 완전히 적의를 가진" 악에 대해 말한다. 어떤 악들은 "시간의 종말에 이르기까지 우주를 추하게 할 것이다." 그리고 그런 악들이 일어나지 않았더라면, "세계는 훨씬 좋은 세계가 되었을 것"이라고 말한다. 그러나 힉은 또한 자유를 지닌 하느님의 피조물들의 타락은 "하느님의 우주에 영원한 오점을 남길 수는 없음"을 암시한다(184). 우리는 이미 하느님이 "악이 없었더라면 좋았을 그 세계보다 그 악이 있음으로 오히려 더 좋은 세계를 가져오게 하려고" 도덕 악을 허락하였다는 힉의 주장을 살펴보았다(182). 그렇다면 악이 없었더라면 좋았을 세계란 어떤 세계일 수 있을까? 만일 아우슈비츠와 같은 최악처럼 보이는 악들이 일어나지 않았더라면 얼마나 더 좋을 수 있었을까? 힉의 입장에서 보면 이 최악으로 보이는 악들은 통제를 벗어난 것도 아니고, 하느님이 생각했던 것보다 큰 악들도 아니었다. 우리가 살펴 본대로, 힉은 "비-목적론적인" 악이 심지어 영혼-형성에 기여한 것으로 이해한다. 이렇게 함으로써 힉은 결국 비-목적론적인 악까지도 목적론적으로, 예컨대 (도구적인 면에서) 선한 것으로 이해하였다.

힉은 신정론에서 가장 어려운 문제가 악을 악으로서 진지하게 대면하는 것과 하느님의 궁극적인 전-책임성에 대한 인정을 융합시키는 일임을 인정한다. 다시 말하면, 도덕 악이 "실제 하느님 자신의 창조적인 사역의 피할 수 없는 결과라는 관점과 그렇지만 도덕 악은 하느님과 정말 반목의 관계라는 관점을 융합시키는 일이다(325, 388f). 그러나 이 두 관점 모두 성서에 기록되어 있는 것으로 융합되어야 한다(389). 이 두 관점을 융합하려는 힉은 악을 바라보는 두 관점을 구분한다.

> 인간 실존의 시련 속에서 경험된 악은 하느님과 그의 창조에게는 똑같이 아주 악의가 있고 적의가 있는 실재이다. … 다른 한편, 모든 시대와 역사를 열어가는 크고 계속적인 하느님의 목적의 실재를 믿는 살아있는 신앙의 관점에서 보면, 악이란 스스로 하느님을 위협할 만한 자격조차 갖고 있지 않다. (395)

그러나 이러한 구분은 악의 순수함을 말해주지 못한다. 왜냐하면 제한된 관점에서 볼 때, 악인 것처럼 보이는 자명한 악(prima facie evil)은 정확하게 말하면 "표면적 악"(only apparent evil)에 대한 정의이기 때문이다.

그러나 힉의 보다 근본적인 구분은 "현재의 임시적인 이원론"(present interim dualism)과 이 이원론 안에 자리하고 있는 "무제약적인 유일신론 신앙"(unqualifiedly monotheistic faith)의 구분이다(22). 그러나 이러한 구분 역시 악의 순수함을 지켜주지 못한다. 힉은 "지금 우리에게 궁극적 악이라고 위협을 주는 것이 종국에는 선이 가져오는 임시적인 악으로 판명될 것"이라고 주장한다(400). 그러나 이 궁극적인 도구적 가치가 현존하는 본래적 혹은 도구적 악보다 더 중요하다는 것 외에 무슨 의미가 있겠는가? 힉은 “하느님의 나라는 모든 일시적이고 유한한 악을 넘어서서 영원하고 선하기 때문에 영원한 나라”라고 주장한다(386). 그는 죄와 고통은 “실재하는 악이며, 이들이 하느님의 창조 목적에 봉사하게 될 때까지 악으로 남게 될 것”이라고 말한다(400). 그러나 최종적이고 궁극적인 시각에서 보면 죄와 고통은 악이 아니다. 그러므로 힉은 하느님의 목적의 완성과 관련하여 “어떤 것도 궁극적으로 아주 그리고 구원할 수 없을 정도로 악한 것은 아니라”고 분명하게 주장한다. “왜냐하면 모든 것은 다다르게 될 종말의 빛에서 보면, 새로운 의미를 얻게 될 것이기 때문이다”(399). 우리의 현재 경험의 시각에서 보면 악이 실재하는 악이 되지만, 미래의 완성의 시각에서 보면, 그 악이 무한한 선의 창조에 사용될 것이기 때문에 순수하게 악이라 할 수 없을 것이다(400). 물론 지금까지 설명한 이 모든 것은 “그토록 위대한 구원자의 공덕을 기리는 축복받은 타락”에 대한 힉의 해설이며(400), 또한 노르위치의 줄리안에게 “계시되었던 신비”에 대한 힉의 해설이다. “죄는 꼭 있어야 하지만 모든 존재는 잘 될 것이다. 그리고 모든 존재의 방식도 잘 될 것이다”(264, 325). 힉이 전제 5(도덕적으로 완전한 존재는 순수 악이 존재하지 않는 현실세계를 원할 것이다.)를 거부하려던 시도는 결국 전제 7(세상에는 순수 악이 존재한다.)의 거부를 의미하게 되었다.

신론 수정하기: 거부된 가능성

나는 힉의 신정론이 갖는 문제들 중 일부는 혼성 자유의지론에서 다뤄질 것이라고 언급하였다. 그리고 힉의 문제는 하느님이 현실세계를 완전히 통제할 수 있다는 생각에서 나온 것임을 언급하였다. 따라서 현실세계가 형이상학적 필연성에 의해 하느님과 맞서는 자기-결정성의 힘을 가진 존재들로 구성되어, 하느님이 일방적으로 모든 악을 예방하는 것이 논리적으로 불가능하다고 주장할 수 있다면, 힉이 안고 있는 문제들은 극복될 수 있을 것이다. 그러므로 힉은 이 입장이 “포괄적이고도 일관성 있게 확장된다면, 악의 문제를 해결하는 입장으로 발전할 수 있다.”고 주장한다(35). 그런데 왜 힉이 이러한 입장을 수용하지 않는지는 정말 질문으로 남는다. 힉은 이 입장은 기독교 신학의 입장에서 보면 "기독교 하느님 개념과 모순이 되는 단순하면서도 충분한 이유 때문에" 받아들일 수 없다고 대답한다(35).

힉은 혼성 자유의지론을 받아들일 수 없는 분명한 세 가지 입장을 제시하는 것처럼 보인다. 첫째, 힉은 혼성 자유의지론을 이원론이라 부르면서 이를 거부하는 이유는 "계시된 신학의 당연한 결과"(a corollary of revealed theology) 때문이라고 생각한다(35). 힉은 자주 "계시된 진리," "성서적 계시," "기독교 계시," "계시된 신학"이라는 말들을 사용한다(122, 129 f., 149, 185, 211, 255 f.). 그러나 그는 무엇을 계시된 진리라고 할 것인지 그 기준을 분명히 하지 않는다. 그는 성서 혹은 심지어 신약성서에 있는 모든 것이 계시된 진리라고 생각하지 않는다. 왜냐하면 힉은 원죄에 대한 바울의 가르침을 배격하기 때문이다(211). 종종 예수의 가르침은 최후의 계시인 것처럼 보인다. 그러나 힉은 예수께서 분명하게 가르쳤던 형벌의 교리를 거부한다. 힉은 지옥의 교리를 아무런 물음도 없이 "편안하게 주장할 수는 없다."고 제안한다. 또한 본문의 증언은 하느님의 주권적인 사랑이라는 "전체 예수의 가르침"의 빛에서 해석되어야 한다고 제안한다(382). 그러나 이러한 힉의 제안은 정확하게 "계시"가 무엇인지 결정하도록 하는 분명한 기초를 제시하지 않는다. 더욱이 신앙이란 "강요되지 않은 해석의 행위"이며(317) 종교적인 경험에서 나오는 것이라고 하는(281) 힉의 주장은 "계시된 신학"의 기반을 더 약화시킨다. 힉의 이러한 신학에 대한 주장은 인간의 신학이란 계시된 어떤 것이 아니며, 경험에 대한 인간적이고 오류 가능한 해석이라고 주장하는 것처럼 보인다. 물론 나는 힉이 이러한 평가에 동의할 것이라고 확신한다. 그렇다면 힉이 앞서 하느님의 섭리는 너무도 분명해서 타협 불가능하다는 표현으로 전통적인 유신론의 타당성을 변론하면서 하느님의 섭리의 본질에 대한 계시가 있었던 것처럼 말하는 근거는 무엇인가?

"계시된 신학"이 플라톤의 창조론과 같은 창조론을 배제한다고 말할 수 있는 근거는 무엇인가? 현실태로서의 현실태는 어느 정도 자기 결정성을 가지며 따라서 원칙상 다른 존재나 존재들에 의해 완전히 통제될 수 없다는 형이상학적 가르침의 허실은 누구에게서 배워온 것인가? 어쩌면 무로부터 창조 교리가 이 형이상학적 개념의 허실을 폭로한다고 할 수 있다. 그러나 이 또한 확실한 것이 아니다. 어떤 경우든, 왜 무로부터의 창조 교리가 계시된 교리로 생각되어야 하는지 물어야 한다. 바르트마저도 무로부터의 창조 교리가 창세기의 가르침이 아님을 인정한다. 힉은 하느님이 "하늘과 땅의 유일한 창조자이며, 보이는 것과 보이지 않는 만물의 유일한 창조자"라고 주장한다(35). 그러면서 니케아 신조를 언급한다. 그러나 논리적이며 형이상학적인 원리들과 같은 "보이지 않는" 것들을 하느님이 창조하였다는 것이 계시된 진리인가? 우리가 살펴본 대로, 힉은 분명 하느님이 논리적 원칙들을 어길 수 있다고 생각하지 않았다. 그러므로 힉은 분명 논리적 원칙들이 하느님의 뜻에 의존되어 있는 것으로 생각하지 않았다. 그러나 때때로 힉은 영원한 논리적 필연성에 대해 말하는 것은 비관적인 마니교의 이원론에 기우는 것이라 생각한 것 같다(170-173). "하느님이 자신의 절대적인 자유를 가지고 모든 피조물의 조건을 결정하였다."는(325 f.) 주장은 피조물의 조건들 중 얼마는 형이상학적이며 그렇기 때문에 선택을 넘어설 수 있다는 가능성을 배격하는 것처럼 보인다. 더욱이 힉은 악이 "형이상학적 필연성"으로 설명될 수 있다는 생각을 단호하게 거부한다(197). 예수의 가르침은 정확하게 요약될 수도 있고, 순수하게 계시로 받아들일 수 있는 것도 있다. 그런데 이 전체적인 예수의 가르침들 중에 이와 같이 미묘한 문제들에 대해 어떤 결정을 위한 기반을 세공하는 것이 있는가? 물론 이 질문은 수사학적 의미를 지닐 수 있다.

힉이 혼성 자유의지론을 반대하는 두 번째 이유는 "형이상학적으로 만족스럽지 못하다."는 "자연신학"의 주장에 의거한 것이다(35). 힉의 주장은 "하느님 자신을 제외하고 모든 것을 창조한 창조자"가 아닌 그런 하느님은 "영원히 자존하는 존재"일 수 없다는 가정에 기초한다. [그렇게 영원히 자존하는 존재가 아니라면], 우리는 누가 하느님을 창조하였는지 물어야 할 것이다(36). 그러나 힉은 여기 "하느님 자신을 제외하고 모든 것을 창조한 하느님"과 "영원히 자존하는 존재"라는 개념 사이의 관계를 보여주지 못하고 있으며, 실상 거기에는 어떤 관계도 존재하지 않는다. 하느님이 언제나 존재하였고 자존적(self-existent)이라는 개념에는 하느님이 자신을 제외하고 모든 것을 창조했다는 의미가 담겨져 있지 않다. 힉의 생각에 흐르고 있는 논리의 전개는 다음과 같은 것이다. 1) 자신을 제외하고 모든 것을 창조하지 않은 하느님은 "유한한 하느님"이다. 2) "유한한 하느님"은 모든 면에서 유한해야 한다. 3) 그러므로 그런 하느님은 자존적인 하느님이 아닐 것이다. 이렇게 전개된 힉의 논증은 불합리한 논증이다. 왜냐하면 두 번째 전제가 참이 아니기 때문이다. (Ⅲ부에서 하나의 교리를 소개할 터인데, 이 교리에 따르면 하느님은 어떤 점에서는 유한하지만, 다른 점에서 보면 무한하다.) 힉은 앞서 전개된 논증에서 전통적인 유신론자들이 분명한 어떤 신론을 "유한론"(finitism)이라고 치부할 때에 흔히 범하게 되는 철저하지 못한 논증의 한 범례를 보여주고 있다.

혼성 자유의지론에 기초한 하느님 이해를 거부하는 힉의 세 번째 이유는 기독교는 "인식할 수 있는 한 가장 완전한 하느님을 이해하고 예배하는 종교"라고 생각하기 때문이다(35). 힉은 브래들리(F. H. Bradley)의 진술을 흡족해 하면서 인용한다. "일단 하느님 안에 받아들여진 불완전이 우리의 개념에 맞는 바로 그 적절한 한계선에서 멈춰질 수 있다고 생각하는 것은 착각이다"(36).[6] 물론 힉은 여기서 자신의 신론은 "인식할 수 있는 가장 큰 것"이라 생각하였고, "유한론"이라 할 수 있는 교리는 당연히 하느님 안에 "불완전"을 내포하고 있다고 생각하였다. 나도 역시 안셀무스 계열의 하느님에 대한 형식적인 정의를 받아들인다. 악의 문제에 대한 형식 논리 전제 1(하느님은 완전한 실재이다.)은 바로 안셀무스의 하느님에 대한 정의에 기초한 것이다. 나는 Ⅲ부에서 힉과 다른 전통적인 유신론자들이 주장하는 하느님 교리가, 전혀 인식할 수 있는 것이 아니기 때문에, 인식할 수 있는 가장 큰 것이 아님을 안셀무스의 하느님에 대한 정의에 기초해 논증할 것이다.

6) F. H. Bradley, *Essays on Truth and Reality*(Oxford: Clarendon Press, 1914), 430.

제14장 제임스 로스 : 세계가 무대

스스로 스콜라주의 자연신학의 분석적 재구성의 서곡이라고 평가하는 『철학적 신학』(*Philosophical Theology*)[1]이라는 자신의 책 서문에서, 제임스 로스(James Ross)는 스콜라주의의 세 교리에 심정적으로 주목하는 이유를 소개하고 있다.

a) 정통 그리스도인들이 하느님의 속성을 가질 수 있는(어쩌면 갖는) 존재의 현존을 확증할 수 있기 위해;
b) 하느님의 힘이 논리적으로 가능한 것에만 제한된다고 인식하는 것은 모순이 없고 납득이 가기 때문이며;
c) 한편에서는 보편적인 인과성과 하느님의 절대적인 실체적 완전함과 도덕적 완전함 사이에 이론적 갈등이 없고, 또 다른 한편에서는 분명한 세계 악들의 실재와 전제된 인간의 자유 사이에 갈등이 없기 때문이다. (vii)

이 책에서는 위에서 제기한 세 교리 중에 b와 c 두 교리만 직접 다룰 것이다. 그러나 첫 번째 교리인 a도 로스가 관심하는 바를 강조하고 있으므로 다루기에 적합한 주제이다. a는 "하느님"에 대한 여러 가능한 개념들을 탐구하는 것이 아니라 "정통 기독교"가 정의하는 하느님 개념을 변호하고 있다(46). 이처럼 정통 기독교의 하느님 개념에 관심하는 것은 제 3의 교리와 관계된다. 왜냐하면 로스는 하느님의 힘과 선이 관계되는 방식을 이해하는 문제는 "하느님의 힘이나 그 밖의 것에 결함이나 결핍이 있다고 함으로써" 해결될 수 있는 것이 아니라고 주장하기 때문이다. "정통 교리는 하느님의 결핍이나 결함을 결코 인정하지 않는다"(46). 두 번째

1) James F. Ross, 『철학적 신학』 *Philosophical Theology*(The Bobbs-Merrill Company, Inc., 1969). 이번 장에서 인용한 책 쪽수는 바로 이 책에 인용된 것이다.

교리에서 진술하는 것처럼, 로스는 하느님은 논리적으로 가능한 모든 것을 할 수 있다고 주장한다. 하느님이 현실 세계와 관계하면서 얼마만큼의 능력을 갖는 것이 논리적으로 가능할 것인가에 관한 기본적인 형식 문제가 로스의 입장에서는 충분히 고려되지 않고 있음을 나는 지적하고자 한다.

두 가지 이유 때문에 로스의 입장에 대한 비판을 나는 전통적 유신론 비판의 핵심으로 받아들인다. 첫째, 로스는 그의 신정론에서 대부분의 이전 전통적인 유신론자들이 전제한 개념, 즉 제 1 인과성과 제 2 인과성의 구분이 피조물의 자유와 하느님의 충분한 인과성이 양립하도록 한다는 개념을 자신의 핵심 개념으로 분명하게 받아들인다. 둘째, 이 개념의 이해를 돕기 위해 전개한 로스의 논증은 이전 전통적인 유신론자들이 암묵적으로 제기했던 질문, 곧 세계가 하느님의 생각에 현실적인 것인지 아니면 단지 무대연극에 불과한 것인지의 질문을 분명하게 제기한다.

위에서 제기된 대로, 로스는 전통적 유신론의 하느님의 힘에 대한 교리를 수정함으로써 문제를 .해결하려 하지 않는다. 오히려 힘에 대한 교리가 있다면, 대부분의 전통적인 전능 교리가 의미하는 것보다 더 뜻을 분명하게 한다. 로스는 전능의 교리에 대해서 어떤 우발적인 사건이 일어나는지 그렇지 않은지는 그 사건을 하느님이 일어나도록 선택했는지 그렇지 않았는지와 같은 논리적 의미를 갖는 것이라고 정의한다. "하느님이 선택해서 그런 사건이 나온 것이고, 그런 사건이 나온 것은 하느님의 선택이다." 그리고 "하느님이 그렇게 선택했더라면 그렇게 되어야 한다." 더군다나 "어떤 것도 하느님이 그것을 뜻한 바가 아니면 그렇게 될 수 없다"(211).

로스는 하느님이 x를 선택한 것이 논리적으로 혹은 인과적으로 x가 일어날 수 있는 충분조건들을 제공한다고 주장한다. 이러한 로스의 주장은 하느님의 통치와 자유의지가 갈등이 있는 것처럼 보이게 한다는 강한 반대에 부딪히게 된다. 하느님의 선택이 어떤 행위의 충분인(sufficient cause)이 된다면, 어떻게 존스가 스미스를 자유롭게 살해할 수 있는가? 그리고 아무도 자유롭게 행동할 수 없다면, 도덕 악과 같은 것은 존재하지 않는다. 로스는 도덕 악은 자신이 해결할 수 있는 문제 중의 하나라고 생각한다.

세계 내 존재하는 악에 비추어 볼 때, 하느님의 선하심을 긍정하는 문제는 이 문제와 밀접하게 관계된다. 우리가 계속해서 확인하였듯이, 하나의 해결책은 악의 실재를 묵시적으로든 명시적으로든 완전히 부정하는 것이었다. 그러나 로스는 도덕 악과 물리적 악이 실재적이라는 가정과 갈등관계 속에서 하느님과 세계의 관계를 해석하는 것은 기독교 교리에 반대 될 뿐 아니라 "분명히 거짓된" 해석이라고 주장한다(253). 어떤 이들은 도덕 악과 물리적 악은, 이들 때문에 필연적으로 더 좋은 선을 가능하게 하기 때문에, 궁극적인 시각에서 보면 순수 악이 아니라고 주장할 수 있다. 그러나 로스는 이들의 주장을 모두 기각해 버린다. 하느님만이 절대적으로 우리가 세계에서 경험하는 아픔과 추함과 죄로부터 비롯되는 악을 없앨 수 있다. "창조 안에서 이루어야 할 목표는 이들 악이 현존하지 않는 세계 안에서 가능할 것이다"(237). "하느님은 피조물의 자연 활동에 간섭하지 않고 은총을 통해 모든 도덕 악을 피해갈 수 있었을 것이다"(245). "하느님은 삶을 통해 바르게 행동하고자 하는 사람들만 창조할 수는 없었다."고 생각하는 것은 설득력이 없다(238). 간단히 말해서, 이 세계는 모든 가능한 세계 중에 최상이 아니다. 그 이유는 주르네가 말한 것을 살폈듯이 그런 세계가 존재하지 않을 뿐 아니라(237, 286), 하느님이 더 좋은 세상을 창조할 수도 있었기 때문이다. 그리고 하느님은 어떤 희생을 치르지 않고도 혹은 도덕적인 오류 없이도 더 좋은 세상을 창조할 수 있었다(264). 그러므로 로스는 전제 3(전능한 존재는 일방적으로 순수 악이 존재하지 않는 현실세계를 만들 수 있다.) 과 전제 7(세상에는 순수 악이 존재한다.)을 분명하게 주장한다. 이러한 로스의 주장에 대해서 그렇다면 왜 하느님은 지금보다 더 좋은 세상을 창조하지 않았는가라는 질문이 일어난다. 이는 하느님의 도덕적 선에 어긋나는 것이 아닌가? 로스는 이러한 반대 의견에 충분히 반박할 수 있다고 생각한다. 또한 그는 "세계 내 실재하는 악에 기초하여 … 하느님의 도덕적 완전함에 대한 불신을 받아들일 수 없다."는 점을 충분히 보여줄 수 있다고 생각한다(249 f.).

인간의 자유와 하느님의 선 이 둘을 하느님의 전능과 융합시키려는 로스의 논증은 "실재의 다른 차원들"이라는 개념을 의미하는 "형이상학적 의존"(metaphysical dependence)의 개념을 중심으로 이루어진다. 로스의 논증에서 이 개념들이 가지는 중요성을 감안하여, 나는 로스의 정의 전체를 인용해 보겠다.

1) A라는 존재 계층의 구성원인 a가 존재하지 않는다면; 2) a가 B라는 존재 계층의 현존하는 구성원인 b를 내지 않는다면; 3) 그 구성원들과 보존하는 관계를 유지하지 않는다면; 그리고 4) B라는 존재 계층의 구성원들 중 누구도 a 혹은 A라는 존재 계층의 구성원이 혹은 1)과 2)와 3)의 관계에서 A의 구성원이 서있는 존재들의 어떤 계층의 어떤 구성원이 부여한 속성을 가지지 않는다면, b가 본질상 B라는 존재 계층의 다른 일원들은 존재하지 않는 방식으로 존재 계층 B에 속하고 또한 속하기만 한다면 b는 a보다 실재의 낮은 차원에 속한다. (254)

형이상학적 의존이란 "실재의 보다 낮은 단계의 한 존재가 그 존재를 낳고, 보존하며 그 존재의 속성을 결정한 보다 높은 단계의 한 특정 존재와 갖는 관계이다"(254). 정통 기독교가 정의한 대로 피조물-창조자 관계는 형이상학적 범주의 좋은 예증이 된다.

로스는 이러한 개념들이 스콜라주의 신학에서 전제하였던 인과성의 두 차원(two levels of causality) 개념을 분명히 하는 데 도움이 된다고 생각한다. 곧 "하느님은 그의 피조물들이 행하는 바의 충분인이다. 그러나 다른 의미에서 창조인(creature cause)은 또한 이미 이루어진 것의 충분인이다"(250).

형이상학적 인과율(metaphysical causality)과 자연적 인과율(natural causality)의 차이는 자유와 관련해 필연적으로 다루어져야 할 가르침이다. 왜냐하면 하느님의 인과율이 자연적 인과율과 같은 차원이라면, 하느님이 인간 활동의 충분인이라는 사실이 인간의 자유와 책임을 파괴할 것이기 때문이다(266). 그러나 하느님은 우리가 철저한 책임감을 갖고 해서는 안 될 것을 행하는 방식으로 우리의 죄 된 행위를 하게 함이 분명하다(253).

어떻게 이런 일이 있을 수 있는지 이해를 돕기 위해 형이상학적 의존의 잘 알려진 사례를 들어보자. 로스는 소설의 인물은 저자의 손에 달린 것이라고 주장한다. 인물이 벌이는 모든 자세한 활동은 저자가 결정한다. 그러나 그렇다고 해서 소설의 인물이 자유롭게 행동하지 않는 것은 아니다. 섹스피어의 선택은 오델로가 데

스데모나를 살해한 것의 충분인이었다. 그러나 이것이 오델로의 자유를 누그러뜨려서 그의 행위에 대한 책임을 면하게 하지는 않는다. 두 유형의 인과성이 관련되어 있기 때문에 (형이상학적 인과성의 차원에서) 총체적인 결정성이란 (자연적 인과성 차원에서) 자유를 배제하지 않는다.

두 유형의 인과성의 적용은 하느님의 예정과 인간의 자유의 문제를 다루는 데 매우 중요하다. 왜냐하면 여기 두 유형의 인과성 적용은 하느님의 예정과 인간의 자유가 양립 불가능함을 주장하는 원리에 반대하도록 하기 때문이다. 예컨대, "x가 자유로이 행동한다면, x는 형이상학적으로 뭔가에 의존한 것이 아니라는 원리를 반대하도록 하기 때문이다." 로스는 다음과 같이 주장한다.

> (만일 그 원리가 참이라면), 모든 인물은 [저자에] 의존적이기 때문에 자유로운 인물을 만드는 것은 불가능할 것이다. 그러나 우리는 이러한 주장이 거짓임을 안다. 이 주장이 거짓이라는 인식을 통해 우리는 형이상학적으로 의존적인 어떤 존재도 자유하지 않다는 그 전제가 거짓임을 안다. (258)

(실재하는 존재들에 한정되어 적용될 때 그 원칙은 참이라고 하는 "용이한 수정안"[facile amendment, 258 n]은 아래에서 논의를 거칠 것이다.)

로스는 형이상학적 의존의 개념은 전능한 하느님의 선과 물리적 악과 도덕 악의 실재 사이에 추정되는 갈등을 해결하기 위해 사용될 수 있다고 생각한다. 물리적 악에 대해서 유신론이 다음과 같은 전제를 필요로 한다고 생각한다.

> 피조물보다 높은 차원에 속하는 하느님은 자신이 행했던 것보다 낮은 차원의 도덕적 가치를 지닌 행동을 하지 않고도 피조물 안에 있는 모든 고통을 없앨 수 있었다. (263)

그러나 그런 힘이 있는 하느님이 아무런 힘을 행치 않는다고 불평한다면, 다음과 같은 원리가 필요하다고 로스는 주장한다.

도덕적 원리 1. 자신이 행했던 것보다 낮은 차원의 도덕적 가치를 지닌 행동을 하지 않고도 다른 존재들의 고통을 극복하거나 없앨 수 있는 어떤 존재는 그렇게 해야 한다. (263)

그러나 도덕적 원리 1은 다음과 같은 도덕적 원리 2를 요구하게 된다.

도덕적 원리 2. [행하지 않고도] 실재의 낮은 단계에 속한 다른 존재들이나 자기에게 형이상학적으로 의존해 있는 존재들 안에 있는 고통을 없앨 수 있는 어떤 존재는 그렇게 해야 한다. (263)

그러나 도덕적 원리 2는 참이 아니라고 로스는 주장한다. 왜냐하면 "섹스피어가 프랑스 파리의 파괴를 막았어야 했다는 것, 그리고 고통당하는 사자를 신중하게 생각하는 사람은 … 아무런 도덕적 죄를 범하고 있는 것이 아니라는 것은 거짓임을 우리가 인식하고 있기 때문이다"(264). 그러므로 물리적 악에 기초하여 하느님에게 책임을 물어야 한다는 원리들은 거짓으로 판명된다.

그러면 도덕 악은 어떤가? 도덕적으로 완전한 사람들은 중요한 가치를 상실하지 않고도 창조될 수 있었기 때문에, 도덕적으로 악한 존재가 되게 하는 하느님은 불완전하지 않은가? 이 논증에 "가장 그럴듯한 원리"는 다음과 같을 것이다.

도덕적 원리 3. 높은 단계의 존재가 낮은 단계의 존재가 자유롭게 행한 악한 행위의 충분인일 때, 높은 단계의 존재는 도덕적으로 불완전하며 그렇게 하지 말았어야 했다. (265)

그러나 로스는 "이 원리는 거짓임을 입증할 수 있다."고 주장한다(265). 만일 하느님이 우리의 죄에 책임이 있다면, 우리에게 책임 있는 것이 아니며 우리가 죄를 지은 것이 아닐 것이다. 이렇게 되면 결국 우리는 "하느님이 세상을 악하게 창조하지 않았음에도 불구하고, 하느님이 도덕 악을 지닌 세계를 창조했다는 이유만으로 하느님이 도덕적으로 결함이 있다."는 역설에 봉착하게 된다(265).

그러므로 악의 문제에 대한 로스의 해법은 전제 5(도덕적으로 완전한 존재는 순수 악이 존재하지 않는 현실세계를 원할 것이다.)를 부정하는 것처럼 보인다. 여기에 대한 나의 비판은 두 가지 요점에 맞추어 이루어 질 것이다. 1) 상상 속의 존재와 생각하는 이 사이의 관계가 세계와 하느님의 관계와 같은 계층에 놓여지는 한, 세계의 실재에 관한 의미는 받아들여질 수 없으며, 문제에 어떤 실제적인 해법도 주어지지 않는다. 2) 본질적인 면에서 이 관계들이 비슷한 것으로 받아들여지지 않는 한, 관계된 기본적인 용어들은 모호한 의미로 사용된다. 그러므로 이 용어들을 사용해 펼치는 주장들은 의미가 없게 되어 해법을 제시할 수 없게 된다.

로스는 "형이상학적 의존"을 세계와 하느님의 관계뿐 아니라, 사유와 사유하는 이, 꿈과 꿈을 꾸는 이, 상상 속의 존재와 상상, 소설속의 인물과 저자의 관계에 적용하는 방식으로 정의한다(255 f.). 그러나 이 모든 관계들이 같은 계층에 속한다고 한다면, 세계와 하느님의 관계를 고려해 볼 때, 세계가 하느님의 생각 속에서 하나의 개념이 되는 상황이 되는 것을 의미하는 것 아닌가? 로스는 기독교 정통의 입장을 옹호하는 데 관심한다. 그러나 세계가 하느님과의 관계에서 실재를 갖는 것이 아니라 생각 속에 있는 하나의 개념에 지나지 않는다고 하는 것이 정통의 의도를 잘 표현한 것이겠는가? 로스가 자신의 두 가지 유형의 인과성을 설명할 때 주저하지 않고 버클리(Berkeley)의 두 유형과 비교했던 것은 잘 알려진 바다. 그래서 로스는 형이상학적 인과성을 생각과 개념의 관계에 비교하였고, 자연적 인과성은 개념들 사이의 관계에 비교하였다(260).

사유와 사유하는 자 간의 관계와 피조물과 창조자의 관계 사이에 본질적인 차이가 없다면, 이미 알고 있는 형이상학적 의존의 사례들을 근거로 기술된 인간의 자유와 하느님의 선에 대한 로스의 모든 논증은 이해가 된다. 그러나 자유와 도덕악의 실재는 이론적으로 정립되지 않는다. 어떤 의미에서 소설 속의 인물이 자유를 가지는가? 분명 우리가 오델로의 자유의 영역을 논할 분별력을 갖고 있다. 그렇지만 우리는 그가 소설 속의 인물이 아니라 현실적인 인물이었다면 오델로가 얼마나 자유로웠을까라는 물음을 회피할 수 없음을 알고 있다. 섹스피어와의 관계에서 우리는 오델로가 자유가 없다고 실감한다. 이것은 주제와 직접 관계된 것이다. 오델로가 데스데모나를 죽여야 한다고 섹스피어가 결정하였다면, 오델로는 섹스피어가 결정한 것 외에 다른 일을 할 수 없었다. 마찬가지로 존스가 스미스를 죽이도록 하느님의 결정이 내려졌다면, 존스는 다른 것을 선택할 수가 없는 것이다. 문학은 형이상학적 인과성이 로스가 정의한 방식을 따라 실제 자유와 일치하고 있는 것이 아님을 보여주고 있다. 만일 하느님이 우리 행위의 충분인이라면, 우리는 실제로 자유롭게 행동하지 않는다.

물론, "자유"라는 용어는 여러 방식으로 정의되었다. 앞 문단에서 제시된 대로, 이전과 똑같은 조건을 갖고, 같은 시간과 공간에서 다른 결정이 이루어질 수 있는 상황에서 이루어진 인간의 결정은 그 결정에 대한 책임이 요청된다는 의미에서 자유로운 것이다. 하느님의 자유를 논할 때, 로스는 "우리가 실제로 행한 것과는 다른 가능성, 즉 다르게 행동했었어야만 했을 논리적 가능성이 우리의 행위를 자유로운 행위로 만들어주는 논리적 필연 조건"이라는 사실을 일반 원리로 받아들이는 것 같다(280). 그러나 하느님의 인과성에 대한 로스 자신의 체계적인 설명에 따르면, 하느님이 존스가 스미스를 칼로 찌르는 것을 원한다는 것은 논리적으로 존스가 스미스를 칼로 찌를 것임을 의미한다. 그러므로 존스가 실제로 행한 것과는 다른 어떤 일을 했어야만 했다라고 하는 것은 논리적으로 가능하지 않다. 따라서 존스는 자유롭게 행동한 것이 아니다.

로스는 그렇게 존스로 하여금 스미스를 살해하게 했지만 존스의 뜻에 거슬려서가 아니라 존스 맘대로 스미스를 살해하게 한 것이기 때문에, 존스가 스미스를 살해한 것은 자유롭게 살해한 것이라고 주장한다(212). 로스는 이처럼 자유가 허용된 행위가 도덕 악이 된다고 생각한다. 왜냐하면 여기에서 자유가 허용된 행위는 "행위의 자발성이 무너지지 않는 조건에서" 지성을 가진 존재에 의해 이뤄져야 하기 때문이다(252). 그러나 이러한 논리적 전개는 뜻함과 행함 사이의 인위적인 구분에 의존하다. 그래서 "칼로 찌름"은 행위라고 할 수 있지만, "칼로 찌르기로 결정함"은 행위가 아니다. 여기서 중요한 질문은 존스가 스미스를 죽이려는 생각을 한 것 외에 다른 것을 할 수 있었을까 하는 점이다. 하느님이 그 결정에 영향을 미치고 있었다고 생각해 본다면, 대답은 부정적일 수밖에 없다. 그리고 하느님이 다르게 뜻하였더라면, 존스가 다르게 행동했을 것이라고 말하는 것도 적절치 않다. 왜냐하면 하느님의 보편적인 예정의지가 있다고 한다면, 인간이 자유를 가지고 있다고 할 수 없기 때문이다.

로스는 자신의 말대로 사람들이 하느님과의 관계에서 도덕적 책임성이 요청된다는 의미에서 자유 함을 보여주지 못했기 때문에, 로스의 도덕 악에 대한 전체적인 논의는 근거가 없는 것이다. 우리가 살펴본 것처럼, 로스의 논증은 도덕적 원리 3이 자신에 반대하는 자들이 전제하는 중심적인 논증 내용임을 보여주는 것이다. 그리고 하느님이 사람들로 하여금 죄를 짓게 하였기 때문에 도덕적으로 불완전하다는 입장은 도덕적 원리 3의 귀류법(reductio ad absurdum)을 구성하는 역설을 보여주는 것이다. 그러나 도덕적 원리 3은 결코 전통적인 유신론의 반대자들이 사용하고자 했던 원리가 아니다. 왜냐하면 도덕적 원리 3의 의미가 부정되기 때문이다. 어떤 존재가 또 다른 존재의 "자유로이 행한 악한 행위"의 충분인이라고 말하는 것은 앞뒤가 맞지 않는다. 로스의 노력에도 불구하고, 어떤 존재가 다른 존재의 악행의 충분인이라는 논리를 이해 가능한 개념으로 만들지는 못했다.

죄와 관련하여 전통적인 유신론에 대한 실제적인 반대는, 하느님이 죄를 짓게 하였기 때문에 책임이 하느님께 있다고 하는 것을 반대하는 것이 아니라, 하느님의 뜻을 위반한 것으로 정의되는 실제적인 죄란 불가능하다고 하는 것을 반대한다. 그러므로 전통적인 유신론은 하느님의 전능과 인간의 죄 둘 다를 말한다는 점에서 자기-모순적(self-contradictory)이다. 그러므로 로스는 귀류법을 잘못 사용한 것이다. 사람들이 짓는 죄에 하느님이 책임이 있느냐 하는 질문은 하느님이 죄를 짓도록 한 사람들에게 벌을 내린다는 교리와 관련해서만 물어진다. "죄 때문에 존재들을 저주하는 어떤 존재는 도덕적으로 불완전하다."는 원리는 의문에 놓이게 된다(267). 로스는 이러한 반대에 대해 통명스럽게 대답한다. 로스는 완전한 존재는 정당하게 저주받은 존재들을 창조할 수 있다고 주장한다. 그러나 로스는 모든 면에서 "정당하게 저주를 받음"이라는 개념을 의미 있게 만들어주는 자유를 갖고 있음을 보여주지 못했다. ("왜 어떤 사람은 자신의 죄악에도 불구하고 저주를 받지 않았는가? 왜 맥베스는 살인을 했음에도 불구하고 저주를 받지 않았는가?) 이러한 로스의 수사학적인 질문들은 사람들이 하느님과의 관계에서 극중 인물이 극작가와의 관계에서 갖는 자유와 동일한 자유를 갖고 있다고 생각하고 있는 것임을 보여준다. 예컨대 로스는 사람들이 하느님과의 관계에서 어떤 자유도 없다고 생각하고 있는 것이다.

하느님의 선과 물리적 악의 실재를 융합시키려는 로스의 노력은 더 이상 성공적이라 볼 수 없다. 우리가 살펴본 대로, 도덕적 원리 2가 갖는 일반적인 타당성을 로스가 반박하는 것은 소설가가 소설 속의 인물을 고통당하게 한다고 해서 악한 것이 아니며 혹은 한 사람이 사자가 고통당하는 것을 상상하는 것이 악은 아니라는 사실에 기초한 것이다. 그러나 상상 속의 존재들은 이들이 실제로 자유를 가진 때보다 실제 더 고통을 당하지는 않는다. 따라서 로스는 도덕적 원리 2가 의미 있음을 보여주지 못하고 있다. 따라서 도덕적 원리 1이 여전히 논리의 타당성을 갖게 된다.

또한 로스가 하느님과 우리가 살고 있는 세계 내에서의 고통의 관계를 어떤 사람과 상상 속에 그려진 존재들의 "고통"의 관계와 본질적으로 동일하다고 본다면, 로스 자신이 분명하게 진술했던 것과는 반대로, 우리의 고통이 하느님의 관점에서 보면 실제 사실이 아니라는 점을 암시하고 있는 것이다. 때문에 우리가 경험하는 고통은 순수하게 악한 것이 아니다. 그러므로 그의 논증을 위해서는 이들 관계들이 본질적으로 동일한 것이라고 생각해야 한다. 왜냐하면 본질적으로 다른 두 관계들은 동일한 유형의 관계들 예컨대 동일한 종류의 "형이상학적 의존"의 관계들로 분류될 수 없기 때문이다. 두 관계들이 본질적으로 동일한 것으로 여겨질 때에만, 사유하는 이와 사유에 기초된 예증들은 하느님과 세계의 관계에 대한 질문에 적절성을 갖는다.

그러나 로스는 독자들이 실제의 존재와 상상의 존재 사이에는 본질적인 차이가 있다고 주장할 것임을 알고 있다. 그리고 이제까지 논의된 도덕적 원리들은 실제적 존재들에게만 적용해야 한다고 주장할 것임을 알고 있다. (로스가 "실제적"[real]이라는 말로 표현한 것을 나는 "현실적"[actual]이라는 말로 표현할 것이다.). 예컨대, "x가 자유로이 행동한다면, x는 형이상학적으로 뭔가에 의존한 것이 아니다."란 전제에서, x는 사실 존재를 나타낸다고 우리는 주장할 수 있다. 그렇다면 도덕적 원리는 이렇게 표현되어야 한다.

> 도덕적 기본 원리: 어떤 희생이나 도덕적 결함이 없이 다른 실제의 존재들의 악한 행위와 고통을 없애거나 피할 수 있는데 그렇게 하지 않는 존재는 도덕적으로 불완전한 존재이다. (264)

로스는 도덕적 원리들을 실제의 존재들에 제한시키는 것을 "용이한 수정안의 오류"를 예증하는 것이라 생각한다. 그래서 로스는 자신의 논증에서 의도적으로 시도해 본 경우를 제외하고는 이러한 제한이 있어야 할 이유를 찾지 못한다(269). 이런 맥락에서 본다면, 로스가 실제로 현실 존재와 이상 존재의 차이를 그렇게 하찮은 것으로 생각했다고 보기는 어렵다. 어떻든 로스가 이 문제를 다루는 과정이 다소 일관성이 없어 보인다. 한편으로는 로스가 연관된 관계들의 유형들 사이에 본질적인 차이가 있다고 주장하는 것처럼 보인다. 예컨대 그는 상상의 존재들과 그 저자들의 관계와 세상과 하느님의 관계 사이에 유사함이 없다고 주장한다. 그러나 같은 문단에서, 로스는 하느님이 악을 일으켰기 때문에 하느님의 책임을 묻는 도덕적 원리들(1, 2. 3)은 "저자-책 속의 인물 그리고 꿈꾸는 자-꿈의 사례들"은 의존관계의 조건들을 충족시키는 상대 예들이기 때문에 "분명 거짓된 것이라"고 주장한다(269). 이 논증은 적어도 이들 관계들과 하느님-세계 관계 사이의 유비를 전제한다. 로스는 이들 관계가 "평행선"을 이룬다고 주장한다. 그런 후 로스는 "문학과의 유비로부터 도덕적 원리 2가 거짓이라는 주장을 지지하는 귀납적인 증빙"에 대해 말한다(264 f.). 이번 문단에서 보여주듯이, 전체 논의를 통해 일관성이 없이 혼동의 모습을 보이는 현상은 후에 더 논하기로 하겠다.

로스가 대답하고자 하는 것은 먼저 "용이한" 제한을 허용하고, 다음으로 그 제한을 옹호하는 자들을 질문을 구걸하는 자들이라 비난하는 것이다. 자유의 문제에 대해서는 로스가 다음과 같이 주장한다.

> 일반적으로 "하느님이 존재한다."라는 명제의 일관성을 인정한다면, 실제의 존재들의 속성에 대한 형이상학적 인과성이 유일하게 가능한 경우는 하느님의 인과성의 경우라는 사실을 받아들이게 된다. (258)

바로 위에 정리된 로스의 주장은 앞서 진행했던 논법과 상당한 긴장관계를 갖는다. 위에서 언급하였듯이, 지금까지 로스의 전체 논증은 하느님-세계 관계와 사유하는 이-사유 관계 사이에 본질적인 차이가 없다는 점에 기인한다. 이들 두 관계는 "형이상학적 의존" 관계의 실례들임이 분명하다. 그러나 이제 로스는 실제의 존재들과 가능한 존재들 사이에 얽혀져 있는 차이 때문에, 이들 사이에 본질적인 차이가 있음을 인과적으로 암시하고 있다. 여기 암시되어 있는 차이가 본질적인 차이가 아니라면 무슨 차이일 수 있을까? 더욱이 로스가 자신의 입장을 거부하기 위해서는 우리가 질문을 구걸하는 일에 빠지게 될 것이라고 거듭 주장함에도 불구하고, 그는 분명 질문을 구걸하고 있다. 왜냐하면 문제의 요점은 "실제적 존재들이 갖는 속성들의 형이상학적 인과성"이 "가능한 경우" 인가를 묻고 있기 때문이다. 곧 "일반적으로 받아들여진 것"과는 상관없이 "실제의 존재들이 갖는 속성들의 형이상학적 인과성이 가능한 경우인가"라는 질문이 바로 논점이 되기 때문이다. 나는 힘의 요인이 "실제의 존재"의 개념에 수반되기 때문이라고 주장할 것이다. 그러므로 로스가 정의한 대로, 세계의 존재들이 형이상학적으로 하느님께 의존되어 있다면, 이들 세계의 존재들은 자신만의 힘을 갖지 않는다. 만일 이들이 힘이 없다면, 이들은 현실태를 갖고 있는 것이 아니다.

로스의 입장이 질문을 구걸한다는 것은 그가 형이상학적으로 의존적인 존재가 자유를 갖는다고 주장할 때 더욱 분명해진다. 만일 하느님이 존스의 행위의 충분인이라면, 존스가 자유롭게 행동했다고 말하는 것은 논리에 맞지 않는다. (여기서 "자유롭게"라는 말은 책임을 수반한다는 의미이다.). 이러한 도전에 대해 로스는 어떻게 대답할까? 이 도전에 질문하는 과정이 곧 질문을 구걸하게 되는 과정이 된다. 왜냐하면 당연히 요청된 논리의 불일치의 연역은 결코 로스의 대답을 지지하지 않기 때문이다(259). 그러나 요청되는 것은 분명 정교한 연역이 아니라, 어떻게 정의를 내리느냐에 대한 질문이다. 예컨대, 만일 어떤 실제의 존재가 자유롭게 행위 한다면, 그 행위는 전혀 다른 어떤 것에 의해 결정되는 것이 아니다. 로스는 상상의 존재들의 행위와 관계된 자유와 결정성을 설명하는 자신의 이전 예증들을 언급함으로써 이 문제를 아주 충분하게 대답한다(259). 이 문제와 관련하여 질문을 구걸하는 순환이 계속된다. 왜냐하면 당면한 문제는 세계의 존재들이 실제의 존재들이라면, 실제의 존재 대 하느님의 관계와 상상의 존재 대 생각하는 이의 관계의 유비에 대한 어떤 근거가 있는지 질문이 생기기 때문이다. 우리는 실제의 존재들과 관계된 특정 원리들이 참인지의 주장을 반박하는 데 상상의 존재들과 관계된 예증을 사용하는 것이 적절할 수 없다고 생각한다.

로스는 하느님의 예정과 인간의 자유가 양립할 수 없다는 반대자의 주장은 귀납적인 증거를 갖고 있지 않다고 주장한다(253). 그러나 귀납적 증거를 찾는 일은 논리적 일관성과는 전혀 상관이 없다. 물론 논리적 일관성이나 논리적 모순을 결정하는 것은 연관된 중요 용어들을 분명하게 사용하는 것에 달려 있다. 실로 로스의 문제는 결국 단어사용이 모호한 데 있다고 할 수 있다.

이러한 사실은 실제의 존재들만을 언급함으로써 관련된 도덕적 원리들을 이해하면서 악의 문제를 해결하려는 로스의 노력에서 잘 나타난다. 우리가 앞서 보았듯이, 도덕적 기본 원리는 다음과 같이 정의된다.

> 도덕적 기본 원리: 어떤 희생이나 도덕적 결함이 없이 다른 실제의 존재들의 악한 행위와 고통을 없애거나 피할 수 있는데 그렇게 하지 않는 존재는 도덕적으로 불완전한 존재이다. (264)

그러나 로스는 도덕적 기본 원리는 다음과 같은 필요의 원리(needed principle)를 포함하지 않는다고 말한다.

> 도덕적 필요의 원리: 어떤 희생이나 도덕적 결함이 없이 형이상학적으로 어떤 실제 존재에 의존적인 (다른) 실제의 존재들의 악한 행위와 고통을 없애거나 피할 수 있는데 그렇게 하지 않는 어떤 실제의 존재는 도덕적으로 불완전한 존재이다. (269)

다시금 로스는 여기 도덕적 필요의 원리를 질문-구걸의 원리로 본다. 왜냐하면 하느님만이 다른 실제의 존재들이 형이상학적으로 의존하는 유일한 존재이므로 이 필요의 원리가 적용될 수 있는 존재는 하느님뿐이기 때문이다. 그러므로 도덕적 필요의 원리는 하느님의 도덕적 불완전함을 연역하는 전제로 사용될 수 없다.

이러한 주장에 답하여, 로스는 도덕적 원리 2를 실제의 존재들에게만 제한시킨 도덕적 필요의 원리의 의미를 주장함으로써 다시금 질문을 구걸하고 있다고 할 수 있다. 그러나 로스가 주장하는 것처럼, 도덕적 원리 2를 실제의 존재들에 제한시키기를 원치 않는 전통적인 유신론 비평가는 도덕적 원리 2를 실제의 존재들에게 전혀 적용할 수 없다고 생각한다. 특별히 나는 "형이상학적으로 의존적인 실제의 존재들"의 "악한 행위"에 대해 의미 있게 말할 수 없다고 생각한다. 로스 자신이 주장하는 대로, 누군가 악한 행동을 하기 위해서는 자유롭게 행동해야 한다. 그러나 우리가 위에서 논한 것처럼, 누군가가 그의 행위의 원인이라고 하면서 그 행위를 일으키는 자가 또 다른 존재라고 한다면 자기-모순적(self-contradictory)이 된다.

예컨대 "원인"이라는 용어가 의미의 일관성을 가지고 사용된다면, 로스의 주장은 자기-모순적이 된다. 그러나 로스는 "원인"이라는 용어를 일관성 있게 사용하지 않는다. 그러므로 로스의 전체 논증은 결국 모호함에 빠지게 된다. 로스는 우리가 다른 종류의 충분인들에 대해 말할 때는, 어떤 사건을 위해 단지 하나의 충분인만이 존재할 수 있다는 일반적인 타당한 원리가 꼭 들어맞는 것은 아니라고 주장한다(262). 그리고 그는 존재들이 실재의 다른 차원들로 이루어질 때, "인과성"(causation)이라는 용어가 애매한 용어가 된다고 분명히 말한다(265). 일반적으로 이 말은, 비록 우리가 표현한 것이 부분적으로는 동일한 의미로 부분적으로는 다른 의미로, 예컨대 "유비적"으로 사용될 수 있음에도 불구하고, 인과성이라는 용어는 두 개의 완전히 다른 의미로 사용된다는 것을 의미한다. 그러나 이전의 해석을 로스의 말로 할 필요가 있다. 왜냐하면 로스는 우리의 도덕적 경험이 도덕적 기본 원리를 확증하지만, 도덕적 기본 원리는 도덕적 필요의 원리를 수반하지 않는다고 주장하기 때문이다.

도덕적 필요의 원리가 도덕적 기본 원리에서 나온다고 말하는 것은 "배제하다."(preclude)와 "피하다."(avoid)라는 말과 관련하여 "원인이 되다."(cause)라는 용어를 모호하게 사용하기 때문이다. 배제(precluding) 혹은 원리를 얘기할 때는 자연적 인과성을 필요로 하는 경험들에 기초한 것이다. 보다 강력한 도덕적 원리 2가 타당성을 잃을 때, 예컨대 의존적 존재들이 실제의 존재들에 제한되지 않게 될 때, 어떻게 우리가 더 이상의 논증 없이 형이상학적 인과성을 포함하는 하나의 원리로 방향을 돌릴 수가 있는가?(269 f.).

로스는 자신이 언어 사용의 모호함에 빠져 있으면서, 자기와 반대하는 사람들이 언어 사용의 모호함에 빠져 있다고 비난한다. 왜냐하면 로스 자신이 두 종류의 인과성이 있다고 주장하고 있기 때문이다(참조. 250, 233, 262) 그러나 우리가 "형이상학적 인과성"이 무엇인지에 대한 개념을 가지려면, 형이상학적 인과성과 우리의 직접적인 경험으로부터 이해하는 자연적 인과성 사이에는 뭔가 유사성이 있어야 한다. 그러므로 하느님의 인과성과 자연적 인과성에 유사성이 있다면, 도덕적 필요의 원리가 도덕적 기본 원리에서 나온다고 할 수 있다.

그러므로 로스는 다음과 같은 딜레마에 빠져 있다. 예컨대 도덕적 필요의 원리에서 인과적 용어들이 의미 있게 사용된다면, 도덕적 필요의 원리는 도덕적 기본 원리와 마찬가지로 참이 된다. 그러나 도덕적 필요의 원리에서 인과적 용어들이 의미 있게 사용되지 않는다면, 도덕적 필요의 원리는 도덕적 기본 원리에서 벗어나지 못하게 된다. 도덕적 필요의 원리에 대응하는 다른 가능성은, 전혀 일관성이 없는 것으로, 도덕적 기본 원리로 되돌아가 하느님의 선을 근본적으로 반박하는 것이다. 다시금 도덕적 원리가 담겨있지 않는 사례들에 대한 위의 인용이 제기하는 로스의 주장은 적절하지 않다. 왜냐하면 위의 사례들은 상상의 존재들에 대한 사유와 관계되어 있고, 로스가 고려하고자 하는 문제는 문제의 도덕적 원리들이 현실적 존재들에 제한되게 될 때 그 타당성을 묻는 문제이기 때문이다. (로스는 실제의 존재들에 제한되지 않는 도덕적 원리를 형성하는 도덕적 원리 2를 "보다 강력한 규정"으로 생각하려 했기 때문에 로스가 언급한 위의 사례들은 분명 적절치 못한 것이다.)

나는 이제 로스가 하느님의 전능과 인간 자유의 실재가 양립함을 충분히 논증하지 못했거나 아니면 하느님의 전능과 (순수 악의 실재를 인정하는) 하느님의 선이 양립함을 철저하게 논증하지 못했다는 점이 분명해졌다고 생각한다. 로스의 논증은 질문-구걸, 반복적인 순환, 애매모호함으로 인해 설득력이 없다. 로스는 도덕악에 전제된 조건들을 다루는 중에 인과적 용어들을 애매모호하게 사용하였다. 앤토니 플루(Antony Flew), 월리스 맛손(Wallace Matson) 같은 철학자들과는 다르게, 로스는 사람에게 영향을 주는 자연적 원인들이 그 행위를 결정한다면, 한 사람의 행위가 자유하고 그래서 자신의 행위에 책임이 있다고 주장하는 것은 논리적으로 일관성이 없다고 생각한다. "대개는 A가 B로 하여금 x를 하도록 한다면, B가 죄를 지은 책임을 지지 않는다"(265). 이 때문에 하느님의 인과성은 자연적 인과성과는 다른 차원에서 이루어져야 한다. "논리적으로는 다양한 종류의" 인과성이 있어야 한다(250, 253). "충분성의 종류"에 차이가 없다면, 모든 사건의 충분인은 오직 하나일 수 있다(262). 이 말은 결국 로스가 인과적 용어들을 애매모호하게 사용한다는 말이 아닌가? 왜냐하면 "충분인"이 보통 무엇을 의미하는지 생각해 본다면, 로스의 주장은 다음과 같은 의미로 해석될 수 있다. 곧 하느님께 적용된 "원인"이라는 용어가 유한한 존재에 적용된 그 의미와 전혀 관계가 없다면, 모든 사건은 오직 하나의 충분인만을 가질 수 있다.

여기서 로스는 하느님의 인과성과 인간의 인과성에 대해 사유하는 두 방식 사이에서 오락가락하고 있는 것이다. 때때로 로스는 우리의 경험에 기초를 둔 의미 있는 방식으로 하느님의 인과성에 대해 생각한다. 우리는 본질적으로 하느님의 인과성을 우리 자신의 상상 속에 있는 피조물에 대한 우리의 인과성과 똑같은 것으로 생각한다. 로스는 이런 사유의 맥락을 따라 의미 있는 방식으로 하느님의 전능에 대해 말할 수 있었다. 하느님의 인과성 개념이 하느님이 x를 원하면 x가 일어날 것이라는 의미로 정의될 때, 하느님의 인과성 개념에 사실적 의미가 주어진다. 왜냐하면 우리는 우리의 상상 속의 존재로 하여금 우리가 원하는 대로 "하도록" 할 수 있기 때문이다.

물론 이러한 논리의 명료성(intelligibility)은 큰 희생을 요구한다. 왜냐하면 논리적 명료성을 추구하다 보면 인간의 자유와 도덕 악을 말할 수 있는 근거가 없기 때문이다. 만일 하느님의 인과성이 생각과 생각의 개념 사이의 인과성과 같다면, 우리 인간의 인과성은 개념들 사이의 인과성과 같은 것이다. 예컨대 우리 인간의 인과성은 전혀 인과성이 아닌 것이다. (우리는 때로 하나의 개념이 다른 개념의 원인이 되는 것으로 생각 없이 말할 수 있지만, 생각해 보면, 거기에는 이상적인 존재와 반대되는 현실적 존재를 갖는 작인이 언제나 연관되어야 함을 인식한다.) 결국 논리의 명료성(이해할 수 있음)은 현실세계가 없다는 결론을 낳게 된다. 왜냐하면, 만일 세계와 하느님의 관계가 본질적으로 연극과 극작가의 관계와 동일한 것이라면, 궁극적인 진리의 기준으로 생각되어야 하는 하느님의 관점에서 보면, 세계는 현실적 존재를 갖지 않기 때문이다. 어떤 동양 사상이 가르치는 것처럼 세계는 하느님의 "연극 무대"(play)이다.

따라서 로스는, 악의 실재를 원치 않았지만, 실상은 악의 실재를 원하는 결과가 되었다. 왜냐하면 세계가 현실적이 아니라면, 세계 안에 현실적 죄나 고통이 있을 수 없다. 그러므로 로스는 실제로 현실세계에 대해 말하는 것이 아니었기 때문에, 전제 5(도덕적으로 완전한 존재는 순수 악이 존재하지 않는 현실세계를 원할 것이다.)를 부인하지 않았다. 이전 전통적인 유신론자들이 그랬던 것처럼, 겉으로 보기에 전제 5를 부인한 것은 실제로 전제 7(세상에는 순수 악이 존재한다.)을 부인한 것이었다.

때로 로스는 우리를 현실적 존재들로 생각한다. 따라서 우리가 실제적인 인과성을 사용한다고 생각한다. 그러나 로스는 인과적인 용어들을 우리들에게 의미 있는 것으로 적용함으로써, 하느님에게는 의미 없는 적용을 해야 했다. 로스는 사건들의 우발적 상황을 일으키는 하느님의 선택의 충분성은 "하느님이 행사하는 영향과 우리가 일상생활에서 미치는 영향과는 질적으로 아주 달라야 함"을 요청한다고 주장한다(271n). 하느님의 영향과 우리의 영향은 전혀 달라야 한다. 로스가 하느님-세계의 관계가 사실 저자-극중 인물의 관계와 갖지 않음을 인정한다면, 하나의 행동에 두 "충분인"이 있을 수 있다는 통찰을 제시할 수 있다고 로스 자신이 생각했던 유일한 유비적인 근거를 스스로 파기하고 있는 것이다.

앞 장에서 살펴보았듯이, 인간 자유의 실재를 주장했던 모든 전통적인 유신론자들은(루터 외에는) 하느님과 피조물의 인과성을 제 1 인과성과 제 2 인과성이라는 구조로 설명함으로써, 하느님의 인과성이 모든 사건 발생에 충분인임에도 불구하고, 피조물들도 의미 있는 인과성을 가질 수 있다고 다소 분명하게 주장하였다. 이러한 로스의 사상에 대한 분석은 하나의 사건에 대한 두 충분인 개념이 받아들여질 수 있는 유일한 길은 세계가 하느님과의 관계에서 비-현실적으로 생각될 경우, 하느님의 생각에 있는 단순한 개념으로 생각될 경우에 가능하다는 사실을 시사해

주고 있다. 따라서 로스는 전제 3(전능한 존재는 일방적으로 순수 악이 존재하지 않는 현실세계를 만들 수 있다.)을 말로만 긍정한다. 왜냐하면 현실세계에 대해 말로만 주장하고 있기 때문이다. 나는 이러한 현상이 로스에게만 나타난다고 생각하지 않는다. 다만 로스에게서 더욱 분명하게 나타난다고 말하고자 하는 것이다. 모든 전통적인 유신론자들은 묵시적 혹은 명시적으로 모든 인과성을 하느님께 돌리고, 기껏해야 말로만 힘과 현실태를 세계에 돌려줌으로써 사실상 세계의 현실태를 부인하였다.

나는 자유와 악과 상관된 문제를 로스가 어떻게 다루었는지 그 본질적이고 실체적인 요인들을 살펴보았다. 그러나 여전히 비판을 받을 여지가 있는 요인이 하나 있다. 그것은 "자연신학" 혹은 "철학적 신학"의 과정과 관계되는 형식적인 요인이다.

앞서 살펴본 대로, 로스는 "정통 그리스도인들"이 주장하는 하느님 개념으로 그의 과제를 정의한다. 사람들은 자연신학이나 철학적 신학이 무엇인지 혹은 무엇이어야 하는지에 대해 다른 이해를 가지고 로스를 비판할 수 있다. 예컨대 자연신학이나 철학적 신학은 보다 중립적이어야 한다든지 혹은 자연신학이나 철학적 신학은 최고의 하느님 개념이 무엇인지를 결정해야 하는 것과 같은 다른 개념을 가지고 로스를 비판할 수 있다. 그러나 "자연신학" 혹은 "철학적 신학"의 과제에 대한 올바른 서술은 하나만 있는 것이 아니다. 다양한 서술들이 적절하게 표현될 수 있다.

그러나 한편에서는 하느님의 존재를 정통 기독교 신학의 전통이 인식하는 대로 옹호하면서, "잘 정리된 정통 하느님의 개념과는 다르게 옳은 것이라고 정해진 대답이 없는" 예정론과 같은 문제들에 대해 말하는 것이다(48). 또 다른 한편에서는 정통 하느님 교리의 일관성과 의미의 증거로서 전통 자체에 호소하는 것이다. 칼 바르트 신학과 같은 정통신학의 개념에 따르면, 하느님 교리의 일관성과 의미 증거를 위해 전통에 호소하는 것은 기독교 신학 자체 안에서는 허용이 될 수 있다. 그러나 자연신학에서는 부적절한 것이다.

그러나 로스는 하느님의 전능과 사태와의 관계에 대해, "적어도 천년 동안 그 일관성을 위한 개념적 관계가 지지를 받아왔다."고 주장한다(214). 두 차원의 인과성 개념에 대해 로스는 그의 관점이 전통 형이상학자들과 신학자들의 관점과 유사하다고 지적한다(213, 262n). 특별히 전통적 입장의 명료성이 문제가 되는 시점에서, 이 점은 역사적으로 흥미가 있을 수 있지만 철학적으로 적절하지 않다. 심지어 로스는 "하느님의 선택의 충분성이 우발적인 사건을 일으킴을 논증하는 아주 타당한 증거가 기독교 가르침 안에 있다."고 주장한다(271 n). 그러나 오늘날 기독교인과 비-기독교인 비평가들 사이에는 전통적 입장 중에 바로 이 점이 가장 일반적인 모순으로 받아들여지고 있다. "정통 기독교의 신학적 전통이 얼마나 오래되었든" 또한 "그 전통이 얼마나 심오하고 권위적인 것으로 받아들이든"(52) 상관없이, 정통 기독교의 신학적 전통에 호소하는 것은 어떤 주장이 이치에 맞는가를 결정하는데 적절하지 않다.

하느님의 전능에도 불구하고 피조물의 자유와 하느님의 선을 지키려는 로스의 시도는 독창적이긴 하지만 성공하지 못할 것이 뻔하다. 그 이유는 로스가 자신의 분석적 독창성을 적용하는 데 실패하고 있기 때문이다. 예컨대 그는 완전한 힘에 대한 정통 교리의 의미를 단순하게 받아들인다. 그리고는 이 교리 자체의 의미를 분석하며 시작하기보다 이 교리와 다른 교리들을 융합하려 한다. 이것이 로스로 하여금 모든 전통적인 유신론자들이 암묵적으로 받아들였던 현실직 존재들의 개념들을 받아들이도록 한다. 예컨대 현실적 존재들은 가능한 혹은 이상적인 존재들과 본질적으로 다르지 않다. 이러한 생각은, 로스 이전에는 라이프니츠에게서 가장 분명하게 나타난다. 로스의 장점은 세계 존재들과 버클리의 "이상"에 대한 분석을 실제적으로 동일화함으로써 현실적 존재들과 가능적 존재들의 미분화를 분명하게 한다는 점이다.

악의 문제가 의미 있고 기독교 신앙과 양립하는 상황에서 해결되어야 한다면, "자연신학"이나 "자연철학"의 재구성은 로스가 생각했던 것보다 더 철저해야 한다. 기본적으로 완전한 힘을 가진 존재가 무엇을 할 수 있는지에 대한 보다 철저한 분석이 요청된다. 로스는 완전한 힘을 가진 존재는 논리적으로 불가능한 일을 할 수 없다고 강조한다. 그러나 이 문제에 대해 글을 남긴 대부분의 다른 저술가들과 같이 로스는 논리적 가능성에 대한 논의를 형이상학적 가능성의 분석에서 추상한다. 나는 이러한 추상이 어떻게 적절하게 이루어질 수 있는지 알지 못한다. 왜냐하면 만일 삼단논법의 결론이 전능한 존재가 다른 현실적 존재들과의 관계에서 무엇을 할 수 있는가를 결정하는 데 사용되어야 한다면, 삼단논법의 전제들 안에 명시적으로든 묵시적으로든 내포되어 있는 "현실적 존재들"의 본질에 대한 개념들이 참인지 아닌지가 결정되어야 하기 때문이다. 현실태로서의 현실태의 본질에 대한 이러한 질문은 형이상학적 질문이며 아마도 형이상학적인 핵심 질문 일 것이다. 이러한 유형의 분석을 자신의 논의에 통합하는 데 로스가 실패한 것은 현실적인 존재들과 이상적 혹은 상상의 존재들 사이의 본질적인 차이가 존재하지 않는다는 그의 주장에서 잘 나타난다. 그러므로 이상적 존재들이 철저하게 통제되는 것처럼 현실적 존재들도 통제될 수 있다.

이 책의 Ⅲ부는 "현실태"의 의미에 대해서 그리고 다양한 현실적 존재가 있는 세계에서 "완전한 힘"이 무엇을 의미할 수 있는지를 다루게 될 것이다. 바로 Ⅲ부에서 나는 바르트의 이상한 전능의 개념을 받아들이지 않고, 하느님이 내면의 문제를 갖고 있다는 브라이트만의 제안을 받아들이지도 않거나(16장 참조), 힉의 자발적인 하느님의 자기-제한의 개념을 받아들이지 않으면서, 또한 로스와 같이 "하느님의 힘의 결함이나 결핍을" 말하지 않고도, 악의 문제에 대한 전제 3(전능한 존재는 일방적으로 순수 악이 존재하지 않는 현실세계를 만들 수 있다.)이 거부될 수 있는 길을 논증할 것이다.

제15장 파켄하임과 부룬너 : 논리를 넘어선 전능

이제까지의 논의는 전제 2, 3, 4, 5, 혹은 7중에서 하나 혹은 그 이상을 거부하는 가능성에 대해 초점을 맞췄다. 그러나 한편 하느님과 악의 관계를 논할 때 전제 1에서 5까지의 정상적인 논리적 귀결인 전제 6(세상에 순수 악이 존재한다면, 하느님은 존재하지 않는다.)을 거부할 수 있는 가능성이 언급되었다. 이러한 움직임은 악의 문제에 관한한 현대의 여러 저술들에서 다뤄지고 있다.[1] 이번 장에서 나는 잘 알려진 두 신학자를 다루고자 한다. 이를 통하여 이론적인 해법이 필요치 않은 상황에서 적절한 이론적 해법을 찾는 것이 불가능하며, 하느님의 전능의 개념을 주장하는 것이 불가능함을 제시해 보고자 한다.

에밀 파켄하임(Emil Fackenheim)

현대 유대인 종교 신학자이며 철학자인 에밀 파켄하임은 나치스의 유대인 대학살로 인해서 유대인들이 직면하게 된 악의 문제를 자신의 학문적 주제로 삼아왔다. 악의 문제에 관한 한 파켄하임의 저술은 부분적으로 리처드 루벤스타인(Richard Rubenstein)의 저술들에 대한 응답으로 나온 것이다. 리처드 루벤스타인은 "아우슈비츠 이후" 어떤 유대인도 하느님을 역사의 전능한 주인으로 믿지 않는다고 주장하였다.[2] 역사의 주인인 전능한 하느님을 믿는 것은 히틀러의 행위가 하

1) Walther Eichrodt, 『구약성서의 인간』 *Man in the Old Testament*, tr. K. and R. Gregor Smith(London: SCM Press, Ltd., 1951), 51-66; A. E. Taylor, 『악의 문제』 *The Problem of Evil*(London: Ernest Benn, Ltd., 1929) 그리고 Nahum N Glatzer, *The Dimensions of Job: A Study and Selected Readings*(Schocken Books, Inc., 1969) 중에서 H. H. Rowley, Leonhard Ragaz, Arthur S. Peake, Emil Kraeling, 그리고 Hayim Greenberg의 글을 참조할 것.

느님의 뜻으로, 나치스 친위대를 하느님의 도구로 받아들여지는 것을 의미하였다. 그러나 이렇게 생각하는 것은 참으로 역겨운 일이었다.[3] 루벤스타인은 하느님이 역사 안에서 전능하게 활동하고 있고, 따라서 역사의 사건들은 하느님의 뜻을 표현하고 있으며, 이들 개념이 지닌 논리적 의미와 하느님의 선이 지닌 의미를 종합하면 유대인 대학살의 정당성을 만들어 낸다고 하는 점에 유대인들과 그리스도인들이 동의하고 있음을 간파하였다.[4] 이러한 분위기에서 루벤스타인이 결단했던 바는 역사 안에서 하느님의 섭리의 개념을 철저하게 포기하고 자연의 하느님 혹은 지구의 신들을 고백하는 것이었다.[5] 그는 자신의 결단이 모든 메타 역사적인 의미를 포기하고, 우주가 궁극적으로 감정도 없고 의미도 없음을 주장하는 것임을 인식하고 있었다. 그러나 루벤스타인은 의미 없는 우주가 참혹한 의미를 가진 우주보다 더 좋은 우주라고 생각한다.[6] 루벤스타인에게서 역사적인 사건과 하느님의 뜻을 동일시하는 전통적인 전능의 교리를 주장하지 않고 역사 안에 있는 하느님의 섭리를 주장하는 다른 대안을 생각했다는 징조는 발견하기 어렵다.

파켄하임은 루벤스타인의 해법을 받아들일 수 없었다. 파켄하임은 역사의 하느님을 포기하는 것은 유대교의 종말을 의미하는 것일 수 있다고 생각하였다. 그리고 이렇게 되면 히틀러가 사후의 승리자가 되는 것이었다(QPF 20).[7] 그러나 아우슈비츠에서 종교적인 의미를 찾는 것은 하느님의 모독하는 것이라는 점에서 파켄하임은 루벤스타인과 의견을 같이한다(QPF 18). 그리고 그는 모든 사람들이 하느님의 도구라고 하는 관점에는 반대한다. 죄는 하느님의 도구가 아니다(GPH 18, 26, 73).[8] 모든 고통이 죄에 대한 정당한 벌로서 이해될 수는 없다(GPH 73). 다른

---

2) Richard L. Rubenstein, 『아우슈비츠 이후: 급진신학과 현대 유대교』 *After Auschwitz: Radical Theology and Contemporary Judaism*(The Bobbs-Merrill Company, 1966).

3) *Ibid,* 46, 153

4) *Ibid,* 48, 64f., 153.

5) *Ibid,* 68, 70.

6) Richard L. Rubenstein, *After Auschwitz: Radical Theology and Contemporary Judaism,* 67, 152.

7) *QPF*는 Emil Fackenheim의 『과거와 미래를 위한 탐구』 *Quest for Past and Future: Essays in Jewish Theology*(Indiana University Press, 1968)를 약어로 표기한 것임.

말로 하면, 파켄하임은 세계 내에 순수 악이 존재한다고 하는 전제 7을 루벤스타인과 함께 긍정한다. 또한 그는 모든 악이 하느님이 뜻한 것이라고 보지 않는다. 따라서 전제 5(도덕적으로 완전한 존재는 순수 악이 존재하지 않는 현실세계를 원할 것이다.)를 긍정한다.

인간에게 일어나는 모든 사건이 다 하느님의 뜻은 아니라는 관점은 하느님과 상대하는 실제적인 인간의 자유를 긍정하고 있는 것이다. 파켄하임은 인간의 자유와 악에 대해서 어떠한 여지도 허락하지 않는 "유일한 힘"으로서의 하느님 이해를 거부한다(GPH 19). 살아있는 종교는 인간의 자유의 개념을 요청한다. 만일 운명이 인간의 내적 태도를 지배한다면, 회심이 종교적인 지혜의 모든 것임에도 불구하고, 회심과 같은 것은 있을 수 없다(QPH 197).

그러나 파켄하임은 하느님이 "유일한 힘"이 된다고 주장한다(GPH 13 f.). 하느님의 힘을 제한하는 주장은 무엇이든 "이교숭배"(paganism)이다. 왜냐하면 하느님이 유일한 힘이 아니라면, 하느님은 유한한 존재가 될 것이다(QPF 16 f.; GPH 19). 이러한 주장은 두 교리의 고백을 담고 있는 것이다.

> 모든 살아있는 종교가 인간의 자유와 하느님의 전능을 요구하는 것으로 보이는 상황에서 이들 중 하나의 실재를 거부함으로써 인간의 자유와 하느님의 전능이 갖고 있는 문제를 해결하려는 것은 불합리한 것 아닌가? … 유대교와 기독교 전통에서 모든 순수 기도는 하느님의 전능을 고백한다. 그리고 하느님의 전능을 고백하는 모든 기도는 인간의 자유를 고백한다. (QPF 199, 201)

따라서 파켄하임은 전제 2나 전제 3을 거부하지 않는다. 또한 전제 4, 5, 7을 거부하지 않으며 전제 1도 물론 거부하지 않는다. 그러고 보면 파켄하임은 전제 6만을 거부하게 되는데 악의 문제와 관련해 사실 논리의 타당성을 거부하고 있는 것이다. 그는 종교적 신앙이 "객관적 합리성"의 기준에 따라 판단되어야 한다는 생각

---

8) *GPH*는 Emil Fackenheim의 『역사에 현존하시는 하느님: 유대인의 확신과 철학적 성찰』 *God's Presence in History: Jewish Affirmations and Philosophical Reflections*(Harper & Row, Publishers, Inc., Harper Torchbooks, 1972)를 약어로 표기한 것임.

을 거부한다(QPF 200). 오히려 파켄하임은 종교적인 논의는 그 나름의 논리를 갖는다고 주장한다(QPF 201 ff.). 그 외에 파켄하임은 "종교적인 논의" 대신에 미드라쉬를 그 나름의 논리를 갖는 예로서 설명한다. 미드라쉬는 그 나름의 논리를 가지고 이야기들과 비유들과 은유들 안에 모순적인 고백들을 담아낼 수 있다(QPF 16 f.). 어떤 경우든 분명한 것은 파켄하임이 모순이 없는 것(noncontradiction)의 타당성을 거부한다는 점이다. 곧, 그는 악의 문제를 다루는 과정에서 논리의 타당성을 거부함으로써 악의 문제를 풀어가려고 한다.

파켄하임이 종교의 영역에서 이성의 법칙을 거부하는 정당성은 이제까지의 이야기와는 상관없는 불합리한 추론(non sequitur)과 관계된다. 왜냐하면 그는 종교적 신앙이라는 "객관적이며 합리적인 증명"이 모자란다는 사실에서 시작하여 종교적 믿음 체계는 객관적인 합리성의 기준으로 판단될 필요가 없다는 결론으로 나아가기 때문이다. 파켄하임의 이러한 결론은 신학자는 일반적인 논리를 사용하지 않을 수도 있다는 의미이다. 그러나 어떤 입장의 진리에 대한 합리적인 증거가 없다는 사실은 그 입장의 진리가 합리성의 기준에 미치지 못한다고 하여 왜곡될 수 없다는 의미가 아니다. 사실 이러한 입장이 점차 합리적인 증거와 철학적 입장 사이의 관계로서 받아들여지고 있다. (하느님과 인간의 관계에 대한 주장은 그것이 무엇이 되었든 철학적인 주장이다.). 말하자면, 이성 홀로 모든 철학적 입장에 대한 진리를 증명할 수 없다. 이성이 할 수 있는 최고의 일은 어떤 입장이 논리적 일관성의 요구를 위반하는지 아닌지를 살펴봄으로써 그 입장이 참일 수 있는지를 보여주는 것이다. 그러므로 종교적인 믿음 체계가 객관적이며 합리적인 수단에 의해 증명될 수 없다고 주장한다고 해서, 철학적인 믿음 체계에서 종교적인 믿음 체계가 분화되는 것은 아니며, 또한 책임적이기 위한 최소한의 논리적 일관성에 의해 검증을 받아야 하는 믿음 체계의 영역 밖으로 종교적인 믿음 체계를 내 몰아가는 것도 아니다.

앞서 주장한 대로, 나는 경험의 사실에 기초한 적합성이 논리적 일관성보다 더 높은 가치를 지닌다고 생각한다. 나는 세계 안에 존재하는 순수 악이 가장 의심할 수 없는 사실 중 하나이며, 루벤스타인과 파켄하임처럼 순수 악을 부인하는 것은 꺼림칙한 일이라고 생각하기 때문에, 순수 악을 부정하기보다 파켄하임의 논리의 부정을 더 좋아한다. 따라서 나는 하느님의 전능을 유일한 힘의 개념의 논리로 풀어감으로써 인간의 자유와 실제의 악의 실재가 결국 부정된다면, 성서 종교의 전체 내용이 무너진다고 본 파켄하임의 주장이 옳다고 생각한다. 비록 논리적 일관성을 부정하는 것이 악의 부정보다 좋긴 하지만, 이것 역시 여전히 가능하면 피해가야 할 비약적인 방법이다. 물론 우리는 악의 문제를 해결하기 위해 루벤스타인처럼 전혀 하느님의 섭리를 부정할 수도 있고, 알베르 카뮈처럼 무신론을 완전하게 받아들일 수도 있다. 그리고 한편에서 이 둘 사이에 하나를 받아들이는 것과 다른 한편으로는 종교적인 논의에서 논리의 타당성을 거부하는 것 사이에 선택해야 한다면, 나는 물론 루벤스타인 아니면 카뮈를 따라야 할 것이다.

루벤스타인과 마찬가지로 파켄하임도 역사 안에서 하느님의 섭리에 대한 믿음을 주장하면서도 이 섭리는 모든 것을 다 결정하는 섭리가 아님을 주장하는 다른 대안을 심각하게 고려한 것처럼 보인다. 파켄하임은 하느님이 유일한 힘이라는 사실을 부인하는 모든 주장을 기각한다. 이러한 주장은, 파켄하임에 따르면, "이교숭배"이며 "살아있는 종교"를 위해서는 바람직한 것이 못된다. 한편 파켄하임은 하느님의 힘을 "제한하는" 개념을 인간의 자유를 위해 여지를 만드는 것으로 생각하지만, 또 다른 한편으로 이는 하느님의 힘을 역사에서 배제하는 것을 의미한다. 그리고 인간의 힘이 자연을 계속 앞서 가기 때문에, 하느님의 힘의 제한은 하느님의 힘을 자연에서 배제시키는 것을 의미한다(QPF 198 f.). 그러므로 파켄하임은 루벤스타인과 똑같이 하느님의 힘에 관한 한 전부 아니면 전무라는 태도를 표방하고 있다. 일반적으로 서방의 유신론 전통은, "하느님은 모든 것을 통제하는 힘"이며 또한 하느님은 모든 사건에 영향을 미치지만 다른 한편 아무것도 결정하지 않는다는 주장은 일반적으로 고려조차 되지 않는다는 주장과 함께, 하느님의 힘에 관한 한 전부 아니면 전무라는 태도를 성공적으로 가르쳐 왔다. 이러한 입장은 오늘날까지도 큰 영향을 미치며 계속되고 있다. 물론 찰스 하트숀(Charles Hartshorne)과 같은 사상가들은 수십 년 동안 하느님은 모든 사건에 영향을 미치지만 다른 한편 아무것도 결정하지 않는다는 입장을 지켜왔다. 서방 유신론 전통이 지닌 전부 아니면 전무의 태도를 불합리하다는 이유로 기각한 많은 예들에 대해서는 17장에서 더 다루게 될 것이다. 이번 장의 목적은 순수 악의 실재를 인정하면서, 서방 유신론 전통의 입장을 거부하게 될 때, 섭리적인 신성을 부정하든지 아니면 종교적인 문제에서 기본적인 합리성의 원리가 갖는 타당성을 부정해야 함을 강조하는 것이다.

에밀 부룬너(Emil Brunner)

이제 에밀 부룬너의 입장을 살펴보도록 하자. 부룬너는 악의 문제를 논하기 시작하면서, 만일 하느님이 세계 안에서 일어나는 일들에 대해 책임적이라면, 어떻게 전능한 하느님이면서 동시에 사랑의 하느님일 수 있는가라는 물음을 간과할 수 없다고 주장한다(148).[9] 신앙인에게 개인적으로 일어나는 일은 어떤 것도 하느님을 의심하게 할 수 없다고 주장한 다음, 브룬너는 다음과 같이 부연설명을 덧붙인다.

> 그러나 다른 사람들에게 일어나는 일들은 어떤가? 무죄하고 불공정한 고통이 난무하는 상황에서 사랑의 사유와 하느님의 의를 어떻게 모든 것을 포용하는 하느님의 섭리 사상과 하나로 할 수 있는가? 신정론의 문제는 섭리의 문제와 분리될 수 없으며, 이 문제를 우리 자신의 문제로 받아들여야 한다. (159)

더 나아가 부룬너는 무죄하고 불공정한 고통(순수 악)이 발생하는 것과 특별히 다른 사람들의 고통과 관련해서 신정론의 문제를 제기해야 한다고 분명하게 주장하였다. 그런 후 부룬너는 "신정론 문제에 답을 얻지 않고는 누구도 그리스도인의 하느님 신앙을 지킬 수 없다. … 여기서 대답을 찾지 못한다면 우리는 신앙의 상실을 고백해야 한다."고 덧붙인다(178). 이러한 부룬너의 주장은 내가 앞서 파켄하임과 관련하여 사유가 원칙상 종교적인 신앙을 폐기할 수 있다는 주장을 연상시키는 것처럼 보인다.

그러면 부룬너의 대답은 무엇인가? 먼저 부룬너는 전제 3(전능한 존재는 일방적으로 순수 악이 존재하지 않는 현실세계를 만들 수 있다.)을 거부하는 것처럼 보인다. 왜냐하면 그는 전능의 교리가 하느님의 유일한 힘과 행위의 교리가 되어야 한다면, 하느님과 세계 사이의 구분이 사라지게 될 것이고 범신론이 실제로 받아들

9) 이 책에서 부룬너 관련 인용은 H. Emil Brunner, 『교의학 II』 *Dogmatics*, Vol. II, *The Christian Doctrine of Creation and Redemption*(The Westminster Press, 1952)에서 인용됨.

여지게 될 것이라고 주장하기 때문이다(149). 부룬너는 피조물의 독립이 필요하다고 주장한다(150).부룬너는, 쯔빙글리와 캘빈 그리고 젊은 루터가 주창한 전능 교리가 성서의 계시에서 유래한 것이 아니라, 사색이나 "자연신학"에서 나온 것이라고 비판하였다(174). 계속해서 부룬너는 다음과 같이 자신의 생각을 전개한다.

> 계시의 하느님은 실로 사색의 절대적 선언(protestas absoluta)이 아니라 피조물을 위한 공간을 내어주기 위해 스스로를 제한하는 하느님이다. … 창조와 자기-제한이라는 두 개념은 상관적이다. (172)

부룬너는 우리가 창조를 말할 때 절대적 선언(protestas absoluta) 혹은 전능인(모든 것의 원인이 됨, omnicausality)의 개념이 포기되었다고 덧붙인다(173). 더 나아가 부룬너는 인과성의 개념을 하느님께 적용하는 것을 전면적으로 반대한다. “피조물들 사이에는 인과성이 존재한다. 그러나 창조자와 창조 사이에는 인과성이 존재하지 않는다”(153). 인과적인 개념은 “‘사물들’의 영역에 속한다”(154).

부룬너는 전통적인 의미에서 하느님은 전능하다고 말하는 것처럼 보인다. 그러나 창조이전에만 하느님이 전능하였다. 창조 행위는 하느님의 힘의 자기-제한을 의미한다. 왜냐하면 피조물들이란 정의하건대 그들 나름의 힘과 행위를 갖고 있기 때문이다. 하느님의 창조행위가 하느님의 자기-제한이라고 하는 것은 전제 3(전능한 존재는 일방적으로 순수 악이 존재하지 않는 현실세계를 만들 수 있다.)의 거부를 의미하는 것처럼 보인다. 왜냐하면 피조물들이 그들 나름의 힘과 행위를 갖고 하느님과 상대할 수 있는 힘과 행위를 갖고 있다면, 하느님은 악에서 자유로운 세계를 창조할 수도 없고 그런 세계를 보장할 수도 없기 때문이다.

그러나 다른 구절에서 부룬너는 자신의 입장을 존 힉의 입장에 가까운 하나의 수정안이라고 주장한다. 한편에서 부룬너는 피조물들이 일반적으로 하느님과의 관계에서 힘과 독립성을 갖고 있다고 주장하는 것처럼 보인다. 한편 이 독립성이 “실제적인 종교적 의미를 갖는 것은 오직 인간의 자유 때문”이라고 주장한다(173). 그러나 또 다른 곳에서 그는 인간과 다른 피조물을 자유와 자유롭지 못함이라는 이원론으로 단정하는 것처럼 보인다. 그는 자연 존재 그 자체와 관계된 하느님의

"보전"과 역사와 관련된 하느님의 "통치"를 구분한다. 그리고 "인간이 무대에 등장하는 곳에서만" 통치의 문제와 보전의 문제가 다르다고 주장한다(176). 이 점에 대해서 부룬너는 더 분명하게 구분하여 다음과 같이 설명한다.

> 하느님은 하느님의 뜻을 순종하는 것 외에는 다른 것을 할 수 없는 자유롭지 못한 피조물들을 창조하였을 뿐 아니라, 하느님의 의지에 반대하여 결정할 수 있고 불순종할 수 있는 자유의지를 가진 피조물들도 창조하였다. (181)

범신론을 피해가는 부룬너의 초기 사상의 빛에서 볼 때, 앞 구절에서 표현된 입장이 인격적 이상주의자들의 입장과 얼마나 다른지 알아보기가 쉽지 않다. 인격적 이상주의자들의 입장에 의하면, 인간 외에 어떤 것도 하느님과 구분되지 않는다. 그러나 어떤 경우든 부룬너는 적어도 인간의 자유를 긍정하고 있다. 인간의 자유를 긍정하고 있다는 사실은 "섭리에 대해 무엇이라 말하든 한 가지 분명한 것은, 하느님이 인간을 부르시는 계시와 책임의 본래적인 관계는 의문에 붙여질 수 없다."는 말에서 잘 나타나 있다(173). 성서의 전통에서 특별히 하느님이 우리를 부르고 우리가 우리의 응답에 책임적이 되는 사상에 관심하였던 부룬너는, 파켄하임과 나란히 전능의 개념이 하느님과 상대하는 자유를 반박할 수 없다고 주장하였다. 더 나아가 그는 이중예정론을 반박하면서 세계 안에서 이루어지는 모든 사건이, 하느님의 "왼손"에 의해서일망정, 궁극적으로는 하느님에 의해서 일어난 것이라는 전통적 입장을 거부하였다(181). 결국, 부룬너가 어떤 사건은 전능하고 선한 하느님이 일으킨 것이 아니라고 주장한다면, 우리는 그가 순수 악의 실재를 긍정하고 있다고 볼 수 있다. 또한 부룬너는 표면적 악을 보다 높은 선을 위한 하나의 수단으로 이해함으로써 악의 실재를 잘 설명하려는 모든 시도들을 분명하게 거부한다(179).

그러므로 피조된 세계가 적어도 인간과 같은 존재를 품고 있다면, 부룬너의 입장은 전제 3(전능한 존재는 일방적으로 순수 악이 존재하지 않는 현실세계를 만들 수 있다.)을 거부하고 있다고 볼 수 있다. 이러한 입장의 신정론은 힉의 신정론과 유사하다. 예컨대 하느님은 하느님을 향해 불순종할 힘도 없고 악을 일으킬 만한 힘도 없는 피조물이 있는 세상을 창조할 수 있었다. 그러나 하느님은 보다 높은 가치를 위해 하느님의 뜻을 거스를 수 있는 힘을 가진 존재, 곧 인격적인 존재가 있는 세상을 창조하기로 하였다. 일관성 있게 논리를 전개해 간다면, 혼성적 자유 의지론은 인간이 일으키는 악을 하느님이 예방할 수 없다고 주장한다. 만일, 하느님이 인간이 일으키는 악을 막기 위해서는 적어도 인간의 자유를 침범해야 하고, 그렇게 될 경우 이들이 지닌 인간의 지위를 무너뜨리게 된다.

그러나 부룬너는 이 입장을 일관성 있게 전개하지 않는다. 왜냐하면, 부룬너가 이제까지의 주장과 함께 여전히 전통적인 전능 교리를 고수하고 있기 때문이다. 비록 그는 "인과성"이라는 용어를 하느님께 적용하기를 거부하면서도 하느님은 피조물들에게 "영향을 미친다."고 주장한다(154).

> (뿐만 아니라) 일어나는 모든 일의 궁극적인 근거를 하느님께 둔다. 곧 일어나는 것은 모두가 하느님의 목적과 관계되어 있으며, 모든 것은 하느님의 계획과 궁극적인 하느님의 목적에 따라 또 거기에 종속되어 질서지어진다. (155)

더 나아가 힉과 마찬가지로 부룬너도 마니교 교도들과 더불어 "하느님의 전능의 교리를 폐기하는 근대의 사상가들"을 이원론자들이라고 간주한다. 이러한 이원론에 대해서 부룬너는 다음과 같이 분명하게 자신의 입장을 밝히고 있다.

> 악마 혹은 인간의 모습을 입은 악이 이 세상의 악과 고통을 받을 이유가 없는 하느님의 창조를 황폐화시키는 상황에서 이 악을 예방하기 위해 아무것도 할 수 없는 그런 하느님은 분명 성서 계시의 하느님 곧 기독교 신앙의 하느님이 아니다. (180)

하느님이 악을 예방할 수 없다고 우리가 말할 수 없는 이유는 십자가가 지닌 메시지 때문이라고 부룬너는 주장한다. 십자가는 인간의 악함의 절정이다. 그러나 십자가는 우리의 구원을 위한 하느님의 주권적인 행위이다(177, 180f., 182) 유다와 빌라도는 하느님의 원수였지만, 동시에 이들은 하느님의 도구였다. 하느님은 악을 하나의 도구로 만들 만큼 악에 대한 힘을 갖고 있었다(182).

따라서 부룬너가 바르트나 힉과 같이 하느님의 힘에 대한 자신의 입장을 자연신학보다 신약성서 계시에 기초한다고 주장함에도 불구하고, 또한 바르트와는 다르게 부룬너는 하느님의 영향을 표현하기 위해 "인과성"과 특별히 "전능인"이라는 용어보다 "근거"와 "질서"라는 용어들을 사용함에도 불구하고, 전능의 교리는 다른 전통적인 유신론자들의 내용과 궁극적으로 다르지 않다. 부룬너의 하느님은 인간이 사는 세상에서 조차 모든 사건을 통제하는 힘을 갖고 있다.

따라서 부룬너의 해법은 전제 3(전능한 존재는 일방적으로 순수 악이 존재하지 않는 현실세계를 만들 수 있다.)의 거부로 이해될 수 없다. 부룬너는 하느님의 "실제적 사역"과 "낯선 사역"이라는 루터의 구분을 받아들이고 또 다른 가능성을 제시한다. 그는 십자가에 대한 진리의 양면성을 보는 사람들에게는 하느님의 실제적 사역과 낯선 사역의 구분이 불가피하다고 주장한다. 예컨대, 십자가는 우리의 구원이지만 인간의 악함과 무지에서 비롯된 것이다. 부룬너는 앞서 논의했던 하느님의 두 의지를 생각나게 하는 주장을 하고 있다.

> 하느님이 실제로 원하는 것을 위해, 하느님이 실제로 원치 않는 다른 것을 원하는 것이 분명함에도 불구하고, 하느님은 동일한 방식으로 둘 다를 원치 않는다. (180 f.)

이 구절은 하느님의 뜻과는 반대로 결정할 수 있는 자유를 가진 인간 존재에 대한 초기 논의를 해석하는 데 사용될 수 있다. 이 구절은 사람들이 어떤 의미에서는 하느님의 뜻에 어긋나게 결정함을 보여준다(루터는 이를 계시된 의지라 부름). 하지만, 또 다른 의미에서 사람들은 실제 하느님의 의지에 따라 결정함을 보여준다(숨겨진 의지). 하느님의 전능에 대한 이전의 논의와 더불어 이 구절은 하느님이 악이 없는 세계를 만들기를 원한다고 한 전제 5의 거부를 의미하는 것처럼 보인다. 도덕적으로 완전한 하느님은 악이 없는 세계를 원한다는 주장을 하고 있는 전제 5의 거부는 "하느님이 자신을 우리 인간의 공의로움의 기준에 의해 평가되도록 허락해야 한다고 말하는 것은 오만한 것"이라고 한 부룬너의 진술에서도 찾아볼 수 있다. 캘빈과 마찬가지로 부룬너는 하느님에 대해 다음과 같이 진술한다. "창조자로서 하느님은 스스로를 자신의 피조물에게 모든 것을 설명할 필요가 없는 절대적인 주님이다. 그는 우리의 공의로움의 기준에 얽매여 있지 않다"(184 f.).

우리는 이전 저자들에게서 전제 5(도덕적으로 완전한 존재는 순수 악이 존재하지 않는 현실세계를 원할 것이다.)의 분명한 거부는 전제 7(세상에는 순수 악이 존재한다.)의 거부를 포함하고 있음을 살펴보았다. 부룬너의 책에서 우리는 순수 악의 거부를 암시하는 구절들을 많이 발견한다. 한편, 부룬너는 신약성서에서 어떤 고통도 우리가 범한 죄를 벌하기에 충분하지 않는 죄가 우리 가운데 현존하고 있음을 보여준다고 말한다. 이런 맥락에서 보면 그는 무죄한 이들의 고통과 불공정한 고통을 말한 초기의 입장을 철회하는 것처럼 보인다. 다른 한편, 우리는 십자가를 통해 고통이 훈련의 수단이며 영원한 삶에 이르는 길임을 배운다. 이때의 고통은 우리를 정화시켜서 고통이 없는 삶을 준비하게 한다(182-183). 또한 신앙의 세계 밖에 있는 사람들이 신정론의 문제를 해결할 수 없다는 사실은 죄에 대한 벌의 일부로서 생각된다(183). 어떤 의미에서 인간의 악함은 하느님이 뜻한 것이며 하느님의 목적을 이루기 위한 도구로서 사용된 것임을 의미하는 이전 진술들과 더불어, 앞의 진술들은 순수 악(그것이 없으면 세계가 더 좋은 세계였을 그 어떤 것)은 실제로 일어나지 않았음을 시사한다.

그러나 순수 악의 부정은 더 이상 부룬너의 주된 입장을 대변하지 않는다. 악을 설명함으로써 악을 해결하려는 합리적인 이론들을 분명 거부하고 있는 부룬너는 합리적이거나 이론적인 해법 모두를 거부하고자 한다(180, 182). 그는 신정론의 문제가 이론적으로 해결할 수 있는 것이 아니라고 주장한다(184). 그러므로 모든 이론적인 해법들은 "거짓"되며 "위선적"이라고 주장한다(184). 따라서 일관성 있게 이 입장을 견지하고 있는 부룬너는, 하느님이 원치는 않지만 하느님의 도구로서 십자가를 생각함으로써 "하느님의 세계 통치의 신비에 참여"하는 것은, 신학적인 용어로 세계 역사를 설명하기 위해 일반화될 수 없다고 본다(182). 이는 분명 하느님의 "낯선 사역"의 도구가 하느님의 원수라고 말할 수 없음을 의미한다.

신정론의 문제에 대한 유일한 해법은 "실존적"이거나 "실천적"인 해법이라고 부룬너는 주장한다(182). 문제를 만들어내는 피조물과 창조자 사이의 모순은 하나의 실재이기 때문에, 생각으로 없어질 수 없고, 또 다른 실재에 의해서만 제거될 수 있다. "신정론의 문제에 대한 실제적인 해법은 구속이다"(183).

그러나 부룬너가 말하는 해법은 순수 인격적이고 개인적인 해법으로 보인다. 이 개인적 해법은 다른 사람들이 가장 아픈 형태로 불의하게 당하는 고통과 같은 악의 문제에는 도움이 되지 못한다. 이러한 이웃이 당하는 불의한 고통에 대한 부룬너의 대답은 다음의 진술에서 나타나는 것처럼 보인다.

> 하느님의 뜻과 세계 안에 존재하는 악의 관계에 따라 신정론의 문제가, 궁극적으로 우리 자신의 책임 밖에서 물음이 야기된다면, 불신앙의 형태를 띠게 된다. (183)

부룬너는 여기서 다른 사람들에게 임하는 재앙과의 관계에서 전능한 하느님의 의로움에 대해 질문해서는 안 된다고 말하는 것처럼 보인다. 우리는 개인적으로 경험하는 악의 문제만을 다룰 수 있다. 다른 사람들에게 임한 악에 대해 생각하는 것은 관망자의 태도를 취하는 것이고, 이론적으로는 문제를 객관화하는 것이며, 결국 문제를 왜곡시키는 것이다(184 f.). "신앙의 태도를 파기하고 심판자의 자리를 찬탈하려는 유혹에 넘겨진 사람만이 신정론 문제에 직면하게 되고, 문제에 직면하여 문제를 해결할 수 없게 된다"(184). 그러므로 부룬너는 초기에 우리가 신정론 문제에 해법을 찾기 전에는 우리의 신앙을 보전할 수 없다고 하였고, 다른 사람들이 당하는 불의한 고통을 주요 문제로 삼았다. 그러나 지금은 우리가 신앙이 있다면 문제를 일으키지 않을 것이고, 우리가 문제를 일으킨다면 그 문제를 풀 수 없다고 주장한다.

부룬너는 파켄하임의 같이 악의 문제와 관련해서 논리의 타당성을 분명하게 거부하지는 않는다. 그러나 결국 부룬너의 입장은 논리의 타당성을 부정하게 된다. 왜냐하면 악의 문제는 해결할 수 없는 것이지만 사랑의 하느님 신앙은 거부하지 않기 때문이다. 파켄하임과 동일한 이유들 때문에 부룬너는 이러한 선택을 하게 된다. 그는 성서의 하느님 교리가 하느님의 세계 통치를 가르치고 있다고 생각할 뿐 아니라(177), 상당히 뜸을 들인 다음, 이러한 하느님의 세계 통치는 결국 전적인 통제여야 한다고 주장하기 때문이다. 그리고 인간의 자유와 책임 또한 성서의 본질적인 가르침이기 때문에 하느님의 통제가 이를 부정할 수 없다고 주장한다. 따라서 부룬너는 파켄하임과 동일한 결론에 이른다. 곧 우리는 피조물 혹은 인간의 활동과 전능한 하느님의 활동이 어떻게 뒤섞여 있는지 이해할 수 없음에도 불구하고, 피조물 혹은 인간 활동의 독립을 주장하면서 동시에 전능한 하느님의 활동을 주장해야 한다(154). 부룬너는 이 신비는 다소 인간의 영과 두뇌가 어떻게 관계되어 있는지 이해할 수 없음과 평행을 이루고 있다고 덧붙인다(154).

하느님의 전능의 정황에서 이처럼 악의 문제를 해결할 수 없다는 사실이 부룬너로 하여금 일관적이지는 않지만 분명 이론적인 해법을 기대해서는 안 된다는 결론에 이르게 한 것처럼 보인다. 부룬너에게 필요한 것은 "실존적"인 해법이었다. 결국 신앙인들에게 일어나는 질문은 실존적인 문제이지 이론적인 문제가 아니라고 부룬너는 생각하였다. 이와 동일한 변화가 부룬너의 그리스도론에도 일어났다. 물론 그리스도론도 하느님의 활동과 인간의 활동의 관계에 대한 질문을 포함하고 있다. 그리스도론을 주제로 한 첫 번째 책에서 부룬너는 하느님이 어떻게 인간 예수와 관계되었는지에 대한 이론을 제시하고 있다. 물론 몇몇 구절에서는 하느님과 인간 예수의 관계를 이론적으로 제시해서는 안 된다고 서술하고 있다.[10] 그러나 그리스도론에 대한 이후의 저술에서는, 그의 초기 입장이 단성론적이라는 비판을 받았기 때문에 계속 옹호할 수 없게 되자, 부룬너는 신학이란 하느님이 자신의 완전한 인간됨을 무너뜨리지 않고 예수 안에 어떻게 현존하는지에 대한 질문에 답하려 해서는 안 된다고 일관되게 주장하였다.[11] 부룬너는 한편 하느님의 전능과 피조물의 자유가 얽혀 있음을 일반적으로 이해할 수 없다고 인정한다. 그리고 악의 문제에 대해 이론적 대답들이 완전한 해법은 아니라고 말하면서도 여러 "이론적" 대답들을 시도한다. 부룬너는 악의 문제가 이론적 문제이기보다 전적으로 "실천적" 혹은 "실존적"인 특성을 갖는 것으로 이해한다. 이러한 사실이 부룬너로 하여금 이론적인 해법이 필요하지 않다고 제안하게 한다. 그래서 바람직한 논증에 의한 결론을 간과하게 된다.

나는 세계 내에서 일어나는 하느님의 섭리적인 활동을 인정하지 않고, 또한 인

10) H. Emil Brunner, 『중보자』(*The Mediator*), tr. Olive Wyon(The Westminster Press, 1965), 317-320, 360.

11) Brunner, *Dogmatics*, Vol. II. 351f., 361f.

간의 자유와 순수 악의 실재를 인정하지 않는다면, 우리의 상황에서 성서의 전통이 결정적으로 표현하고 있는 "하느님"에 대해 말할 수 없다고 주장하는 부룬너와 파켄하임과 의견에 동의한다. 그러나 나는 악의 문제가 분명 실천적이거나 실존적인 문제이지만 또한 악의 문제에 분명한 이론적 차원도 있음을 주장한다. 그리고 신학자들이 이와 같이 악에 대한 이론적 차원이나, 신앙인이 신앙에 대해 질문하는 정당성을 부정하는 것은 무책임한 일이라고 생각한다. 또한 악의 문제의 이론적인 면에다 실천적인 해법만을 제시하고, 자기들의 믿음체계가 모순된 것이라고 건전하게 논증되었음에도 불구하고 여전히 그 믿음체계를 주장하는 것도 무책임한 일이라고 생각한다. 신학은 사람들로 하여금 계시에 기초한 믿음체계와 저들이 경험할 수 있는 "사실들"을 융합하도록 하는 책임을 갖고 있다. 부룬너는 이 신학적 책임을 다하도록 돕는 유일한 길은 하느님의 섭리의 영향에 대한 이해를 전개하거나 받아들이는 것이라고 생각한다(151). 여기서 하느님의 섭리는 완전히 결정된 것으로서의 섭리가 아니다. 이는 의미론(semantics)의 문제를 넘어선다는 뜻이다. 부룬너는 하느님의 "인과성"에 대해 말하지 않는다. 왜냐하면 부룬너가 이해한 인과성이란 말은 하나의 "대상" 혹은 "사물"이 다른 대상이나 사물에게 영향을 미치는 것을 의미하기 때문이며, 그의 하느님의 힘에 대한 이해는, 하느님의 영향에 대한 이해가 지팡이나 돌과 같은 하나의 대상이나 사물이 또 다른 대상에게 인과적인 영향을 준다는 유비에서 비롯된 것이라고 주장하는 사람들처럼, 철저히 결정론적이기 때문이다. 물론 문제는 유비 자체의 사용이 아니다. 왜냐하면 우리의 직접 경험에서 택한 유사어(analogue)가 하느님에 대한 논의에서 의미 있게 사용되어야 하기 때문이다. 문제는 무엇이 유사어로 사용되는가이다. 경험의 주체인 하느님과 인간에 대한 성서적인 이해는 인간이 서로 미치는 영향의 관계가 적절한 출발점을 제공할 수 있음을 암시해주고 있다. 이 점이 바로 자신의 신학적 기획의 기반이라고 부룬너는 인정한다. 그러나 주체들 사이의 인과적 관계는 결코 완전한 결정성의 관계가 아니라, 언제나 설득의 관계이다. 이 설득의 관계 속에서 영향을 받은 주체는 필연적으로 부분적으로 자유로운 반응을 하게 된다. 그러므로 주체로서의 하느님이 주체로서의 피조물에게 완전한 통제를 하는 것처럼 하느님의 영향을 주장할 경험적인 기반이 없는 것이다. 이 문제는 III부에서 좀 더 철저하게 논의할 것이다.

제16장 인격적 관념론 : 우리 안에 있는 하느님의 감각적인 흔적

정통 전제들에서 얻어낸 비정통의 결론들

인격적 관념론은 생각들(혹은 영들이나 인격 존재들)과 이들에 대한 개념 외에는 아무것도 존재하지 않는다는 가르침이다. 근대 서양 철학에서 이 가르침의 창시자는 조지 버클리(George Berkeley, 1685-1753) 감독이었다. 먼저 나는 버클리의 개념들을 살펴보고, 다음으로 버클리를 따르는 학자들의 견해를 살펴볼 것이다.

버클리 감독: 넘치는 자연

버클리가 구성한 관념론적인 논제에 따르면, 의식적이고 지성적인 생각들만이 존재하고 현실적 실체들이란 존재하지 않기 때문에, "자연"은 현실태들로 구성된 것이 아니라, 개념들로만 구성된 것이다. 여기에서 나의 수된 논점은, 비록 관념론적인 논제에 대한 일차적인 논증이 전통적인 신론에 기초한 것이 아니라, "물질"의 개념이 갖는 모순됨과 그 개념에서 끌어낸 문제들에 기초하고 있음에도 불구하고, 관념론적 논제를 따르는 사람들은 그들의 논제가 전통적인 신론과 일치하며, 전통적 신론에서 유래한 것일 수 있다고 정확하게 이해했다는 점이다.

여기서 관념론적 논제를 위한 버클리의 논증을 자세히 살펴볼 필요는 없고 간단한 개요만으로 충분하다고 생각한다. 버클리가 생각한 중심적인 과제는, 인식하지 않는 실체란 의미에서, "물체" 혹은 "육체의 실체"를 믿을 이유가 없음을 보여주는 것이다. 그는 기본적으로 인식하지 않는 실체란 개념 그 자체가 자기-모순적(self-contradictory)이기 때문에, 인식하지 않는 실체란 존재할 수 없다고 주장한다. 그러나 더 나아가 그는 인식하지 않는 실체를 모순 없이 생각할 수 있음에도 불구하고, 이러한 존재를 인정할 만한 근거는 없다고 주장한다.

버클리의 가장 유명한 논증은, 대체로 과소평가되고 있음에도 불구하고, "존재하다" 혹은 "존재되다"라는 뜻을 "인식하다" 혹은 "인식되다"라는 의미로 논증하는 것이다. 인식하는 존재는 생각, 영 혹은 영혼이다. 인식된 존재란 하나의 개념이다. 개념은 생각 속에서만 존재할 수 있다. 그러므로 생각과 생각의 개념을 빼면 아무것도 존재하지 않는다. 내가 알기로 버클리는 우리가 "자연"이라 부르는 것은 인식하는 존재(예컨대 라이프니츠의 단자들)로 구성된 것이 아니라고 생각하기 때문에, 자연 존재들은 자연을 인식하는 생각들과 독립해서는 존재를 가지지 못하며 단지 생각 속에 있는 개념들이다. 때로 버클리는 동물을 인식하는 존재로 말하고 있고(D 25, 29, 31),[1] 인간 외에도 다른 지성적인 존재의 가능성을 말하고 있음에도 불구하고(D 101; 참조. PC 443, 723),[2] 그가 실제로 마음에 두고 있는 인식하는 존재들이란 하느님과 인간뿐이다. 어쨌든, 유일한 "실체들"은 하느님과 유한한 영들이다. 물질적인 실체들이란 존재하지 않는다. 인간의 육체를 포함해 모든 자연은 개념들, 곧 하느님이 우리로 인식하게 하는 개념들로 구성된다.

버클리는 자신의 입장에 대해 "존재"의 의미에 기초한 위의 논증 외에도 다양하게 논증을 시도한다. 버클리는 우리의 지각으로는 우리 자신의 개념이나 감각만을 인식한다. 그러므로 우리의 지각은 다른 외부의 "물질"(어떤 개념의 근거가 되는)이 존재한다고 생각할 근거를 갖지 못한다. 버클리는 인과성의 개념과 모든 결과는 하나의 원인이 있어야 한다는 원리를 거부하지 않는다. 그러므로 그는 명시적으로 우리의 것이 아닌, 예컨대 기억이나 상상이 만들어 낸 것이 아닌 개념들은

---

1) *D*는 George Berkeley, 『하일라스와 필로누스 사이의 세편의 대화』 *Three Dialogues Between Hylas and Philonous*의 약어임. 이 책에서 인용은 *The Library of Liberal Arts edition*, edited with an introduction by Colin M. Turbayne(The Bobbs-Merrill Company, Inc., 1954)을 참조한 것임.

2) *PC*는 버클리의 『철학 주석』 *Philosophical Commentaries*의 약어임. 이 책은 보통 버클리의 *Commonplace Book*으로도 알려져 있음. 인용은 Luce and Jessop edition.(George Berkeley, Works, ed. by A. A. Luce and T. E. Jessop, Vols. 7 and 8[Thomas Nelson & Sons, 1955-1956])을 참조한 것임.

우리 밖에 원인을 가져야 한다고 주장한다(P 26).[3] 이 원인은 또 다른 영이어야 한다. 한편 개념들은 인식하지 않는 존재에게서 올 수가 없다. 왜냐하면 개념들이란 분명 생각 안에서만 존재하기 때문이다(D. 87; P 91). 그러므로 개념은 개념이 아닌 것을 "모방하거나" "표상할 수" 없다. 왜냐하면 하나의 개념은 개념으로만 존재할 수 있기 때문이다(P 8, 90). 또한 우리는 어떻게 "물질"이 영에게 영향을 줄 수 있는지 이해하지 못한다(P 50). 더 나아가 영이란 우리가 활동을 일으키는 작용인들로 의미 있게 말할 수 있는 유일한 존재들이다. 그러므로 우리는 의지와 구별된 행위의 개념을 갖지 못한다(D 80, 87; P 28, 61, 102, 105; LJ 1).[4]

여기서 버클리는 "영"이라는 말로 단순히 인식하는 존재 이상을 의미하고 있다. 곧 "영"이란 인식하면서 의지하는 존재이다. 영의 적극적인 측면은 수동적이고 수용적인 측면만큼이나 본질적이다. "영이 개념을 인식할 때 그 영은 이해(오성, understanding)라 불린다. 그리고 영이 개념을 만들어 내거나 다른 방식으로 개념에 대해 작용하는 것을 의지(will)라 부른다"(P 27). 버클리는 "개념"을 전혀 활동이 없는 것으로 정의하고 또한 활동이 없는 것은 활동적인 것을 표상할 수 없다고 보기 때문에, 우리가 영에 대한 개념을 갖고 있음을 부인한다. 그러나 버클리는 우리가 말로 의미하는 우리 자신의 영에 대한 성찰을 통해 우리가 인식하는 영의 개념을 갖게 된다고 주장한다.

이제까지의 논증으로부터 버클리는 모든 지각 있는 존재들은(강, 나무, 책 등) 피조된 영에 의해 인식됨으로 존재하거나, 혹은 영원한 영에 의해서 영속적으로 인식됨으로 존재한다고 결론한다. 그런데 전자는 받아들이기 어렵기 때문에, 지각 있는 존재들은 영원한 영이 지각이 있는 존재들을 영속적으로 인식함으로써 존재한다. 버클리는 이것이 하느님의 존재 증명을 쉽게 하기 때문에, 관념론적인 논제

3) *P*는 『인간 지식의 원리』 *A Treatise Concerning the Principles of Human Knowledge*의 약어임. 이 논문은 Robert M. Hutchins(ed.), *Great Books of the Western World*(Encyclopaedia Britannica, Inc., 1952), Vol. 35.에 실려 있음. 인용 속의 숫자는 버클리가 문단에 붙인 숫자임.

4) LJ는 1729년 11월 25일 사무엘 존슨에게 버클리가 보낸 편지의 약어임. 인용된 숫자는 존슨이 제기한 문제에 대해 버클리가 대답하면서 붙인 번호들이다. 이 편지와 함께 다른 두개의 편지가 *Berkeley's Philosophical Writings*, ed. with an introduction by David M. Armstrong(Collier Books, 1965)에 실려 있음.

의 주된 장점 중의 하나로 생각한다. 그러므로 버클리는 모든 전통적 속성들을 이제까지 증명된 하느님에게 돌린다. 하느님은 고통 받을 수 없고, 불변하게 전지하며, 순수하게 활동하고, 전능하며, 만물의 원인이고, 힘에서 뿐 아니라 지혜와 선에 있어서 무한하다고 한다(D. 59, 71, 88, 100-103; P 30, 57, 72).

버클리는 하느님이 우리의 생각에 개념을 주입함으로써 모든 "자연"존재들을 직접 존재하게 한다는 논제는 전통 기독교의 하느님과 세계에 대한 가르침과 양립한다고 주장한다. 사실 버클리는 위의 논제가 피조된 영 말고도 인식하지 않는 물질의 실체들이 존재한다는 관점보다 더 적합하다고 생각한다. 자연이 하느님과 구분된 하나의 존재라고 하는 생각은 하느님의 전능과 무한한 완전성을 인식하지 못하는 이교도들의 주장이다(P 150). 성서는 이교도들과 철학자들이 자연이나 물질 혹은 생각할 수 없는 어떤 원리에 속한다고 보는 것들에 대한 유일하면서도 직접적인 창조자로 하느님을 이해한다(D 83).

물론 우리가 앞 장에서 살펴본 바대로, 전통적인 유신론자들은 하느님이 자연인이나 2차 원인들을 사용하지 않고 직접 모든 결과를 낼 수 있음에도 불구하고, 일반적으로는 그러한 원인들을 사용하기로 선택했다고 주장하였다. 버클리는 유신론자들의 이러한 주장에 반대한다. 먼저 사람들은 힘의 결핍을 보충하기 위해 기구와 도구를 사용한다. 그러므로 하느님이 도구를 사용한다고 말하는 것은 하느님의 힘을 존중하는 것이 아니다(LJ 3). 하느님은 전능한 영으로 그분의 의지에 모든 존재가 절대적으로 의지하며, 하느님은 스스로 어떤 도구도 필요로 하지 않는다(D 63). 그럼에도 불구하고 하느님이 도구를 사용한다고 주장하는 것은 하느님이 풍요가 넘치는 세계를 창조했음을 암시하는 것이다. 그런데 하느님께서는 보다 직접적인 방법으로 할 수 있는 것을 왜 우회적인 방법으로 하고자 하였을까?(D 57, 63; P 61.). 물질적인 실체들이 존재할 수 있다면, 그 물질적인 실체들이 어떻게 원인들로 사용될 수 있는지 아무도 이해할 수 없다. 왜냐하면, 누구도 어떻게 몸이 영에 영향을 미치는지, 어떻게 물질적인 것이 효력을 발휘할 수 있는지 전혀 이해할 수 없기 때문이다(P 19, 61; D 107). 말르브랑슈(Malebranche)는 이 점이 어렵다는 사실을 인식하였다. 그리고 물질은 우리 생각 속에 있는 개념의 원인이 아니고, 하느님이 이 지각들을 우리의 생각에 인상지우는 계기라고 주장하였다. 그러나 이는 분명 물질이 넘쳐나는 것(여분)임을 인정하는 것이다. 어떤 경우가 되었든 물질주의자의 입장은 불확실하다. "왜냐하면 이유도 없이 하느님이 수 없이 많은 존재들을 창조하였다고 생각하는 것은 전혀 무익한 것이며 어떤 목적도 나타내지 않기 때문이다"(P 19).

버클리는 자신의 관점이 성서의 창조 교리와 일치한다고 주장한다. 자연의 창조는 하느님이 피조된 영으로 하여금 자연을 인식하게 하면서 시작되었다(D 99-101). 자연의 존재들이 인간보다 앞서 창조되었다는 성서의 주장은 인간존재의 창조에 앞서 피조된 비인간적인 지성적 존재들이 있었다고 주장함으로써 자신의 관점과 하나가 될 수 있다고 버클리는 생각하였다(D 101; PC 443, 723). (여기서 버클리의 대답이 모순이 없음을 다시 확인할 필요가 있다. 그러나 오늘날 자연을 감각여건으로 환원하고, 천사나 지구 밖의 다른 인식자들의 존재에 호소하면서 버클리를 따를 수 없는 사람들은 감각 기관을 가진 존재들의 진화에 앞서 사물들이 존재하였다는 주장을 긍정하는 데 상당한 어려움을 갖고 있다.) 더 나아가, 버클리는 자연에 대한 자신의 관점이 무로부터의 창조 개념을 가진 물질주의적 관점보다 더 타당하다고 생각하는 것처럼 보인다. 왜냐하면 버클리는 무로부터 물질의 창조를 힘들다고 인식하는 것이 무신론의 원인이라고 생각하는 반면(P 92), 자신의 관점은, 우리 모두가 상상의 힘을 통해 개념을 만들어 내는 경험을 갖고 있기 때문에, 우리가 경험의 기초에서 인식할 수 있는 어떤 것이라고 생각하기 때문이다(PC 830).

내가 보기에 버클리의 논증은 전통적인 유신론의 전제로부터 비롯된 것처럼 보인다. 만일 그것을 단순히 원하는 것만으로 논리적으로 가능한 사건을 일방적으로 만들 수 있다는 의미에서 하느님이 전능하다면, 도구를 사용하는 것은 필요 이상의 여분이 된다. 우리가 살펴본 대로, 하느님이 힘이 부여된 도구를 사용하는 것이 보다 타당하다는 가치 판단에 기초한 토마스주의의 논증은 쉽게 의문에 붙여질 수 있다. 더 나아가 전통적인 유신론은 실제로 힘을 제 2 원인들에게 돌리지 않으면서, 말로는 힘을 제 2 원인들에게 돌린다. 그러므로 만일 우리가 "실체" 혹은 "현실태"에 대해서 갖는 개념이, 단지 경험에 기초한 의미 있는 개념으로서, 힘의 발휘를 포함한다면, 전통적 입장은 현실태가 자연의 사물에 속한다고 생각하고 있는 것이 아니다. 이러한 전통적 입장과 버클리의 입장의 유일한 차이는 로스의 입장이 밝혀주는 것처럼 말뿐이라는 것이다.

버클리는 하느님의 세계 인식이 수동적이기보다는 창조적이라는 전통 교리를 언급함으로써 자신의 입장을 더 깊이 뒷받침할 수 있었다. 전통교리는 하느님이 세계를 인식하기 전에, 달리 말하면 하느님의 세계 인식과는 별도로 세계가 존재하지 않으며 이러한 하느님의 인식이 세계를 창조한다고 가르친다. 버클리의 관점은 세계가 유한한 영들에 대한 인식과 관계없이 독립적으로 존재하는 한, 세계는 하느님의 생각에만 존재한다고 본다. 이처럼 전통교리와 버클리의 관점의 차이는 용어의 차이뿐 다른 차이를 찾기가 어렵다. 또한 신성은 그 인식 안에 수동성을 포함하고 있지 않으며 순수하게 능동적이라고 주장한다. 그는 어떠한 그리스도인도 "그의 생각에는 없지만 존재하는 실제 나무는 하느님의 무한한 생각에 의해서 확실하게 인식되고 이해된다는(하느님의 무한한 생각 안에 존재한다는) 교리에 충격을 받아서는 안 된다."고 주장한다(D 81). 그러므로 그는 "성서에 어울리는 신성의 개념들"을 갖고 있는 사람은 지각을 갖춘 사물들이 "하느님에 의해 인식된 것과 구분된, 모든 생각들 밖에 존재하는, 절대적인 존재를 갖고 있다."고 주장해서는 안 된다고 말한다(D 82). 그러나 나는 버클리가 자신의 관념론적 논제와 하느님의 인식이 수용적이기보다는 창조적이라는 교리를 분명하게 연결하지 않았다고 생각한다. 그렇지 않으면 이 교리를 이렇게 노골적으로 사용하는 것은 유한한 영들의 실재와 관련된 문제를 야기할 것이라는 사실을 인식했을 것이라 생각한다. 이 문제는 앞으로 논의될 것이다. 어떤 경우든, 전능에 대한 보다 직접적인 의미뿐 아니라 이러한 하느님의 정통 교리의 측면은 자연이란 하느님이 직접 우리의 생각 속에 심어준 일련의 개념들로 생각되어야 함을 암시한다. 전통적인 유신론의 맥락에서 하느님 섭리의 중재자들로 봉사하는 몇몇 존재들이 있다는 주장은 불필요하고 의문의 여지가 있다.

버클리는 자신의 관점에 반대되는 것들에 대해 혹은 독특하게 자신의 관점에 적용되는 모든 것들에 대해 대답할 수 있다고 주장한다. 이제 세계의 악의 기초에서 관념론적 논제에 어떤 반대의 목소리들이 제기될 수 있는지 살펴볼 시점이다.

우리가 살펴본 대로, 버클리는 하느님이 무한히 능력이 있으시며 선하다고 주장한다. 그는 이들 하느님의 속성에 대해서 전통적인 유신론과 논쟁할 의도는 없는 것 같다. 그러나 어떻게 하느님의 선이 긍정될 수 있을까? 이 세계에 일어나고 있는 살인, 강간, 간통 등 이 모든 불의한 악의 사건들에 대해 하느님은 책임이 없는가? 버클리는 죄란 외부의 행동에 있지 않고, 이성과 종교의 법으로부터 내면의 의지가 일탈한데 있음을 지적하면서 항변한다(D 83; LJ 4). 그러므로 죄란 유한한 영들에 전가된 것이다. 잠시 이 대답을 보류해둔다 해도, 여전히 그의 입장은 극복할 수 없는 문제를 안고 있는 것처럼 보인다. 죄 자체가 내면의 마음의 상태, 즉 살인이나 강간을 범할 생각 속에 존재한다 하더라도, 죄의 피해자는 하느님이 피해자의 생각에 죄를 범할 생각의 결과를 각인시켰기 때문에 바로 그 때문에만 죄를 범할 생각의 결과를 경험한다. 버클리가 분명하게 표현하는 것처럼, 우리 몸의 각 지체들의 움직임은 "다른 지체의 생각 속에 있는 개념을 동반하거나 자극해야 하고, 이는 전적으로 창조자의 의지에 의존한다"(P 147). 비록 그가 이 용어들로 악의 문제를 논의하고 있진 않지만, 버클리의 입장은 여기서 말르브랑슈의 입장과 같아 보인다. 예컨대 존스가 스미스를 칼로 찔러 죽이려고 생각하는 순간에 하느님은 적당한 시간의 간격을 두고(물론 하느님이 이 모든 일들은 영원 속에서 행하고 있음을 기억하면서) 스미스에게 적절한 아픔을 일으킬 것이다. 따라서 존스가 스미스에게 고통을 주려 했다고 자연스럽게 생각할 수 있다. 그러나 실제로 존스가 아니라 하느님만이 스미스에게 고통을 줄 수 있다. 히틀러와 그의 심복들은 악한 의도를 가지고 단 한사람의 유대인에게라도 고통을 당하거나 죽게 할 수 없었다. 미국의 대통령과 군대가 원자 폭탄의 투하를 통해 단 한사람의 일본인에게라도 고통을 줄 수 없었다. 그러므로 인간 때문이라고 알려진 모든 아픔과 고통은 사실 하느님 때문인 것이다. 더 나아가 인간과 관계되지 않는 모든 표면적 악(apparent evil)은 더더욱 분명하게 전적으로 하느님 때문이다. 태풍, 회오리바람, 지진, 대부분의 기근과 가뭄, 그리고 많은 화재와 홍수 등이 이 범주에 속한다.

악의 문제에 대한 버클리의 반응은 아주 간단하다. 버클리가 가장 관심하는 논증은 우리가 "악"이라 이름 붙인 것 중 많은 부분이 하느님이 자연법이라는 정상적인 방식으로 우리 안에 감각을 일으켰기 때문이라는 개념과 관계된다. 우리가 경험에서 배울 수 있는 규칙성(regularity)은 삶을 질서지우는 과정에서 미리 예상하도록 하는 필연적 법이다. 우리는 이러저러한 수단은 이러저러한 결과를 낳을 것임을 배우게 된다(P 31, 65). 그러므로 이러저러한 방향으로 진행해 간다면, 우리는 이러저러한 눈에 보이는 감각으로부터 이러저러한 촉감의 감각이 뒤따라옴을 인식한다(P 42-44, 65). 버클리는 이 생각만이 자연 법에서 일어나는 모든 "불편함"을 능가한다고 생각한다(P 151). 그는 자연의 오점과 결함이 "납득할 만한 다양성을 만들어내고 전체 창조의 아름다움을 증가시킨다."는 심미적인 논증을 아주 간략히 반복한다(P 152). 그리고 자연의 일반적인 법칙에서 발생하는 아픔과 불편함에 대해서 버클리는 다음과 같이 설명한다.

> 만일 우리가 우리의 시각을 넓혀 간다면 … 일어난 일 자체만으로는 악으로 보이는 어떤 일들이 존재의 전체 체계와 연결해서 생각해 보면 선의 본성을 갖고 있다고 인식하게 될 것이다. (P 153)

그러므로 악의 문제에 대한 버클리의 대답은, 적어도 악한 의지를 제외한 모든 것과의 관계에서, 순수 악의 실재를 부정하는 것이다.

그러나 악의 문제에 직면하여 버클리는 자신의 관념론적 체계를 옹호할 필요가 없었다. 왜냐하면 그는 자신의 입장을 독특하게 반대하는 것들에만 관심하였기 때문이다. 물질적 실체들을 취하는 것 같은 어려운 문제들이 버클리에게는 문제가 되지 않았다. 그리고 이것은 악에 대해서도 마찬가지라고 버클리는 주장한다.

> 우리의 감각이 하느님에 의해 직접 생긴 것이라고 생각하든, 아니면 도구들의 중재와 하느님의 피조물과 하느님의 법에 움직여지는 하위 원인들의 중재에 의해서 생긴 것이라고 생각하든, 하느님에게 돌려지는 책임은 … 똑같다. 그러므로 이 신학적 고찰은 물음이 이끌어 가는 대로 흘러갈 수 있다. 왜냐하면 내가 주장하는 것들은 위의 두 측면을 똑같이 강조하기 때문이다. (LJ 4)

이 점에서 버클리는 분명 옳았다. 신성이 전통적인 의미에서 설명된다면, 하느님은 2차 원인들을 통해 일하든, 아니면 모든 현상들이 직접 하느님이 우리의 경험 위에 덧입혀준 것이든 똑같이 모든 살인과 강간과 지진에 책임적이다. 자연 악과 관련하여 버클리의 관점과 다른 전통적인 유신론자들의 관점 사이에는 본질적으로 차이가 없다. 차이가 하나 있다면 그것은 명료함의 정도 차이이다. 버클리는 자연 존재들의 모든 현실태와 효력을 부정한다. 그래서 자연의 원인들 때문에 존재하는 것처럼 보이는 모든 결과들은 결국 직접적으로 그리고 전체적으로 하느님께 돌려져야 한다는 점이 아주 분명해진다. 이와 같이 인격적 관념론이 전통적인 유신론과 일치하고 심지어 전통적인 유신론에서 비롯될 수 있다고 한다면, 인격적 관념론은 전통적인 유신론이 무슨 결과를 몰고 올지 분명히 보도록 해줄 뿐더러, 전통적인 유신론이 전개하는 악의 문제가 얼마나 심각한지 인식하도록 해준다.

이제까지 나는 겉으로 보이는 자연 악에 대해 초점을 맞추어 보았다. 나는 이 모든 겉으로 보이는 자연 악을 하느님의 탓으로 돌리지만, 순수하게 악한 것이라고 하지는 않는다. 그러나 간단하게 언급된 대로, 버클리는 죄 혹은 도덕 악은 하느님께 돌려질 수 없다고 생각한다. 그렇기 때문에 버클리는 도덕 악이 순수하게 악한 것이라고 생각한다.

그러나 죄가 유한한 영들에게 돌려질 수 있다는 버클리의 생각은 계속해서 전통적인 유신론을 따르는 그의 입장과 일치되는가? 우리가 살펴본 것처럼, 다른 전통적인 유신론자들은, 결국 일어나는 모든 일들뿐 아니라 인간 영의 가장 깊은 내면의 결정에 이르기까지, 하느님이 인간 활동을 지배하고 있음을 주장할 수밖에 없었다.

버클리는 분명하게 순수한 인간의 자유를 가정하고 주장한다. 버클리는 전적으로 하느님의 의지의 산물인 개념들에 대한 우리의 인식에 있어서 우리가 완전히 수동적이라고 생각하면서도, 우리의 열정, 상상, 의지 등은 전체적으로 우리가 밖으로부터 얻은 개념들로 결정된다고 생각하지 않는다(P 144; D 59). 그는 하느님이 우리의 생각의 주인이라고 생각하지 않는다(D 91). 심지어 우리에게 움직임을 촉발하는 어떤 힘이 있음을 인정한다. 우리 몸의 사지를 움직일 수 있는 힘이 우리에게 있음을 인정한다(D 84; P 147; PC 548). 물론 우리가 사지를 움직이고자 할 때, 하느님은 우리와 다른 이들로 하여금 움직이는 사지들의 개념을 인식하게 한다. 더 나아가 버클리는 영혼의 힘들을 강화시킴으로써(D 78), 특별히 개념을 창조하는 힘을 강화시킴으로써 자신의 하느님 개념을 끌어낸다. 그리고 그는 하느님의 힘에 대한 생각이 결국은 경험적으로 영혼의 모든 힘을 인정하지 않는 결론으로 이끌어진다는 점에서 로스를 앞서지 않는다.

그러나 내 아는 바, 버클리는 영혼에 기인하는 것으로 보는 자기-결정성의 자유가 결코 하느님의 속성과 일치한다고 설명하지 않는다. 불변하게 전지하고 "영원부터 모든 것을 아는"(D 102) 하느님은 그의 앎 속에 모든 인간의 의지를 포함해야 한다. 아마도 버클리의 이 말은 모든 감각 있는 존재들을 염두에 두고 한 것일 것이다(참조. D 100). 그러나 하느님과 인간이 서로 상응한다고 할 때, 하느님이 모든 인간의 의지를 알지 못한다면, 어떻게 영원부터 이 모든 것을 알 수 있었는지 이해할 수 없다. 예컨대, 영원부터 하느님이 내가 지금 타이프라이터와 종이 그리고 내 앞에 놓인 글들을 지켜보고 있음을 인식했다고 한다면, 하느님은 내가 오늘 타이핑을 하려고 결정할 것임을 알고 있었고, 그리고 내 부모와 조부모께서 현재의 내가 있을 수 있도록 결정할 것임을 알고 있었다고 해야 한다. 또한 하느님이 순수하게 활동적이고 어떤 것에 의해서도 영향을 받을 수 없기 때문에, 하느님이 미리 알지 못하는 것을 우리가 결정할 수 없다. 더 나아가 버클리는 하느님이 모든 존재의 원인이며 우리는 절대적으로 하느님께 의존한다고 주장한다(D 103; P 155). 여기서 다시금 버클리는 우리의 모든 감각만을 염두에 둔 것이었을 것이다. 그러나 위와 동일한 논증의 빛에서 볼 때, 하느님은 모든 의지의 원인이어야 한다. 그렇지 않으면 우리는 하느님이 영원히 우리에게 영향을 주기로 마음먹었던 감각과 상응하지 않는 존재들을 원할 수 있을 것이다.

따라서 불변하며 전지전능한 하느님 교리를 주장하는 한, 하느님의 본성으로부터 자연 존재들은 하느님의 생각 안에 개념들로서만 존재해야 한다는 논제에 이르기까지, 논증을 위해 사용될 수 있는 동일한 논증들이 피조된 영혼들의 현실태를 반대하기 위한 논증을 위해서도 사용될 수 있다. 달리 말하면, 인격적 관념론은 안정된 중간 거주지를 제공하지 않는다. 일관성을 갖추기 위해 신론의 변화가 요구되어지거나, 아니면 묵시적으로는 로스가 취했던 입장으로, (스피노자가 무신론자보다 범신론자로 해석될 경우) 명시적으로는 스피노자가 취했던 입장으로 나아가기를 요구받는다.

인격적 관념론에 대한 버클리의 해석은 여러 긴장을 안고 있었다. 하나의 긴장은 위에서 언급되었던 것으로, 전통적인 하느님의 속성들과—죄가 하느님의 탓이 아니라고 할 경우 요청되는—인간 영의 자유 사이에 존재하는 긴장이다. 또 다른 긴장은 하느님의 선과 자연 악의 크기 사이에 존재하는 긴장이다. 이 긴장은 인간 아래에 속하는 현실태들의 부정을 통해서 본질적으로는 아니더라도 분명하게 증가된다. 다음 이어지는 두 절에서 나는 인격적 관념론의 후기 전통에서 만나게 되는 두 긴장의 어려움을 간략하게 다루어 볼 것이다.

절대론적 인격론과 불가해한 명료성

몇몇 근대의 인격적 관념론자들은 위에서 정리한 버클리의 중심 사상을 받아들였다. 보든 파커 보운(Borden Parker Bowne)과 그의 제자 알버트 누드슨(Albert C. Knudson)은 모든 자연의 사건들은 직접 하느님의 뜻을 표현한다고 주장한다. 그리고 이들은 하느님의 자유로운 영들의 창조가 필연적으로 하느님의 지식, 즉 미래의 제한을 의미하는 것이 아니었다고 주장한다. 모든 자연의 사건들이 하느님의 뜻을 표현한다는 주장을 통해 이들은 자연 악의 문제가 이론적으로 해결될 수 없음을 인정하였고, 실천적인 해법은 가능하고도 필연적이라고 주장하였다.[5] 보운과 누드슨은 쾌락이 최고의 가치는 아니며, 죄는 아픔보다 더 심각한 악이고, 모든 세계는 고결한 품성을 키우기 위해 고안되었음을 인식함으로써 문제에 어떤 빛이 비춰질 수 있음을 암시하였다.[6] 그러나 성품-만들기란 말로 세계를 판단할 때조차 우리가 이해할 수 없는 악들이 존재한다. 여기서 우리가 할 수 있는 일은 우리의 무지를 인정하는 것이며, 하느님께만 인식되는 해법이 있음을 의심치 않는

5) Borden Parker Bowne, 『유신론』 *Theism*(American Book Company, 1902), 263-290; A. C. Knudson, 『신론』 *The Doctrine of God*(Abingdon Press, 1930), 365. 이 절과 다음 절에서 나는 Floyd H. Ross, 『인격론과 악의 문제』 *Personalism and the Problem of Evil*(Yale University Press, 1940)의 빚을 지고 있다.

6) Bowne, 『유신론』 *Theism*, 265 f.; A. C. Knudson, 『구속론』 *The Doctrine of Redemption* (Abingdon Press, 1933), 215; A. C. Knudson, 『그리스도 사상의 제 문제』 *Basic Issues in Christian Thought*(Abingdon-Cokesbury Press, 1950), 107.

일이다.[7] 누드슨은 로체(Lotze)의 표현을 좋아한다.

> 전능과 하느님의 선 사이에 화해할 수 없는 갈등이 나타나는 곳에서 우리의 유한한 지혜가 한계에 이르게 되고, 우리가 조만간 생각하게 될 그 해법을 이해하지 못한다.[8]

누드슨은 전능의 한계를 포함하는 해법을 받아들이기보다 다음과 같이 주장한다.

> 신앙의 본질은 서로 반대되는 것처럼 보임에도 불구하고 하느님의 힘과 선을 믿는 것이다. 우리가 하느님의 전능을 고집한다면, 고통의 현실이 우리를 당황스럽게 할 수 있다. 그럼에도 당황스럽게 된 신앙을 갖는 것이 신앙이 전혀 없는 것보다 낫다.[9]

자연 악의 문제에 대한 이러한 논법은 보운과 누드슨이 주장하는 바와 상당한 긴장관계에 놓이게 된다. 예를 들면, 우주에 대해 완전히 이해 가능하다고 하는 보운의 주장,[10] 신앙과 이성의 이원론에 대한 누드슨의 거부, 그리고 인격적 철학이 종교적 신앙을 위한 합리적 정당성의 기초를 제공한다는 누드슨의 주장이 그것이다.[11]

---

7) Bowne, 『유신론』 *Theism*, 272 f.; Knudson, 『구속론』 *The Doctrine of Redemption*, 220; Knudson, 『그리스도 사상의 제 문제』 *Basic Issues in Christian Thought*, 104, 106.

8) Rudolf Hermann Lotze, *Micrososmus*(Edinburgh: T. & T. Clark, 1985), Vol. II, 717; Knudson이 『구속론』 *The Doctrine of Redemption*, 220쪽과 『그리스도 사상의 제 문제』 *Basic Issues in Christian Thought*, 104쪽에서 인용한.

9) Knudson, 『신론』 *The Doctrine of God*, 259.

10) Borden Parker Bowne, 『유신론 연구』 *Studies in Theism*(Phillips and Hunt, 1879), 118f.; Borden Parker Bowne, 『사상과 지성론』 *Theory of Thought and Knowledge*(Harper & Brothers, 1897), 35.

11) Knudson, 『그리스도 사상의 제 문제』 *Basic Issues in Christian Thought*, 13-50, 특별히 15쪽과 41쪽을 볼 것.

하느님의 전지와 인간의 자유의 관계에 대한 이들의 논법 또한 명료성(intelligibility, 이해할 수 있음)의 문제와 관계된다. 이들은 인간의 자유는 단순히 (외부의 근거들로부터 완전한 결정성의 부재인) 심리학적 자유로 생각될 수 없고, 자기-통제 혹은 자기-결정성의 자유인 실제적 혹은 형이상학적 자유를 포함하는 것으로 해석되어야 한다고 주장한다. 그러나 보운은, 시간이 하느님에게는 단지 이상적이고 실제적이 아니기 때문에, 혹은 우리 인간에게 불가사의한 것을 하느님은 인식하는 방법을 알고 있기 때문에, 하느님이 우리의 자유로운 행동을 미리 안다고 주장한다.[12] 누드슨은 하느님의 예지와 인간의 자유 사이에 분명한 모순으로 다소 혼돈되기는 했지만, 이 둘 사이의 양립불가능성을 인정할 수는 없다고 주장하였다. 그리고 보운이 제시한 두 가지 이유 때문에 하느님의 예지와 인간의 자유가 양립할 수 있다고 주장하였다.[13] 그러나 누드슨은 어떻게 불확정한 미래를 예지할 수 있는지 우리가 이해할 수 없다는 점을 인정한다.[14] 전통 기독교 신앙에서 명료성(이해할 수 있음)이 갖는 두 가지 중심적인 문제가 있다. 첫째는, 자연 악과 하느님의 전능과 선의 양립 가능성이고, 둘째는 자유 때문에 말할 수 있는 도덕 악과 불변의 전지와 전능의 양립가능성이다. 보운과 누드슨은 이중적 양립가능성을 어떻게 인식할 수 있는지 보여주지 못했다. 이들은 신앙에 대한 합리적인 정당성을 실제로 제시하지 않았다. 이 영역에서 버클리와 더불어 보운과 누드슨이 가장 적절하게 주장할 수 있는 바는, 물질의 실체성을 인정하는 전통적인 유신론자들에게 심각한 악의 문제가, 이들에게는 더 이상 어려운 문제가 아니라는 점이다. 그러나 앞서 살펴본 대로 악의 문제가 그렇게 쉬운 문제는 아니다.

인격적 관념론자들은 "절대론자들"(absolutists)과 "유한론자들"(finitists)로 나뉜다. 다행히 보운과 누드슨 계열의 학자들은 이 용어들에 대해 나름대로 정의하고 있다. 절대론자는 궁극적으로 하느님의 합리적인 의지와 관계없는 것에 의해 제한되지 않는다고 주장한다. 어떤 제한이 있다면 이는 하느님이 자유로이 창조한 존재들과 하느님의 자기-제한 때문이거나, 하느님 스스로 인정한 하느님의 본성,

12) Bowne, 『유신론』(*Theism*), 189 f.

13) Knudson, 『신론』(*The Doctrine of God*), 320-322.

14) *Ibid*, 322.

즉 하느님의 사랑이나 합리성 때문이다. 유한론자들은 하느님과 독립된 하느님의 의지에 반대되는 조건들이 있다고 주장한다. 예를 들면, 하느님은 "하느님 밖의 필연성"과 대면하고 있다고 주장했던 플라톤은 유한론자였다. 유한론적 인격적 관념론자라면 제한의 조건들이 하느님의 본성 안에 존재한다고 주장해야 할 것이다.

버클리와 보운과 누드슨은 모두 절대론자들이다. 헤롤드 드올프(L. Harold DeWolf) 역시 절대론자이다. 그러나 하느님의 전지와 전능에 관해 드올프는 앞의 세 사람과 생각이 다르다. 드올프는 하느님이 인간에게 어느 정도의 선택의 자유를 주었기 때문에, 하느님 자신의 힘과 미래에 대한 지식이 제한되었다고 주장한다.[15] 이러한 입장은 하느님에 대한 절대론적 이해에서 가능하다고 드올프는 주장한다. 왜냐하면 여기서의 제한이란 하느님이 자발적으로 스스로에게 가한 제한이고 하느님 자신의 의지와 상관없는 필연성을 의미하지 않기 때문이다.[16] 내가 아는 한, 드올프는 자기-제한의 개념과 연관될 수 있는 문제들을 논의하지 않았다. 예를 들면, 이전에는 불변하고 영원하며 고통을 받지 않다가 후에 변화하며 시간적이 되고 고통을 받을 수 있게 되었는가? 만일 그렇다면, 이는 본질적인 속성의 변화를 의미하는 것인가? 만일 그렇다면 이것은 무슨 의미를 지니는 것일까? 아니면 하느님이 영원 전부터 언제나 하느님의 자기-제한으로 남기 위해 "인격 존재들"을 만드신 것일까? 드올프는 "인간 영혼은 하느님이 창조한 유일한 인격 존재가 아니라고 생각할 수 있다."고 주장한다.[17] 또한 하나의 존재의 형이상학적 본질인 영혼들 안에는 다양한 계층의 복잡성과 가치가 존재한다고 주장한다.[18] 더 나아가 그는 인간의 특성은 이 땅에 살고 있는 다른 피조물들이나 다른 존재의 질서에 속한 존재들과 공유할 수 있다고 진술한다.[19] 그러나 역시 내가 아는 바, 드올프는 자유를 가진 피조된 존재가 언제나 존재함으로 하느님의 자기 제한이 영원히 계속되는 것인지에 대해 논의한다. 어떤 경우든, 미래를 아는 힘을 포함해 하느님의 힘이 자유를 가진 피조물들이 있음으로 인해 제한된다는 드올프의 분명한 주장

---

15) L. Harold DeWolf, 『살아있는 교회의 신학』 *A Theology of the Living Church*(Harper & Brothers, revised ed. 1960), 102, 108, 109, 176.

16) *Ibid,*, 96, 105, 108.

17) *Ibid,* 129.

18) *Ibid,* 152.

19) *Ibid,* 205.

은 인격적 관념론의 초기 입장 속에 나타난 명료성 문제의 일부를 해결해주고 있다.

그러나 자연 악의 문제는 여전히 남아있다. 드올프는 자연이란 하느님으로부터 나와 인간의 경험 속에서의 드러남이며, 모든 감각 인식은 하느님의 행위가 가져온 직접적인 결과라는 관념론적 입장을 견지한다.[20] 그러므로 이전의 인격론자들처럼, 드올프는 자신의 입장과 하느님이 무로부터 창조하였다는 보다 전통적인 자연관 사이에 실천적인 차이는 존재하지 않는다고 본다.

> 하느님을 한 분 제약되지 않은 창조자, 모든 존재의 원인이거나 근거로 생각한다면, 우리의 물질세계에 대한 모든 경험은 하느님의 활동에서 비롯된 것이다.[21]

드올프는 이러한 전통적 입장을 수정하지 않았기 때문에, "기독교 신앙이 안고 있는 가장 큰 이론적 어려움은 악의 문제"임을 분명하게 알고 있었다.[22] 드올프는 보운과 누드슨이 했던 몇몇 동일한 주장을 하고 있다. 말하자면 우리의 향락적 삶이 유한한 해법에 더 관심하게' 하지만, 쾌락과 아픔의 문제는 실제로 의와 죄의 문제와 비교해 보면 그렇게 중요한 것이 아니라고 주장한다. 그에 의하면 세계는 쾌락을 위해 설계된 것이 아니라, "영원한 영혼이 고귀한 신앙과 사랑을 훈련받기 위해" 설계되었다.[23] 지진과 같이 세계에 상처를 입히는 자연 악이 다소 인간의 죄와 연관됨을 주장하면서도,[24] 어떻게 연관될 수 있는지에 대해서는 설명하지 않는다. 드올프는 우리의 많은 고통은 동료 인간들의 죄가 만들어낸 것이라고 강조한다. 따라서 살인, 전쟁, 기근, 질병, 부도덕적인 성 때문에 생긴 성병, "무모하게 숲을 착취한 결과 찾아온 홍수와 가뭄 등" 이 모든 것은 인간이 만들어낸 재앙들이다.[25]

---

20) *Ibid*, 120, 122.

21) *Ibid*, 64.

22) *Ibid*, 130.

23) *Ibid*, 138-140.

24) *Ibid*, 120 f.

그러나 드올프는 인간의 생각으로부터 시작된 이 모든 결과들은 하느님께서 인간의 계획이 이루어지도록 합력하였기 때문이라는 사실을 정면으로 반박하지 않는다. 절대론자의 입장을 견지하고 있는 브라이트만(E. S. Brightman)의 솔직한 진술을 살펴보자.

> 폭풍과 고요, 질병과 건강은 말 그대로 하느님의 뜻이나 마찬가지다. … 하느님이 모든 자연 가운데 내재한다고 한다면, 살인자의 손, 그의 무기, 그리고 그 결과 가져온 치명적인 결과로부터 아주 순간적인 전자의 미묘한 떨림에 이르기까지, 이들의 모든 움직임은 바로 하느님의 뜻이 담긴 행위였다는 사실을 외면해서는 안 된다.[26]

드올프의 궁극적인 해법은 본질적으로 보운과 누드슨의 해법과 다르지 않다. 우리가 어떻게 그럴 수 있는지 충분히 이해할 수는 없지만, 표면적 악들은 하느님의 영원한 관점에서 보면 원칙상 선한 것이라는 주장은 이해가 된다. 또한 절대론자들로서 우리는 "우리가 당하는 최악의 아픔까지도 궁극적인 하느님의 목적과 관계에서 보면 어느 정도의 선을 갖고 있다."고 생각한다. 따라서 모든 자연 악은 하느님의 뜻이 이루어지는 수단이다.[27]

브라이트만: 하느님의 내면적인 문제

브라이트만(Edgar Sheffield Brightman)은 인격적 관념론의 전통에 견고하게 서 있다. 그는 절약의 법칙(rule of parsimony)은 모든 비-경험적 존재들의 거부를

25) *Ibid*, 139.

26) Edgar Shefield Brightman, 『철학개론』 *An Introduction to Philosophy*(Henry Holt and Company, 1925), 336, 337. 드올프의 정신과 몸의 관계론은 이 점에 영향을 주지 않는다. 드올프는 자신의 정신과 몸의 관계론이 보온과 브라이트만의 견해와 다르다고 생각한다. 드올프는 여전히 몸이 다른 사람에게 보이는 한은 하느님의 활동의 직접적인 결과라고 주장한다. L. Harold Dewolf, "The Mind-Body Problem," *The Personalist*, Vol. XXXIV(1953), 15-24, 특별히 23.

27) L. Harold DeWolf, 『살아있는 교회의 신학』 *A Theology of the Living Church*, 132, 135, 142.

뒷받침한다고 주장하고, 또한 물리적인 우주가 하느님 안에서 이상적으로 존재하는 것과는 다르게 존재한다고 생각하는 것을 지나친 상상이라고 주장한다(POR 323, 332).[28] 심지어 인간의 신경조직조차도 인간의 의식 안에 하느님이 뿜어내는 기(에너지)의 방출로서 존재한다. 그래서 마음과 몸의 상호작용은 실제로 하느님의 생각과 인간의 생각의 상호작용이다(POR 214, 369).

그러나 이전의 인격론자들과는 다르게, 브라이트만은 절대론적 신론보다 유한론적 신론을 전개한다. 드올프와 마찬가지로, 브라이트만은 하느님이 인격 존재들을 창조함으로써 세계를 통제하는 하느님의 힘에 제약을 가져왔고, 미래에 대한 하느님의 지식에 제약을 가져왔다고 주장한다(POR 260, 331; PG 101, 124, 132; FG 182).[29] 그는 하느님이 비-시간적일 수 있다는 개념을 철저하게 거부한다. "비-시간에 놓인 경험과 시간적인 연속성을 갖고 있지 않는 경험은 둥근 삼각형처럼 받아들일 수 없는 개념이다"(PR 324; 참조. PG 129, 133).[30] 이는 하느님의 부고성(하느님이 고통 받을 수 없음, impassibility) 교리의 거부를 의미한다. 왜냐하면 하느님은 다른 인격체들의 자유로운 선택들로 인해 영향을 받기 때문이다(POR). 그러나 이러한 인격들의 창조 결과 자체가 전능의 거부를 의미하지 않는다. 왜냐하면 창조는 하느님의 자유로운 의지의 선택이며, 그 결과로 나타난 제한은 자발적인(self-imposed) 것이기 때문이다.

브라이트만은 자유로운 인격 존재들이 하느님에게 부과한 제한들과 논리의 법칙처럼 대부분의 유신론자들이 인정한 "제한들" 때문에 세계 내 악을 설명하기에 충분치 못하다고 생각하여 유한론자가 되었다(POR 260 f., 303; FG 13). 한편 하느님이 전능하다면, 자유롭게 죄를 피하고자 하는 자유로운 인격 존재들을 창조할 수 있었을 것이다(FG 173). 그러나 자연 악에 대한 문제가 브라이트만의 중심사상

28) *POR*은 Brightman의 『종교철학』 *A Philosophy of Religion*(Prentice-Hall, Inc., 1940)의 약어임.

29) *PG*는 Brightman의 『하느님의 문제』 *The Problem of God*(Abingdon Press, 1930)의 약어이고 *FG*는 『하느님의 발견』 *The Finding of God*(Abingdon Press, 1931)의 약어이다.

30) *PR*은 브라이트느만의 『인격과 실재』 *Person and Reality*(The Ronald Press Co., 1958)의 약어이다.

에서 더 많은 비중을 차지한다. 한동안 브라이트만은 보운과 누드슨과 드올프의 입장을 받아들였다. 그러나 그는 이내 무지에 기초하여 자명한 자연 악은 단지 드러난 것뿐이라고 생각할 수 있는 개념을 거부하였다(POR 242, 245, 269 f., 309 f.). 우리에게 악처럼 보이는 모든 것이 사실 궁극적 관점에서 보면 선이어야 한다는 입장은 선과 악에 대한 완전한 상대주의로 이끌어 간다(POR 269 f.; PAR 96).[31] 더 중요한 것은 이 입장이 우리의 경험에 공정치 못하다는 점이다. 분명 합리화될 수 있는 영역 너머의 악의 잉여, 즉 "불합리한 악"(surd evil)이 분명 있는 것처럼 보인다(POR 277, 278 f.; FG 172). "우주 안에는 선한 하느님의 일이라고 하기에는 너무 잔인하고 비합리적이며 불공정한 악이 존재하는 것처럼 보인다"(POR 318).

브라이트만은 하느님의 뜻의 선을 지키는 유일한 길이란 하느님이 자신의 뜻을 행사하는 힘이 제한되어 있어서 하느님이 자신의 의지로 창조하지도 않고 인정하지도 않은 상황에 직면해 있음을 주장하는 것이라고 생각한다(POR 282; PAR 85 f.). 이것이 유한론의 본질에 대한 정의이며, 브라이트만과 플라톤이 같은 생각을 갖는 영역이다. 그러나 브라이트만은 자연 악을 위한 한정의 조건들은 하느님을 떠나 자연의 실체들 속에 존재할 수 없다고 본다. 왜냐하면 그런 조건들이 존재하지 않기 때문이다. 문제는 신성 그 자체 안에 존재해야 한다. 브라이트만이 이러한 입장을 전개하였던 처음 책에서, 하느님의 내면적인 문제를 다음과 같이 서술하였다.

> 감각과 본능과 충동이 우리의 모든 의식 속에 들어가는 것처럼, 하느님에게도 이성과 활동적인 창조적 의지만 있는 것이 아니라 하느님의 모든 의식 속으로 들어가는 수동적인 요인도 있다. 그래서 하느님에게 문제가 된다. 이러한 요인을 우리는 주어진 것(the Given)이라 부른다. 삶에서 만나는 악들과 가치가 더디게 완성되는 것이 인간의 자유 때문이 아니라 하느님으로 비롯된 것이라면, 이는 하느님의 본성 때문이라고 할 수 있다. 그렇다고 전적으로 하느님의 고의적인 선택 때문이라고 할 수는 없다. (PG 113)

---

31) *PAR*은 브라이트만의 『인격성과 종교』 *Personality and Religion*(The Abingdon Press, 1934)의 약어임.

브라이트만이 지적하는 것처럼, 하느님의 의지를 위해 주어진 것이 있다고 말하는 것은 새로울 것이 없다(FG 187). 대부분의 유신론자들은 하느님이 합리성의 법을 깨뜨릴 수 없다고 주장하였다. 그러므로 브라이트만은 단순히 주어진 것에 대해 말하기보다 합리적으로 주어진 것과 비합리적으로 주어진 것을 구분한다. 합리적으로 주어진 것은 논리적이고, 윤리적이며, 심미적이고, 종교적인 규범들을 포함한다(PR 57 f.). 하느님의 뜻이 이 규범들을 인정하기에 이 규범들은 유한하지 않다. 한편 비합리적으로 주어진 것을 감각적 속성들, 시공의 형태들, 감정들, 무질서한 충동들과 욕망들, 쾌락과 아픔과 같은 경험들을 포함하며 "하느님 안에 있는 불합리한 악의 모든 근거"가 된다(PR 58; POR 337). 하느님의 본성 가운데서 바로 이처럼 비합리적으로 주어진 것이 하느님의 뜻과 반대가 된다. 이 점이 브라이트만 이론에 나타나는 새로움이다.

이와 같이 비합리적으로 주어진 것은 하느님의 목표를 포현하는 도구가 되지만 또 다른 한편으로는 방해가 되기도 한다. 하느님의 힘은 유한하며, 주어진 것에 대한 하느님의 통제는 완전히 결정된 것이 아니다(POR 319, 327, 338). 이 점에 기초해서 브라이트만은 하느님만이 자연의 근거이며, 하느님의 의지는 철저하게 선하다고 하는 관념론적인 논제를 주장할 수 있다. 브라이트만은 또한 도덕 악의 존재를 설명하기 위해 비합리적으로 주어진 것을 사용한다. (이 점을 그의 주석가들은 종종 간과하고 있다.)

"존재하는 것들의 본성"안에는 죄를 짓지 않을 수도 있는 자유가 있었음에도 불구하고 죄를 짓지 않게 될 자유로운 인류의 창조를 불가능하게 하는 뭔가가 존재함이 분명하다. 만일 죄를 짓지 않을 인류 창조가 가능했더라면, 하느님은 그런 존재를 창조했을 것이다. 그러나 그런 창조가 불가능한 원인이 바로 하느님의 본성 안에 있음이 분명하다(FG 173).

브라이트만은 다른 책에서 하느님의 인간 창조에 대해서 서술하고 있다.

> 하느님은 인간을 창조할 때 인간의 의지가 이성과 비합리적 내용으로 제한 받도록 창조해야 했다. 그래서 인간이 창조되었을 때, 하느님과 하느님의 모든 행위 안

에 있는 성분이 인간에게 들어오게 되었다. (POR 333)

그러므로 브라이트만은 한편 세계 안에 존재하는 도덕 악과 불합리한 자연 악의 현존과 또 다른 한편 하느님 의지의 완전한 선을 융합하기 위해 하느님 안에 비합리적으로 주어진 것의 이론을 사용한다.

물론 하느님이 세계 안에 인격 존재들이 있는 세계를 창조하기로 선택하였기 때문에 인격 존재들이 저지른 악에 대해 책임이 있다. 비평가들은 예방할 수 없는 유형의 악을 예견하였던 하느님이 그런 세상이 창조되지 않도록 했어야 한다고 주장할 수 있다. 브라이트만은 이들의 비판에 대해 다음과 같이 대답한다.

> 우리는 하느님 앞에 단지 두 개의 대안만이 놓여 있다고 상상할 수 있다. 하나는 하느님이 많은 비합리적 악들을 품고 있어야 하는 여타 인격 존재들을 창조하는 것이고, 또 다른 하나는 전혀 창조하지 않는 것이다. 전혀 창조하지 않는 것은 사회의 모든 가치와 인간 존재의 모든 가능태들을 빼앗아 갈 것이다. … 우리는 또한 선한 하느님이 수반되는 모든 고통을 견디고자 할 것이고, 가치가 없는 우주를 갖게 하기보다, 오히려 우리로 하여금 우주 안에서 고통을 견디고 극복하도록 돕고자 할 것이라고 생각할 수 있다. 이러한 하느님의 선택을 누가 나쁘다고 할 수 있겠는가? (POR 333 f.)

브라이트만의 대답은 내게는 아주 이치에 맞는 것처럼 보인다. 하느님의 선은 악을 예방하려는 의지이므로 기본적으로 부정적인 이해보다 가치를 창조하려는 의지라는 긍정적 이해를 보여주고 있다.

그렇다면 브라이트만의 입장은 악의 문제에 대한 형식 논리에서는 어떻게 이해되어야 하는가? 형식 논리 중 어떤 전제가 거부되는가? 브라이트만의 "불합리한 악"과 내가 말하는 "순수 악"은 의미하는 바가 아주 유사하다. 앞서 우리는 브라이트만이 전제 7을 거부하지 않음을 살펴보았다. 그는 또한 논리적 타당성을 묻는 전제 6을 거부하지 않는다. 그리고 그의 교리가 갖는 전체적인 요점은 전제 4(완전한 실재는 도덕적으로 완전한 존재이다.)와 전제 5(도덕적으로 완전한 존재는 순수 악이 존재하지 않는 현실세계를 원할 것이다.)를 지키는 것이다. 전제 5에 대해서 우리는 하느님이 인격 존재가 없는 현실세계를 창조함으로써 악이 없는 현실세계를 창조할 수 있었다고 주장할 수 있다. 그러나 몇몇 인격적 관념론자들은 이러한 주장이 가능하지 않다고 생각한다. 왜냐하면 인간과 초인간의 인격 존재들은 존재하는 유일한 현실태들이기 때문이다. 그러나 브라이트만은 인간 아래의 인식자들이 존재한다고 주장한다. 그는 모든 살아 있는 존재들이 적어도 단순한 의식을 갖고 있다는 의미에서 "자아"를 갖고 있을 수 있다고 생각한다. 그는 심지어 보다 고등한 포유동물들을 자기의식이 가능하고 합리적인 자아로 정의되는 인격을 갖춘 "기초적인 인격 존재들"(elementary persons)로 생각한다(POR 350). 이러한 기초에서 브라이트만은 하느님이 다양한 계층의 가치 있는 존재를 창조했다고 주장하면서, 대부분의 인격적 관념론자들이 갖고 있는 인간중심주의(anthropocentrism)를 극복한다(FG 190). 그러나 이러한 논리에서 악이 없는 현실세계란 존재할 수 없다고 주장한다. 왜냐하면 브라이트만은 창조의 세계에서는 자연 악이 존재하며(POR 334), 단지 준-인격적(인격 아래의, subpersonal) 자아들만을 가진 세계에서조차 자연 악은 존재한다고 생각하기 때문이다. 그러므로 브라이트만은 인격 존재들의 창조를 피했다고 해서 자연 악을 예방할 수는 없다고 보았다. 더 나아가 앞의 인용구절에서 보았듯이, 인격 존재가 갖추어야 할 가치들이 없는 세계는 가치가 너무 빈약하여 순수 악이 있는 세계를 만들어 내게 될 것이 분명하다고 생각했다. 그러므로 그 안에 인격 존재들이 있는 세계를 창조하려는 하느님의 자유로운 결단은, "도덕적으로 완전한 존재는 순수 악이 존재하지 않는 현실세계를 원할 것이다."라는 전제 5를 부정하지 않고 있는 것이다.

이 논리는 이제 우리로 하여금 전능을 다루고 있는 다른 전제들로 관심을 옮겨가게 한다. 앞서 살폈듯이, 브라이트만은 전능한 존재는 일방적으로 순수 악이 존재하지 않는 현실세계를 만들 수 있다는 전제 3을 긍정한다. 브라이트만이 전능한 하느님을 말하지 못하는 것은 바로 우리의 세계 안에 자연적이며 도덕적인 순수 악이 존재하기 때문이다. 브라이트만은 완전한 실재는 전능한 존재라는 전제 2를 부정하지 않는다. 그는 하느님에 대한 절대론자의 개념은 "인간이 생각할 수 있는 최상의 것과 가장 큰 것의 극치이며 선의 완전뿐 아니라 힘과 지식의 완전을 포함한다는 점에 동의하는 것"처럼 보인다(POR 306).

그렇다면 브라이트만의 입장은 "하느님은 완전한 실재"라고 말하는 전제 1의 부정으로 가장 잘 이해될 수 있다. 전제 1의 부정은 분명하게 그리고 반복적으로 나타난다. 브라이트만은 절대론적 개념이 하느님의 완전함 안에서 창조를 공유하라고 거짓되게 선포하는 것뿐 아니라 "하느님의 완전을 지나치게 강조한다."고 생각한다(POR 282 f.). 또한 그는 하느님의 힘이 완전하지 않다고 직접적으로 주장한다(POR 324 f., 326; PG 137).

그러나 만일 브라이트만이 하느님의 완전함을 부인하고 있고, 우리는 완전함만을 예배할 수 있다면, 어떻게 우리가 브라이트만의 하느님을 예배할 수 있을까? 이 질문은 악에 대한 책임이 하느님의 본성 안에 있음을 전제로 한 것이다. 이 질문에 대해 브라이트만은 예배의 대상이 하느님이 아니라 무한히 선한 하느님의 의지라고 대답한다. 그러나 하느님의 본성 안에 있는 내면의 문제 말고도, 하느님의 힘이 완전하지 않다는 또 다른 문제가 제기된다. 하느님이 예배를 받을 가치(worshipfulness)가 있음에 대해 브라이트만은 하느님의 힘의 한계를 생각하면서 다음과 같이 진술한다.

> 예배를 받을 가치는 힘 자체 안에 있는 것이 아니다. 다만 선의 힘만이 찬양을 받을 만하다. 선의 힘이 찬양을 받을 수 있는 것은 힘 때문이 아니라 선하기 때문이다. … 종교적인 예배의 대상은 완전한 힘이 아니라 완전한 이상이다. (POR 319, 325)

더 나아가 브라이트만은 예배를 받기에 합당한 분에 대한 우리의 개념들은 크게 역사적으로 조건 지어져 있음을 정확하게 제시하고 있다. 이 말은 우리가 우리의 생각을 바꿀 수 있음을 의미한다(POR 308, 324-326).

그러나 나는 브라이트만이 말하는 유한한 하느님 신앙을 옹호하고 있지만, 브라이트만이 예배를 받을 가치가 없는 하느님을 제시함으로써만 악의 문제를 풀어갔다고 한 비평가들의 주장에도 동의할 수밖에 없다. 만일 우리가 완전한 실재만을 예배할 수 있다면, 그리고 완전한 실재는 가장 위대한 가능적 실재로서 가장 크게 인식할 수 있는 실재라면, 브라이트만의 하느님은 예배를 받을 만한 가치가 있는 것이 아니다. 브라이트만은 자신이 인식한 하느님은 가장 크게 인식할 수 있는 존재라고 주장하지 않는다. 사실 그는 실제로 존재하는 것으로 생각되어야 하는 하느님은 인식될 수 있는 또 다른 하느님의 개념과 비교해보면 불완전한 하느님이라고 분명하게 지적한다. 이러한 생각은 다음의 구절에서 잘 나타나 있다. "이는 우리가 갖고 싶은 하느님에 대한 물음이 아니라, 사실들이 요청하는 하느님에 대한 물음이다"(FG 137 f.) 여기서 브라이트만이 염두에 둔 사실들이란 우리의 특정 세계를 구성하는 우연적인 특성들이지, 가능한 세계에서 필연적으로 얻어야 할 것으로 생각된 조건들이 아니다(POR 311). 이는 브라이트만이 하나의 가능한 세계가 존재할 수 있음을 보여주고 있다. 이 가능한 세계의 사실들은 그 세계의 창조자가 자신의 힘을 유한하게 하는 비합리적으로 주어진 것을 갖고 있다는 가설이 필요 없는 세계이다. 뿐만 아니라, 위에 언급된 구절들을 통해 우리는 브라이트만이 하느님의 힘이 완전하지 않다고 생각함을 분명하게 볼 수 있다. 또한 그는 하느님을 비합리적인 욕망과 충동을 가진 하느님으로 표현하고 있다. 여기서 비합리적인 욕망과 충동은 하느님의 의지에 의해서만 극복될 수 있으며, 그것도 어렵고도 부분적으로만 극복될 수 있다고 본다. 그리고 브라이트만은 이러한 하느님을 가장 크게 인식할 수 있는 존재라고 논증하려 하지도 않는다. 그러므로 브라이트만이 서술하고 있는 하느님은 예배를 받을 가치가 없는 하느님임을 보여준다.

다소 브라이트만이 신성이 불완전하다는 개념을 어쩔 수 없이 묵인하는 것은 그렇게 가치 있는 것이 아니다. 그는 가능태(possibility)와 인식할 수 있음(conceivability)을 동일한 것으로 받아들인다(POR 320). 그리고 그는 둥근 삼각형과 같이 비-시간적 경험이란 하나의 모순이며 불가능하다는 근거에서, 인격적 하느님이 비-시간적일 수 있다는 개념을 거부한다. 그렇다면 브라이트만은 왜 전통적인 전능의 교리에 대해서도 동일한 것을 주장하지 않는가? 만일 전통적인 전능 교리가 인식 불가능한 것이라면, 전통적인 전능 교리는 인식 가능한 하느님의 힘이 불완전하다고 할 수 있는 기준을 제공하지 못한다. 브라이트만은 적어도 도덕 악을 하느님이 예방할 수 없었던 점과 관련해 이러한 주장을 할 수 있었다. 또한 한 존재가 일방적으로 자기-결정성을 가진 다른 존재의 행위들을 결정할 수 있다는 생각은, 전자가 후자의 창조라 하더라도, 자기-모순적이라고 논증할 수 있었다. 그러므로 왜 하느님이 결코 죄를 범하지 않으려고 하는 자유로운 존재를 창조하지 않았는지 그 이유를 찾아야 할 근거가 없다.

물론 브라이트만이 모든 자연 악을 예방할 수 없는 하느님이 인식할 수 있는 가장 큰 실재라고 주장하는 것은 그의 입장에 본질적인 변화를 요구하게 될 것이다. 그러나 극복할 수 없을 만큼의 큰 변화는 아니다. 브라이트만은 현실태를 하느님과 인간에게 제한하는 것을 거부한다. 그는 "우리가 우주에서 의식을 가진 삶의 범위를 인간 아래 … 어디까지 확장시켜 갈 수 있는지 알 방법이 없다."고 주장한다(FG 190). 또한 "모든 살아 있는 존재가 스스로 하나의 자아로 경험한다고 생각해야 할 좋은 이유가 있다."고 주장한다(POR 350). 만일 모든 세포가 하나의 자아라면, 우리가 살고 있는 지구의 상당한 영역이 하느님의 생각으로부터 유출되고 있는 단순한 개념으로 생각될 필요가 없고, 그 나름의 현실태를 가질 수 있다. 분명 브라이트만은 자기-결정성의 어떤 힘도 준-인격적(인격 아래의 혹은 인격 이전의, subpersonal) 자아들에게 돌리지 않았다. 그렇다고 이에 대한 이론적인 근거를 제시하지는 않는다. 또한 절대적인 어떤 입장을 정당화하는 길을 제시하지도 않는다. 사실 브라이트만이 다른 고등 포유동물을 "초보적인 인격 존재들"(elementary persons)이라 부른 것은 하느님을 상대할 수 있는 자기-결정성의 힘을 가진 자아들과 그렇지 못한 자아들 사이의 어떤 절대적인 이원론 보다 이 둘 사이의 연속성을 암시해주고 있다. 만일 이러한 연속성이 분명한 교리가 된다면, 그리고 현실태 자체가 어느 정도의 자기-결정성을 가져야 한다면, 겉으로 보기에 살아 있는 존재들에 의한 아픔과 고통이 어떻게 이들 존재들에게 실제로 돌려질 수 있는지, 그리고 이러한 악들의 가능성이 현실세계 속에서 어떻게 필연적인지 그 기초가 놓이게 된다. 살아 있는 존재들의 결정이 다른 지각 존재들 안에 고통을 일으킨다는 말은 곧 살아 있는 존재의 "물질적 몸"은 단순히 경험하는 주체인 살아있는 존재의 외모로 드러난 객관적 측면일 뿐이라는 뜻이다. 우리의 감각을 통해 인식된 호랑이는 호랑이의 몸을 구성하는 수 십 억의 세포들로 이루어진 희미하게 드러난 외모이다. 그리고 호랑이의 몸은 몸의 주체인 호랑이의 정신의 명령을 받아 실행한다. 이에 기초해서 우리는 -- 왜 호랑이의 몸은 종종 인간의 몸을 찢어놓는지 또 왜 인간의 몸은 종종 필요도 없이 호랑이들과 다른 동물들을 죽이는지를 설명하기 위해 하느님 안에서 오점을 찾을 필요 없이 -- 현실적이 된다는 것은 경험의 작인이 된다는 버클리의 중심적인 가르침을 받아들일 수 있게 된다.

이러한 기초에서 자연 악에 대한 마지막 논의는 어떤 종류의 인식이나 경험이 온전한 자연의 일치에 기여할 것인가이다. 이러한 논의를 범심론(panpsychism) 혹은 내가 선호하는 용어로는 범-경험론(panexperientialism)이라 한다. 버클리는 범-경험론에 대한 논의를 시도하지 않았다. 반면 후기 인격론자들은 범-경험론에 대한 논의를 거부하였다. 그러나 이들의 이유는 확신을 주지 못한다. 주로 이들은 범-경험론이 가능성이 없어 보이고 상식에 어긋난다는 일반적인 느낌에 의존하고 있다. 여기에서 나는 두 가지 점에 제한을 두어 논평을 해보고자 한다. 첫째, 모든 자연물들은 단지 하느님이 우리의 생각에 주입한 개념들일 뿐이라고 말하는 사람들이 상식에 어긋난다는 이유로 또 다른 가능한 입장을 반대하는 것은 다소 무리가 있다는 점이다. 둘째, 브라이트만이 준-인격적 경험의 개념을 받아들이기 때문에 그리고 어느 정도 연속성의 개념을 인정하고 있기 때문에, 이에 기초해서 연속성을 생명과 무-생명 사이의 임의의 선긋기에서 끝내기보다 끝까지 확장시키는 것도 가능한 것처럼 보인다. 선을 긋는다면 어디서 선을 그을 것인가? 바이러스 아래에 선을 그을 것인가 아니면 바이러스 위에 선을 그을 것인가? 그리고 분자, 원자. 아원자적 존재들은 세포의 경험이나 과학자에 주입된 개념으로 생각하면서, 세포는 나름의 현실태를 갖고 있다고 생각하는 것은 이상하지 않은가?

어떤 경우든 범-경험론적 입장은 하느님의 본성에 있는 내면의 어떤 오류, 즉 하느님의 의지의 문제에 대해 말할 필요가 없게 만든다. 세계의 모든 존재들은 활동적인 경험들이거나 경험의 집적들이며, 원칙상 하느님이 통제할 수 있는 것들이 아니다. 이러한 상황이 어떤 가능한 세계를 특징지을 것이기 때문에, 하느님의 힘은 어떤 인식 가능한 창조자보다 힘이 모자란다는 의미에서 불완전이 아니다. 그러므로 우주적인 힘의 작용은 하느님의 본성 안에 존재하지 않는다. 그러므로 신성 안에는 완전한 의지를 가지고 불완전한 자연과 싸우는 분열이 존재하지 않는다. 물론 하느님의 경험에는 다음과 같은 의미의 긴장이 있을 수 있다. 예컨대 하느님은 피조물을 향한 사랑을 통해 개체 존재들이 갖고 있는 완성을 향한 열망에 같은 마음을 가지고 이 존재들에게 참여할 것이다. 이들 열망 중 많은 부분은 서로 조화를 이루지 못하고 전체의 선과도 조화를 이루지 못할 것이다. 따라서 하느님의 뜻과 후행하는 영향은 어떤 의미에서 하느님이 원했던 것과는 반대로 나아갈 것이다. (이러한 긴장은 하느님의 선행의지[antecedent will]와 후행의지[consequent will] 사이의 긴장이라 불릴 수 있다. 그리고 이러한 구분은 이 경우 납득이 간다. 왜냐하면 하느님의 경험은 시간성을 인정하게 되고 다른 현실태들은 하느님의 경험에 영향을 미치는 힘을 갖고 있기 때문이다.) 그러나 이러한 긴장은 하느님의 본성에 어떤 불완전을 반영한 것으로 비쳐져서는 안 된다. 왜냐하면 타자의 고통에 참여하는 사랑은 적어도 그리스도인에게는 오류라기보다 완전함으로 받아들여져야 하기 때문이다.

이제 결론을 내리면서, 범심론 혹은 범-경험론이라는 교리는 많은 사람들이 브라이트만의 교리에서 모순이라 보았던 것을 극복하고 있음을 주목할 필요가 있다. 브라이트만은 우리가 우리 자신의 경험과 유비해 볼 때, 하느님의 경험 안에 여러 요인을 이해하게 된다고 한다. 따라서 비합리적으로 주어진 것(the nonrational Given)을 하느님 경험 속에 있는 수동적이고 원치 않는 요인이라고 말하는 중에, 브라이트만은 비합리적으로 주어진 것을 인간의 감각 경험과 비교하고 있다. 그러나 브라이트만은 "주어진 것의 내용은 유비적인 원인이 없는 감각에 유비된다."고 말할 수밖에 없다.[32] 이에 대해 우리는 이처럼 유비적인 원인의 결핍은 유비 자체를 폐기한다고 대답하게 된다.[33] 만일 브라이트만이 범-경험론으로 옮겨갔다면, 이러한 모순은 극복되었을 것이다. 왜냐하면 브라이트만은 창조가 영원하다고 이미 주장했던 바(PG 123; POR 329), 순수 현실태들은 자신들의 결정을 통해 하느님의 경험 안에 하나의 주어진 혹은 수동적인 요인을 제공하면서 하느님께 언제나 영향을 미쳐왔기 때문이다.

그러나 브라이트만의 논점에 무슨 문제가 있든지 그가 악의 문제를 정직하게 대면했다는 점은 높이 평가받아야 한다. 전체적으로 인격적 관념론은, 하느님과의 관계에서 자연에게 자율이 주어지지 않는다면, 자연의 현실적 존재를 긍정적으로 논

---

32) E. S. Brightman, "The Given and Its Critics," *Religion in Life*, Vol. I(1932), 134-145, 특별히 136.

33) Rannie Belle Baker, 『제약된 하느님 개념』 *The Concept of a Limited God: A Study in the Philosophy of Personalism*(Shenandoah Publishing House, Inc., 1934), 156.

하는 것조차 불필요하게 됨을 보여준다. 그러므로 자연이 단지 관념적이 될 때, 전통적인 유신론자들은 모든 자연 악이 직접적으로 하느님으로부터 비롯된 것이라는 사실을 더욱 분명하게 주장하게 된다. 이러한 사실은 우리로 하여금 모든 자연 악이 순수 악임을 부정하게 하든지 악의 근거를 하느님께 돌리게 하든지 한다. 그런데 순수 악의 부정은 실제로 받아들일 수 없다. 만일 순수 악을 부정하게 될 경우 온갖 문제가 일어나기 때문에, 불가피하게 악의 근거를 하느님께 돌리는 대안을 택하게 된다. 브라이트만의 입장은 정직하게 이러한 상황을 인정하는 것이다. 하느님이 내면의 문제가 있다는 것은 수세기 동안 하느님의 "선행 의지"와 "후행 의지" 혹은 "숨겨진 뜻"(hidden will)과 "계시된 뜻"(revealed will) 사이의 불법적인 구분 뒤에 몸을 숨기고 고전 유신론의 다락방에 잠복해 있었다. 물론 전통적인 유신론자들은 인격 존재들에게 하느님에 상대하는 자율을 허락하지 않았다. 그리고 이들은 자연 악보다 도덕 악을 정당화하기 어렵다고 생각하기 때문에, 도덕 악과 관련해서 하느님께 내면의 문제가 있다는 동일한 결론이 더더욱 뒤따라오게 된다.

제 Ⅲ 부

비전통적인 신정론

제17장 예배를 받을 만한 가치와 전능의 오류

이 책의 I부는 전통 기독교 신정론을 위한 근거들에 어느 정도 초점을 맞추었다. 그 의도는 그리스와 유대교의 배경에서 전통적인 유신론자들이 간과하였거나 거부하였던 개념들이 있었음을 보여주고, 이 동일한 배경에서 전혀 다른 신정론이 구성될 수 있음을 보여주려는 것이었다. 여기 전통적인 입장의 본질은 하느님이 모든 사건들의 현실적 혹은 가능적 통제자란 개념으로 요약된다. 이 책 I부의 일차적인 목적은 부정적인 것이었다. 예컨대 여러 예증을 보임으로써 하느님을 통제자로 보았을 때 따라오는 어려움을 강조하는 것이었다. 그러나 이러한 부정적인 논증의 과정에서 재구성된 비전통적인 신정론을 위한 여러 긍정적인 제안들도 드러나게 되었다. 이제 III부의 일차적인 목적은 과정철학자 알프래드 노스 화이트헤드(Alfred North Whitehead)와 찰스 하트숀(Charles Hartshorne)이 제시하는 하느님과 세계의 개념에 기초하여 과정 신정론을 설명하고 변호하는 것이다. 과정 신정론은 그리스와 히브리 전통 가운데 전통 기독교 신정론이 거부하였던 여러 개념들을 포함하게 될 것이다.

전통적인 입장은 완전한 실재를 예배를 받을 만한 가치가 있는 실재로 표현한다. 그러나 이 17 장에서는 전통적 입장에서 비난 받는 하느님을 옹호하고자 한다. 여기서의 기본 요점은, 만일 세계가 현실적이라 한다면, 전통적인 "전능" 개념은 오류를 수반하게 되며, 또한 전통적 "전능" 개념이 비전통적 방식으로 인식된 하느님의 힘을 불완전하다고 생각하게 하는 기준이 될 수는 없다는 점이다. 18장은 세계 내에서 하느님의 힘을 인식하는 독특한 화이트헤드의 방식을 살펴보고 왜 하느님의 힘이 필연적으로 모든 것을 통제할 수 없는지 설명할 것이다. 17장과 18장의 기본 요점은 악의 문제와 관련한 형식 논리 전제 3을 거부하는 것이다. 말하자면,

완전한 힘을 가진 존재는 일방적으로 순수 악이 존재하지 않는 현실세계를 만들 수 있음을 나는 부인한다. 그러나 어떤 순수 악이 있음을 인정한다 해도, 우리는 우리의 세계가 지구상에 일어난 엄청난 양의 끔찍스런 악의 가능성을 안고 있어야 하는지 여전히 의문할 수밖에 없다. 18장은 이러한 질문과 대면하여 볼 것이다.

이제 17장의 주제로 돌아가 보자. 기본적인 질문은 다음과 같은 것이다. 전통적인 신정론에 어려움이 있다면 왜 전제 2나 3에 나타난 전통적 전능 교리를 거부하지 않는 것인가? 하나의 이유는, "악"의 의미가 정확하지 않은 것인 바, 논리적인 모순의 문제가 악의 문제 진술 가운데 내포되어 있다는 사실을 모호하게 하는 경향이 있기 때문이다. 매키(J. L. Mackie), 맥클로스키(H. J. McCloskey), 그리고 에이켄(H. D. Aiken)과 같은 저술가들은 한편으로는 전능하며 도덕적으로 완전한 하느님을 주장하는 전제들 속에 논리적 모순이 있고, 또 한편에서는 악의 현존을 주장하는 전제들 속에 논리적 모순이 있다고 주장했다.[1] 그러나 이들과 반대의 주장을 펴고 있는 파이크(Nelson Pike), 에이헌(M. B. Ahern), 플랜팅가(Alvin Plantinga), 그리고 얀델(Keith Yandel) 같은 학자들은 이들 전제들 속에 모순이 내포되어 있지 않다고 보았다. 왜냐하면 이들은 "선한 것은 할 수 있는 한 악을 몰아낸다."(내가 전개한 형식 논리 전제 5에 대한 매키의 표현임)라는 전제가 참이 아니라고 생각하기 때문이다. 이러한 논쟁이 일어나는 기본적인 이유는 이들 저술가들이 "악"이란 무엇을 의미하는지 세심한 정의를 내리지 않았기 때문이다. 매든(Edward Madden), 해어(Peter Hare), 그리고 파이크와 같은 학자들은 "혼동을 불러오는 철학적 기준들"(confusing philosophical criteria)보다 오히려 "악에 대한 상식적인 해석"(common-sensical extension of evil)을 좋아한다.[2] 이처럼 악에 대한 정의가 치밀하지 않기 때문에 순진하다는 비난을 받는다.

---

1) J. L. Mackie, "Evil and Omnipotence," in Nelson Pike(ed.), 『하느님과 악』 *God and Evil*(Prentice-Hall, Inc., 1964), 47; H. J. McCloskey, "God and Evil," in Pike(ed.), *God and Evil*, 61; H. D. Aiken, "God and Evil: A Study of Some Relations Between Faith and Morals," 『윤리학』 *Ethics*, Vol. LXVIII(1958), 79.

2) Edward H. Madden and Peter H. Hare, 『악과 하느님의 개념』 *Evil and the Concept of God*(Charles C. Thomas, Publishers, 1968), 4 f.,; Nelson Pike, "God and Evil: A Reconsideration," 『윤리학』 *Ethics*, Vol. LXVIII(1958), 119.

그러나 이들의 글을 면밀하게 읽어보면 논리적 모순이 있다고 주장하는 학자들은 “순수 악”으로 “악”을 생각하고 있음을 발견하게 된다. 반면, 논리적 모순이 없다고 보는 학자들은 겉으로 드러난 악인 자명한 악으로 악을 생각하고 있는 것이다. 예를 들면, 맥클로스키가 논리적 모순이 관계되어 있다고 주장하면서 염두에 둔 것은, 자명한 악뿐 아니라 “불필요한” 혹은 “여분의” 악이었다.[3] 플랜팅가는 어떤 논리적 모순도 없다고 주장한다. 왜냐하면 모든 자명한 악이 정당한 이유를 갖고 있기 때문이다. 그러나 만일 “이유 없는” 악이 일어난다면, “전능하고 전지하며, 온전히 선한 존재는 존재하지 않게 된다.”고 주장한다.[4] 치솜(Roderick Chisholm)은 순수 악을 “파기할 수 없는 악”(indefeasible evil)으로 표현한다.[5] 순수 악 혹은 “파기할 수 없는 악”의 동의어로 “무의미한 악”(pointless evil)이라 표현하는 페넬훔(Terence Penelhum)은 다음과 같이 주장한다.

> 유신론자가 무의미한 악의 현존을 인정하는 것은 논리적으로 맞지 않는다. … 만일 이러한 악들이 실제로 존재하는 것처럼 보인다면, 악의 문제는 전통적으로 그랬듯이 논리적인 어려움에 처하게 된다.[6]

매든과 해어는 악의 문제를 형식적인 논리적 모순으로 규정하는 것은 "어리석은 일"이라고 거듭해서 말한다. 왜냐하면 “어떤 악들은, 분명 이 악들이 아니고는 이룰 수 없었던, 선한 목적을 이루는 데 기여하기 때문이다.”[7] 그러므로 이들은 자명한 악에 대해서 말하고 있는 바, 어느 정도 자명한 악은 겉으로 드러난 악으로 생각할 수 있다고 주장한다. 그러나 이들도 순수 악인 “이유 없는 악”(gratuitous evil)의 현존이 인정된다면, 형식적인 논리적 모순이 전통적인 유신론 안에 포함될

3) McCloskey, "God and Evil," *loc. cit.*, 84.

4) Alvin Plantinga, 『하느님과 다른 정신들』 *God and Other Minds*(Cornell University Press, 1967), 129.

5) Roderick Chisholm, "The Defeat of Good and Evil," 『미국 철학회의 회보와 강연』 *Proceedings and Addresses of the American Philosophical Association*, Vol. XLII(1968-69), 21-38.

6) Terence Penelhum, "Divine Goodness and the Problem of Evil," 『종교 연구』 *Religious Studies*, Vol. II(1966), 107.

7) Madden and Hare, 『악과 하느님의 개념』 (*Evil and the Concept of God*), 4 f.

것이라고 분명하게 생각한다.[8)]

논리적 모순이 전통적 입장에 담겨 있다고 주장하는 매키는 "적절한 해법들" 가운데 하나로 포프(Alexander Pope)의 입장을 소개한다. 포프에 따르면, "부조화란 이해되지 않은 조화이며 부분적인 악은 보편적인 선이다."[9)] 포프는 모든 자명한 악을 드러난 악이라고 말함으로써 논리적 모순을 극복할 수 있다고 보았다. 플랜팅가, 파이크, 에이헌은 순수 악이 자애로운 전능과 양립하지 않는다는 매키의 주장을 논박하지 않는다. 다만 "여러 고통의 사례"(파이크의 용어, instances of suffering)가 되는 모든 자명한 악들은 겉으로 드러난 악이기에 순수 악이란 존재하지 않을 수 있다는 포프의 주장을 현대적으로 해석한다.

다른 말로 하면, 논리적 모순이 악의 문제와 관련이 있는가라는 논쟁은 순전히 말뿐인 논쟁이다. 양측 다 순수 악의 실재가 인정되지 않는다면 논리적 모순도 없다고 주장한다. 그리고 양측 다 순수 악의 실재가 인정된다면 논리적 모순이 있을 수밖에 없다고 주장한다.

그렇다면 문제는 순수 악의 실재가 인정되어야 하는가라는 문제이다. 예컨대, "최상의 성과를 가져오지" 못하는 일들이 일어난다고 인정해야 하는가? 그것이 없었더라면 모든 상황을 고려해 볼 때, 우주가 더 좋은 세상이었을 일들이 일어나는가? 이 물음은 접근하는 방식에 따라 두 영역으로 구분된다. 순수 악의 실재를 긍정하는 사람들과 부정하는 사람들의 구분이 아니고 순수 악이 있을 수 있다고 주장하는 사람들과 있을 수 없다고 주장하는 사람들의 구분도 아니다. 오히려 두 영역은 "신앙"과 "이성"을 둘러싸고 나누어진다. 여기서 이성이란 특별히 참일 수 있음을 평가한다는 의미의 이성이다.

---

8) 예컨대, 이들은 "어떤 악은 분명 파기할 수 있는 것이고…그러므로 논리적인 모순이 없다."고 주장한다. 그럼에도 불구하고, 가장 기본적인 문제가 여전히 남겨진다. 예컨대 "만일 하느님이 힘과 선에 있어서 한계가 없다면, 왜 세계 안에는 얼핏 보기에 그토록 많은 이유 없는 악이 존재하는가?"(Edward H. Madden and Peter H. Hare, "Evil and Inconclusiveness," *Sophia*, Vol. XI[1972], 10 f.) 여기서 의미하는 바는, 만일 겉으로 드러난 이유 없는 악이 정말 이유 없는 것이라면, 여기에 "논리적 모순"이 존재하게 된다는 것이다.

9) Mackie, "Evil and Omnipotence," *loc. cit.*, 48.

위즈덤(John Wisdom)은 "[세계 내] 존재하는 어떤 악은 보상하는 선에 논리적으로 필연적이지 않을 수도 있다."고 주장한다.[10] 파러(Austin Farrer)는, 비록 악이 선을 가져오는 가능한 계기가 될 수 있다 해도, 선은 어떤 악이 가져올 수 있는 것보다 더 많은 선을 가져오며, 악은 또 다른 악을 가져오는 경향이 있다고 주장한다. 더 나아가 선을 위한 명목으로 악을 사용하는 것은 악을 없애기보다 또 다른 악을 양산해낸다. 변증가들이 주목하는 보상의 요인은 당연히 최상의 결과는 아니다. 파러는 존재하는 것들이 "최상의 것들"이라고 말하는 것은 "잘못일 수도 있다."고 결론한다.[11]

순수 악의 실재를 긍정하지 않는 사람들도 경험에 기초한 사유가 순수 악의 존재 가능성을 인정하도록 이끌어갈 것이라는 생각을 거부하지 않는다. 이들은 다만 자명한 모든 악의 정당한 이유가 존재할 수 있다고 주장한다. 그리고 이 자명한 악들은 순수 악이 아니라고 주장한다. 곧 유신론 비평가들은 순수 악의 존재를 증명할 수 없다. 에이헌은 정당화되지 않는 악이 존재함을 인식하기 위해서는, "가능한 선과 그리고 가능하다면, 이 가능한 선과 현실적 악과의 논리적인 관계를 철저하게 인식하는 것이 필요하다고 주장한다. 그런데 우리에게는 이러한 인식이 부족하다고 본다."[12] 종류, 정도, 사례의 수에 상관없이 모든 악의 존재는 선하고 전능한 하느님의 존재와 양립하지 않는다고 볼 수 없다고 결론한다.

더 나아가 이러한 관점을 옹호하는 이들은 어떻게 자명한 악이 정당화 될 수 있는지 보여줄 필요가 없다고 주장한다. 얀델(Keith Yandell)은 유신론자가 정당한 이유를 주장하기 위해서는 다음과 같은 원리를 인정할 필요가 있다고 주장한다. "만약 무고한 고통이라는 상황이 전지하고 전능하며 온전히 선한 하느님이 존재한다는 명제와 양립가능하다고 설명하려면, 우리는 이 고통의 이유를 밝혀야 할 것이다." 그러나 이 원리는 참이 아니라고 얀델은 말한다. 왜냐하면 "섭리의 계획 같

---

10) John Wisdom, "God and Evil," 『정신』 *Mind*, Vol. XLIV(1935), 20.

11) Austin Farrer, 『전능한 사랑과 제약 없는 악』 *Love Almighty and Ills Unlimited*(Doubleday & Company, Inc., 1961), 167 f.

12) M. B. Ahern, 『악의 문제』 *The Problem of Evil*(London: Routledge & Kegan Paul, Ltd., 1971), 50.

은 것이 존재한다면 이 섭리의 계획은 너무도 복잡하기 때문이다."[13] 에이헌은 "만일 어떤 해법이 있다면, 이 해법이 우리에게 적용되어야 한다고 생각할 필요는 없다."고 주장한다.[14] 플랜팅가는 "논리의 모순이라는 비판에 반박하기 위해 유신론자 자신이 다루고 있는 가설이 그럴 수도 있거나 심지어 참이라고 주장할 필요는 없다."고 주장한다.[15]

따라서 (부룬너와 파켄하임과는 다르게) 논리적 일관성을 존중하면서도 전제 2나 전제 3을 거부함으로써 전통적인 유신론을 포기하지 않는 사람들은 라이프니츠가 이해하는 이성과 신앙의 관계에 서 있음을 알 수 있다.[16] 이들 현대 유신론자들은, 명백한 논리적 모순이 신앙인의 유신론적 입장에 나타나지 않는 한, 신성의 존재와 본성에 대한 우리의 신앙 입장이 악의 문제에 대한 사유를 통해 변경될 필요가 없다고 주장한다. 그러므로 논리적 모순이 제거된 가설이 있을 가능성은 없지만 그래도 그런 가설을 제시함으로써, 혹은 분명하게 드러나는 모순을 제거하는 동기들이 무엇인지 그 개념은 모르지만 그런 동기가 있을 수 있음을 단순히 지적함으로써, 신앙인은 위와 같이 주장할 수 있음을 보여줄 수 있다.

물론 우리가 앞서 살펴본 것처럼, 라이프니츠의 신앙본위주의(fideism)는 그 자체가 이성에 기초한다. 전통적으로 이해했던 것처럼, 라이프니츠는 하느님 존재를 위해 필연적 진리들에 기초한 증거들이 있다고 생각했다. 또한 하느님의 존재를 증언하는 기독교 성서의 권위를 받아들여야 할 충분한 이유가 있다고 생각했다. 악의 문제로부터 추상하여 생각해 볼 때, 전통적인 하느님 존재는 잘 증언되는 것처럼 보인다. 곧 자명한 악의 현존은 전통적인 하느님 개념을 거절하거나 재구성하는데 충분한 기초가 되지 못한다.

신앙과 이성에 대한 라이프니츠 입장을 옹호하는 현대 학자들은 전통적으로 인

13) Keith Yandell, "A Premature Farewell to Theism(A Reply to Roland Pucetti)," 『종교 연구』 *Religious Studies*, Vol. V(1969), 254.

14) Ahern, 『악의 문제』 *The Problem of Evil*, 57.

15) Plantinga, 『하느님과 다른 정신들』 *God and Other Minds*, 151.

16) Nelson, Pike, "Hume on Evil," in Pike(ed.), 『하느님과 악』 *God and Evil*, 102.

식된 하느님의 존재는 다소 악의 문제와 부딪히기 전에 이미 정립된 것으로 악의 문제와 만나게 되었다고 해서 하느님의 존재의 거부나 재구성을 강요할 수 없다고 생각한다. 예를 들면, 유신론자는 악의 문제를 "중요하지도 않은 사소한 문제"[17]로 생각해야 한다는 파이크의 주장은, 신학자들을 포함해 신앙인들은 하느님의 존재, 선, 전능을 하나의 원칙으로, 곧 의문이 없는 것으로 받아들여야 함을 전제한다.[18]

이는 라이프니츠 시대에도 대체로 받아들여지고 있었던 태도였다. 즉 하느님 신앙은 대부분 서양인들에게는 원칙과도 같은 것이었다. 그래서 하느님 신앙을 가졌던 사람들은 하느님 존재에 대한 직접적인 증거들이 있고, 성서를 정확하게 해석함으로써 간접적인 증거를 얻을 수 있다고 생각하였다. 따라서 이미 확고하게 정립된 하느님의 존재를 먼저 생각하고 이어서 악의 문제를 이차적으로 접근하는 것이 타당한 것이었다. 이러한 상황에서, 겉으로 드러난 현상은 모든 사건을 지배하는 완전하게 선한 하느님을 믿을 수 없도록 하였고, 악의 문제와 같이 확증되지 않은 주장을 사소한 문제로 처리하는 것은 이치에 어긋나는 것이 아니었다.

그러나 나는 이러한 상황이 더 이상 설득력이 없다고 강력히 주장하고자 한다. 이 문제를 생각하는 사람들 중 점차 더 적은 수의 사람들만이, 경험과 논증을 통해 특정 교리를 반박할 수 없다는 의미에서, 신앙을 원칙으로 받아들이게 되었다. 지난 200년 동안 성서 비평 연구는 성서의 권위를 주장할 수 있는 가능성의 토대를 무너뜨렸다. 뿐만 아니라, "하느님 존재에 대한 증거"를 질문하였던 대부분의 사람들은 엄밀한 의미에서 이 증거들이 증거가 되지 않는다고 생각하였다. 더 나아가 사람들은, 특정한 종류의 신성을 지지할 수 있다고 논증할 수는 있어도, 전통적으로 인식된 하느님의 존재를 지지하지 않는다는 면에서, 칸트를 따르고 있다.

이러한 상황에서, 하느님의 존재와 세계의 악이 모순되지 않을 수도 있다는 가능성을 보여준다고 해서 악의 문제를 해결하는 데 크게 도움이 되는 것은 아니다. 우리 시대에 신학자는 "지구적인 논증"을 필요로 한다. 지구적인 논증의 목적은

17) Nelson Pike, "God and Evil: A Reconsideration," in Pike(ed.), 『하느님과 악』 *God and Evil*, 120-122.

18) Ahern, 『악의 문제』 *The Problem of Evil*, xii.

유신론적인 해석이 악의 경험을 포함해 전체적인 우리 경험을 비-유신론적 해석보다 더 잘 조명하고 있음을 보여주는 것이다.[19] 마브로데스(George Mavrodes)는 "악의 존재가 논리적으로 다른 유신론적인 기초 교리들과 양립한다는 증거 그 자체는 아주 최소한의 바라던 해법만을 제시한다."[20]고 주장하였다.

이제까지 나는 왜 악의 문제에 대한 최근 논의에 참여하는 사람들이 전제 2나 전제 3을 거부하고 있는지 아주 밀접하게 관계된 두 가지 이유를 제시하였다. 첫째, 악이라는 용어가 정확하게 정의되지 않을 때 생기는 의미의 모호함 때문에, 많은 사람들은 이들 전제들 중 하나를 거부하지 않고서는 논리적 모순을 극복할 수 없다고 생각한다. '겉으로 드러난 악'인 '자명한 악'으로 사유함으로써, 사람들은 선한 하느님은 모든 악을 예방하기를 원한다는 내용의 전제를 거부할 수 있다고 생각한다. 둘째, 현대 경험의 상황에서 사람들은 악의 문제를 생각할 수 없다. 현대 경험의 상황에서 대부분의 사람들은 "하느님"이라 이름 할 수 있는 어떤 실재보다도 순수 악의 실재를 훨씬 분명하게 경험한다. 그러므로 현대인들은 현대의 경험과 관계된 "해법"은 논리적 일관성을 주장해야할 뿐 아니라, 순수 악이 일어난다고 주장해야 함을 보지 못하고 있다.

그러나 많은 신학자들과 종교철학자들은 왜 유신론자, 특별히 기독교 유신론자가 전제 2와 3을 주장해야 하는지 또 다른 이유를 제시한다. 이들은 하느님이 예배를 받을 만한 가치가 있으려면, 전제 2와 3을 긍정하는 것이 요구된다고 생각한다. 예를 들면, 캠벨(C. A. Campbell)은 다음과 같이 주장한다.

---

19) 하느님의 존재를 입증하기 위해 수많은 논증을 발전시킨 것으로 유명한 찰스 하트숀은 최근에는 다음과 같이 주장하였다. 모든 논증들은 '지구적인' 논증의 위상들이다. "삶과 실재를 고유하게 구성하고 유신론적 통합을 시도하는 종교적 관점은 가장 지성적이고, 자명하며, 만족스런 인식 방법이다."(『창조적 종합과 철학적 방법』 *Creative Synthesis and Philosophic Method* [The Open Court Publishing Company, 1970], 276). 아마도 오늘날 "하느님의 존재를 위한 논증"을 받아들이는 대다수의 사람들은 이들의 입장에 대한 하트숀의 평가에 동의할 것이다. 이들이 엄밀한 의미에서 지성적이고 바른 생각을 가진 사람들이라면, 하느님의 존재를 위한 논증을 거부 없이 받아들여야만 하는 당연한 논증으로 보려 하지 않을 것이다.

20) George I. Mavrodes, "Some Recent Philosophical Theology," 『형이상학 리뷰』 *Review of Metaphysics*, Vol. XXIV(1970), 107.

예배자들이 예배하는 존재가 어떤 모양으로든 결함이 있거나 불완전하다고 분명하게 인식한다면, 그 존재를 향해 예배와 찬양이라는 종교가 주는 태도를 갖는 것은 쉬운 일이 아닐 것이다. 그러므로 힘의 한계가 불완전이 아니라고 우리 스스로에게 거짓말을 할 수 없는 것이다.

캠벨은 자신의 주장을 계속 전개해 간다.

일단 하느님의 무한성이 무너지고, 하느님으로부터 독립하여 하느님께 반대되는 힘이 현실적으로든 잠재적으로든 허용된다면, 적어도 반성적인 차원에서는 종교적인 마음의 평화가 가능하지 않다.[21)]

에이헌은 제한된 힘을 가진 존재는 예배의 대상이 되기에 적절치 않다고 주장한다. 예배의 대상이 되기에 적절한 존재는 인식할 수 있는 가장 큰 존재여야 한다. 만일 하느님이 악을 예방할 힘이 없다면, 무제약적인 복종이 정당화되지 않을 것이다.[22)] 하느님의 존재를 반증하는 논문에서 핀들래이(J. N. Findlay)는 “생각으로 제한된 어떤 것을 예배하는 것은 정말 이례적인 것”이라는 일반적인 생각을 언급한다. 또한 “우리의 종교적인 대상은 … 그 대상이 미치는 영향에 한계를 정하는 … 낯선 대상들의 세계에 의해 둘러싸여 있어서는 안 된다.”고 주장한다.[23)] 휴스(G. E. Hughes)는 핀들래이가 “유신론에 담겨진 내용에 대해 다른 무신론자들이 생각하는 어떤 개념보다도 훨씬 좋은 개념을 갖고 있다.”고 생각한다. 때문에 휴스는 “유신론자가 ‘그것은 내가 믿는 종류의 존재가 아니야!’라는 말로 핀들래이의 논증을 반박할 수 없다.”고 생각한다.[24)] 푸세티(Roland Puccetti)도 또한 만일 하

21) Charles A. Campbell, 『자아와 신성』 *On Selfhood and Godhood*(The Macmillan Company, 1957), 291.

22) Ahern, 『악의 문제』 *The Problem of Evil*, ix.

23) J. N. Findlay, "Can God's Existence Be Disproved?" in 『철학적 신학 에세이』 *New Essays in Philosophical Theology*, ed. by Antony Flew and Alasdair MacIntyre(London: SCMPress, Ltd., 1955), 51 f.

24) G. E. Hughes, "Can God's Existence Be Disproved?" in Flew and MacIntyre(eds.), 『철학적 신학 에세이』 *New Essays in Philosophical Theology*, 59.

느님이 “종교적인 행위의 적절한 대상”이어야 한다면, 핀들래이가 필요한 것을 주장했다고 생각한다.[25] 이에 기초하여 푸세티는 윌리엄 제임스의 하느님을 “악과 역경에 맞서 공통된 투쟁 가운데 있는 우리를 돕기 위해 최선을 다하는 일종의 선의의 제우스”로 조롱하듯이 묘사한다. 푸세티에 따르면, 하느님은 휘몰아치는 홍수에서 우리를 구원할 수 없고, 세상을 멸망시키는 위협을 제거할 수 없다. 그리고 이러한 하느님은 온전한 종교적 헌신이 담긴 넘치는 찬양과 두려움이 깃든 경외감을 불러일으킬 수 없다. 때문에 [이러한 하느님을] “나의 주, 나의 하느님”이라 고백하는 것은 사색적인 유신론자에게는 맹목적인 우상숭배로 보인다고 푸세티는 논평한다.[26] 전능의 개념은 우리의 소원에서 비롯된다는 밀(Mill)의 입장에 답하여, 푸세티는 전능의 개념은 오히려 “사색적인 유신론”의 “요청”으로부터 비롯된 것이라고 주장한다.[27]

때로 예배의 개념은, 분명하게 언급되지 않지만, “유신론,” “기독교 유일신론,” “기독교 신앙,” “종교적인 믿음체계”와 같은 용어들과 밀접하게 관계되어 있음이 분명하다. 예컨대, 맥클로스키(H. J. McCloskey)는 악의 문제를 해결하는 간단한 방법은 “악이 없는 세계를 창조할 만큼 충분한 힘이 없다.”고 주장함으로써 “유약한 형태의 유신론”을 받아들이는 것이라고 주장한다. 그러나 “이러한 해법은 종교적인 믿음체계가 갖는 실제적인 영감을 간과한다.”고 주장한다.[28] 매키는 전통적인 전능의 관점을 수정하는 것은 “유신론적 입장의 본질적 핵심”에 엄청난 영향을 미칠 것이라고 주장하다.[29] 존 힉은 “하느님이 통제할 수도 없고 영원히 공존하는 물질을 가지고 최상의 세계를 만들어 내는 … 유한한 신성의 이론으로 악의 문제를 풀어가는 것은 히브리-기독교 유일신론의 기본적인 전제를 폐기하는 것이었다.”고 주장한다. “왜냐하면 이 이론은 하느님의 무한성과 주권에 대한 신앙을 부인하게 하기 때문이다.”[30] 하느님의 무한한 힘을 부인하게 하는 이러한 사상은 마

25) Roland Puccetti, "The Concept of God," 『계간 철학』 *Philosophical Quarterly*, Vol. XIV(1964), 237.

26) *Ibid.*, 239 f.

27) *Ibid.*, 242.

28) McCloskey, "God and Evil," *loc. cit.*, 62.

29) Mackie, "Evil and Omnipotence," *loc. cit.*, 60.

니교도이며 기독교 아류에 속하는 것이 될 것이다.31)

유신론자들과 반-유신론자들의 중심적인 입장은 페넬훔(Terence Penelhum)이 기독교 신앙과 "종교적인 예배의 요청들"을 연결시키는 글에서 잘 요약되어 나타난다.

> 때때로 사상가들은 온전히 선하지만 전능하지 않거나 혹은 전능한데 온전히 선하지 않은 하느님이 존재한다고 제시한다. 이러한 제안들은 분명 악의 문제를 피해간다. 그렇지만 우리는 이들 제안 때문에 따분해진다. 여기서 전능하며 온전히 선한 하느님이 존재하든지 아니면 전혀 하느님이 존재하지 않든지 하는 두 가지 대안으로 언제나 집약된다. 기독교는 모든 사람에게 확신을 줄 수는 없었다. 분명 기독교는 우리 모두로 하여금 많은 고민을 하게 하였다. 왜냐하면 … 우리가 유일하게 관심하는 하느님은 예배하기에 합당한 하느님이기 때문이다. 서양세계에서 예배란 분노한 하느님을 달랜다든지 약한 이를 격려하는 것을 의미하지 않는다. 예배란 당연히 복종과 도덕적 존경을 포함한다.32)

나는 전능과 관련해서 서로가 공감하는 세 가지 이유가 있다고 생각한다. 1) 문화적인 조건, 2) 논쟁적인 이유, 3) 내가 "전능의 오류"라 부르는 오류가 있는 논증이다. 이 세 가지 이유를 순서대로 설명해 보자.

1. 페넬훔은 문화적인 조건을 제시한다. 설사 수정된 하느님 이해가 악의 문제를 풀 수 있음에도, 많은 사람들은 전능에 대한 전통적인 가설들을 수정한 하느님 이해를 진지하게 받아들일 수 없다. 앞에서 언급된 대부분의 저술가들은 '예배를 받을 만한 가치 있는 존재'가 "인식할 수 있는 가장 최고의 존재"란 의미에서 완전해야 한다고 공감한다(핀들래이와 에이헌의 주장을 참조할 것). 그리고 여기서 예배를 받을만한 존재라는 기준을 실제로 충족시키는 것은 전통적인 하느님 이해가 아

---

30) Hick, 『종교 철학』 *Philosophy of Religion*(Prentice-Hall, Inc., 1963), 40.

31) Hick, 『악과 사랑의 하느님』 *Evil and the God of Love*, 170 f. (김희수 옮김, 동문선)

32) Penelhum, "Divine Goodness and the Problem of Evil," 『종교 연구』 *Religious Studies*, Vol. II(1966), 99.

니라, "유한론자들"의 논증에 의해 소개되는 수정된 하느님 이해이다. 그럼에도 불구하고 이들은 수정된 하느님 이해를 세심하게 고려하지 않는다. 오히려 이들은 "유한한" 하느님을 "따분해" 하면서 퉁명스럽게 조롱하기도 하고 이름을 불러가며 거절한다.

그러나 이러한 유형의 논증은 서양 세계의 많은 사람들이, 특정한 전통의 영향을 받아, '예배를 받을 만한 가치 있는 존재'로 생각했던 것에 기초한 것이지, '예배를 받을 만한 가치 있는 존재'여야 한다는 당위성에 기초한 것이 아니다. 여기서 이 점을 논박할 수 있겠다. 다음에 인용하고 있는 화이트헤드의 진술은 이 점을 가장 적절하게 표현해주고 있다.

> 교회들은 … 지나간 시절의 감성에 맞는 … 용어들로 종교적인 표현을 해왔다. … 나는 … 종교적인 호소가 가능한 것은, 부분적으로는 자연의 알려져 있지 않는 힘들 배후에 전능한 폭군의 … 진노가 있다고 느끼는 본능적인 두려움을 자극했기 때문이라고 본다. 이처럼 맹목적 두려움이라는 예비된 본능에 호소하는 것은 그 힘을 잃어가고 있다.[33)]

찰스 하트숀은 모든 직접적 힘은 설득이며, 설득은 곧 하느님이 취하는 힘의 형식이라고 주장한다. 그러나 설득이 염두에 두어야 할 유일한 힘의 종류라고 생각하는 평화주의자들과는 반대로, 하트숀은 "난폭한 힘"이 간접적인 인과성의 유형이긴 하지만 "좋든 나쁘든 실제로 작용하며, 이 힘도 염두에 두어야 한다."고 주장한다. 그러나 "난폭한 힘을 예배할 필요는 없고, 예배해서도 안 된다."고 덧붙여 강조한다.[34)] 문화적 조건에 기초한 논증에 반대하며 폴 쿤츠(Paul Kuntz)는 화이트헤드, 하트숀, 윌리엄 제임스, 쉴러(F. S. C. Shiller)를 인용하면서 자신의 입장을 다음과 같이 결론한다.

---

33) Alfred North Whitehead, 『과학과 근대세계』 *Science and the Modern World*(The Macmillan Company, 1926), 273 f. (오영환 옮김, 서광사)

34) Charles Hartshorne, 『신의 상대성: 하느님의 사회적 개념』 *The Divine Relativity: A Social Conception of God*(Yale University Press, 1948), 154 f.

실로 여러 다양한 종교적 경험들이 있다. 만일 논증이 부분적으로 하느님이 종교적 필요를 만족시켜 주어야 하는 감정적인 호소에 기초한 것이라면, 적어도 모든 면에서 하느님을 절대자로 정의해서는 안 될 것처럼 느끼는 증거가 있다.[35]

2. 유신론이 전제 2 혹은 전제 3을 거부할 수 없다고 주장하는 두 번째 이유는, 솔직히 말해, 유신론자들을 반박하려는 몇몇 반-유신론자들의 욕심 때문인 것처럼 보인다. 오랫동안 전통적인 유신론자들은 하느님의 힘의 재-정의를 내포하고 있는 여러 교리들을 냉소하여 왔다. 그리고 이 냉소적 운동에 반-유신론자들은 더욱 즐거워하며 동참하였다.[36] 플루(Antony Flew)는 기독교 유신론에 대한 최소 정의는 하느님이 "무한한 힘을 지닌 창조자"라는 개념을 포함하고, 피조물은 그 창조자의 의지에 불순종할 수 있다는 개념을 포함한다고 주장한다.[37] 하느님이 전능한 창조자란 말은 "정확히 말하면 그가 동의해주는 존재론적인 지지 없이는 어떤 것도 절대 일어나지 않는다."는 의미이다. "존재하는 모든 것은 모든 것을 의미한다. 그리고 모든 인간의 사유와 모든 인간의 행동과 모든 인간의 선택을 포함한다." 그러나 플루는 이러한 사유가 피조물의 죄의 가능성과 조화될 수 없음을 알게 되었다.[38] 그래서 그는 하느님에 대한 다른 견해들을 "급진적이고도 정통을 벗어난 개인주의적 해석들"이라고 생각하였다.[39] 특별히 하느님이 자신 너머에 있는 힘들에 의해 제약을 받고 있다고 가르치는 교리는 "본질적인 기독교 유일신론의 교리"를 폐기할 것이다. 이는 마니교이지 "진정한 유신론"이 아니다. 또한 이 교리는 "너의 하느

35) Paul G. Kuntz, "Omnipotence: Tradition and Revolt in Philosophical Theology," 『신 스콜라주의』 *New Scholasticism*, Vol. XLII(1968), 278 f.

36) H. D. Aiken은 이들의 부류에 속해서는 안 된다. "한편 나는 유한한 하느님의 개념을 솔직하게 받아들이는 현대 신학자들을 존중한다….이러한 유한 신학들은…신앙인으로 하여금 자신의 도덕적 정직함을 지키게 하고, 좋은 인격으로 생각될 수 있는 하느님께 종교적 헌신을 드리도록 한다. 그러나 이런 신학은 감정적으로 크게 성숙하고 안정된 사람들에게만 가능하다….이들은 감정적인 의존의 욕구가 충족되는 경우에만 종교적 경건함이 가능하게 되는 사람들에게는 매력을 주지 못한다."(Aiken, "God and Evil," *loc. cit.*, 92.

37) Anthony Flew, 『하느님과 철학』 *God and Philosophy*(Dell Publishing Company, Inc., 1966), 28 f., 41, 43,

38) *Ibid.*, 44-47.

39) *Ibid.*, 17.

님은 너무 보잘 것 없어!"라는 비난과 함께 버림을 받게 될 것이다.[40]

푸세티(Roland Puccetti)는 전통적 전능 개념은 본질적인 "하느님 개념"에 속한다고 주장하면서, "악에 대한 논증은, 제대로 전개된다면, 실제로 하느님의 무제약적인 힘이나 지식이나 선에 결함이 있는 것을 보여주는 것이 아니다."라고 결론한다. "'종교적인 삶의 적절한 대상'이 되려면 하느님은 무제약적인 힘과 지식과 선을 지녀야 한다. 그런데 악에 대한 논증은 그런 하느님이 존재할 수 없음을 보여준다." 왜냐하면 악에 대한 논증을 통해 "하느님의 개념이 자기-모순적" 임을 배우기 때문이다.[41] 플루의 논증이 그랬듯이, 푸세티의 논증도 신학적인 "진퇴양난"(Catch-22)을 포함한다. 일관성 있는 개념을 주장하는 사람은 실제로 "사색적"이지 않다. 반면 "사색적인 모든 유신론자들은 불합리하거나 불가능한 하느님 개념을 주장한다."[42]

어떤 이들은 하느님이 우리로 하여금 자유로이 선을 행하게 했다고 말하는 것이 모순이기 때문에, 도덕 악이 전능한 하느님의 존재와 양립할 수 있다고 주장하였다. 그러나 호이텡가(Dewey Hoitenga)는 이들의 주장에 반대한다. 그는 아우구스티누스와 캘빈과 같은 전통적인 유신론자들은 하느님이 인간에게 자유로이 선을 행하게 한 것이 모순이 아니라고 반박한다. 더 나아가 인간의 의지에 한 치의 독립이라도 허용하는 것은 모든 선을 하느님께 돌리는 "보편적" 유신론의 입장과 갈등이 될 것이고, 하느님의 세계 통치에 한계를 정하는 것이 될 것이다. 이렇게 되면 "유신론적 섭리 신앙과도 갈등을 낳게 된다."[43] 물론 인간의 자유와 하느님의 결정론의 양립성을 고수하는 것은 "이해할 수 없는 보다 '높은 단계의 인과성'"을 요구한다. 그러나 유신론자들이 여기에서 움츠러들 이유가 없다. 왜냐하면 파이크, 힉, 플랜팅가도 이와 유사한 이해할 수 없는 보다 "높은 단계의 선"을 주장하기 때문이다. 이들의 높은 단계의 선은 악을 막지 못한다.[44] (파이크와 힉과 플랜팅가

40) *Ibid.,* 51 f.

41) Puccetti, "The Concept of God," *loc. cit.*, 244, 245.

42) Puccetti, "The Concept of God," *loc. cit.*, 245.

43) Dewey J. Hoitenga, Jr., "Logic and the Problem of Evil," 『계간 미국 철학』 *American Philosophical Quarterly*, Vol. IV(1967), 121, 122.

가 악을 좀 더 세심하게 풀어 정의하였더라면, 호이텡가가 이들이 이해한 하느님의 선이 악을 막지 못했다고 비판할 수 없었을 것이다. 왜냐하면 이들 중 누구도 하느님의 선을 하느님이 악을 예방하고 싶은 욕망이 없다는 의미로 사용하지 않았기 때문이다.) 호이텡가는 유신론은 본질적으로 "이해가 부족한 신앙"이며, "유신론적 변증학에서 실제 이루어지고 있는 것은 … 모든 전제가 계속 사용되고 있지만, 전제에 사용된 용어들의 명료성(이해할 수 있음)을 포기하게 되었다."고 결론한다.[45]

물론 이것은 지나친 주장이다. 유신론자들이 어떤 전통 가설을 이해할 수 없다고 주장한다면, 호이텡가는 다음과 같이 이들을 반박할 것이다. "여러분은 전통적 가르침을 이해할 수 있다고 생각해야 한다. 아우구스티누스도 그렇게 생각했다!" 이해를 추구하려는 최근의 모든 시도들을 거부하고 난 다음, 호이텡가는 유신론이 이해할 수 없는 것이라고 결론한다. 우리는 그의 논문이 반 놀림조로 쓰여진 것이었기를 희망한다. 그러나 어떤 경우든 호이텡가의 글은 소위 여러 유신론적 "철학적 탐색"들을 풍자한 것으로 읽혀질 수 있었다. 대부분의 경우 전략이 분명하지는 않지만 본질적으로 동일한 것이다. 유신론자들은 그 이름에 걸맞게 합리적으로 주장할 수 없는 입장을 받아들이도록 요구받는다. 많은 경우 여기서 반-유신론자들의 관심은 반대자를 공략하기 위한 것이라는 결론을 피하기가 어렵다. 우리가 뭔가를 거부하려면 가장 약한 유형의 입장보다 가장 강한 입장의 유형을 거부해야 한다는 것이 철학적 원리로 받아들여지기 때문에, 전제 2나 전제 3을 거부할 때 이처럼 이차적인 "이유"를 반박하여 논증할 필요가 없다. 이차적인 이유는 논쟁의 과정에서 다루어도 충분하다.

3. 전제 2나 전제 3을 거부하려는 입장에 반대하는 두 유형의 편견을 이제까지 생각해 보았다. 이제 암묵적으로 전제 2와 3이 긍정되어야 한다는 주장을 배후에 안고 있는 논증들을 살펴보자. 전제 2를 지키려면 다음과 같은 논증이 이루어져야 한다.

---

44) *Ibid.*, 124.

45) *Ibid.*, 125.

A. 완전한 실재는 모든 탁월한 속성들을 가장 가능한 방식으로 증명해 보여야 한다.
B. 우리의 사유에 있어서 "가장 가능한 것 "은 "가장 폭넓게 인식할 수 있는 것"으로 정의되어야 한다.
C. 힘은 탁월한 속성이다.
D. 전능한 존재는 인식 가능하다.
E. 그러므로 전능한 존재는 가능하다. (B, D)
F. 그러므로 완전한 실재는 전능한 존재여야 한다. (A, C, E)

"완전한 실재"라는 개념에서 완전한 실재가 하나의 "존재"라는 진술로 발전해 가는 논리적 단계가 몇 단계 더 있다는 사실과 마찬가지로 (예컨대 "존재"만이 힘을 행사할 수 있음을 보여주는 단계들), 여기에 전개되는 논증도 역시 타당성이 있어 보인다. 전제를 받아들이는 기준을 그 건전성에 둘 경우, 나는 위의 전제 중 D가 유일하게 받아들일 수 없는 전제라고 생각한다. 여기서 건전성은 "전능한 존재"란 용어의 의미에 철저히 의존한다. 만일 "전능한 존재"란 용어가 단순히 "완전한 힘을 가진 존재"와 동의어로 사용된다면, 위의 전제 D는 받아들일 수 있다. 왜냐하면 나는 "완전한"이라는 말을 "가장 폭넓게 인식할 수 있는"이라는 말과 동의어로 받아들이고, 그래서 "가장 가능한"이라는 말과 동의어로 받아들이기 때문이다. 따라서 전제 D는 한 존재가 가질 수 있는 가장 큰 힘을 갖는다는 주장인 것이다. 그리고 이 경우에 결론은 완전한 실재는 한 존재가 가질 수 있는 가장 큰 힘을 가져야만 한다고 진술한다. 이러한 결론은 한 존재가 가질 수 있는 힘의 범위와 본질에 대한 질문을 전적으로 열어놓는다. 이처럼 열려진 질문은 순수하고도 일관성 있게 인식 가능할 수 있는 것의 기반 위에서 힘의 범위와 본질을 결정하도록 이끌어 갈 것이다. 이러한 정의에 기초해 볼 때, 완전한 실재인 하느님이 전능한 존재라는 진술은 그 자체가 전능한 존재는 일방적으로 순수 악이 존재하지 않는 현실세계를 만들 수 있다고 한 악의 문제에 대한 형식 논리 전제 3을 수반하지 않게 된다. 그러나 만일 "전능한 존재"가 전제 3을 수반한다면, 나는 위의 전제 D를 거부하게 되고 결국 악의 문제에 대한 형식 논리 전제 2를 거부하게 될 것이다. 따라서 여기서 결정적인 문제는 전제 3을 긍정할 만한 근거가 있는가이다. 물론 종종 명시적으로 표현되기는 하지만 대체로 암묵적으로 이를 위한 논증이 있다.

그러나 이 논증이 오류인 것이다.

대부분의 학자들은 전능은 일어나는 어떤 일을 할 수 있는 힘으로 언어적인 정의를 해서는 안 된다고 생각한다. 매키는, "전능한 존재가 할 수 있는 것에는 한계가 없다."고 진술한 후에, 대부분의 유신론자들이 논리적으로 불가능한 것들을 배제하였음에 주목하면서, 이 규정은 "유신론에 본질적인 것을 거부하지 않는다."고 주장한다.[46] 그러므로 대부분의 사람들은 하느님의 힘에 어떤 한계가 있음을 의미하는 것으로서 '하느님이 그것을 할 수 없다.'라고 말하는 것보다 '논리적으로 불가능한 일은 행해질 수 없다.'라고 말하는 것이 더 정확하다고 한 토마스 아퀴나스와 의견을 같이 할 것이다.[47]

아직까지는 수긍할 수 있다. 그러나 전능에 대한 현실적인 정의들은 아주 모호하다. 에이헌은 다음과 같은 정의를 내리고 있다. "[전능이란] 무제약적인 힘을 가진 존재가 논리적으로 가능한 것을 일으키는 힘이다."[48] 적어도 "무제약적인"이라는 말이 "가장 가능한"이라는 말과 같은 뜻이라고 본다면, 아마 누구도 이 정의를 반대하지 않을 것이다. 그러나 에이헌 자신을 포함해 대부분의 학자들은 다음의 정의를 현실적인 것으로 받아들인다. "[전능이란] 사건의 그 상태가 본질적으로 가능하다면, 어떤 사건들의 상태에 일방적으로 영향을 미치는 힘이다." 그러므로 하느님은 둥근 세계를 사각형이 되게 할 수는 없다. 왜냐하면 둥근 세계가 사각형이 되게 하는 것은 본질적으로 불가능하기 때문이다. 그러나 하느님은 일방적으로 악이 없는 세계가 되게 할 수 있다. 왜냐하면 악이 없는 세계는 본질적으로 가능하기 때문이다.

그러나 여기 전능에 대한 두 정의는 일치하지 않는다. 우선 "논리적으로 가능한 것"이라는 개념은 사건들의 상태 그 자체에 적용될 뿐 아니라, 하느님이 일으킬 수 있는 것에도 적용되기 때문이다. 사건들의 상태가 본래적으로 가능하기 때문에,

46) Mackie, "Evil and Omnipotence," *loc. cit.,* 47, 50.

47) E. G., Ahern, *The Problem of Evil,* 15.

48) *Ibid* 15.

완전한 힘을 가진 존재는 일방적으로 사건들의 상태를 일으킬 수 있다는 주장이 위의 정의에서 필연적으로 따라오는 것이 아니다. 달리 말하면, "사건들의 상태는 논리적으로 가능하다."라는 전제는 "사건들의 상태와 구별된 어떤 것이 일방적으로, 그러므로 오류 없이 사건들의 상태를 일으킬 수 있다는 것은 논리적으로 가능하다."라는 전제와 일치하지 않는다. 여기서 두 번째 전제는 "선하고 전능한 존재가 존재한다."와 "순수 악이 존재한다."라는 두 명제 사이에 모순이 존재함을 보여준다. 만일 형식 논리 전제 3이 단지 "전능한 존재는 모든 악을 예방할 수 있다."라는 의미로 진술된 것이라면, 그리고 "다행스런 경우는 전능한 존재가 악을 예방할 수도 있겠지만, 다시금 예방하는데 실패할 수도 있다."는 의미로 진술된 것이라면, 그 논증이 악에서부터 떠난 것이 아닐 것이다. 하느님이 전능한 존재이고, 전능한 존재로서 현실세계 안에 순수 악의 부재를 보증할 수 있을 때에만, 순수 악의 현존은 하느님의 존재와 선에 모순이 된다.

이러한 구분이 전제 3을 지지하는 논증에서 간과되었던 점이다. 이제 플랜팅가의 해석을 살펴보자.

> 전능한 존재는 … 대체로 논리적으로 일관성 있는 행동을 할 수 있다. 그러므로 논리적으로 필연적인 진리란 악이 존재하든지 아니면 하느님이 어떤 악이라도 제거할 수 있든지 이다. 내가 아는 바로는, 평판 있는 신학자 중 누구도 "악이 존재한다."라는 명제가 논리적으로 필연적이라고 주장하지 않았다. 따라서 지금부터 나는 하느님이 어떤 악의 경우라도 없앨 수 있다는 입장을 택할 것이다.[49)]

---

49) Plantinga, 『하느님과 다른 정신들』 *God and Other Minds*, 119. 어떤 신학자들은 정말로 악이 없는 세계는 존재할 수 없다고 제안하였다. 예컨대, 데이빗 플라트(David Platt)는 「하느님, 선, 그리고 도덕적으로 완전한 세계」("God, Goodness and a Morally Perfect World," *The Personalist*, Vol. XLVI[1965], 320-326)란 논문에서 라이프니츠의 모델을 따라 모든 가치가 공-가능한(함께 가능한, compossible)것은 아니어서, 어떤 가능태의 실현이 언제나 다른 가능태의 실현을 가로 막는다고 주장한다. 따라서 다수의 결정권자들은 이러한 다원적인 욕구로부터 어떤 갈등과 악이 언제나 일어나게 되어 있음을 보증한다. 따라서 "도덕적으로 완전한 세계가 존재할 수 있다는 것은 논리적으로 가능하지 않다."(323, 325). "악"이라는 용어의 이런 의미에서, 파러(Austin Farrer)가 비슷하게 주장했던 대로, 나는(인간이 사는 세계에서 뿐 아니라) 모든 세계에서 위의 명제가 당연한 논리라고 생각한다(Austin Farrer, *Love Almighty and Ills Unlimited*, 50-59, 74-76, 104). 그러나 내가 정의했던 대로 순수 악의 존재는 논리적으로 필연적인 것처럼 보이지 않는다. 왜냐하면, 나는 실현된 가치

여기서 주목할 점은 플랜팅가의 인용문 중 첫 문장 첫 부분의 진술은 논리적으로 일관성 있는 행동에 대한 것이다. 그러나 바로 초점이 특정한 사건들의 상태가 논리적으로 일관성이 있는지 없는지의 질문으로 옮겨간다. 말하자면, 플랜팅가의 요점은 악의 존재가 논리적으로 필연적인 것이 아니기 때문에, 악이 없는 사건들의 상태는 본래적으로 가능한 사건들의 상태이다. 그러나 플랜팅가의 결론은 다시금 특정 행동의 논리적 일관성에 관심한다. 예컨대 하느님의 악의 제거에 관심한다. 그는 분명 논증을 무력하게 하는 갈피를 못 잡는 자신의 오류를 인식하지 못한다.

악의 문제에 대한 형식 논리 중 전제 3은 악이 없는 현실세계에 대해 말한다. 내 생각에는 플랜팅가가 악이 없는 세계가 가능함을 생각했다고 보지만, 플랜팅가 자신의 진술 가운데서 이 사실을 명시적으로 주장하지는 않았다. 그러나 행동과 사건들의 상태 사이에서 갈피를 못 잡는 동일한 오류를 범하고 있는 에이헌도 어쨌든 자신의 진술에서 세계를 분명하게 언급하고 있다. 위에서 인용한 대로 전능에 대해 정의를 내리고 난 다음, 에이헌은 "악이 없는 세계가 존재해야 한다는 것은 인식 가능한 일이다….그러므로 전능한 존재는 모든 악을 예방할 수 있다."고 주장한다.[50] 첫 번째 문장은 인식 가능한, 따라서 논리적으로 일관성이 있고, 본래적으로 가능한, 사건들의 상태에 관심한다. 그러나 두 번째 문장은 특정한 행동, 곧 모든 악의 예방이 가능하다고 진술한다.

플랜팅가와 에이헌의 진술들은 내가 "전능 오류"라 부르는 것의 전형들이다. 오류의 성격은 다음과 같이 논증을 구성해 보면 분명해질 수 있다.

P. 전능한 존재는 어떤 존재가 일방적으로 창출해 낼 수 있는 사건들의 상태 혹은 , 논리적으로 가능한 어떤 사건들의 상태를 일방적으로 만들 수 있다.

보다 낮게 되든지 아니면 동급이 될 수도 있는 가능한 가치들의 상실을 포함시키지 않았기 때문이다. 순수 악이란, 모든 것을 고려해 볼 때, 더 낮은 가능태의 실현이 더 좋은 실현을 배제하게 될 때 일어난다. 그러므로 모든 경우에 하나의 사건이 그때 거기서 전개되고 있는 다른 가능성보다 좋든지 혹은 적어도 동일한 사건이 일어날 수 있음이 논리적으로 가능한 것처럼 보인다.

50) Ahern, 『악의 문제』 *The Problem of Evil*, 16.

R. 순수 악이 없는 현실세계(다수의 현실적 존재를 가진 세계)는 논리적으로 가능한 사건들의 상태이다.
S. 그러므로 전능한 존재는 순수 악이 없는 현실세계를 일방적으로 만들 수 있다.

이 논증은 형식적으로 타당하지 않다. 왜냐하면 논리적으로 가능한 행동(P, S)과 논리적으로 가능한 사건들의 상태(R)사이의 혼돈이 이 논증을 네-용어 오류(the four-term fallacy)의 형식으로 만들기 때문이다. 여기서 논리적으로 가능한 행동과 논리적으로 가능한 사건의 상태를 연결하기 위해 또 다른 전제가 요구된다. 따라서 전제 Q를 P와 R사이에 끼워 넣음으로써 논증을 확장할 필요가 있다.

P. 전능한 존재는 어떤 존재가 일방적으로 만들 수 있는 것이 논리적으로 가능한 어떤 사건들의 상태를 일방적으로 만들 수 있다.
Q. 만일 다수의 현실적 존재 가운데 사건들의 상태가 논리적으로 가능하다면, 한 존재가 일방적으로 그 사건들의 상태를 만드는 것이 논리적으로 가능하다.
R. 순수 악이 없는 현실세계(다수의 현실적 존재를 가진 세계)는 논리적으로 가능한 사건들의 상태이다.
S. 그러므로 전능한 존재는 순수 악이 없는 현실세계를 일방적으로 만들 수 있다. (P, Q, R)

전제 Q를 끼워 넣고 나면 논증이 형식적으로 타당하게 된다. 그러나 이 논증이 온전한 것인가? 특별히 전제 Q가 받아들일 수 있는 것인가? 모든 전통적인 유신론자들은 전제 Q를 받아들였다. (그러나 어떤 학자들은 인간과 같은 어떤 현실적 존재들 가운데 있는 사건들의 상태들을 그 영역으로부터 배제하였다. 이 책에서 앞으로 전개될 345-346의 내용을 참조하라.) 물론 전통적인 유신론자들이 전제 Q를 받아들인 것은 대부분 암묵적으로 이루어졌고, 명시적으로 된 경우는 아주 드물었다. 왜냐하면 논리적으로 가능한 존재들이나 논리적으로 가능한 사건들의 상태들과 논리적으로 가능한 행위들의 분명한 구분이 아주 드물게 이루어졌기 때문이다. 그러나 일단 구분이 분명하게 되자, 문제에 초점이 맞춰지게 되었다. "전제 Q를 받아들이는 정당성이 무엇인가? 어떤 근거에서 우리는 다수의 현실적 존재들 가운데 있는 사건들의 상태가 본래적으로 가능하다는 주장으로부터 어떤 한 존재가 일방적으로 이처럼 사건들의 상태에 영향을 줄 수 있다는 주장으로 옮겨갈 수 있는가? 매키(J. L. Mackie)는 '자유 하지만 죄가 없는 존재들'에 대한 그의 논의에서 이러한 움직임을 다루고 있다. 그는 "자유 하지만 죄가 없는 존재가 논리적으로 가능하다면, 하느님이 이러한 존재를 만들었다는 것은 논리적으로 가능하다."고 주장하였다.51) 전제 Q를 뒷받침하는 데 필요한 주요 전제는 다음과 같은 것일 것이다.

X. 어떤 현실적 존재의 조건이 그 현실적 존재와는 다른 존재나 다른 존재들에 의해 전적으로 결정되는 것이 가능하다.

만일 전제 X가 받아들여진다면, 어떤 것도 전제 Q를 받아들이는 데 방해가 되지 않는다. 그리고 전제 Q가 받아들여진다면, (전제 R을 품고 있는) 전제 S가 뒤따라 온다.52) 그렇게 되면 우리는 악의 문제의 중심으로 다시 돌아가게 된다. 그러나 전제 X가 받아들여져야 하는가?

현실적 존재들에 대해 말하고 있는 전제 X는 다음과 같이 시작한다. "…이 가능하다." 그러나 어떤 류의 가능성을 문제 삼고 있는가? 이것은 논리에 의해서만 해결될 수 있는 문제가 아니다. 오히려 이것은 형이상학적인 문제이다. 사실 많은 사람들은 이 문제를 현실태와 "존재"의 다른 유형들, 이를테면 현실태와 가능태의 차이라는 전형적인 형이상학적 문제로 생각하려고 한다. (누군가 이 둘 사이의 미분화를 주장한다 해도, 이것은 여전히 형이상학적 주장이 된다.) 그러나 악의 문제에 대한 대다수의 최근 논의는 형이상학적 주장과는 상관없이 이루어질 것처럼 진행되어 왔다. 이러한 분위기는 전능 오류 배후에 놓여있는 형이상학적 주장에 대한 분명한 인식이나 정당한 논의를 거치지 않고 형이상학적 전제를 암묵적으로 받아들임을 의미한다. 문제는 완전한 힘이나 전능의 의미가, 이 완전한 힘이 그 위에 행사되어야 할 "존재들"의 본성에 대한 형이상학적 논의와 상관없이 정착될 수 있다는 가설이다. 이러한 논리의 전개는 필연적인 전제들이 없기 때문에 형식적으로

---

51) J. L. Mackie, "Theism and Utopia," 『철학』 *Philosophy,* Vol. XXXVII(1962), 157.

52) *Ibid.,* 각주 49를 참조하시오.

타당하지 않은 논증들로 학자들을 이끌어 간다.

카차도리안(Haig Khatchadourian)은 "완전한 선, 완전한 힘과 같은 완전의 개념에 대한 적절한 한계설정이 절실히 필요하다."고 하였다. 따라서 그는 "이처럼 완전의 개념에 대한 한계설정 없이는 어떤 논의도 이루어 질 수 없다."고 정확하게 주장하였다.[53] 악의 문제에 대한 최근 논의에서 흥미 있는 대목은 완전한 선의 개념의 한계설정에 대해서는 많은 주목을 하고 있는 것에 비해, 완전한 힘의 개념의 한계설정에 대해서는 그렇게 주목하지 않는다는 점이다. 완전한 힘의 개념에 대한 한계설정은 "세계"의 본성에 대한 논의를 요구한다. 왜냐하면 악의 문제와 관련된 힘은 관계적인 개념이기 때문이다. 일원론, 무우주론(acosmism), 혹은 절대적 관념론이 받아들여지지 않는 한, 완전한 힘은 하느님과 구별된 어떤 것, 곧 세계와의 관계에 있는 하느님의 힘이다. 달리 말하면, 힘을 행사하는 것은 언제나 그 무엇이 자신일지라도 무언가에 힘을 행사하는 것이다. 그러므로 완전한 힘을 가진 존재가 무엇을 할 수 있는가에 대한 의미를 묻기 전에, 먼저 힘이 행사되어져야 하는 존재들의 본성이 고려되어야 한다. 만일 "존재들"(things)이 하느님과 구별된 세계를 구성하는 존재들로 생각한다면, 이러한 세계의 본성을 검토하여야 한다. 예컨대, 전능에 대한 전통적인 개념들이 아직도 미치고 있는 영향, 그리고 최근 들어 논리와 "일상 언어"를 위해 형이상학을 간과하는 등 여러 이유 때문에, "세계"의 본성에 대한 형이상학적 질문은 하느님과 악에 대한 최근 논의에서 간과되었다. 그 결과 저술가들은 전능의 의미가 쉽게 정리된 것으로 생각하였다. 예를 들면, 페넬훔은 전능의 의미가 "아주 분명하다."고 주장하였고,[54] 에이헌은 선에 대한 원리들과는 대조적으로 힘에 대한 원리들은 "신속하게 다뤄질 수 있고," "힘에 대한 참 원리들을 분석적으로 제시하는 것은 쉬운 일"이라고 주장하였다. 이러한 원리가 곧 흄(Hume)의 원리이다. 흄은 "악을 예방하고자 하지만 예방할 수 없는 존재는 무능한 존재"[55]라고 하였다. 그러나 무엇과 비교하여 "무능하다"라는 말인가? 물론 에이헌은 전통적인 전능의 개념을 구현하는 존재와 비교하여 '무능하다.'라는 말을

53) Haig Khatchadourian, "God, Happiness and Evil," 『종교철학』 *Religious Studies*, Vol. II(1966), 111 n.

54) Penelhum, "Divine Goodness and the Problem of Evil," *loc. cit.*, 99.

55) Ahern, 『악의 문제』 *The Problem of Evil,* 34.

사용하였다. 이러한 전통적 개념을 인식할 수 있음에 대한 에이헌의 논증은 전능 오류에 기초한 것이었다. 곧 "거기에 악이 존재하지 않는 것이 논리적으로 가능하기 때문에, 전체적인 문제가 하느님이 전능하기는 하지만 악을 예방할 수 없다고 주장함으로써 해결될 수는 없다." 그러나 이러한 논증은 논증 그 자체로 타당하지 않기 때문에, 전통적 개념은 인식할 수 없는 것이 되어 다른 입장의 하느님을 "무능하다."라고 부르게 될 기준을 제공하지 못하게 될 것이다.

위의 논의는 본질적이거나 형이상학적인 문제가 걸려 있다는 암시만을 한 채, 대부분 순수하게 형식적인 논의에 그쳤다. 이제 나는 직접 형이상학적 문제에 관심하려 한다. 이러한 형이상학적 논의를 통해서 어떤 현실적 존재의 조건이 그 자체와는 다른 존재나 존재들에 의해 완전하게 결정되는 것이 가능하다는 전제 X를 거부하는 나 나름의 이유를 제시하고자 한다. 또한 형이상학적 논의는 왜 검증되지 않은 추상적 전제들에 대한 위의 논의가 그렇게 중요한지 그 이유를 명확하게 하는 것이어야 한다.

나는 부정의 방법으로 시작하려 한다. 전제 X가 받아들여지기 위해서는, 상상의 혹은 관념적인 존재들과는 구별된 현실적 존재들은 모든 면에서 자신과는 다른 어떤 존재나 존재들에 의해 완전하게 결정될 수 있어야 할 것이다. 달리 말하면, 현실적 존재들은 전혀 힘을 갖지 않게 될 것이다. 부분적으로는 스스로를 결정할 힘을, 또 부분적으로는 다른 존재들을 결정할 힘을 갖지 않게 될 것이다. (다른 존재들에게 영향을 미치는 힘은 자기-결정성의 힘을 전제한다. 만일 어떤 존재가 스스로에게 아무것도 영향을 미치지 못한다면, 다른 존재에게 영향을 미칠 어떤 힘을 가졌다고 말할 수 없다.)[56]

버클리 이후 학자들은 용어들을 의미 있게 사용하기 위해 점차 그 용어들의 경험적인 근거를 요청하고 있다. 실재의 어떤 점이 "힘없는 현실태"의 의미에 경험적

---

56) 나는 타우베(Mortimer Taube)의 정의를 받아들인다. "사건 B가 사건 A에 기원을 둔 어떤 활동이나 영향을 부분적으로 받고 있을 때, 사건 A는 사건 B를 일으킨다." Mortimer Taube, 『인과성, 자유, 결정론』 *Causation, Freedom and Determinism*(Longdon: George Allen & Unwin, Ltd., 1936), 17.

인 기초를 제공할 것인가? 힘없는 현실태이기 위해서는 현실태가 직접 힘없이 존재하는 것으로 경험되어야 한다. 나는 현실태가 이 기준들을 충족시킴을 경험하지 않았다. 우리가 어떤 것을 힘을 가진 것으로 또는 그렇지 않은 것으로 경험한다고 논의할 수는 있다. 그것은 우리가 인과적 효과성(causal efficacy)을 경험하느냐, 인과적 효과성을 단지 추론만 하는 것이냐, (아니면, 제 3의 가능태로서 인과적 효과성은 경험의 필요한 조건들 중 하나로 적용만 하는 것이냐) 하는 질문이다. 그러나 여기서의 문제는 우리가 현실적 존재라 이름 할 수 있는 어떤 것을 힘이 없는 존재로 경험하느냐 하는 것이다. 나는 그렇게 경험하지 않는다고 주장한다. 힘이 없는 어떤 현실태들이 있다는 생각은 하나의 순수한 추론이다. 우리 스스로 어떤 자기-결정성도 없다고 주장하는 스피노자 같은 학자들조차 우리가 그런 힘을 갖고 있는 것처럼 보인다고 인정한다. 우리가 힘을 갖고 있지 않다고 한 결론은 논증에 기초한 것이지 직접 경험에 기초한 것이 아니다. 적어도 스피노자는 기본적인 결론을 내렸던 것이다. 예컨대 우리가 전혀 힘을 가지고 있지 않는다면, 우리는 현실태가 아니다. 그러나 완전히 힘을 갖지 않은 현실태를 주장하는 학자들은 경험적 근거에서 주장하는 것이 아니다.

한번 대조를 통해 조명해 보자. 현실태가 힘을 갖고 있다고 주장하는 이는 경험적인 근거에서 이렇게 주장한다. 나의 현재 경험이 하나의 현실태이다. 사실 여러 철학자들이 지적했듯이 존재하는 것은 현실적으로 존재한다. 그러므로 상상 속의 "보다 현실적인" 존재들과 비교해서 어떤 존재로부터 현실적 존재를 부정하는 것은 다소 생소한 것이 된다. 그러므로 나는 나의 경험 자체에 대한 직접적인 경험이 스스로를 결정하는 어떤 힘을 가진 것으로 경험한다. 예컨대 나는 나의 경험에 대한 직접적인 경험이 그 경험에 미치는 모든 영향들에 어떻게 반응할 것인지를 정확하게 결정하는 힘을 가진 것으로 경험한다. 따라서 이러한 경험이 내게 현실적 존재에 대해 의미 있게 말할 수 있는 경험적 기반을 제공해 준다. 여기서 나는 현실적 존재에 대해 의미 있게 말할 수 있는 이러한 경험적 기반을 유비해서 다른 존재들에게로 옮겨갈 수 있다. 곧 내가 다른 존재들을 힘을 가진 것으로 경험하든지 그렇지 않든지 나는 적어도 이들 존재들 중 얼마는 힘을 가진다고 의미 있게 말할 수 있다. 왜냐하면 "힘을 가진 현실태"가 갖는 의미는 나의 직접적 경험에 기초하고 있기 때문이다. 비평가는 이러한 유비적 전이(analogical transference)를 미심쩍은 것으로 생각할 수 있다. 그러나 종종 간과하는 것은, 만일 이러한 주장이 의심스럽다면, 현실적이라고 생각되는 다른 존재들이 우리 자신의 경험으로부터 유비해서 이해되어야 함을 부정하는 것은 이중으로 미심쩍다는 사실이다. 왜냐하면, 나의 경험의 매 순간이 그러한 존재의 전형이 되기에, 나는 적어도 현실적 존재가 힘을 갖는 것이 가능함을 알고 있기 때문이다. 그러나 현실태들이 힘을 갖고 있지 않다고 생각하는 이들은 그러한 현실태들이 가능한지에 대한 직접적인 인식조차 없다. 이 점에서 버클리는 절대적으로 옳았다. 현실태들이 힘이 없다고 말하는 것은 궁극적으로 의미 없는 일이다. 왜냐하면 그렇게 말하는 것은 어떤 경우에도 경험적인 근거가 없기 때문이다. 따라서 전제 X는 거짓일 뿐 아니라 의미 없는 것으로 폐기되어야 한다. 그렇다면 전제 Q 배후에는 받아들일 만한 전제가 없다는 것인가?(332쪽을 참조하라.) 그러므로 내가 전능 오류라고 한 논증은 불충분한 전제들로 성급한 결론에 이르렀기 때문에 오류가 되는 것이고, 또한 필요한 부가적 전제 자체가 받아들일 수 없기 때문에 오류가 된다.

만일 현실적 존재들이 어떤 힘을 갖고 있고 또 현실세계는 그런 현실적 존재들로 이루어져야 한다는 것이 형이상학적 진리라면, 이제 나는 "완전한 힘" 혹은 "전능"이라는 용어가 무슨 의미를 갖는지 논의함으로써, 핵심 문제를 좀 더 분명히 다뤄보겠다.

첫째, 나는 대부분의 사람들이 개체 현실적 존재들만이 힘을 가질 수 있거나 힘을 행사할 수 있다고 생각하는 것을 당연하다고 여긴다. 힘은 단지 가능태에 의해서 행사되지 않고, "존재 자체"(혹은 "에너지" 혹은 "창조성")와 같은 추상들로 행사되지 않으며, 단지 개체 존재들이 모여 있다고 해서 행사되는 것도 아니다. 따라서 우리가 완전한 힘을 가진 실재에 대해 말하고 있다면, 당연히 개체 현실적 존재에 대해 말하고 있는 것이다. 그러므로 "완전한 힘"이란 어떤 존재가 가질 수 있는 인식 가능한 최고의 힘으로 정의되어야 한다. (이 장 나머지 부분에서는 "존재"[a being]라는 말은 다른 언급이 없으면 "개체 현실적 존재"라는 의미로 사용될 것이다.) 아마 누구도 이러한 형식적인 정의에 반박하려 하지 않을 것이다. 여기 형식적인 정의는 바로 완전함과 가장 크게 인식할 수 있는 것을 동등하게 생각한 안셀무스의 해석이다. 논쟁은 존재가 얼마나 많은 힘을 갖는지 혹은 어떤 종류의 힘을 갖는지에 대한 질문들에 대해 우리가 대답을 제시하기 시작할 때에만 일어난다.

전통적인 신정론은, 말로는 종종 부정하였지만, 실제로 한 존재가 모든 힘을 가질 수 있다고 주장했다. 우리가 전제 Q를 받아들이고 그 배후에 있는 X를 받아들이는 의미가 바로 그것이다. 왜냐하면 우리가 B의 조건이 철저하게 A에 의해서 결정된다고 주장한다면, B는 A와 관련해서 실제 힘이 없음을 의미한다. 그리고 만일 B가 세계의 전체성을 나타내고, A가 하느님을 나타낸다면, 이는 하느님이 모든 힘을 갖고 있지만 세계는 아무런 힘도 없다는 의미이다.

그러나 현실세계가 존재하고 그 현실세계가 형이상학적 필연에 의해 힘을 가진 존재의 다수를 안고 있다면, 어떤 한 존재가 힘을 독점하는 것이 불가능해진다. 그러므로 한 존재가 가질 수 있는 가장 크게 인식할 수 있는 힘은 모든 힘과 동일시할 수 없다. 하트숀은 "전능"이란 자신의 논문에서 이 개념들을 분명하게 서술하고 있다.

> [전능이란] 때로 한 작인이 존재하거나 존재할 수 있는 모든 힘을 사용하는 독점적인 힘의 집중으로 보여진다. 이 말의 의미는 전능자 외의 모든 존재들은 힘이 없다는 뜻이다. 그러나 "존재가 힘"(플라톤)이라면, 존재 위에 행사하는 힘은 힘 위에 힘을 행사하는 것이고, 이상적인 혹은 완전한 작인은 다른 효과적인 작인들과 양립하는 최고의 집중적인 효과를 누리게 될 것이다.[57]

이러한 관점은 악의 문제를 크게 바꾸어 놓는다. 완전한 힘을 가진 존재라 할지라도 한 존재가 일방적으로 만들어 낼 수 없는 것을 일방적으로 만들어 낼 수 없다. 그리고 한 존재가 다른 존재들 중에 사건들의 최고로 가능한 상태를 일방적으로 만들어 낼 수 없다. 달리 말하면, 한 존재는 다른 존재들이 모든 순수 악을 피하도록 보증할 수 없다. 따라서 순수 악의 가능태는 필연적이다.

우리는 순수 악이 필연적(나는 이렇게 말해야 할 이유를 찾지 못한다. 왜냐하면

57) "Omnipotence," 『종교 백과사전』 *An Encyclopedia of Religion*, ed. by Vergilius Ferm(Philosophical Library, Inc., 1945), 545.

모든 상황에서 최고의 가능태들이 현실화되는 것이 언제나 가능하기 때문이다.)이라고 말하는 것과 순수 악의 가능태는 필연적이라고 말하는 것의 구분을 종종 간과한다. 우리는 앞에서 플랜팅가가 악은 필연적이지 않다는 주장에서 전능한 존재는 악의 가능태를 예방할 수 있다는 주장으로 빠르게 옮겨간 것을 살펴보았다. 그는 분명 악의 가능태가 필연적이라고 하는 중간 입장을 간과하였다. 바로 이 중간 입장은, 어떤 존재도 심지어 완전한 힘을 가진 존재라 하더라도, 악의 현실화를 예방할 수 없음을 함축하고 있다.

파이크(Nelson Pike)는 하느님과 악 사이에 존재하는 모순을 부인하는 길은 "악이 모든 세계에서 논리적으로 필연적이다."라고 말하는 것이라고 지적한다.[58] 그러나 파이크는 이 제안을 거쳐 모든 자명한 악은 드러난 악이 될 수 있다는 가능태로 옮겨간다. 그는 다른 이들과 함께 악이 없는 세계가 논리적으로 가능하다고 주장한다. 그러나 그와 다른 동료들은 전능한 존재가 일방적으로 세계 안에 있는 모든 악을 예방할 수 있었다는 결론을 피해가기 위해 "악이 모든 세계에서 논리적으로 필연적이다."라고 주장할 필요는 없다는 사실을 보지 못했던 것이다. 우리에게는 지금 "악을 위한 가능태가 모든 세계 안에 영원히 존재해야 하는 논리적 필연성"이 요구된다.

이러한 입장은 "세계"를 자기-결정의 존재들이 있는 곳으로 이해한 데서 비롯된 것이다. 왜냐하면 한 존재가 (다른 존재로부터 파생되지 않는 활동을 갖는) 완전히 다른 존재의 활동을 결정하는 것은 논리적으로 가능하지 않기 때문이다. 다시 (어떤 아버지가 15년 동안 그의 자녀들이 서로 싸우는 것을 막는 데 성공적일 수 있듯이) 전능한 존재가 자기-결정의 존재들로 구성된 이러한 세계에서 모든 순수 악을 예방하는 데 성공적일 수 있다고 할 수 있다. 그러나 전능한 존재는 그러한 사건들의 상태의 충분인일 수는 없다. 때문에 전능인은 순수 악의 예방을 보장할 수 없다. 순수 악이 일어나느냐 그렇지 않느냐 하는 문제는 부분적으로는 세상의 존재들 그 자체 때문일 수 있다. 그러므로 세계 내에 순수 악의 현실적인 현존은 모든 순수 악을 예방하고자 하는 전능한 존재의 현존을 반박하지 않는다.

---

58) Pike, "God and Evil: A Reconsideration," *loc. cit.*, 120.

이러한 입장을 "C 전능"이라 할 수 있다. 여기서 C는 "일관된"(coherent)이라는 뜻과 "창조론적인"(creationistic)이라는 말의 앞 글자 C에서 따온 것이다. 우리가 가장 크게 인식할 수 있는 분량의 힘을 가진 존재가 피조된(created) 곧 현실세계를 다스릴 수 있는 힘으로 [전능이라는 개념을] 이해할 때에만, [순수 악의 가능태는 필연적이라는] 입장이 일관성을 갖게 된다. 만일 세계가 현실적인 창조이고, 단지 하느님의 생각 속에 있는 복합적인 개념이나 하느님의 모습, 혹은 하느님의 "양태들"(modes)이 아니라면, 전능한(all-powerful)이라는 말은 모든 힘을 다 가진 것을 의미할 수 없다. 그러므로 힘의 중심들이 여럿이라면, 이 존재들이 관계되어 있는 사건들의 어떤 상태도 그 존재들 중 하나에 의해 완전히 결정될 수는 없다. 그러므로 C 전능의 논리는 그 스스로가 본래적으로 가능한 사건들의 상태에 하느님이 일방적으로 영향을 미칠 수 있다는 원리를 부정하게 된다. 순수 악이 없는 현실세계가 가능하더라도, 전능한 존재가 그러한 세상을 보증하는 것은 불가능하다.

하느님이 실제로 모든 힘을 갖는다는 것은 플루, 힉, 캠벨, 푸세티, 핀들래이 같은 저술가들이 "진정한 유신론", "기독교 유일신론," 혹은 "적절한 종교적 대상"을 위해 세운 필요조건이다. 이들은 하느님 외에 순수 힘들이 존재해서는 안 되며 신성에 대적하고 신성의 영향력을 제한하며 신성의 의지를 위협하여 독립적으로 활동할 수 있는 힘이 조금이라도 있어서는 안 된다고 주장한다. 이러한 요구 조건과 더불어 유일신론은 일원론, 혹은 무우주론(acosmism)이 된다. 그래서 실상은 (현실적이 된다는 것이 힘을 갖는 것을 의미한다면) 피조물이 현실적으로 존재하지 않을 때에만 하느님을 예배할 수 있다고 주장하게 된다.

그 사건들의 상태가 본래적으로 가능하다면, 전능한 존재가 사건들의 어떤 상태에 일방적으로 영향을 줄 수 있다는 전통 교리를 지칭하기 위해서는 "I 전능"이라는 말을 사용할 수 있다. 여기서 "I"는 "일관성이 없는"(incoherent) 혹은 "관념론적인"(idealistic)이라는 말의 앞 글자 I에서 따온 것이다. 왜냐하면 전능한 존재가 현실세계를 다루는 문제를 정의하는 것은 일관적이지 않기 때문이다. 만일 세상의 존재들이 다른 존재들에 의해 완전하게 결정될 수 있는 것으로 정의된다면 이해할 만하다. 그리고 이처럼 완전한 결정성에 대해 갖는 우리의 유일한 경험은 이상적인 존재들, 예컨대 우리의 생각 속에 있는 존재들을 우리가 통제하는 경험이다. 그러므로 I 전능이라는 견해는 실상은 세상의 존재들이 단지 하느님의 생각에 있는 개념들이라는 관념론적 교리이다. 물론 이러한 관념론은 유한한 인간을 그 유한성으로부터 제외시킬 수 없다. 관념론은 절대적이어야 할 것이다. 예컨대 유한한 자아들을 포함해 세상의 모든 존재들은, 로스의 유비가 의미하는 대로, 하느님의 마음에 있는 단순한 개념들이어야 할 것이다.

최근에 많은 학자들은, 유한한 자아들의 본성에 대해 고려하지 않고는 전능한 존재의 활동에 대해 논의할 수 없다고 주장한다. 전능 오류라는 매키의 진술에 대해서(만일 우리의 존재하는 방식이 논리적으로 가능하다면, 이런 존재 방식으로 하느님이 우리를 만든 것이 논리적으로 가능하다.), 그래이브(S. A. Grave)는 다음과 같이 대답한다.

> 일관된 입장을 가진 유신론의 정의에 의하면, 한 인간이 모든 계기에서 자유로이 선을 선택한다는 진술은 논리적으로 가능하다. 정의에 의하면, 하느님이 인간으로 하여금 모든 계기에 선을 선택하도록 했다는 진술은 논리적으로 불가능하다.[59]

플랜팅가도 또한 "하느님이 언제나 바른 것을 행하는 자유로운 인간을 창조할 수 있다."는 매키의 진술의 모호함이 지닌 오류를 지적한다. 플랜팅가는 지적하기를, 매키의 진술이 "하느님이 인간을 창조하였고 이들 자유로운 인간이 언제나 옳은 것을 행한다."는 뜻이면 논리적 일관성이 있다. 그러나 매키의 진술이 "하느님이 자유로운 존재로 인간을 창조하시고 인간이 언제나 옳은 것을 행하도록 한다."는 뜻이면 논리적 일관성이 없다. 왜냐하면 만일 하느님이 인간의 바른 행동을 일으킨다면, 인간은 자유로이 행동한 것이 아니기 때문이다. 그러므로 처음 해석만이 의미를 갖게 되며, 이 진술이 (순수)도덕 악의 현존으로부터 자애로운 전능의 비존재를 추론하기 위해 사용될 수는 없다. 왜냐하면 하느님이 창조한 자유로운 인간이 항상 옳은 것을 행할 것인지는 인간에게 달린 것이라고 생각할 수 있기 때문이다.[60]

59) S. A. Grave, "On Evil and Omnipotence," 『정신』 *Mind*, Vol. LXV(1956), 260.

60) Plantinga, 『하느님과 다른 정신들』 *God and Other Minds*, 138 f.

나는 그래이브와 플랜팅가의 논의가 바른 방향에서 이루어지고 있다고 생각한다. 그러나 이 두 사람 다 위의 논의를 인간에게만 적용하는 것처럼 보인다. 이들은 분명 어느 정도 자기 결정성의 힘을 가진 존재가 없는 현실세계가 가능할 것이라고 생각한다. 이러한 생각은 우리의 행동에 "실제적인 공적"이 있기 위해서는 자유가 있어야 한다고 한 그래이브의 주장 속에 나타난다.[61] 또한 플랜팅가의 "I 전능"의 논리도 앞서 인용하였다. 그러나 모든 현실세계에 자기-결정의 존재들의 존재가 하나의 형이상학적 진리라고 가정해 보자. 그럴 경우, 이런 현실세계가 순수 악으로부터 자유하다 할 수 있어도, 하느님이 세계 안에 있는 모든 악을 일방적으로 예방할 수 있다는 것은 참이 아닐 것이다. 플랜팅가의 말에 따르면, 세계 존재들이 언제나 악을 극복할 수 있는 것은 결국 이들 세계 존재들에 달려있는 것이다.

플랜팅가는 일반적으로 I 전능의 논리를 분명하게 인정한다. 그리고 C 전능의 교리를 인간과 관계하여서만 적용한다. C 전능의 교리를 모든 세계로 확장하는 것은 중요한 이점(利點)을 지닌다. 나는 이 사실을 앞서 언급하였다. 그러나 여기서 다시금 간략하게 검토해 보겠다. C 전능의 교리가 단지 인간에게만 적용될 수 있다면, 그래서 이 교리가 불확정적인 문제가 된다면, "자유의지론"은 심각한 어려움에 처하게 된다. 먼저, 이러한 가설에 기초하여, 하느님은 우선하는 선을 위해 혹은 특별히 끔찍스런 악을 예방하기 위해, 때때로 인간 자유를 침해할 수 있다. 물론 이 순간에, "인간"을 자유의 존재로 정의한다면 겉으로 드러난 인간은 실제 인간이

---

61) Grave, "On Evil and Omnipotence," *loc. cit.*, 261. Geddes MacGregor의 『종교철학개론』 *Introduction to Religious Philosophy*(Houghton Mifflin Company, 1959)도 자기-결정성이란 피조물에게 허락되지 않을 수도 있었던 하느님의 선물이라고 서술한다. 그래이브는 하느님이 자신의 명령으로 인해 죄를 멈추게 할 수 있었지만, 악을 허용하는 자유로 인해 생긴 선 때문에, 죄가 허용된다고 생각한다(257). 그에 따르면, 성서의 전능 개념은 모든 것을 할 수 있는 힘이라는 의미가 아니다(268-270). 그럼에도 불구하고, 그래이브는, "가장 심오한 종교적 통찰과 경험"에 기초하여, 악과 씨름해야 한다는 의미에서 하느님이 제한되어 있다는 개념을 거부한다(271). 이러한 하느님은 결핍으로부터 자유하지 않으며, 하느님의 사랑 또한 자기사랑(self-interest)으로부터 완전히 자유롭지 않다(275). 나는 이러한 관점이 절대적인 힘 자체가 예배를 받을만한 가치가 있는 본질적인 것이라고 주장하는 사람들보다 더 심각하게 문제가 있다고 생각한다. 그러나 완전한 사랑은 자기-사랑 그 자체로부터가 아니라, 이웃의 선을 위해 일하려 하지 않는 자기-사랑으로부터 자유 해야 한다. 우리는 자기-사랑과 이웃-사랑이 함께 일어나는 사건을 완전한 사랑으로 이해할 수 있다.

아닐 것이다. 그러나 최악의 악을 비켜갈 수 있다면, 인간의 자유를 잠깐 유보하는 것이 그렇게 큰 희생은 아닐 것이다.[62)]

둘째, 반-유신론자는, 언제나 옳은 일만 하도록 미리 결정된 경우 말고, 바로 우리처럼 행복한 존재들이 거하는 세계는 순수 자유의지와 함께 그에 상응하는 상관적인 악들이 있는 우리의 인간 세계와 같을 것이라고 아주 그럴 듯하게 주장할 수 있다.[63)] 자유 때문에 주어지는 "실제적인 공적"이나 "본래적인 신앙의 태도"는, 하느님의 눈으로 비추어볼 때, 그렇게도 악한 것임에 틀림없다고 대답하는 것은 하느님의 도덕적 선을 다시금 질문하게 한다. 만일 인간의 대부분의 가치들이 겉으로만 자유를 가진 존재들에 의해 실현될 수 있다면, 순수 자유가 가져다주는 유익보다 위험이 더 큰 것처럼 보일 수 있다.

셋째, C 전능을 불확정한 문제로 해서 그 범위를 인간존재에만 한정하는 것은, 인간 아래의 (유인의, subhuman) 세계에서는 악의 문제가 다른 원리로 다뤄져야 함을 의미하며, 이러한 시도가 만족스럽지 않음을 의미한다. 물론 우리는, 인간 이하의 존재들에게 본래적인 자기 결정성의 힘을 허용하지 않고, 이들의 세계에 존재하는 모든 악은 사탄과 사탄의 군대들 때문이라는 반박할 수 없는 가능태를 제시함으로써, 자유의지론을 인간 아래의 세계에까지 확장시킬 수 있다.[64)] 그러나 이러한 주장은 유신론이 오늘날에도 실득력을 갖기 위해서는 우리가 무엇을 해야 할 것인지 관심하게 한다.

나는 이제 이번 장을 단순히 자발적인 자기-제한으로서가 아니라 "C 전능"을 가진 하느님이 예배를 받을 만한 가치가 있는 하느님인지 간략하게 논의하면서 결론을 맺으려 한다. 우리는 "I 전능"을 부인하는 교리를 "약화된 유신론의 형태"(a weakened form of theism)라 불렀다. 그러나 분명한 것은 교리를 일관성 있게 한다고 해서 교리를 약화시키는 것이 아니다. 어떤 이들은 여기서 말한 "I 전능"을

62) 참조. Madden and Hare, *Evil and the Concept of God*, 75.

63) 참조. *Ibid.*, 75; McCloskey, "God and Evil," *loc. cit.*, 83.

64) 참조. Plantinga, 『하느님과 다른 정신들』 *God and Other Minds*, 149-51; C. S. Lewis, 『고통의 문제』 *The Problem of Pain*(The Macmillan Company, 1965), 122 f.

부인하는 교리를 "유한한 하느님" 교리라고 말하려 할 것이다. 물론 이러한 하느님은 어떤 의미에서 유한하다. 하느님은 문자 그대로 "무한한 이"가 아니다. 왜냐하면, 세계가 현실적이라면, 하느님은 현실적인 것의 총체일 수 없으며 모든 힘을 다 가질 수 없다. 그러나 "유한한 하느님"이라는 표현은 일반적으로 불완전하다는 것을 제시하기 위해 사용된다. 왜냐하면 다른 인식 가능한 개념과 비교해 볼 때 여기서 말하는 하느님은 유한하기 때문이다. 그러나 여기서 주장하는 입장은 상상해서 말하는 보다 더 큰 개념이란 단지 말뿐이며, 일관성 있게 인식 가능한 개념이 아니다. 하나의 불가능한 일이지만, 여기 다른 "하느님"이 일관성 있는 교리의 하느님을 불완전하다고 판단할 기준으로 기능할 수는 없다.

어떤 이들은 만일 하느님이 일방적으로 어떤 본래적으로 가능한 사건들의 상태를 만들어 낼 수 없다면, "하느님의 힘이 제한된 것이다."라고 말하려 할 것이다. 그러나 하느님은 제한되어 있다. 예컨대 하느님이 다른 현실태들의 결정에 의해 제한되어 있다고 말하는 것은 하나의 방식이다. 또 다른 방식은 하느님의 힘이 제한되어 있다고 말하는 것이다. 왜냐하면 하느님의 힘이 제한되어 있다는 말의 의미는 보다 크게 인식할 수 있는 어떤 창조자와 비교했을 때 제한되어 있다는 의미이기 때문이다. 앞서 에이헌은 "예배가 보다 큰 존재는 인식할 수 없다는 사실을 전제하기에" 제한된 힘을 가진 존재는 예배를 받기에 적절한 대상이 아닐 것이라고 말하였다. 캠벨은 우리가 어떤 방식으로든 불완전한 존재로 인식된 존재를 예배할 수 없으며, 힘의 제한이 불완전함이라고 주장하였다. 우리는 가장 크게 인식할 수 있는 힘보다 덜한 힘을 가진 존재는 예배를 받기에 합당하지 않다고 말하는 이들 저자들과 의견을 같이할 수 있다. 그렇다고 예배를 받기에 합당한 존재는 일방적으로 모든 것을 결정할 수 있어야 한다는 이들의 주장에는 동의할 수 없다. 이 점을 하트숀은 분명하게 표현하였다.

> 우리는 인간의 자유를 수호하고 악의 책임을 하느님께 돌리는 것을 피하기 위해 하느님의 힘을 제한해야 한다고 통례적으로 말해왔다. 그러나 어떤 개념을 제한하는 것에 대해 말하는 것은 무제약적으로 그 개념이 이치에 맞음을 의미하는 것처럼 보인다. 모든 결정을 결정하는 우주적 힘의 개념은 이치에 맞지 않는다. 왜냐하면 그 결정들은 결정들 자체 외에는 그 무엇도 언급할 수 없기 때문이다. 이들 결정들

은 세계를 가져올 수 없다. 왜냐하면 세계란 자신들의 결정을 하는 고유한 작인들로 이루어져야 하기 때문이다. 어떤 인식할 수 있는 힘보다 작다는 의미로 하느님의 힘이 제한되어 있다고 말하기보다는 하느님의 힘은 절대적으로 최고로 크고 가능한 힘이지만, 가장 가능한 힘조차 여전히 여러 힘들 가운데 하나이며 오직 유일한 힘은 아니라고 말해야 한다. 하느님은 한분 하느님이 할 수 있는 모든 것을 할 수 있다. 곧 "가장 우월한 존재"가 할 수 있는 모든 것을 할 수 있다.[65]

하느님의 힘에 대한 논의는 신정론 문제에 있어서 가장 중요한 문제이다. 우리는 실제로 하느님의 완전함이 상실되고 신성이 파괴될 경우에는 그 "하느님의 방법을 정당화"하지 않았다. "하느님"이라는 말의 기본적인 의미가 예배의 상황에 뿌리를 둔 것이기 때문에, 또한 우리는 완전만을 예배할 수 있기 때문에, 악의 문제 해결은 실로 신정론이 아니었다. 왜냐하면 악의 문제 해결을 위해서는 하느님이 어떤 인식 가능한 존재보다 덜 완전한 방법으로 바람직한 속성을 구현하는 것이 요청되기 때문이다. 이 점이 바로 브라이트만의 해법이 지닌 문제였다. 예컨대 그는 세계 안에 존재하는 악은 우리로 하여금 실제로 존재하는 하느님을 어떤 인식 가능한 하느님과 비교해서 불완전하다고 믿도록 강요한다고 주장한다. 만일 그것이 사실이라면, 우리가 사는 세계의 하느님은 진정 "유한한" 하느님이라고 해야 할 것이다.

그러나 여기서 주장하고 있는 교리는 제 1 전제를 긍정하기 위해 의도된 것이다. 하느님은 완전한 실재이며, 그보다 더 큰 존재는 어떤 것도 생각할 수 없다. 하느님이 세계 안에 있는 모든 악을 예방할 수 없다는 사실에도 불구하고, 하느님은 완전한 실재이다. 왜냐하면 원칙상 한 존재가 완전하게 다른 현실적 존재들의 본성을 결정할 수 없기 때문이다. 따라서 하느님이 일방적으로 악을 예방할 수 없다는 것은 하느님의 완전함에 대한 제약이 아니다. 그러므로 신정론에서 아무것도 하느님의 완전함과 예배 받을만한 가치를 무너뜨리지 못한다. 물론 많은 사람들은 문화-심리학적 조건 때문에 여기서 전개되는 하느님을 예배하기 어렵다고 생각할지도 모른다. 그러나 전제 X와 전제 Q(332-333쪽을 참조할 것)[66]가 받아들여지지 않는

65) Hartshorne, 『신적 상대성』 *The Divine Relativity,* 138.

66) 전제 Q. 만일 다수의 현실적 존재 가운데 사건들의 상태가 논리적으로 가능하다면, 한 존재가 일방

다면, 여기에서 이해된 하느님이 실제 누군가를 예배하도록 영감을 일으키지 않았다고 해서 예배를 받을 만한 가치가 없다고 말할 수는 없다. 다만 이러한 사실은, 한 인격 존재 안에, 실제로 과거의 조건 지움 때문에 종교적인 감정을 일으키는(일관성이 있든 없든) 개념들과 종교적인 감정이 원칙상 도달해야 하는 현재의 완전의 개념들 사이에 간격이 있음을 보여준다. 화이트헤드는 종교사를 통해 새로운 보편 개념들이 강렬한 감정적 감응을 갖고 사용되면서 관심을 끌기까지 오랜 시간이 걸렸음을 간파한다. 이처럼 시간이 오랜 걸린 것은 이러한 유형의 보편성에 반응하지 못하게 하는 "지배적인 분위기"(dominant interests) 때문이다.[67] 물론 이것은 중대한 문제이다. 그렇다고 철학적 신학이 스스로 풀어야 할 문제는 아니다.

다음 장 처음 부분에서 나는 화이트헤드의 관점에서 어떻게 하느님의 인과성이 세계의 활동성과 관계하는지 설명할 것이다. 이 설명은 구체적인 예증을 통해 이번 장의 기본적인 형식상 논점을 더욱 분명하게 하는 데 도움을 줄 것이다. 다음 장에서 나는, 화이트헤드의 형이상학적 직관에 기초하여, 하느님이 일방적으로 현실세계 사건들의 모든 상태를 결정하는 것이 어떻게 원칙상 불가능한지 보여줄 것이다.

적으로 그 사건들의 상태를 만드는 것이 논리적으로 가능하다. 전제 X. 한 현실적 존재의 조건이 그 현실적 존재와는 다른 존재 혹은 다른 존재들에 의해 완전하게 결정되는 것이 가능하다.

67) Alfred North Whitehead, 『관념의 모험』 *Adventures of Ideas*(오영환 옮김, 한길사; The Macmillan Company, 1933), 220.

제18장 과정신정론

17장에서 우리는 "전통적인 신정론"과 "비전통적인 신정론" 사이의 근본적인 차이를 다루어 보았다. 여기서 내가 말하는 비전통적인 신정론의 하느님은 세계 내 사건들을 완전히 지배하지 않으며 지배할 수도 없는 하느님이다. (그러므로 악의 문제에 대한 형식 논리의 전제 2나 3이 거부된다.)[1] 오늘날에도 여러 비전통적인 신정론이 상존하고 있다. 결론을 이루는 이번 장에서, 나는 일관성, 사태에 적절성, 그리고 명료함(illuminating power)에서 보다 탁월하게 보이는 입장을 살펴볼 것이다. 여기서 내가 전개하고자 하는 신정론은 화이트헤드(Whitehead)와 하트숀(Hartshorn)의 과정 철학에 기초한 신정론이다. 그 결과는 부분적으로는 화이트헤드 사상에서 나타난 주제들을 분명하고 단순하게 재 진술하는 것이 될 것이고, 또 부분적으로는 화이트헤드 사상에 담겨진 일부 개념에 대해 설명하고 적용하는 것이 될 것이며, 또한 부분적으로는 화이트헤드의 입장을 하트숀의 입장에서 수정한 것이 될 것이다. 하트숀의 입장에서 화이트헤드를 수정한 것은 화이트헤드의 입장을 더욱 분명하게 할 것이다.

우리 시대에 "적절한"(adequate) 신정론이란 "완전"에 대한 가치 판단을 포함하며 따라서 우리의 전통에서 형성되어온 경건성에 대한 가치 판단을 포함한다. 그렇다고 앞 장에서 내가 주장한 대로, 하느님에 대한 전승된 표현들을 모두 반복하려고 할 필요는 없다. 오히려 우리가 피할 수 없는 가치 판단의 빛에서 볼 때, 명제적 하느님의 개념은 인식될 수 있는 어떤 실재보다도 더 큰 실재를 지칭하는 것이라 여기는 것이 가능해야 한다. 앞 장에서, 나는 이미 모든 악을 일방적으로 예방할

1) 형식논리 2. 완전한 실재는 전능한 존재이다. (정의에 따르면) 형식논리 3. 전능한 존재는 일방적으로 순수 악이 존재하지 않는 현실세계를 만들 수 있다.

수 없는 하느님은 사실상 불완전하며 예배할 가치가 없다는 점을 주장하였다. 이번 장의 중심 과제는 과정사상이 인식하는 하느님이 우리가 실제로 사용하는 도덕적 선의 기준에 따라 완전한 도덕적 선을 구현함을 보여주는 것이다.

전통적인 신정론은 하느님이 악에 대해 책임은 있지만 그 악 때문에 비난을 받아야 하는 것은 아니라고 주장한다. 전통적인 신정론은 모든 악은 단지 겉으로 드러난 것일 뿐 순수 악은 존재하지 않는다고 주장한다. 과정신학 또한 하느님은 중요한 의미에서 세상의 악에 상당히 책임이 있지만, 그 악 때문에 비난을 받아야 하는 것은 아니라고 주장한다. 그러나 과정신학은 순수 악의 실재를 부인하지 않는다.

앞으로 다루게 될 과정 신정론은 순수 악의 가능성은 세계가 갖고 있는 형이상학적 곧 필연적인 특성에 뿌리를 두고 있다는 점을 전체적인 논지로 삼는다. 화이트헤드는 "존재의 완성을 지배하는 범주들이 악의 존재 이유가 된다."(PR 341)[2]고 말한다. 아래 항에서 나는 악의 가능성의 필연성과 가장 직접적으로 관련된 형이상학적 범주들을 논할 것이다.

---

2) 앞으로 인용하는 화이트헤드의 작품에 대해서는 다음과 같은 약자들을 사용한다. 괄호 안 책의 쪽수는 미국에서 출판된 책의 페이지 수를 말한다.

AI 『관념의 모험』 *Adventures of Ideas* (오영환 옮김, 한길사; The Macmillan Company, 1933).

FR 『이성의 기능』 *The Function of Reason*(김용옥 옮김, 통나무; Princeton University Press, 1929).

Imm. "Immortality," in 『화이트헤드의 철학』 *The Philosophy of Alfred North Whitehead*, ed. by Paul Arthur Schilpp. 1941; Tudor Publishing Company, 1951. 682-700.

MT 『사고의 양태』 *Modes of Thought*.(오영환. 문창옥 옮김, 다산글방; 1938; The Free Press, 1968).

PR 『과정과 실재』 *Process and Reality*(오영환 옮김, 민음사; The Macmillan Company, 1929).

RM 『형성과정에 있는 종교』 *Religion in the Making*(정강길 옮김, 동과서; 1926; The World Publishing Company, 1960).

SMW 『과학과 근대세계』 *Science and the Modern World*.(오영환 옮김, 서광사; The Macmillan Company, 1926).

S 『상징작용: 그 의미와 효과』 *Symbolism: Its Meaning and Effect*(정연홍 옮김, 서광사; 1927; G. P. Putnam's Sons, Inc., Capricorn Books, 1959).

보편적 창조성과 하느님의 설득

과정사상은 하느님의 힘이 설득적이지 통제적이지 않다고 주장한다. 어떤 전통적인 신정론들은 피조물들과 관계하여 설득이 하느님의 작용 방식이라고 주장하였다. 그러나 이들이 그렇게 주장한 것은 형이상학적이라기보다 도덕적인 이유에서였다. 곧 이들은 하느님이 통제적인 힘을 발휘하기보다 설득적 힘을 발휘하는 것이 낫다고 주장한다. 그러므로 이러한 하느님의 작용 방식은 하느님의 자기-제한(self-limitation)의 결과라고 주장한다. 그러나 과정사상에 따르면, 하느님이 설득적인 힘을 사용하는 이유는 형이상학적인 것이지 도덕적인 것이 아니라고 주장한다. 곧 단순히 하느님이 설득을 사용하는 것이 좋기 때문에 피조물을 통제하지 않는 것이 아니라, 당연히 하느님이 피조물을 완전하게 통제할 수 없기 때문에 피조물을 통제하지 않는다.

이러한 필연성 배후에 있는 형이상학적 범주란 "창조성(創造性)", "다(多)", 그리고 "일(一)"을 포함하는 궁극성의 범주이다. "창조성"(창조성으로 인해 다가 일이 되고 일에 의해 증가된다.)은 현실태(actuality)[3]가 갖는 보편적 특성이다. 창조성은 현실태 안에 내재되어 있다(AI 230). 이는 피조물의 그 창조적 힘이 스스로에게서 나온다는 의미가 아니다. 혹은 피조물 스스로의 존재가 하느님에 의존되어 있지 않다는 의미도 아니다. 오히려 현실태가 된다는 것은 창조성을 발휘하는 것이며, 유한한 현실태들의 영역은 필연적으로 그들 나름의 창조성을 갖고 있음을 의미한다.

현실태가 창조성을 갖는다고 주장하는 것은 현실태가 힘을 가지고 있다고 주장하는 것이다. 이러한 창조적 힘은 이중적인 본성을 갖는다. 곧 자기-창조의 힘과 타자-창조의 힘이다. 인과율로 표현해 본다면, 창조성이란 목적인과 작용인을 행사하는 힘이다. 이들 창조성의 두 차원이 어떻게 관계되는지 설명하기 위해, 또한 다른 논의를 위해, "현실적 존재"(actual entity)에 대한 화이트헤드의 독특한 이해

3) actual entity를 현실적 존재로 actuality를 현실태로 통일하여 번역하였다.

를 간명하게 설명하는 것이 필요하다.

현실적 존재란 “경험의 계기”(occasion of experience)이다. 첫째, 이 말은 버클리(Berkeley)와 라이프니츠(Leibniz)에게서와 같이 모든 현실적 존재들이 경험함을 의미한다. 경험하는 현실적 존재들과 경험하지 않는 현실적 존재들 사이에는 이원론이 존재하지 않는다. 그러나 순수 개체 존재들만이 현실적 존재들로 여겨진다. 버클리와는 다르게 라이프니츠는 경험을 하지 않는 막대기와 돌들과 같은 사물들을 현실적 존재들의 집적물이라고 생각하였다.

둘째, 현실적 존재가 경험의 계기라는 개념은 세계를 구성하고 있는 개체 존재들은 순간의 사건들이라는 의미를 담고 있다. 시간을 지나 무한히 지속하는 라이프니츠의 단자들(monads)과는 다르게, 화이트헤드의 현실적 존재는 어떤 점에서 발생하고는 다음의 사건들에 자리를 내어주면서 “소멸한다.” 부분적으로는 이러한 현실적 존재들의 사건-성격을 지칭하기 위해, 화이트헤드는 이를 “현실적 계기들”(actual occasions)이라 불렀다.

각각의 현실적 계기는 두 가지 양식으로 존재한다. 먼저는 어떤 한 계기로 다음으로는 다른 계기로 존재한다. 한 계기는 경험하는 주체로서 존재한다. 주체의 경험이 갖는 여건은 이전의 현실적 계기들이다. 그리고 계기의 주체가 이들 여건을 받아들이는 것을 일러 이전 계기들의 주체적 “느낌들”(feelings) 혹은 “긍정적 파악들”(positive prehensions)이라 부른다. (느낌으로부터 배제된 것을 일러 “부정적 파악들”[negative prehensions]이라 한다.) 경험하는 주체인 계기는 이들 느낌들을 통합함으로써 통일된 주체가 된다. 이와 같이 구체적인 통일 속으로 통합되는 과정을 “합생”(concrescence)이라 이름한다(AI 303).

합생의 과정이 완성되어 현실적 계기가 그 모든 여건들과 여건들에 대한 주체적 반응으로 이루어진 통합된 경험을 이루게 되면(각각의 느낌은 그 “객체적 여건”과 여건에 반응하는 “주체적 형식”[subjective form]을 갖는다.), 계기는 경험의 대상, 곧 다른 주체를 위한 대상이 된다. 계기의 주체성은 소멸하고, 그렇게 소멸함으로써 계기는 객체성을 확보한다. 계기는 그 느낌의 얼마를 후행하는 현실적 계기로 이행한다. 여건이 한 계기에서 다른 계기로 옮겨가는 이러한 과정을 우리는 “이행”

이라 이름한다(PR 320, 322f., 236).

합생과 이행이라는 이 두 과정은 각각 현실적 계기 안에 내포된 창조성의 두 형식과 힘의 두 유형을 구현한다. 합생의 과정은 계기의 자기-결정성(self-determination)의 힘인 목적인의 힘을 구현한다. 비록 현재의 계기가 현재에 유입해 들어온 과거의 힘에 의해 주로 결정이 되지만, 현재의 계기는 결코 완전히 결정되지 않는다.

> 작용인의 영역이 합생을 구성하는 요인들의 결정 속으로 아무리 깊게 밀려들어간다 해도 … 언제나 우주의 자기-창조적인 통합을 이루는 궁극적인 작용이 남게 된다. (PR 75)

이것이 형이상학적인 "자유와 결정성"(freedom and determination)의 범주에 대한 설명이다(PR 41). 현실적 존재들이 다른 존재들에 의해 완전하게 결정될 수 없는 이유는 현실적 존재들이 갖는 내재적인 자기-결정성의 힘 때문이다. "우주 안에 담겨 있는 자유는 이러한 자기-원인의 요인으로 구성된다"(PR 135).

그러므로 현실적 계기는 이행의 과정에서 타자-결정성의 힘, 곧 현실적 계기의 작용인을 드러낸다. 이러한 힘의 차원은 계기의 현실태에도 똑같이 본질적이다.

> 현실적 계기의 고유한 구성은 자기-형성(self-formation) 안에 있는 현실적 계기의 고유한 활동이 타자-형성(other-formation)의 활동 속으로 옮겨가는 것을 포함한다. (AI 248)

> 세계는 자기-창조적이다. 자기-창조의 피조물인 현실적 존재는 초월적 세계의 부분-창조자의 영원한 기능으로 옮겨간다. (PR 130)

> 현실적 존재는 스스로를 위한 결단에서 일어난다. 그리고 현실적 존재가 존재함으로 현재의 현실적 존재를 대치하는 다른 현실적 존재를 위한 결단을 제공한다. (PR 68)

여기서 강조할 점은 우리의 세계가 이러한 이중적 힘을 가진 현실태들로 구성되어 있다는 사실이 우리의 특정한 세계를 구성하는 우연적 특성이 아니라는 점이다. 우리의 세계는 실재에 대한 형이상학적 원리를 구현한다. 예컨대 모든 세계는 필연적으로 이처럼 이중적인 창조성을 지닌 현실태들을 품고 있다. 궁극자의 범주가 세 궁극적 개념인 "창조성", "다", "일"을 포함한다고 진술한 다음, 화이트헤드는 다음과 같이 설명을 계속한다.

> 창조성은 사건의 궁극적인 문제를 특징지우는 보편자들의 보편자이다. 궁극적 원리로서 창조성은 이접적으로 우주인 다를 연접적으로 우주인 하나의 현실적 계기로 나아가게 한다. 사물의 본성 안에서 다가 복합적인 통일로 유입해 들어간다. … 궁극적인 형이상학적 원리는 이접(disjunction)에서 연접(conjunction)으로 전진하는 가운데 이접적으로 주어진 존재들과는 다른 또 하나의 새로운 존재를 창출한다. (PR 31, 32)

이접의 다(多)에서 연접의 일(一)로 나아가는 이 구절을 다른 책에서 언급하면서 화이트헤드는 다음과 같이 서술하고 있다.

> 이 구절에 나오는 사례들과 이 사례들을 구성하는 요인들 외에는 어떤 것도 우주 안에 존재하지 않는다는 것이 사물의 본성에 속하는 형이상학적 원리이다. (AI 303)

사물의 본성에 놓여있는 "궁극적 형이상학적 원리"로서의 창조성을 언급하면서 화이트헤드는 세계의 현실적 존재들이 창조적 힘을 갖는다는 사실은 실재의 불확정적인 특성이 아님을 지적한다. 창조성이란 모든 의지, 심지어 하느님의 의지마저 넘어선다. 화이트헤드는 이러한 사실을 가지고 "우주의 궁극적 창조성이 하느님의 의지에 돌려져야 한다"(PR 343 f.)는 생각을 거부한다. 더 나아가 그는 "하느님이 그 궁극적 활동을 가지고 형이상학적 상황의 기반이 된다"(SMW 258)는 미덥지 않은 "형이상학적 찬사를 하느님에게 돌려서는 안 된다."고 주장한다. 따라서 화이트헤드는 악의 문제와 관련하여 다음과 같이 주장한다.

> [그러므로 하느님이 잘못 인식된다면], 하느님 안에서 모든 선뿐 아니라 모든 악

> 의 기원을 구분해 내는 일 외에는 다른 대안이 있을 수가 없다. 또한 하느님은 연극의 최고 작가이다. 따라서 연극의 성공뿐 아니라 허점도 하느님에게 돌려져야 한다. (SMW 258)

또한 피조물과 관계하는 하느님의 방식은 결단에 기인하지 않는다. 플라톤이 이들 관계를 하느님의 의지에 기초하였던 반면에, 화이트헤드는 "형이상학은 하느님과 세계의 관계가 의지의 우발적인 사건 너머에 자리해야 하며, 세계 본성의 필연성 위에 세워져야 함을 요구한다."(AI 215)고 주장한다. 더 나아가 어떤 혹은 다른 종류의 현실 세계가 존재한다는 것은 우연적인(불확정적인) 문제가 아니라고 주장한다. "창조성"과 세계의 "피조물"과 관계없는 하느님은 아무런 의미가 없게 될 것이다(PR 344). 창조를 "사건의 시작"으로 보는 절대 무로부터의 창조 개념은 거부되고, 혼돈에서 질서로의 창조 개념이 제시된다(PR 146-147, 519).

따라서 하느님이 힘을 독점하는 것이 불가능해진다. 현실세계가 존재해야 하며, 모든 현실세계는 필연적으로 자기-결정성의 힘과 타자에게 영향을 미치는 힘이라는 이중적 힘을 가진 현실태들을 품게 될 것이다. 이러한 이중적인 힘은 하느님이 본래적으로 가능한 세계 내의 모든 사건들의 상태에 왜 일방적으로 영향을 미칠 수 없는지 그 이중적 이유를 제시한다. 하느님은 모든 현실적 계기의 합생을 완전히 결정할 수 없다. 그 첫째 이유는 어떤 특정 계기는 필연적으로 이미 하느님에 의해 완전히 결정될 수 없었던 이전의 현실적 계기들에 의해 부분적으로 결정될 것이기 때문이다. 둘째 이유는, 현재의 계기는 필연적으로 하느님을 포함해 모든 타자의 영향을 넘어서 스스로를 창조할 수 있는 어느 정도의 힘을 갖고 있기 때문이다.

화이트헤드는 현실적 계기들이 하느님과 상대하는 자기-결정성의 힘을 갖고 있다고 분명하게 주장한다. 화이트헤드는 모든 피조물들은 창조성을 구현하기 때문에 자기원인(causa sui)이라고 말한 다음, 계속해서 다음과 같이 주장한다.

> 모든 현실적 존재는 하느님과 더불어 이러한 자기-인과성의 특성을 공유한다. 이런 이유 때문에 모든 현실적 존재는 또한 하느님과 더불어 하느님을 포함하여 다

른 모든 현실적 존재들을 초월하는 특성을 공유한다. (PR 339)

다시금 악의 문제와의 관계가 분명하게 나타난다. 세계는 자신만의 고유한 창조성을 갖고 있다는 의미에서 하느님을 초월해야 한다. 따라서 창조성으로 인해 세계는 하느님으로부터 도래하는 것에 순응하기를 거부할 수 있다. 왜냐하면 하느님으로부터 세계 내로 도래하는 것은 선하기도 하지만 또 악이기도 하기 때문이다(RM 85). 악은 하느님의 목적에 순응하지 않는 힘에서 나온다. 예컨대 "순응이 철저하지 않는 한, 세계 안에 악이 존재하게 된다"(RM 60).

화이트헤드는 "종교사에서 가장 위대한 지성적 발견 가운데 하나는", "세계 내에 하느님의 요소가 강제적 작인(coercive agency)으로서가 아니라 설득적 작인(persuasive agency)으로서 인식되어야 한다."는 플라톤의 제안이라고 보았다(AI 213). 화이트헤드는 하느님의 작용 방식(modus operandi)을 설득적으로 이해하기 위한 개념성(conceptuality)을 제공한다. 화이트헤드의 용어로 영원한 객체(eternal objects)라 불리는 모든 순수 가능태들은 하느님의 "원초적 본성"(primordial nature) 안에 포함된다. 하느님의 원초적 본성은 세계 내에 그 실현을 향한 충동을 가진 관념 혹은 영원한 객체의 직시이다(PR 47; AI 357). 각각의 현실적 계기는 하느님을 파악함으로 시작하며, 따라서 가능태들의 실현을 위한 신적 충동을 파악함으로 시작한다. 따라서 각각의 계기는 하느님으로부터 "관념적 지향"(ideal aim) 혹은 "최초의 지향"(initial aim)을 부여 받는다. 최초의 지향이란 그런 상황이 주어지면 그 상황에서 최상이 될 계기의 존재의 가능태를 향한 최초의 설득이다(RM 152; PR 128). 이 지향은 때로 "최초의 주체적 지향"(initial subjective aim)이라 불리지만, 계기의 "주체적 지향" 그 자체와 동일시되지는 않는다. "주체적 지향"(subjective aim)이란 주체가 현실적으로 선택하는 지향이다. 그러므로 주체적 지향이 실제로 현실화하는 가능태이다. 주체적 지향은 내용에 있어서 최초의 주체적 지향과 일치될 수는 있지만 일치되어야 할 필요는 없다. 최초의 지향은 하느님에 의해서 주어진다. 그리고 주체적 지향은 주체에 의해서 선택된다. 이처럼 하느님으로부터 주어진 최초의 지향의 힘이 강제적이지 않기 때문에 하느님의 결정론이 극복된다는 사실은 여러 구절에서 분명하게 나타난다.

시간적 세계의 독창성은 모든 질서와 모든 독창성의 기반에 의해 제공된 최초의 주체적 지향에 의해 결정된 것은 아니더라도 조건화된다. (PR 164)

각각의 시간적 존재는 … 그 현실세계에 적합하지만, 그 자체의 결단을 기다리며 무-결정성을 지닌 그 기본적인 개념적 지향을 하느님으로부터 얻는다. (PR 343)

지향의 최초 단계는 하느님의 본성에 뿌리를 두며, 지향의 완성은 주체-자기초월체(subject-superject)의 자기-인과성에 의존한다. (PR 373)

하느님은 … 각각의 시간적 합생이 자기-인과성을 시작하는 최초의 지향을 받는 현실적 존재이다. 이렇게 구성된 주체는 주체-자기초월체 속으로 그 스스로 합생하는 자율적인 주인이다. (PR 374)

따라서 궁극성의 범주와 관련된 자유와 결정론의 범주는 피조물과 하느님의 관계에서조차 존속한다. 곧 피조물은 하느님으로부터 받은 결정성과의 관계에서조차 자유를 갖는다.

그러므로 화이트헤드가 악의 문제를 해결하기 위해 (리처드 루벤스타인과 같은 사상가들이 그랬던 것처럼) 하느님의 섭리를 전체적으로 거부하지 않았지만, "일어나는 모든 사태에 책임을 수반하는" 전통적인 "무제한의 전능"(unqualified omnipotence) 개념은 일관되게 거부한다(AI 217). 화이트헤드의 이러한 거부는 창조적 힘이 현실태의 전반적인 영역에서 본래적으로 존재한다는 형이상학적인 입장에 근거한다. 그러므로 하느님의 작용 방식이 강제적이기보다 설득적이라는 사실은 때때로 거부될 수도 있는 하느님 편에서의 결단 때문이 아니다.[4)]

---

4) 하느님의 힘이 강제적이기보다 설득적이라는 과정신학자들의 주장은 매든(H. Madden)과 해어(Peter H. Hare)로부터 다음과 같은 비평적 반응을 불러 일으켰다. 과정사상가들은 모든 현실태들이 자유를 갖고 있으며, 또한 자유이기 때문에, "강제적인 힘"이 자기-모순적인 용어라고 주장한다. 또한 이들은 자유의 등급(degrees of freedom)을 인식하고 그로 인해서 강제의 등급(degrees of coercion)을 인식한다. ("Evil and Persuasive Power," Process Studies, Vol. 2, No. 1 [Spring 1972], 44-48. 특히 46을 참조할 것.) 이 논문은 매든과 해어의 입장을 잘 드러내주고 있다. 그러나 과정 신정론에는 영향을 미치지 않는다. 그 이유는 "강제"(coercion) 혹은 "강박"이 두 다른 의미를 담고 있기 때문이다. 화이트헤드가 하느님의 힘은 강제적이라기보다 설득적이라고 했을 때, [강제적이라는 말은] "절대적인 강제"(absolute coercion)라 불릴 수 있는 것을 염두에 두고 있었다. 절대적인 강제란 결과가

17장에서 제시된 대로, 과정 신정론은 "전능한"이라는 용어를 하느님에게 적용하는 것을 필연적으로 거부할 필요는 없다. "전능한"이라는 용어는 "완전한 힘을 가진"이라는 뜻으로 사용될 수 있으며, "I 전능"5)과는 반대되는 뜻으로 "C 전능"으로 해석될 수 있다(342-343쪽 참조). 이것이 내가 접근해온 방식이다. 그러므로

부분적으로 자기-결정하는 것이 아니다. 예컨대 영향을 받은 존재 안에서 일어난 변화가 부분적으로 그 존재의 결단 때문이 아닌 작용인(efficient causation)의 한 형식이 될 것이다."과정 신정론은 바로 절대적인 강제와 유형의 힘에 의존하는 것을 거부한다. 왜냐하면 절대적 강제의 힘을 가진 존재만이 일방적으로 모든 악을 예방할 수 있기 때문이다. 강제적 힘의 또 다른 의미는 "상대적인 강제"(relative coercion)라 불려질 수 있다. 상대적인 강제란 모든 설득적 작용인 안에 포함된 강제의 요인들을 지칭한다. 화이트헤드가 한 개체가 다른 개체에게 영향을 주는 것을 설명할 때 다음과 같은 요소들이 나타난다. 1. 현실적 계기가 일으키는 과거의 계기들은 현실계기에 의해 느껴져야 하거나 긍정적으로 파악되어야 한다. 2. 과거의 계기들은 그 계기 자체들로부터 받아들여질 수 있는 것을 결정한다. 과거의 계기들은 후행하는 계기들이 받아들일 수 있는 것을 결정한다. 그럼으로써 과거의 계기들은 후행하는 계기들을 위해 새로운 가능태들을 열 것을 결정한다. 3. 과거의 계기들은 또한, 새로운 계기가 원초적으로 과거의 계기들로부터 받는 것에 대해, 어떻게 새로운 계기가 응답할 것인지를 결정할 것이다. 여기 세 번째 요소를 언급하면서 화이트헤드는 "우주 안에서 강박적인 결정론의 요인은 이 원리에 의존한다."고 분명하게 주장한다(AI 326). 이러한 강제 혹은 강박의 형식은 모든 개체 존재들이 어느 정도 자기-결정의 힘을 갖고 있기 때문에 이들에게 미치는 모든 힘이 궁극적으로는 설득적이라는 사실을 반대하지 않는다. 힘이 그 안에 강제의 요소들을 갖고 있음에도 불구하고, 힘은 궁극적으로 설득적이다. 왜냐하면, 개체 존재 스스로가 이들에게 유입해 들어온 여건들에게 정확히 어떻게 반응하는지를 궁극적으로 결정하기 때문이다. 강제의 이러한 요소들을 인식하는 것은 절대적인 자유가 없다고 말하는 다른 방식인 것이다. 자기-결정의 자유에 등급이 있고 보다 복잡한 개체들은 덜 복잡한 개체들보다 더 많은 자유를 가지고 있기 때문에,(상대적인) 강제의 등급이 있다는 뜻이 된다.

더군다나 매든과 해어는 이 말의 뜻은 하느님의 힘이 "강제와 설득의 혼합"이라고 정확하게 결론내리고 있다.("Evil and Persuasive Power," Process Studies, Vol. 2, No. 1 [Spring 1972], 45, 46). 그러나 이들은 하느님이 설득을 사용하는 이유가 형이상학적이라기보다는 도덕적이라는 잘못된 생각을 갖고 있다. 따라서 하느님은 마음대로 강제의 등급을 증가시킬 수 있다고 보았다. 이들은 또한 강제를 모든 설득 안에 있는 한 요인으로 보기보다 설득과 강제를 서로 반대가 되는 것으로 생각한다. 달리 말하면, 이들은 혼합을 설득과 절대적 강제의 혼합으로 생각하는 것처럼 보인다. 이러한 실수 때문에, 이들은 과정 신정론이 "오직 설득적 힘의 행사가 악이 일어나는 상황에서 도덕적으로 적절해야 함을 보여주어야 한다."고 요구하고 있는 것이다.("Evil and Persuasive Power," Process Studies, Vol. 2, No. 1 [Spring 1972], 45). 때문에 이러한 요구는 과정신학자들의 자료에 기초한 것이 아니라, 당연히 절대적 강제의 결핍은 하느님의 자기-제한이라고 주장하는 이들의 자료에 기초하고 있다.

5) C 전능이란 일관된(coherent) 전능 혹은 창조론적인(creationistic) 전능을 말하고 I 전능이란 일관성 없는(incoherent) 전능 혹은 관념론적인(idealistic) 전능을 말한다.

악의 문제에 관한 형식 논리 전제 2는 지켜지지만 전제 3은 거부된다.

본래적 선의 두 기준과 악의 두 차원

악의 문제에 대한 과정신학의 해법 두 번째 단계는 본래적 악이 갖는 두 차원을 인식하는 것이다. 이 두 차원은 본래적 선의 두 범주와 반대의 개념들이다. "본래적으로 선한"것은 다른 존재들에게 미치는 유익과 상관없이 본래 독자적으로 선한 것이다. 이런 면에서 경험이란 본래적으로 선할 수 있는 것이다. 화이트헤드에 따르면, 모든 현실태들은 경험이기 때문에, 본래적 선의 개념은 모든 현실태에 적용된다. 또한 본래적 선의 범주들도 마찬가지로 본래적이다.

무엇이 본래적 선의 기준들인가? 예컨대 경험 안에 어떤 요인이나 요인들이 그것이 본래 독자적으로 선한 것인가를 결정하는가? 화이트헤드에 따르면, 경험은 미에 의해서 특징지어지는 한 그 자체로 선한 것이다. 그러므로 여기에 적용되는 기준은 미적 기준이다. 이들 미적 기준은 "조화"(harmony)와 "강도"(强度, intensity)로 요약될 수 있다. 말하자면, 경험이 조화롭고 강도가 있으면 선한 것이다.

따라서 본래적 악의 기준은 이들 선의 기준에 반대가 된다. 조화의 반대는 "부조화"(disharmony) 혹은 "불일치"(discord)이다. 부조화나 불일치는 한 경험 안에 두 요소 혹은 그 이상의 요소들이 충돌할 때 일어나는 것으로, 상호 파괴의 느낌을 느끼게 한다(AI 329). "이것이 가장 일반적이 의미에서, 예컨대 육체적인 아픔이나 혹은 슬픔(sorrow), 공포(horror), 싫어함(dislike)과 같은 정신적인 악에 대한 느낌이다"(AI 330).

강도(intensity)의 반대는 "사소함"(triviality)이라 할 수 있다. 인간의 영역에서 우리는 이 사소함의 차원을 지루함(boredom), 흥겨움(zest)이나 신명(excitement)의 부족으로 표현한다. 강도가 적어도 조화만큼이나 중요하다는 사실은 우리가 종종 신명을 위해 육체적이며 정신적인 큰 아픔을 무릅쓴다는 사실로 입증이 된다.

물론 사람들은 이들이 이들 기준들 각각에 부여하는 상대적인 가치와 관련해 다양한 입장을 취한다. 예컨대 어떤 사람들은 강도를 더 강렬하게 하기 위해 현재의 조화가 깨질 위험을 감수하는 반면, 다른 사람들은 이룩한 조화를 지키기 위해 보다 더 큰 강도의 가능성을 포기해 버린다. 그러나 누구나 어느 정도 이 두 요인을 원한다. 어떤 사람은 부조화나 사소함이 조화나 강도를 짓누르는 경험의 연속보다 죽음을 선호할 수도 있다.

왜 강도와 조화는 다소 긴장 관계에 있어서, 하나를 이루려 하면 다른 하나를 잃을 위험에 처하게 되는가? 그 이유는 점증된 강도는 보다 다양해진 세부 요목들을 서로 대결시킬 수 있는 점증된 복합성을 요청하기 때문이다. 보다 많은 세부 요목들을 경험에 가져간다는 것은 이전에 요소들을 연합하여 이루어낸 조화를 깨뜨릴 수도 있다. 조화가 이루어져야 한다면, 좀 더 복합적인 조화가 되어야 할 것이다. 예컨대, 이런 이유 때문에, 어떤 사람들은 삶의 어떤 단계에서 새로운 사조를 진지하게 즐기기를 거부한다. 이들은 자신들의 생각보다 더 많은 노력을 기울이지 않고서는 새로운 사조들과 자신들이 가치 있게 여겨온 사조들 사이에 조화가 이루어지지 못할까 봐 두려워한다. 그러나 부분적으로는 바로 이런 이유 때문에 우리는 계속해서 학습하는 것을 선한 것이라 생각한다. 계속적인 학습은 점차 강렬한 경험을 위한 가능성을 제공한다. 왜냐하면 학습은 계속해서 새로운 요인이 점증하는 복합적 조화 속에 통합되도록 하기 때문이다.

어떤 경험이 "복합적"(complex)이기 위해서는 두 의미를 갖는다. 이들은 둘 다 강도에 공헌한다. 첫째는 경험의 계기 안에 통합된 다양한 요인들의 다양성이다. 각각의 경험은 이전의 경험들로부터 여건들을 받아들임으로써 시작한다. 예컨대, 인간 경험의 계기는 그 계기 자신의 과거 경험들로부터, 그 계기의 신체로부터, 그리고 하느님으로부터 영향을 받는다. 다른 경험으로부터 여건들을 흡수하는 행위를 "느낌"(feeling) 또는 "긍정적 파악"(positive prehension)이라 한다. 느낌에서 여건들을 배제하는 행위를 일러 "부정적 파악"(negative prehension)이라 한다. 배제된 것은 이전 경험 속에 들어왔던 느낌들 중 어떤 느낌들이다.

모든 세계의 계기들은 과거가 제공해야 하는 것의 계기적 수용에서 긍정적 파악과 부정적 파악의 균형을 다양하게 적용한다. 그러므로 세계의 계기는 가능한 여건들 중 얼마를 느끼거나 긍정적으로 파악할 것이다. 그러나 여건들 중 나머지는 부정적으로 파악하여 그 계기 자신의 내면적인 실재에 긍정적으로 기여하지 못하게 배제할 것이다. 그러나 세계의 현실적 계기들은 긍정적 파악과 부정적 파악의 균형에 관한 한 다양하게 적용된다. 어떤 계기들은 보다 많이 적절한 여건들을 사용할 수 있다는 의미에서 보다 복합적이다.

여건들을 사용할 수 있다는 것은 여건을 효과적인 대비 속으로 가져갈 수 있다는 의미이다. 보다 복합적인 계기를 대비들 속으로 통합할 수 있는 어떤 여건들은 덜 복합적인 계기와는 모순을 이루게 될 것이다. 그러므로 덜 복합적인 계기는 보다 복합적인 계기가 보다 복합적인 그래서 보다 강렬한 조화 속으로 통합할 수 있었던 느낌들을 부정적으로 파악할 것이다. 따라서 첫 번째 의미는 복합성의 증가가 곧 경험의 강도의 증가를 의미한다.

복합성이라는 말이 갖는 두 번째 의미는, 역설적이게도, 단순화하는 힘이다. 두 번째 의미의 복합성은 첫 번째 의미의 복합성을 전제한다. 많은 양과 다양한 여건들을 받아들인 후, 복합적인 계기는 받아들여진 여건들을 단순화함으로써 보다 큰 경험의 강도를 이룰 수 있다. 이에 대한 가장 분명한 실례는 무수한 느낌들이 상대적으로 몇 안 되는 대상들의 현상으로 변형되는 의식적인 감각 경험에서 찾아질 수 있다. 이처럼 강도와 단순성 사이의 상관관계 때문에, 점증된 복합성이 점증된 강도의 조건이 된다는 주장은 처음에는 직관에 반하는(counter-intuitive) 것처럼 보인다. 점증된 복합성이 점증된 강도의 조건이라는 주장과 우리의 직관의 융합은 다음의 세 조건의 인식에 기초한다. 1) 가장 복합적인 경험들이 이처럼 [가장 강렬한 강도의] 단순화를 가져올 수 있다. 2) 이와 같이 단순화된 결과는 많은 양의 여건과 다양한 여건들을 긍정적으로 취하는 것을 전제한다. 그리고 마지막으로 3) 이처럼 단순화된 결과와 연계된 강도는 부분적으로는 단순화가 뒤범벅이 된 느낌들과 대비 속에서 이루어진 것이라는 사실에 있다.

복합성이 강도의 조건이 된다는 사실은 다음 항에서 다뤄지는 진화과정의 간략한 요약에 중심적인 내용이 될 것이다. 그러나 현재로서는 사소함과 불일치 사이의 중요한 구분으로 언급하여야 한다. 불일치란 절대적이거나 비교할 수 없다는(incomparative) 의미에서 악이다. 불일치는 어떤 종류의 고통을 의미하기 때문에, 불일치 자체가 비할 바 없는 악이다(AI 329-330). (물론 우리는 고통의 도구적인 가치가 결국에는 고통이 없었던 것보다 고통이 생긴 것이 더 상황을 좋게 할 만큼 충분히 가치 있는 것이라고 생각할 수 있다. 그러나 우리가 여기서 논하고 있는 것은 도구적인 악이 아니라 본래적 악이다.) 불일치와는 다르게 사소함은 비교를 통해서만 경험하는 악이다. 예컨대 어떤 경험이 필요 이상으로 사소한 경우에 경험하는 악이다. 돼지의 경험이 인간의 경험만큼 강렬하지 않다고 해서 악하다고 할 수 없다. 그러나 인간의 경험이 돼지 같은 차원으로 타락한다면 그 경험은 악한 것이다. 인간의 경험이 인간다울 수 있었다는 점과 비교해 볼 때, 돼지 같은 차원의 경험은 분명 인간에게 악한 것이다(RM 94).

이는 화이트헤드가 "형이상학적 악"의 개념을 부정하고 있음을 의미한다. 예컨대 유한한 경험들은 단순히 이들이 유한하기 때문에 "악"이라 불리는 개념을 부정하고 있다. 낮은 형식의 현실태들이 (부정적 파악들을 통해서) 이들의 환경 속에서 많은 가능 여건들을 배제해야만 한다는 사실이 "'완전'으로부터 타락을 의미하는 것이 아니다. 완전은 그 종류로, 말하자면 이러 이러한 것들을 배제한 그 나름의 유한성으로 존재한다"(AI 329). 그러므로 사소한 경험은 그것이 사소하기 때문에 악한 것이 아니라, 당연히 그래야 하는 것보다 사소하기 때문에 악한 것이다.

불일치와 불필요한 사소함이라는 두 기준의 악이 있다는 인식은 본래적 선인 경험에 등급을 매겨 평가하려는 시도를 복잡하게 한다. 우리는 조화를 이룬 경험이 그 보다 일치를 이루지 못하는 경험보다 사실상 더 좋은 것이라고 단순히 말할 수는 없다. "느낌이 일치하지 않을수록, 완전에서 멀어지는 것"이 사실이다(AI 330). 그러나 "낮은 단계의 완전이 보다 높은 지향을 가진 불완전 아래에 자리하는 것도 또한 사실이다"(AI 331, 참조. 330). 따라서 현재의 경험 형식들보다 강렬하지만 또한 더 불일치하게 될 경험의 형식들이 출현하도록 독려했다고 해서, 이것이 필연적으로 도덕적 선과 불일치하는 것은 아니다.

불일치(물리적이며 정신적인)와 불필요한 사소함이라는 두 유형의 악에 대해 화이트헤드는 간략한 진술로 요약해주고 있다. “이제 악은 물리적인 고통, 정신적인 고통, 낮은 단계의 경험을 위해 높은 단계의 경험을 상실하는 것으로 나타난다”(RM 92). 이와 같이 두 형식의 악에 대한 분명한 인식은 신정론을 위해 대단히 중요하다. 그러나 최고의 선이 이루어지기 위해서는 불필요한 사소함이 또한 극복되어야 한다는 사실을 간과한 채, 대부분의 논의가 이들 두 형식 중에 불일치나 고통에 초점이 맞춰진다.

혼돈으로부터의 창조와 하느님의 목적

불필요한 사소함을 악으로 인식하게 되면, 이 세계의 진화적인 발달을 선한 하느님의 창조적 목적이 드러나는 것으로 이해하게 되는 단초를 얻게 된다. 일반적이고 단순한 악의 문제에 대한 진술이 전제들 가운데 잘 표현이 되어 있다. “하느님이 완전히 선하다면, 하느님은 모든 악을 예방하고자 했을 것이다.” 보통 생각에 있는 “악”은 아픔과 고통이라는 불일치이다. 그러나 불일치만이 극복해야 할 유일한 악이라면, 이 악을 피해가는 가장 쉬운 방법은 세계를 전혀 창조하지 않는 것일 것이다. 그러면 우리는 적어도 하느님의 도덕적 선함이라는 중대한 고통의 형식을 만들어 낼 수 있는 어떤 피조물, 예컨대 생명이 있는 피조물을 창조하려 하지 않는 분이라고 정의되는 그런 하느님을 기대할 수 있다.

이와 같이 함축된 의미를 열어놓고 정리해 보면, “도덕적으로 선한 존재”에 대한 우리의 일반적인 개념이 함축하고 있는 의미가 단순히 불일치를 피하려는 의도 이상임을 깨닫게 된다. 도덕적 선이란 본래적으로 보상하는 경험을 증진시키려는 의도를 포함하고 있기 때문에, 도덕적 선이란 다른 유형의 악, 곧 불필요한 사소함을 피하려는 의도를 포함한다. 이처럼 이차적인 기준을 염두에 두고, 우리는 우리의 세계를(부분적으로 스스로 피조된) 도덕적으로 완전한 존재로 이해할 수 있다.

과정사상에 따르면, 유한한 현실태들의 세계에는 시작이 없음을 이미 지적하였다. 거기에는 언제나 다수의 현실적 계기들만이 있다. 그렇다고 우리가 사는 세계에 구현된 질서의 형식들이 영원하고 필연적이라고 생각할 이유는 없다. (형이상학적 원리처럼 보이는 가장 일반적인 원칙들은 다른 인식 가능한 대안 없이 존재하기 때문에, 이들 말고는) 사실 이들 질서의 형식들은 진화되어 왔다고 생각할 수 있는 충분한 이유가 있다. 화이트헤드는 연속된 우주시대가 존재한다고 주장한다. 각각의 시대는 특정한 질서의 형식들로 특징지어진다. 이들 형식들은 점차 발전되어 가며 일정기간 동안 유지된다. 그러다가 점차 해체된다(PR 142; FR 18-25). 혼돈으로부터 유래하여 또 다른 시대의 질서가 나타난다. 그러므로 우리의 세계 창조는 절대적인 혼돈 혹은 절대에 가까운 혼돈으로부터 질서를 가져오는 과정으로 이해할 수 있다. 문제는 가치의 두 기준이 이러한 창조적 과정을 위한 이론적 근거가 될 수 있는가이다.

절대 혼돈의 상황에서는 무수한 계기들 가운데 어떤 "사회적인" 질서도 존재하지 않을 것이다. 무수한 계기들은 가장 초보적인 "사회" 속에서조차 질서지어짐 없이 그저 단순하게 제멋대로 일어난다. 현실적 계기들이 구현할 수 있는 가장 단순한 사회적 질서의 형식은 순수하게 시간적이거나 순차적인 질서(serial order)이다. 이러한 사회 속에서는 한 번에 한 구성원만이 존재한다. 그 사회 안에서 각각의 계기는 이전의 구성원들이 실현한 형식(복합적인 영원한 객체)을 반복한다. 각각의 계기는 물론 다른 과거의 계기들로부터도 물려받는다. 그러나 그 고유한 사회를 구성하는 과거의 구성원들로부터의 계승은 다른 계열의 계승들을 압도한다. 이러한 사회를 일러 "존속하는 객체"(enduring object) 혹은 "존속하는 개체"(enduring individual)라 한다.[6] 전자(electron)를 실례로 들어보자. 전자 각각의 현실적 계기는 대체로 그렇게 순차적으로 질서지어진 사회 안에서 이전 계기들의 형식을 반복한다. 이러한 항속적인 반복은 전자의 존속하는 개체성, 곧 시간을 통해 그 동일성(identity)을 구성한다. 양성자(proton)와 중성자(neutron)도 다른 원초적 실례를 보여준다. 양성자와 전자 단위 이하에서 존속하는 개체들은 보다 원

6) "인격적" 혹은 "순차적" 질서를 가진 이들 사회에 대한 화이트헤드의 일반적인 용어는 "존속하는 객체"이다. 존속하는 것은 시간을 통해 사회의 자기-동일성을 구성하는 복합적인 영원한 객체이다. 그러나 화이트헤드는 또한 "존속하는 개체들"(enduring individuals)에 대해 말한다(*AI* 339, 362, 363). 이 용어는 존속하는 것이, 가장 엄격한 존재론적인 의미에서, "개체"가 아닌 것으로 기억되는 한, 예컨대, 존속하는 개체가 "존속하는 주체"(enduring subject)가 아닌 것으로 기억되는 한, 이 용어는 제대로 이해되고 있는 것이다.

초적인 실례들을 보여줄 것이다(PR 152).

절대적 혼돈의 상태는 심지어 이들 가장 원초적인 존속하는 개체들조차 없는 상태일 것이다.[7] 이러한 혼돈의 상태는 어느 정도의 본래적인 가치를 갖게 될 것이다. 왜냐하면 혼돈의 상태가 현실적 계기들을 내포하고 있으며, 따라서 경험들을 안고 있을 것이기 때문이다. 그러나 경험의 계기들이 향유하는 가치는 엄청나게 사소할 것이다. "사소함은 혼돈에 비례하여 존재한다"(PR 169). 그 이유는 경험의 복합성이 환경 안에 질서를 전제하기 때문이다. 현실적 계기의 특성은 현실적 계기를 낸 여건들에 의해 결정된다. "여건 안에 본래 존재하는 힘의 한계들의 위반이란 존재할 수 없다"(PR 168). 여건이란 환경의 기능이다. 그러므로 환경이 어떤 종류의 경험의 계기가 나올 것인지를 결정한다. 복합적인 계기들은 정돈된 환경을 요구한다. 그러므로 "질서"보다 조화로운 강도가 본래적으로 선한 것임에도 불구하고, 하느님은 증가된 강도를 위해 혼돈으로부터 질서를 가져온다.

> 궁극적인 창조적 목적은 각각의 통합으로 하여금 그 합생의 조건으로 느낌의 강도를 최대한 깊이 성취하도록 하는 것이다. (PR 381)

> 창조적 전진 가운데 하느님의 목적은 강도를 불러일으키는 것이다. 사회를 불러내는 것은 순전히 이러한 절대적 목적에 부차적인 것이다. (PR 161)

> 하느님 안에서 변하지 않는 것은 "질서"를 향한 지향으로서의 가치판단이다. "질서"는 순응된 대비들로부터 일어나는 정형화된 느낌의 강도를 지닌 현실태들을 허용하는 "사회"를 의미한다. (PR 373 f)

화이트헤드는 모든 현실적 계기의 주체적 지향을 이중적으로 이해한다. 곧 현재가 담지하고 있는 지향과 강도를 미래에 넘겨주는 지향이다(PR 41, 425). 나는 이러한 이중적 지향이 진화과정의 매 단계가 생기게 될 때마다 하느님의 지향을 특

7) 화이트헤드는 행성들 사이처럼 예컨대 "빈 공간"(empty space)은 실제로 혼돈의 상태 안에 현실적 계기들로 가득 차 있음을 암시한다. 빈 공간이란 단지 존속하는 개체들로 이루어진 "빔"(empty)이다(*PR* 141; *SMW* 122, 220-221).

징짓는다고 생각한다. 말하자면, 각각의 도약은 현재가 담지하고 있는 지향과 강도를 이전 보다 큰 경험의 향유를 현재에 가능하게 한다. 또한 각각의 도약은 더 큰 본래적 선을 가능하게 할 수 있는 보다 복합적인 형식의 현실태가 미래에 등장하도록 필연적인 조건을 만들어 낸다.

그러므로 혼돈으로부터 시작되는 진화의 첫 단계가 이해될 수 있다. 존속하는 개체의 각각의 구성원에 의해 반복되는 형식은 가치 경험의 형식이다. 각각의 계기가 느끼는 가치 경험의 형식이 되풀이된다는 사실이 각각의 계기에 의해 느껴진 강도를 결정한다(SMW 137, 278; Imm. 688-690). 이 점이 질서의 안정성이 경험의 중요함을 위해 필연적이라는 가장 단순한 원리의 범례화이다(MT 87). 그러므로 존속하는 개체들의 [새로운] 진전은 사소함에서 유한한 영역을 구해내는 첫 단계이다(Imm. 693).

후행하는 단계들은 동일한 이중적 목적이 드러난 것으로 이해될 수 있다. 예컨대, 중성자와 전자 차원의 존속하는 개체로부터 원자의 등장은, 아주 단순한 것이라 할지라도, 본래적 가치를 얻은 것으로 이해될 수 있다. 원자란 원자의 아원자적 부분들의 총합일 뿐 아니라, 아원자적 계기들로부터 가치를 넘겨받아 보다 높은 단계의 연속적인 현실적 계기들에서 통일을 이룬 것이다. 이와 같이 원자적 계기들은 아원자적 계기들보다 더 다양하게 이용 가능한 여건들을 조화시킬 수 있다. 따라서 더 강렬한 조화가 가능하게 된다.

분자와 아분자(원자)의 부분들도 본질적으로 같은 방식으로 이해될 수 있다. 그러므로 원자들은 그 자체 안에 본래적인 가치의 증가를 보여주고 있을 뿐 아니라 도구적으로 분자들의 출현을 가능하게 하는 데 소중한 역할을 감당한다. 마찬가지로 분자들은 여전히 또 다른 본래적 가치의 증가를 보이는 것으로 이해될 수 있고, 또한 살아있는 세포의 출현에 도구적으로 중요한 역할을 감당한다. 분자들은 세포가 출현할 수 있는 보다 복합적인 환경을 제공한다.

마찬가지로 세포는 세포의 부분들(분자들)의 총합이면서, 또한 보다 높은 단계에서 연속하는 현실적 계기들을 포함한다. 이처럼 세포의 계기들은 세포의 삶의 자리이고 "살아있는" 계기들이다. 화이트헤드의 사상에서 살아있는 유기체와 무기체적 환경의 차이는 중요한 차이이기는 하지만 질적인 절대적 차이는 아니다. (고분자가 "생명"의 특성을 어느 정도 가진 것으로 밝혀진 최근 고분자들에 대한 발견이 이 관점을 지지해주고 있다.)

> 어떤 의미에서 살아있는 유기체와 무기체적 환경은 단지 정도의 문제이다. 그렇지만 정도의 차이가 모든 차이를 만들어 내며 결국 질적인 차이를 만들어 낸다. (PR 271)

정도의 차이는 경험의 계기들에서 "정신적 극"(mental pole)의 의미를 포함한다. 화이트헤드에게 "정신성"(mentality)이란 필연적으로 사유 혹은 심지어 의식을 포함할 필요는 없다. 계기의 물리적 극은 다른 현실태들로부터의 여건을 계기가 수용하는 것이다. 정신적 극이란 이처럼 받아들여진 여건들에 계기가 자기-결정적으로 반응하는 것이다. 정신적 극은 "합생의 결정자로서 주체를 소개 한다"(PR 380). 그러므로 모든 계기가 정신성을 갖고 있다고 말하는 것은 단순히 각각의 계기 안에 적어도 최소한의 자기-결정성을 갖고 있다고 말하는 것이다. 그러므로 정신적 극을 통해서 어느 정도의 새로움이 세계 속에 들어올 수 있다. 그러나 생명이 없는 계기들 속에서, 계기의 목적인의 수행 안에 있는 새로움의 시작은 무가치한 것이 된다.

> 가장 낮은 형식의 정신적 경험은 노예적인 순응 속으로 흘러들어간다. 이는 사실 이미 존재하는 것을 향한, 혹은 이미 존재하는 것으로부터의 욕망일 뿐이다. … 이와 같이 낮은 형식의 정신적 경험은 정신성 자체보다 정신성을 위한 힘이다. … 이는 작용인 안에 참여하고 있는 활동 중 단지 하나의 활동으로 단순하게 퇴화된다. (FR 33 f.)

생명의(살아있는) 계기들에서, 정신적 극은 의미 있는 새로움을 소개한다.

> 하나의 계기는 그 합생의 과정을 결정하는 주체적 지향이 최초 위상의 물려받은 여건들 안에서 발견되지 않는 새로운 한정성을 소개할 때 살아있게 된다. (PR 159)

이처럼 생명의 특성이 갖는 중요성은 질서가 경험의 의미 있는 강도를 위한 필연적인 유일한 조건은 아니라는 사실에 있다. 반응의 새로움 또한 필연적이다. 세포는 복합적으로 질서 지어진 하나의 유기체이다. 세포는 세포의 생명이 없는 사회들(분자들)이 아주 다양한 여건들을 살아 있는 계기들에게 제공하는 방식으로 질서지어진다. 그러나 만일 이들 세포의 계기들이 새로움을 소개할 수 없다면, 이들 계기들은 대부분의 제시된 느낌들을 양립 불가능한 것들로 배제해야 할 것이다. 왜냐하면 다양한 느낌에 대해 단순히 순응적으로 반응하는 것은 세포의 계기들 속에서 양립 불가능한 주체적 형식들을 만들어 낼 것이기 때문이다. 그러나 여건에 대한 세포의 계기들의 반응에 새로움을 소개함으로써, 이들 계기들은 물려받은 가치들을 융합하는 보다 높은 종합을 이룰 수 있다(PR 155, 161 f., 334 f.). "그러므로 어떤 부정적 파악들은 취소되면서, 보다 고도의 대비들이 경험 속에 소개된다"(PR 162).

달리 말하면, 개체 계기의 본래적 선 혹은 미는 환경에 의해서만 만들어지지도 않고, 또는 개체에 의해서만 만들어지지도 않는다. 환경과 개체 둘 다 미를 만들어 내는 요인들이다.

> 한 계기 속에서 실현된 미는 계기의 시원인 객체적 내용과 계기의 자발성에 기초한다. (AI 328)

이 말은 두 극단은 잘못된 것임을 뜻한다. 예컨대 기쁨이란 전적으로 "내면의 일"만도 아니며, 행복이란 사회의 질서를 개량했다고 해서 보증되는 것도 아니다. 또한 이 말은 하느님이 질서만을 추구하지는 않는다는 의미이다. 미를 최대화하려는 하느님의 지향은 또한 하느님으로 하여금 정신성의 발전이나 세계 안에 자기-결정성의 힘을 격려하게 한다.

> 하느님은 강화(intensification)를 지향하는 새로움의 유기체이다. (PR 104)

> 하느님은…질서의 기반…이며, 새로움을 향한…자극제(goad)이다.[8] "질서"와

"새로움"은, "형식적 직접성"(formal immediacy)의 강화로서, 하느님의 주체적 지향이 갖는 도구일 뿐이다. (PR 135)

화이트헤드는 살아있는(생명의) 세포의 발전이 하느님의 목적을 드러내는 것이라고 분명하게 주장한다. 복합적으로 "구조화된 사회"(structured society)인 세포를 논의의 중심 주제로 다루는 항에서 화이트헤드는 다음과 같이 자신의 생각을 주장한다.

고도로 복합적인 구조화된 사회는 일정 구성원 집단의 만족의 강도에 상응하여 존재할 수 있다. 이러한 강도는 사회가 그 구성원들을 위해 만들어내는 질서 있는 대비들의 복합성 때문에 일어난다. 그러므로 복합적으로 구조화된 사회의 성장은 자연에 편만한 일반적인 목적을 구현한다. (PR 152 f.)

그러나 세포들이 본래적인 가치에서 의미 있는 전진을 보여준다는 사실뿐 아니라(아마도 이전의 출현된 것 중에 가장 의미 있는 전진일 것이다.), 세포들은 또한 스스로를 넘어서는 보다 큰 진전을 위한 필연적인 기반을 제공한다. 세포들 스스로는 심지어 보다 복합적인 구조화된 사회, 예컨대 다세포적인 동물의 신체들, 특별히 정신 혹은 영혼이 출현하게 되는 중앙 신경조직을 가진 동물의 신체들을 형성할 수 있다.

동물의 영혼은 존재론적으로 독특한 종류의 개체가 아니다. 동물의 영혼이란 단순히 보다 높은 차원에서 연속하는 경험의 계기들일 뿐이다. 그럼에도 불구하고, 동물의 영혼은 보다 고차원적인 동물들 안에서, 가장 특별하게는 인간들에게서 큰 정도의 차이를 보여준다. 동물의 영혼의 출현은 본래적 가치가 크게 증가했음을 의미한다. 이처럼 본래적 가치가 크게 증가한 데는 몇 가지 이유가 있다. 첫째, 몸으로부터 많은 느낌들이 중앙 신경조직의 정점에 있는 영혼의 자리로 쏟아져 들어옴을 의미한다. "조화를 이룬 몸의 각 지체들의 관계가 경험의 강도를 만들어 내는 대비들의 조화 속에서 이러한 풍요로운 유산을 구성한다"(PR 166 f.). 그러므로 몸은 아주 복합적인 경험이 나타날 수 있는 여건들을 제공한다. 둘째, 영혼은 하나의

8) 화이트헤드의 책에서는 목표(goal)로 표기되어 있지만, 내 생각에는 자극제(goad)가 맞다고 생각한다.

존속하는 개체이다. 영혼은 그 자체가, 그 개체의 특성을 구성하는 형식들의 반복으로부터 생기는 강도를 향유한다. 셋째, 영혼은 "살아있는 인격존재"(living person)라 불리는 특별한 유형의 존속하는 개체이다. 영혼이 살아있기 때문에, 새로움의 유입을 통해 들어오는 보다 높은 차원의 가치를 향유한다. 넷째, 영혼은 영혼의 새로움에 "방향을 주고" 강도를 더할 수도 있다(PR 163). 즉, 한 순간 새로운 요소로서 소개된 것은 후행하는 순간들 속에서 반복될 수 있다. 시간을 통해 영혼의 동일성을 구성하는 "형식"은 지속적으로 풍요롭게 될 수 있다. "그러므로 생명은 사회 속으로 되돌아간다. 예컨대 생명은 한계들 안에서 독창성을 한데 묶고 반복하는 특성 때문에 견실성(massiveness)을 얻는다"(PR 163). ("견실성"이란 효과적인 대비에서 얻어지는 다양성에 대한 화이트헤드의 용어이다[AI 325]).

비록 이들 네 가지 특성 모두가 영혼이 이러한 높은 가치의 형식들을 향유할 수 있다는 사실에 기여함에도 불구하고, 영혼의 출현 자체는 영혼을 위해 특별히 직접적인 환경의 일부를 제공하는 복합적인 몸의 조직화에 의존한다. 그러므로 그 자체가 의미 있는 가치로 구성된 세포들이 영혼을 출현시켜낸다는 사실은, 우리에게 알려진 지고의 방식으로 영혼의 출현이라는 중심적인 문제에 대해 진화과정의 해법을 제시한다. 진화과정이란 "존재들 너머의 보다 고차원의 성취로 합병해 들어가는, 존속하는 가치 형태들이 갖는 존속하는 조화들의 발전적 전개이다"(SMW 137). 이러한 발전적 전개는 미래의 보다 큰 선을 위한 기초를 제공하는 방식으로 현재 안에 본래적 선을 극대화하는, 하느님의 창조적 활동의 이중적 목적이 갖는 또 다른 실례라 할 수 있다.

그러므로 창조의 과정은 하느님의 통치에 대해 미래와 현재를 동일하게 강조했던 예수의 메시지로 이해될 수 있다. 물론 예수는 점진적인 발전으로 사유하지 않았다. 그러나 어떻게 우리의 세계에서 거룩한 실재의 활동이 기대되는가에 대한 질문에 대해서는 구조적인 유사함이 존재한다. 곧 하느님은 현재에 활동적이다. 그리고 피조물들이 이러한 현재의 활동에 긍정적으로 반응함으로써 직접적인 선을 가져온다. 그러나 이러한 현재의 활동은 또한 보다 더 큰 선이 담겨진 미래와 본질적인 관계를 갖고 있다.[9)]

가치와 힘의 형이상학적 상관관계들

과정 신정론을 전개하는 과정에서 첫째 단계는 왜 세계 안에 하느님의 힘이 필연적으로 통제하는 힘이기보다 설득하는 힘인가를 설명하는 것이었다. 둘째 단계는 조화뿐 아니라 강도가 보다 가치 있는 경험의 형식을 위해 요구된다는 묵시적인 인식을 분명하게 의식하는 것이었다. 따라서 도덕적 선은 불일치뿐 아니라 불필요한 사소함을 극복하기를 추구할 것임을 분명히 의식하는 것이었다. 셋째 단계는 우리 세계의 현재 상태가 보다 혼돈스런 상태에서 창조되었다는 진화과정의 설명에서 나타나는 가치와 힘의 상관관계를 설명하는 것이다.

이들 상관관계는 다음과 같은 변수를 포함한다. 1) 본래적 선에 대한 힘, 2) 본래적 악에 대한 힘, 3) 자유 혹은 자기-결정성의 힘, 4) 도구적 선에 대한 힘 혹은 타자의 본래적 선에 기여하는 힘, 5) 도구적 악에 대한 힘 혹은 가능한 타자의 본래적 선에 파괴적인 힘이다. 이들 변수들 사이의 상관관계들은 긍정적이다. 말하자면 하나가 일어나면 다른 것들도 그에 비례해서 일어난다. 이들 상관관계들은 또한 형이상학적이며 필연적인 것이 된다. 화이트헤드는 상관관계들을 자신의 형이상학적 원리들 가운데 포함시키지 않는다. 그러나 상관관계가 갖는 형이상학적 자리는 그의 철학 전체를 통해 암묵적으로 나타나고 있다.

나는 한편에서는 본래적 선에 대한 힘과 다른 한편에서는 자유 혹은 자기-결정성의 힘 사이의 긍정적인 상관관계를 가지고 시작해 보겠다. 진화과정에서, 본래적 선을 향유하는 힘이 증가한다는 것은 환경으로부터 보다 많은 여건의 다양성을 조화롭게 통합하는 힘의 증가를 의미한다. 그러나 이러한 힘은 자기-결정성을 위한 힘과 하나이며 동일한 것이다. 이 점은 여러 종류의 감정들이 조화로운 통합을 위해서 통합하는 주체에 의한 새로움의 유입을 요청한다는 사실에서 분명해진다. 새로움의 유입은 정신성의 징후이며, 정신성이란 합생의 과정에서 일어나는 주체의 결정성을 말한다.

---

9) 나는 『과정 기독론』 *A Process Christology* (The Westerminster Press, 1973, 199-205.)에서 이런 맥락으로 예수의 메시지를 해석한 바 있다.

이 점이 왜 하느님이 자유로운 존재를 창조하였는가라는 질문에 대해 다른 신정론에서 제시하는 것과는 다른 대답을 과정 신정론이 갖게 되는 단초를 제공한다. 물론 과정사상에서 모든 현실태들은 어느 정도의 자유를 갖는다. 따라서 "왜 하느님이 자유로운 존재를 창조하였는가?"라는 질문을 "왜 하느님이 고도(높은 등급)의 자유를 가진 피조물을 만들었는가?"라는 질문으로 수정할 필요가 있다. 이 질문에 대해 자유가 그 자체로 그토록 가치가 있기 때문에 자유가 가져오는 모든 악이 가치가 있다든지, 혹은 순수 자유를 갖고 행해지는 도덕적이며 종교적인 행위와 덕이 하느님의 시각에서 가치가 있기 때문에 자유가 가치가 있다고 하는 대답은 바람직한 대답이 아니다. 오히려 의미 있는 정도의 자유가 없이는 의미 있는 정도의 본래적인 가치가 가능하지 않을 것이라고 대답해야 한다. 사소한 자유가 존재하는 곳에는 사소한 가치가 존재한다.

의식을 가진 존재들이 함유하고 있는 자유와 합리성을 위한 힘이 도덕 악을 범하는 자유이다. 한 행동이 다른 현실태들의 본래적인 선의 가능태를 파괴하려는 의도를 갖고 있다면(그리고 이것이 필연적으로 세계 내 본래적인 가치를 극대화하려는 보다 포괄적인 의도가 아니라면), "도덕적으로 악한" 것이다. 달리 말하면, 하나의 의식적인 사건이 실상 그것이 도구적으로 악하다고 판명되었다고 해서 악한 것은 아니다. 의식적인 사건이 이러한 결과를 의도했었음이 분명하다. 도덕 악은 스스로를 미래의 본래적인 선을 위한 조건을 극대화하지 않는 방식으로 현실화하려는 의도로 정의되기 때문에, "죄"라 불릴 수도 있다. 왜냐하면 도덕 악은 하느님이 부여한 관념적 지향의 거부를 포함하고 있기 때문이다. 그러나 도덕 악이 무엇이라 불리든, 여기서 중심 요점은 인간-차원의 가치를 향유하는 자유는 필연적으로 다른 이들에게 피해를 입히려는 의도를 가진 자유라는 점이다. 물론 도덕악의 의미는 인간 차원의 자유를 가진 존재들이 다른 이들에게 악을 입히는 고도의 힘을 가지고 있다는 사실에서 증가된다. 이 점을 앞으로 다루어 보겠다.

최근의 논의에서 종종 학자들은 왜 하느님이—그들이 진정 죄를 지을 자유는 없으면서 그들이 자유롭다고 생각하려 하는 것을 제외하면—모든 면에서 우리와 같은 존재들을 창조하지 않았는가라고 질문한다. "모든 면에서 우리와 같음"이란 우리가 향유하는 모든 종류의 가치를 향유함을 포함한다. (저들은 자기들이 자유하다고 생각하려 할 것이기 때문에, 저들은 자신들의 도덕적 덕목을 스스로 칭찬하는 자기만 아는 만족마저 향유할 수 있다.) 이러한 질문에 대해 과정사상은 하느님이 그런 존재를 창조할 수 없다고 대답한다. 우리가 고차원의 가치를 향유하기 위해서는 순수하게 고차원의, 심지어 하느님과 상대하는 자기-결정성을 가져야 한다. 앞 장에서 논의했던 대로 하느님은 자유가 있는 성인들을 만들 수 있었을 것이다. 그러나 하느님은 일방적으로 이 일을 할 수 없었다. 만일 피조물들이 언제나 악한 행동을 피했다면, 부분적으로는 피조물들이 그렇게 했기 때문이다. 화이트헤드의 말로 표현해 보자. 만일 피조물이 언제나 그 피조물을 향한 관념적 지향을 따른다면, 이는 관념적 지향 그 자체로부터 받은 충동 때문일 뿐 아니라, 또한 그 관념적 지향을 현실화하려는 피조물의 자유로운 결단 때문이기도 하다.

또 다른 상관관계는 본래적 선을 위한 힘과 본래적 악을 위한 힘 사이에 존재한다. 여기서 생각하는 "악"이란 일차적으로 불일치이다. 사소함을 극복하는, 경험의 보다 큰 강도는 보다 큰 향유를 가능하게 한다. 그러나 경험의 보다 큰 강도는 보다 큰 고통도 가능하게 한다. "불일치의 느낌이 강렬하면 강렬할수록 완전함에서 점점 멀어진다"(AI 330).

주체들과 같이 현실적 계기들에서 실현된 느낌들은 본래적으로 가치 있다. 이들 계기들이 후행하는 주체를 위한 객체들이 되면서, 이들 실현된 느낌들은 그 후행하는 주체를 위해 가능한 도구적 가치들이 된다. 그러나 이들 가능적 가치들이 사용되어야 한다면, 문제의 주체는 그 가능한 도구적 가치들과 환경에 의해 제공되고 있는 다른 가치들을 통합시킬 만큼 충분히 복합적이어야 한다. 이것이 이루어진다면, 경험의 다양성과 그 다양성을 통해 나타나는 경험의 강도가 이루어진다.

> [그러나 이러한 경험의 강도는] 좋고(good) 나쁨(bad)이라는 분명한 어조로 생생한 경험의 표현을 하지 못하게 한다. 경험의 강도는 미의 절정과 악의 절정을 가능하게 한다. 왜냐하면 경험의 강도는 단조로운 축소가 갖는 단조로운 배제로부터 미와 악을 지켜주기 때문이다. (AI 336)

달리 말하면, 증가된 복합성이 사소함을 극복하지만, 그 결과는 강렬한 조화인

미의 절정과 최고의 불일치인 악 사이의 어딘가에 그 눈금이 매겨질 수 있다. 큰 본래적 선을 가능하게 하는 섬세한 인식이 동일하게 큰 아픔을 가능하게 한다(RM 93).

예컨대, 동물의 삶과 특별히 인간의 삶에서 선의 많은 부분은 신체의 느낌들 안에 있는 공감적인 나눔으로부터 파생된 것이다. 잘 먹고 운동을 해준다면 분명 몸에 좋은 것이고 건강에 좋은 것이다. 그러나 배가 고프고 목마르거나 아픔으로 고통을 당하게 될 때, 영혼이 몸의 아픔에 순응하며 몸의 느낌에 참여한다는 사실이 몸에 대한 악의 근거가 된다. 마찬가지로 인간과 다른 고등동물들이 삶에서 경험하는 많은 선은 사랑을 받은 사람들이 나누는 다양한 사랑의 느낌들 속에서 온다. 이것은 사랑을 받은 사람들이 스스로 행복하고 건강한 한 행복의 근거가 된다. 그러나 이들이 일찍이 죽음을 맞는다든지, 오래 지속된 지독하게 아픈 몸의 고통을 경험한다든지 아니면 정신적인 고뇌로 고통을 당한다면, 아픔을 당한 이들을 향한 순수한 관심이 고통의 근거가 된다. 그래서 어떤 종교의 전통에서는 우리의 행복이 다른 사람들의 조건에 의존하지 않도록 애정의 연을 끊어버리라고 충고해 주기도 한다.

더 나아가 본래적으로 선한 경험은 부분적으로는 환경 때문이고, 부분적으로는 주체가 주체 스스로를 현실화하는 방식 때문이듯이, 본래적으로 악한 경험들도 부분적으로는 환경 때문에 부분적으로는 주체가 스스로를 현실화하는 방식 때문에 경험한다. 한 인격 존재로 하여금 본래적으로 보상하는 방식으로 환경이 가져다준 느낌들을 종합하도록 하는 바로 그 자유는 또한 그 인격 존재로 하여금 불일치의 방식으로, 심지어 자기 파괴적인 방식으로 그 동일한 여건들을 사용하도록 한다. 다양하게 육체적 · 도덕적 · 종교적인 가치들을 강렬하게 향유하게 하는 자유는 또한 우리 스스로를 비참하게 하는 자유가 된다.

달리 말하면, 우리가 가장 높은 가치로 여기는 경험들을 향유하게 하고 그것과 더불어 살고 싶은 조건들은 동일하게 우리가 그토록 강렬하게 고통을 당하도록 이끄는 조건들인 것이다. 고양이들은 낮은 존재의 단계에 속하는 아메바들이 도달할 수 있는 세계보다 훨씬 탁월한 세계를 경험한다. 그러나 아메바들은 고양이들이 경험하는 다양하면서도 강렬한 고통에 노출되지 않는다. 인간은 야생 고양이들이 상상하는 것보다 훨씬 풍요로운 경험을 향유할 수 있다. 그러나 고양이들은 그들에게 거처를 함께 나누고 젖을 먹여주는 같은 고양이들이 당하는 고통의 깊이를 자기의 고통으로 거의 인식하지 못한다. 예컨대 자살을 하는 고양이들은 거의 없다.

이 점이 왜 세계에 그토록 많은 고통이 존재하는가에 대해 과정사상이 내놓은 대답의 일부이다. 그 대답은 이제까지 일어난 모든 고통과 앞으로 일어날 모든 고통이 필연적인 것은 아니라는 점이다. 피조물들이 스스로 다르게 현실화하였더라면, 이 세계에는 고통이 덜 존재할 수도 있었을 것이다. 이제까지 일어났고 앞으로 일어날 수 있는 모든 선의 가능태들이 존재해야 한다면, 모든 악의 가능태들도 필연적이어야 한다. 그러므로 문제는 과거에 이루어졌고 현재에 이룰 수 있는 선이, 이미 일어났고 앞으로 일어날 수도 있는 모든 악을 감수할 수 있느냐이다. 이 질문으로 다시금 돌아가서 논의해 보겠다.

다음에 다루어 볼 상관관계는 한편에서는 본래적인 선과 또 다른 한편에서는 가능한 도구적 선 혹은 다른 사람들에게 선한 영향을 미치는 힘 사이의 상관관계이다. 이 상관관계는 앞서 말한 진화과정의 설명에서 암묵적으로 나타나 있다. 이런 이유 때문에 각각의 새로운 출현은 본래적 선의 힘의 증가를 가져오고, 앞으로의 전진에 대한 기초가 된다. 스스로 보다 복합적이고 강렬한 현실태들은 또한 다른 현실태들에게 더 많은 여건을 제공해주어야 한다. 약한 개체는 약한 영향을 미치고 강한 개체는 강한 영향을 미친다(AI 367). 존재 고리의 모든 영역이 채워져야 할 필연성보다, 이처럼 필연적인 상관관계가 창조적 과정의 점진적인 본성의 이유가 된다.

예컨대, 살아 있는 세포는 양성자와 전자와 같이 원초적으로 존속하는 개체들의 배열에서 직접 나올 수가 없다. 이들 낮은 존재 단계에 속한 피조물들은 살아있는 경험의 계기들의 출현과 보존에 필요한 유형의 여건들을 제공할 수 없다. 그전에 원자들과 분자들의 직접적 단계들이 요구된다. 마찬가지로, 얼룩 다람쥐의 아주 단순한 영혼에 이르기까지 동물의 영혼이란 직접 복합적인 분자들의 조합으로 출현할 수 없었다. 분자들은 영혼을 위해 필요한 여건들의 다양성, 유형, 강도를 제공할 힘이 없다.

따라서 우리가 인간이 이 지구상에서 의미 있는 본래적 가치를 지닌, 그래서 하느님을 향한 참된 가치를 가진 유일한 존재라고 인간중심적으로 주장한다 해도, 우리는 왜 하느님이 인간과 같은 어떤 존재에 이르기 위해 그토록 길고, 느린, 때로는 고통으로 가득한 진화과정을 사용하는지 그 이유를 해결하려 할 필요가 없을 것이다. 점진적인 과정 외에는 다른 길이 가능하지 않다.

> 본래적 가치와 도구적 힘 사이의 상관관계가 악의 문제에 대해 미치는 중요성은 도구적인 악에 대한 힘이나 다른 존재에게 악을 미치는 힘을 다루게 될 때 분명해진다. 현실적 계기는 본래적으로 선하다 하더라도 다른 현실적 계기에 영향을 줄때에는 창조적인 힘이 되기도 하고 파괴적인 힘이 될 수도 있다. (RM 93)

> 각각의 사건은 그 자체의 개체성을 가지고 선한 것이든 악한 것이든 도래할 미래에 영향을 미친다. … 각각의 사건은, 세계의 풍요로움에 효과적인 요인을 영원히 더하거나 빼는 모습으로, 그 성격을 미래에 넘겨준다. 선을 위해서건 악을 위해서건. (S 47, 58f.)

그러므로 필연적으로 위대한 본래적 선을 향유할 수 있는 고급의 현실태들의 발전은 필연적으로 파멸을 가져올 수 있는 효과적인 존재들의 발전을 의미한다.

바로 앞에서 지적한 것처럼, 본래적으로 선한 경험은 도구적으로 악한 것일 수 있다. 때문에 후행하는 경험들에 미치는 그 현실적 결과들은, 환경에서부터 오는 다른 느낌들과 연합하여, 불일치한 결과들을 만들어 낼 수 있다. “존재들의 특성이 서로 방해가 되는 것이 악의 본질이다”(PR 517). 그러나 본래적으로 선한 경험들은 본래적으로 악한 경험들이 만들어 내는 것보다 더 질서 있게 도구적인 선이 되는 경향이 있다. 본래적으로 악한 경험들은 또한 도구적으로 악한 경향이 있다. 물론 예외들도 있다. 자기 학대증(masochism)과 가학증(sadism)은 본래적으로 타자들의 악한 경험으로부터 향유를 가져오는 경우이다. (자기 학대증[masochism]에서 "타자들"이란 자신의 몸의 세포들이다.) 그러나 우리는 자기 학대증과 가학증을 왜곡으로 이해한다. 또한 앞서 살펴본 대로, 전통적인 신정론들은 본래적으로 악한 것을 본래적으로 선한 것이라 생각할 수 있는 방법들을 제시하는 데 많은 노력을 기울여 왔다. 그러나 과정사상은 파러(Austin Farrer)의 판단이 옳다고 생각한다. "선은 어떤 악이 할 수 있는 것보다 더 많은 선을 만들어 낸다." 그리고 "선한 목적을 위해 악을 사용하는 것은 즉각 악을 약화시키지는 않지만, 선을 계속 만들게 한다."[10]

이 점이 하느님이 세계 안에 허락한 자유가 지닌 위험성을 인식하게 해준다. 위에서 언급한 대로, 우리가 더 많은 자유를 가지면 가질수록 우리의 환경 안에 있는 존재들로 인해 더 큰 아픔을 당하게 되고, 스스로 더 크게 불만족스러운 방식을 만들게 된다. 이는 우리가 이러저러한 이유로 경험하는 고통은 순전히 나 개인의 고통으로 끝나지 않는다는 뜻이다. 우리는 어느 정도 우리가 겪는 비참함으로 이웃을 고통스럽게 한다. 정신이 신체에 미치는 병에 대한 인식은 인간의 정신을 특징짓는 부조화가 그 가장 가까운 이웃에 영향을 미치는 방식을 이해하도록 돕는다. 또한 우리 모두는 삶을 즐기지 않는 사람들은 일반적으로 이웃과 어울릴 수 없음을 인식한다. 역사책에서 열거하는 역사는 대체로 몇몇의 비참한 사람들이 다수의 사람들에게 끼쳤던 비참함의 역사가 아니던가?

본래적 가치와 자기-결정성과 타자-결정성에 대한 힘 사이의 상관관계들에 대한 중요 요점은, 이들 상관관계들이 형이상학적 상관관계들로 여겨진다는 점이다. 이들 상관관계들은 그 자체가 하느님에 의해서 자유로이 결정된 것이 아니라, 하느님이 창조할 수도 있는 가능한 세계에서 얻어지는 상관관계들이다. 따라서 신정론자는 이들 상관관계들을 하느님이 제정한 것임을 정당화하기 위해 그 이유를 찾으려 한다거나, 완전히 선하며, 완전히 힘이 있고, 완전히 지혜로운 하느님이 이들 상관관계를 제정했다는 불가사의한 이유에 호소할 필요가 없다. 그러나 전통적인 신정론은 이러한 형이상학적 상관관계들의 존재를 유신론에 반대되는 것으로 생각했기 때문에, 또한 화이트헤드의 글 속에 나오는 몇몇 구절들에서 그는 이들 상

10) Farrer, 『전능한 사랑과 무제한적 악』 *Love Almighty and Ills Unlimited*, 168.

관관계들이 하느님의 결단을 넘어선다고 생각하지 않기 때문에, 이 상관관계의 개념을 좀 더 자세히 살펴볼 필요가 있다.

하느님의 결단을 넘어서는 형이상학적 원리들의 개념

여기서 주목해야 할 첫 번째 요점은 혼돈으로부터의 창조 개념과 형이상학적 원리들이 존재한다는 개념 사이에는 긍정적인 상관관계가 있다는 점이다. 전통 신학자들은, 한편 하느님을 넘어서는(논리적 원리들과는 다른) 원리들의 개념을 일관되게 거부하였고, 또 다른 한편 무로부터의 창조를 일관되게 주장하였다. 이들 두 생각은 쌍을 이루어 진행된다. 형이상학적 원리들은 단순히 현실적 존재들이 자신을 이루어가고 상호 교류하는 방식에 대한 서술들이다. 언제나 다수의 현실적 존재들이 존재하였다면, [형이상학적 원리를] 현실적 존재들이 상호 교류하는 방식을 서술하는 일련의 영원하면서도 필연적인 원리들로 생각하는 것은 일리가 있다. 그러나 우리의 세계가 상호 교류하는 현실태들의 혼돈에서부터 형성된 것이 아니라 절대 무로부터 피조된 것이라면, 형이상학적 원리를 논하는 것이 이치에 맞지 않는다. 존재들이 상호 교류하는 방식을 묘사하는 원리들은 그러한 존재들과 더불어 등장한다. 그리고 그러한 원리들을 창조자가 자유로이 결단할 수 있다고 생각하는 것은 바람직한 일일 것이다. 따라서 화이트헤드의 사상은 언제나 유한한 현실태의 영역이 있어야 함을 요청하고 있기 때문에 과정 신정론이 극복될 수 없는 상호작용의 형이상학적 원리들의 개념을 사용하는 것은 일관된 입장이다. 존재하는 것들의 본질 속에 형이상학적 원리들이 존재한다.

두 번째 이 문제는 이러한 원리들의 개념이 유신론에 반대되는가이다. 하느님이 순응해야 하는 원리들이 있다는 개념은 많은 이들에게 하느님의 신성을 의문시하는 것처럼 보였다. 문제는 선의 원리들에 의해서 가장 일반적으로 논의되어왔지만, 딜레마에 놓여있다. 예컨대 선은 하느님의 의지 때문에 선한 것인가? 그렇게 되면 선은 제멋대로 된다. 아니면 선은 하느님의 결단과는 상관없이 선한 것인가? 그렇게 되면 하느님보다 우월한 하느님을 초월한, 따라서 하느님보다 더 신적인 가치

기준이 암암리에 존재하게 된다. 그러나 찰스 하트숀은 제 3의 입장을 제안함으로써 딜레마를 거부하였다.

> 관념이란 하느님이 그것을 제멋대로 원하기 때문에 선한 것이 아니며, 하느님의 행위들이 비신적인 어떤 것으로 선을 표현하기 때문에 선한 것도 아니다. 우리의 행위가 … 선한 것처럼, 하느님의 행위가 선한 것은 각각의 행위에 선행하는 추상적인 관념 때문이다. 그러나 이러한 관념은 하느님에 선행하는 것이 아니라, 하느님의 영원적이며 불변하는 목적에 선행한다. … 우리와 하느님은 동일한 관념을 섬긴다. 그러나 우리 안에 있는 관념은 하느님의 본질에 대한 우리의 얼핏 봄이다….[11]

하트숀은 이러한 개념을 선의 원리에 한정하지 않고, 모든 형이상학적 범주들에 적용한다. 형이상학적 범주들은 하느님의 영원적 본질에 속한다. 곧 "영원적 측면에서의 하느님은 … 영원적 측면의 순수하거나 무제약적인 의미 안에 있는 범주들이다."[12] 그러므로 "마치 범주들이 하느님 자신의 개체성에 선행하는 어떤 것인 것처럼, 하느님은 범주들을 조건으로 하지 않는다."[13]

내가 형이상학적 범주들이 모든 결단, 심지어 하느님의 결단마저 넘어선다는 입장을 갖게 된 것은 화이트헤드의 입장에 대한 하트숀의 수정을 받아들였기 때문이다. 화이트헤드는 형이상학적 원리들은 하느님에 의한 "원초적 결단"의 결과였다고 시사하였다. 그러나 내가 생각하기에는, 이 문제에 대한 하트숀의 입장은 실제로 화이트헤드의 사유 안에 암묵적으로 나타난다. 따라서 이 문제에 대한 하트숀의 입장을 받아들이게 되면 화이트헤드의 입장이 더 분명하게 된다. 비록 이러한 주장을 하는 것이 좀 더 전문적인 문제를 요하지만, 요점은 이러한 전문적인 문제를 보증하는 것이 나의 논제에 핵심이라는 것이다. 내가 여기서 제시하는 과정 신정론은 심지어 하느님의 결단마저 넘어서는 형이상학적 원리들이 있다는 개념을

---

11) Charles Hartshorne and William L. Reese(eds.), 『철학자들이 신을 말하다』 *Philosophers Speak of God*(The University of Chicago Press, 1953), 277.

12) Charles Hartshorne, 『화이트헤드 철학 선집』 *Whitehead's Philosophy: Selected Essays, 1935-1970*(University of Nebraska Press, 1972), 139.

13) Charles Hartshorne, 『신의 상대성』 *The Divine Relativity*(Yale University Press, 1948), 41.

조건으로 한다. 이러한 개념은 악의 문제를 해결하기 위해 화이트헤드의 과정사상을 특별히 의도적으로 수정하는 것이, 전체 형이상학적 입장 안에 암묵적으로 들어 있음을 밝히는 것이 중요하다.

화이트헤드의 분명한 입장은 하느님의 "원초적 본성"(primordial nature)은 영원적 가능태들을 질서지울 때 형이상학적 원리들을 세우는 하나의 "결단"이라고 본다(PR 73, 75).

> 하나의 원초적 현실적 존재 안에 가능태들의 이러한 관념적 실현은 현실적 과정이 형이상학의 일반적인 원리들을 구현하는 형이상학적 안정성을 구성한다. (PR 64)

> 하느님의 개념적 현실태는 즉시 범주적 조건들을 구현하고 세운다. (PR 522)

이러한 입장은 화이트헤드 철학의 원리가 요구하는 것은 아니다. 이 입장은 화이트헤드 철학의 다른 원리와는 긴장관계에 놓인다.

첫째, 하느님의 "원초적 본성"을 하나의 결단으로 생각하는 것은 문제가 된다. 화이트헤드는 "결단"이 "현실태의 근본적인 의미를 구성한다."고 말한다(PR 68). 때때로 화이트헤드가 마치 하느님의 원초적 본성이 하나의 현실적 존재인 것처럼 말한 것은 사실이다. 그러나 하느님의 원초적 본성이란 하느님의 오직 한 면만을 말하는 것이기 때문에 현실적 존재일 수 없다. 그러므로 이 문제에 분명하게 초점이 맞춰지면, 화이트헤드는 "하느님의 원초적 본성이란 현실태가 결여된 하느님 안에 있는 한 요인일 뿐"이라고 분명하게 주장한다(PR 50; 참조. 521, 532). 그러므로 하느님의 원초적 본성은 하나의 추상으로서 결단이 될 수 없거나 결단을 할 수도 없다.

둘째, 형이상학적 원리들은 하나의 "결단"에 뿌리를 두고 있다는 개념은 특정한 우주 시대에만 진리인 우주론적인 보편성과 모든 우주시대의 진리인 형이상학적 원리 사이의 구분을 통해 폐기된다(PR 53, 133 f., 147, 441). 화이트헤드의 사상에서, 하느님의 원초적 본성의 전조는 "한정의 원리"(principle of limitation)였다. 이 "한정의 원리"는 화이트헤드가 1926년에 출판한 『과학과 근대세계』(*Science and the Modern World*)에 소개되었는데, "현실적인 사건들 안에 내포되어 있지만 … 보다 추상적인 가능태에 대해서는 스스로를 제멋대로인 것(arbitrary)으로 표상하는 … 현실적인 실제의 결정성들"을 설명하기 위해서였다(SMW 323). 이러한 제멋대로의 요인을 갖는 범례들로 화이트헤드는 "삼차원의 공간과 사차원의 시-공 연속체"를 들었다(SMW 323). 『과정과 실재』(*Process and Reality*, 1929)에서도 삼차원의 공간과 사차원의 시-공연속체를 우리가 특별한 우주 시대 안에 존재함을 알려주는 "자연 법칙 안에 '주어진' 제멋대로의 요인들"로 서술하였다(PR 139; 참조. 140). 이들은 그 자체로 형이상학적 원리들과는 구별된다. 형이상학적 원리들은 "필연적"이고(PR 4, 5) "어떤 대안을 생각할 수 없는 아주 보편적인 특성들을 갖는다"(PR 441). 형이상학적 원리들은 인식 가능한 대안이 없이 존재하기 때문에(화이트헤드와 하트숀은 이러한 형식적 정의에 대해 동의한다.), "제멋대로"라는 의미에서 "주어진" 것이 아니다. 그러므로 화이트헤드는, 『과정과 실재』에서 제멋대로의 우주론적인 원리들과 필연적인 형이상학적 원리들을 구분한 후에, 형이상학적 원리들이 어떤 결단의 근거를 요구한 것처럼 말해서는 안 된다고 주장하였다. "결단"이란 대안적 가능태들을 절단함으로써 "주어지지 않은 것"과 구별된 "주어진 것"이 된다는 의미이다(PR 68 f.). 형이상학적 원리들이 인식할 수 있는 대안들을 갖고 있지 않기 때문에, "주어진 것"이 아니며, "제멋대로"도 아니다. 그러므로 의지의 결과로 생각해서는 안 된다.

형이상학적 원리들이란 원초적 본성을 원초적 결단으로 이해한 데서 비롯된다는 화이트헤드 자신의 분명한 교리를 거부하는 세 번째 기반이 화이트헤드 사상 가운데 나타난다. 화이트헤드 자신은 하느님의 원초적 본성이 형이상학적 진리들을 필요로 한다고 시사한다. 그는 하느님의 원초적 본성은 "창조적 전진의 보편적인 형이상학적 특성을 전제하며 원초적인 구현이 된다"(PR 522). 그러나 형이상학적 범주들이란 이러한 창조적 전진이 어떻게 일어나는가에 대한 설명들일 뿐이다. 그러므로 하느님의 원초적 본성은 동일하게 이들 형이상학적 범주들을 필요로 해야 한다. 아니면 인용 문장의 뒷부분이 제시하는 것처럼, "하느님의 원초적 본성"은 영원하며 필연적인 원리들의 원초적 구현으로서 생각될 수 있다고 하트숀은 주장한다. 그러나 어떤 경우든 형이상학적 원리들은 하느님의 결단에서 비롯된 것이 아닐 것이다.

그러므로 화이트헤드 자신의 진술에도 불구하고 형이상학적 원리가 하느님의 원초적 본성을 넘어선다고 본 하트숀의 입장을 받아들이는 것은, 신정론의 적절한 기초를 마련하기 위해 화이트헤드를 수정하는 것이 아니다. (역사적으로, 하트숀 자신이 화이트헤드의 형이상학적 원리를 "교정"한 것은 악의 문제와 관련해서 그 유익이 무엇인지 언급하지 않고 이루어졌던 것으로 보인다.)

하느님의 격노와 선

하느님이 일어나는 사건들의 세세한 부분들에 대해 완전한 책임이 없더라도, 어떤 의미에서 하느님은 세계 내 일어나는 모든 불일치의 악에 분명 책임이 있다. 완전한 경험의 형식들이 이루어지기 위해, 하느님의 설득적인 활동은 사소한 혼돈 상태에서부터 유한한 영역을 이끌어 내었고, 불일치는 "완전과 사소함 사이의 중간 거점"으로 나타나게 되었다(AI 355). 그러므로 화이트헤드는 이러한 악의 범위와 깊이를 과소평가하지 않는다. 『향연』(*Symposium*)에서 플라톤이 관념적인 완전을 향한 충동을 다룬 내용에 대해 화이트헤드는 다음과 같이 논평한다. "플라톤은 격노라고 이름 할 수 있는 말동무와의 대화를 옮긴 것이 분명하다. 격노는 불완전한 실현 안에 숨어 있는 공포에 거주한다"(AI 189).

물론 모든 피조물이 자기-결정성과 타자-결정성의 힘을 갖고 있기 때문에, 하느님이 모든 공포에 책임이 있는 것은 아니다. 그러나 하느님은 불일치한 느낌들이 큰 강도로 느껴지는 상태로 피조물이 나아가게 한다는 점에서 책임적이다. 문제는 하느님이 고발을 당할 수 있는가 하는 점이다. 달리 말하면, 과정신학의 하느님은 도덕적으로 완전한가이다. 화이트헤드의 과정사상이 인식한 하느님의 도덕적 선을 반대하는 세 차원의 일반적인 질문이 있다. 1) 하느님이 추구하는 선의 일차적인 관심이 심미적인 가치이고, 2) 하느님 자신의 경험 속에서 악이 선에 의해 극복되며, 3) 하느님이 불일치를 예방하는 힘이 모자람에도 불구하고, 피조물을 불일치의 끔찍한 악이 일어날 수 있는 곳으로 이끌어 간다면, 화이트헤드의 하느님은 도덕적으로 결핍된 것이 아닌가? 나는 이 세 가지 질문을 순서에 따라 다루어 보고자 한다.

1. 앞선 논의가 분명하게 해줬던 것처럼, 본래적 선의 기준은 심미적 기준들, 곧 경험에 대한 조화와 강도이다. 이러한 사실이 하느님의 지향을 도덕적으로 받아들일 수 없게 하는가? 어떤 비평가들은 그렇다고 대답한다. 엘리(Stephen Ely)는 화이트헤드의 입장이 갖는 의미에 대해 다음과 같은 판단으로 자신의 비평적 해석의 결론을 맺는다.

> 그러면 모든 가치들은 근본적으로 심미적이다. … 하느님은 … 심미적인 기쁨의 재료로서 우리를 관심하는 것 말고는 우리의 유한한 고통과 어려움과 승리에 관심하지 않는다. 우리는 하느님이 기본적으로 선하지 않다고 단호하게 말해야 한다. 하느님은 선을 원하는 것이 아니라, 아름다움을 원한다.[14]

마찬가지로 매든(Edward Madden)과 해어(Peter Hare)는 화이트헤드의 하느님이 "심미적인 목적을 위해 인간의 느낌을 희생한다."고 주장한다.[15] 또한 이들은 "심미적인 가치를 얻기 위해 도덕 악과 물리적 악을 얼마든지 감수하고자 하는 하느님은 사랑받을 수 없는 하느님"이라고 주장한다.[16] 따라서 이들은 화이트헤드의 하느님은 심미적인 가치만을 관심하기 때문에 "유신론적 하느님처럼 온전히 선한 하느님이 아니다."라고 결론한다.[17]

이들 두 비평에 나타난 공통점은 심미적 선이라는 물리적 선과 도덕적 선이 구별되어야 한다는 가정이다. 곧 물리적 고통이나 도덕적 악이 심미적인 향유의 가

14) Stephen Lee Ely, 『화이트헤드적 하느님의 종교적 유용성』 *The Religious Availability of Whitehead's God: A Critical Analysis*(University of Wisconsin Press, 1942), 52.

15) Madden and Hare, 『악과 하느님 개념』 *Evil and the Concept of God*, 124.

16) *Ibid.*, 123 f.

17) *Ibid.*, 123 f.

치를 떨어뜨리지 않는다. 여기 가정에 대한 양 측면은 화이트헤드가 사용하는 "미"와 "심미적" 향유라는 말의 의미를 잘못 해석한 것이다.

위의 논의에서 "물리적" 선이 심미적 선보다 가치가 떨어질 수 없음이 분명히 드러난다. 심미적 선은 강도뿐 아니라 조화를 필요로 한다. 그리고 육체적인 아픔은 부조화 혹은 불일치의 기본적인 범례이다. 심미적 가치에 대한 화이트헤드의 기준을 논하면서, 매든과 해어는 "조화"를 논하는 것이 아니라 경험의 "견실성"과 "강도"를 논한다. 이러한 실수는 고통이 하느님의 심미적 향유와 양립할 뿐 아니라 하느님의 심미적 향유에 기여한다는 이들의 가설 때문일 것이다.

또한 도덕적 선은 창조의 주요 목적인 미나 심미적 향유로부터 배제되지 않는다. 화이트헤드가 말하는 "미" 혹은 "심미적 경험"은 단순한 차원보다 좀 더 깊은 차원에서 언급한 것이다. "단순한"(simple) 차원의 심미적 경험이라는 말은 인간이 가진 여러 경험 가운데 한 차원으로서의 심미적 경험을 뜻한다. 단순한 의미에서의 심미적 경험이 하느님의 지향을 의미하는 것이 아니라는 사실은 화이트헤드가 "중요한"(important) 경험을 논하면서 분명해진다. 논리적 · 도덕적 · 종교적 그리고 실천적 형식들과 함께 중요한 형식의 하나로서 심미적 향유를 거론한 다음, 화이트헤드는 다음과 같이 주장한다.

> 이들 중 어떤 것도 세계 안에 나타난 궁극적 목적의 통일을 약화시키지 않는다. 과정의 속적 (屬的 generic) 지향은, 그 종(species) 안에서 그 경우에 가능한 만큼 중요성의 성취이다. (MT 12)

화이트헤드는 이러한 속의 지향은 "속의 지향에 속한 여러 차원의 경험의 위대함(greatness of experience)에 있다."고 주장한다(MT 14). 그러나 이때 "경험의 위대함"이 의미하는 바를 설명하기 위해 심미적 범주를 사용한다. 조화와 강도와 생생함의 연합은 그 계기의 중요성의 완전을 포함한다(MT 14). 이것은 보다 깊은 의미에서 심미적 경험이다. 마찬가지로 화이트헤드는 진리와 도덕적 선과는 구별되는 단순한 의미에서의 "미"를 사용하기도 한다. 따라서 화이트헤드는 "세 유형의 모든 성격은 현실적인 실현을 위해 가능한 가장 높은 만족의 이상에 참여한다."

고 결론 내린다(AL 12 f.). 그러나 화이트헤드는 이 셋이 함께 우주의 에로스를 향한 궁극적인 만족을 제공하는 "미"로서 말해질 수 있다고 주장하면서(AI 13), 보다 깊은 의미로 "미"라는 말을 사용한다. 또 다른 대목에서, 화이트헤드는 행위의 바름은 미의 형태들 가운데 하나라고 말한다(AI 190). 그러므로 하느님이 찾는 미는 도덕적 선에 무관심한 미가 아니라 도덕적 선을 포함하는 미이다.[18]

2. 화이트헤드의 하느님이 도덕적이지 않다고 하는 것에 대한 두 번째 비난은 세계의 악이 하느님의 경험 속에 들어가게 될 때 선으로 변화된다고 한 화이트헤드의 몇몇 진술에 기초한 것이다. 여기에 두 가지 의미가 있다. 첫째, 화이트헤드의 하느님은 이기적으로 세계 안에서가 아니라, 하느님의 자기 경험 안에서만 선으로 악을 극복한다는 의미이다. 둘째, 하느님의 경험이 진리와 실재의 궁극적인 기준이 되기 때문에, 순수 악의 실재가 궁극적으로 부정됨을 의미한다. 여기 두 번째 의미는 "이유 없는 악"(gratuitous evil, 순수 악에 대한 매든과 해어의 표현)으로 보이는 것이 실제로 하느님의 "결과적 본성"(Consequent Nature of God)안에 있는 심미적 가치의 산물이라고 한 매든과 해어의 설명 가운데 잘 드러나고 있다.[19] 그리고 앞의 두 가지 의미는 엘리의 비평 가운데 잘 드러나고 있다.

> 우리는 하느님이 스스로 우리의 아픔과 슬픔과 좌절을 추가함으로써 스스로 향유한다는 생각을 많은 사람들이 좋아할 것이라고 생각할 수 없다. 현재의 질병을 하느님이 가치 있는 것으로 여긴다고 인식하는 것은 아무런 도움이 되지 않는다.

18) 덧붙여 말하자면, 화이트헤드의 하느님이 추구하는 여기 더 깊은 차원의 미 혹은 심미적 향유 또한 "피상적" 의미의 심미적 향유와 구분된다. "피상적" 의미의 심미적 향유란, "쾌락주의"라는 말이 보통 암시하듯, 우리가 다른 동물들과 공유하는 쾌락의 형식들을 의미한다. 화이트헤드는 인간을 "단지 동물적 향유를 지닌 존재들을 넘어서 가치에 민감한 존재"로 이해한다(*AI* 204). 그는 "[삶의] 궁극적인 특성이 겉으로 드러난 행복이나 쾌락과 직접적인 연관이 있는 것은 아니다."라고 주장한다(*RM* 77). 그는 우리의 삶에 대해 "우리의 유한한 본성에 적절한 완전함을 표현하는 것으로, 그래서 기쁨이나 슬픔보다 더 깊은 만족의 양식을 포함하는 것"으로 말한다(*AI* 221). 그리고 이러한 보다 깊은 만족의 양식이 신성의 지향임을 지적한다. 곧 "세계 안에 존재하는 하느님은 더 깊은 실재로 인도하는 길에 대한 영속적 환상이다"(*RM* 151). 그러므로 심미적 향유의 보다 깊은 의미를 단순하고도 피상적인 의미들과 구분하는 것을 보면, 화이트헤드의 하느님을 신적 심미가 혹은 우주적 쾌락주의자로 생각하는 것은 잘못된 것임이 분명해진다.

19) Madden and Hare, 『악과 하느님 개념』 *Evil and the Concept of God*, 123.

… 우리에게 악한 것이 하느님에게 악한 것이 아니라는 주장은 도움이 되지 않는다. 왜냐하면 그러한 주장은 단지 우리가 실재 악을 경험한다는 것을 부정하고 있기 때문이다.[20]

엘리의 이러한 해석은 부분적으로는 위에서 논의한 "심미적 가치"의 의미를 잘못 이해한 데서 비롯된 것이다. 그러나 이 해석은 또한 부분적으로, 심미적 가치에 대한 화이트헤드의 전체 입장을 다루는 상황에서, 하느님의 경험(하느님의 "결과적 본성) 안에 있는 세계의 계기들의 "변형"(transformation) 혹은 "변환"(transmutation)에 대한 몇몇 화이트헤드의 진술들을 뽑아 해석했기 때문이다.

화이트헤드는 본래적으로 악한 세계의 사건들이 하느님의 경험 속으로 빠져 들면서 변형되거나 변환된다고 주장한다. 그리고 이러한 과정을 심지어 "예술작품에서 나타나는 불일치한 것들이 지닌 심미적 가치의 종합"으로서 이해한다(PR 531). 그러나 화이트헤드는, 전통적인 유신론이 말하는 것처럼, 신적 경험은 "순수한 천상의 기쁨"(pure bliss)이기 때문에, 악이 하느님의 경험에서 그 특성을 상실하게 될 것이라고 생각하지 않았다. 예컨대, 그는 단지 행복만이 하느님께 속한다고 생각하는 것은 신성모독이라고 말한다. 하느님의 행복은 언제나 동정과 비극에 결합되어 있다(Imm. 698). 하느님의 경험의 미는 언제나 "비극적 미"(tragic beauty)이다(AI 381). 화이트헤드는 이에 대해 다음과 같이 말한다.

하느님은 그 본성에 악과 아픔과 타락을 알고 있다. 그러나 선한 것으로 악이 극복되는 것도 알고 있다. 모든 사실은 존재하는 그 자체로, 즐거움 자체로, 기쁨 자체로, 아픔 자체로, 혹은 고통 자체로 사실이다. (RM 149)

이 진술은 고통이라는 사실이 하느님 안에서 "선한 것으로 극복되어야 한다."는 것은 고통이라는 사실이 "고통…그 자체의 사실"로부터 배제되지 않음을 보여주고 있다. 화이트헤드의 의미를 자세하게 살펴보면, 우리는 어떤 자기-모순도 포함되어 있지 않음을 볼 수 있다.

20) Ely, 『화이트헤드 하느님의 종교적 유용성』 *The Religious Availability of Whitehead's God*, 40 f.

악이 "선으로 극복된다."는 화이트헤드의 말은, 세계 안의 악한 사실들에 반응하게 될 때 하느님은 세계 안에서 악을 극복하기 위해 고안된 다음 세계의 상태를 위해 관념적 지향들을 제공한다는 뜻이다. 관념적 지향을 "관념적 결과"라고 표현하는 『형성 중에 있는 종교』(*Religion in the Making*)에서 화이트헤드는 다음과 같이 말한다.

> 각각의 현실적 계기는 그 계기로부터 흘러나오는 창조성에다가 두 가지 방식으로 한정적 성격을 부여한다. 한 방식은 하나의 사실로서 … 각각의 현실적 계기는 하나의 근거를 제공하고 … 또 다른 방식은, 하느님의 본성 안에서 변화된 것으로서의 현실적 계기가 하느님의 환상 안에 서게 될 때, 관념적 결과가 또한 첨가된다. (RM 151)

이 구절에 따르면, 어떤 계기를 "변환하는 것"은 창조적 전진의 다음 단계를 향한 관념적 지향을 제공함을 의미한다. 그러므로 악한 사실이 하느님 안에서 선에 의해 극복되어진다는 것은 악한 사실이 세계 안에서 악을 극복하도록 도움을 줄 수 있는 관념적 지향으로 변환되는 것을 의미한다.

바로 그 악이 하느님의 모든 것을 포괄하는 관념들 안에서 디딤돌이 된다. 모든 사건은 사건의 보다 훌륭한 차원에서 하느님을 세계에 소개한다. 모든 사건을 통해 하느님의 관념적 환상은, 하느님이 악의 자기-파괴로부터 세계를 구원하는 요인인 관념적 결과를 제공하는, 현실적 사실 안에 그 기반이 주어진다(RM 149).

따라서 악이 하느님의 결과적 본성 안에서만 또한 하느님의 결과적 본성을 위해서만 극복된다고 주장하는 것은 잘못된 해석이다. 또한 악이 악의 순수성을 부정하는 방식으로만 극복된다고 주장하는 것도 잘못된 해석이다. 이 해석이 갖는 허위성은 화이트헤드가 하느님의 결과적 본성을 나타내기 위해 "하느님의 나라"란 용어를 사용한 다음의 구절에서 가장 분명하게 나타난다.

> 하느님의 나라는 악으로부터 선의 분리가 아니다. 하느님의 나라는 선에 의한 악의 극복이다. 이러한 악의 선으로의 변환은 하느님의 본성이 지닌 포용 때문에

> 현실세계로 진입한다. 하느님의 본성은, 선의 회복 안에서 새로운 결과를 가져오는, 각각의 현실적 악의 관념적 환상을 포용한다. (RM 148 f.)

악의 극복과 관련된 화이트헤드의 사상을 해석하는 데 혼돈이 생기는 근거 가운데 하나는 화이트헤드의 신론에서 파생된다. 화이트헤드에 의하면, 하느님 자신의 경험이 궁극적으로 가장 중요한, "창조의 궁극적 목적"이 되며(PR 530), "우주가 그 정당성을 이루는 궁극적인 미"가 된다(AI 381). 이러한 사실은 우리로 하여금 하느님의 경험 그 자체가, 하느님의 경험 안에서만 하느님에 의해 악이 극복될 수 있다는 의미에서, 유일하게 중요한 경험이라고 생각하도록 한다.

그러나 어떤 경험도 개인적인 경험으로 존재하지 않는다. 먼저 개인적으로 경험이 된 것은 미래 세계를 한정하는 공동의 사실이 된다(PR 443 f.). 화이트헤드는 하느님 자신의 경험이 창조의 궁극적 목적이며 궁극적 미라는 자신의 신론을 표현하기 위해 "하느님의 자기초월체적 본성"(superjective nature of God)이라는 용어를 사용한다(PR 135). 그는 또한 세계의 사실을 결과적 본성 안에 있는 "완성된 현실태"(perfected actuality)로의 변환이 미래 세계를 조건지운다고 지적한다.

> 왜냐하면 완성된 현실태는 다시금 시간적인 세계로 되돌아가 각각의 시간적 현실태가 관련된 경험의 직접적 사실로서 완성된 현실태를 포함하기 위해 현실세계를 조건지우기 때문이다. 하느님의 나라는 오늘 우리와 함께 존재하기 때문이다. 세계에서 이루어진 것은 하늘에서 하나의 실재로 변형되고, 하늘에서의 실재는 다시금 세계 속으로 되돌아간다. (PR 532)

그러므로 하느님 안에서 악의 극복과 세계 안에서 악의 극복은 둘로 나뉘어져야 할 기반이 없다. 실재 악은 세계 안에 선을 회복하는 것을 지향하는 관념적 지향을 가지고 응답하는 하느님의 결과적 본성에서 극복되기 때문에, 하느님 안에서의 악의 극복은 정확하게 말하면 세계 안에 있는 악을 극복하기 위한 것이다.

하느님이 세계 안에서 악의 중요 근거를 극복하려는 방식이, 지고의 심미적 경험의 형식으로, 도덕적 선의 자리에 대한 현재의 입각점과 이전의 입각점을 연결시킨다. 앞서 진술했던 대로, 세계의 현 상태에서 악의 주요 근거는 가장 큰 파괴적 힘을 가진 존재들이 또한 다른 존재들의 가능한 본래적 선을 의도적으로 파괴시키려는 힘을 갖고 있다는 점이다. 이러한 도덕 악에 대한 힘이 우리가 서로를 향해 또한 전체적으로 지구를 향해 직면하고 있는 위협의 주요 근거가 된다. 그러므로 하느님이 세계 안에서 선으로 악을 극복하기 위해 행할 수 있는 가장 적절한 것 중의 하나는 도덕 악을 향한 우리의 성향을 극복하고자 노력하는 것일 것이다. 화이트헤드는 하느님이 바로 그 일을 하고 있다고 주장한다.

화이트헤드는 "현재가 미래에 미치는 영향은 도덕의 문제"라고 보았다(AI 346). 보다 구체적으로 말하면, 보다 깊은 차원에서 "중요성"이라는 말이 미(美)라는 말을 수식하기 위해 사용된 구절에서 화이트헤드는 다음과 같이 주장한다.

> 도덕성이란 중요성을 최대화하기 위해 과정의 통제 안에 존재한다. … 우리의 행위가 … 세계의 역사 안에서 구체적인 경험에 의존할 때, 중요성을 간직하였다면 우리의 행위는 도덕적이다. (MT 13 f., 15)

우리가 사용했던 용어들로 표현한다면, 이는 우리의 가능한 도구적 가치가 미래 경험의 본래적 선을 위한 기회를 극대화하기 위해 현재 안에 스스로를 현실화하는 것을 도덕성이 포함하고 있음을 의미한다.

더 나아가, 화이트헤드는 우리가 도덕적이려면 하느님에 대한 우리의 파악이 우리가 갖는 느낌의 근거가 되어야 한다고 이해한다.

> 자신의 파악(apprehension)의 조화를 가지고 창조성을 조건지우는 하느님은 관념의 완전에 따른 도덕적 판단을 따라 정신적 피조물 속으로 들어간다. (RM 114)

> 여러 관념의 경험들이 있다. 예컨대 받아들여진 관념들, 지향된 관념들, 성취된 관념들, 그리고 상처를 입은 관념들의 경험들이 있다. 이러한 관념의 경험은 하느님의 우주 경험이다. (MT 103)

> 하느님은 우리의 목적이 자신의 사심에 치우침 없이 공정한 목표를 향하게 하는 세계 안에 있는 기능이다. … 하느님은 우리의 목적이 우리 자신을 위한 가치에서 다른 존재의 가치로 확장하게 하는 요인이다. (RM 152)

궁극적으로, 화이트헤드는 이러한 하느님의 기능은 우리에게 열려진 가장 큰 본래적 선을 이루도록 우리를 유혹하는 하느님의 기능과 관계되어 있음을 시사한다. 사실 위의 하느님의 기능은 이처럼 우리를 유혹하는 하느님의 기능의 일부이다. 심미적인 선을 현실화하고 도덕적인 선을 현실화하는 우리를 향한 하느님의 두 지향의 합생은, 직접적 현재 속에 그리고 관련된 미래 속에 가치를 이루려는 경험 계기의 이중적인 지향이 애초에 드러나는 겉보기처럼 나누어지지 않는다는 사실에 기초한다(PR 41). "관련된 미래"(relevant future)란, 계기는 그 요인들의 실제적 가능태가 계기 자체로부터 파생될 것으로 생각한다는 의미에서, 현재 계기의 결단에 의해 영향을 받아 "기대된" 요인들로 구성된다(PR 41). 미래에 미친 그 자신의 영향을 기대하는 것은 본래적 가치를 이루려는 지향에서 파행된 것이 아니다. 왜냐하면 이 기대는 계기의 현재 가치 경험의 본질 속으로 들어가기 때문이다(AI 346). 이는 우리의 현재 결단이 미래에 다른 존재들의 선에 기여할 것이라는 기대가 우리의 현재 향유에 기여한다는 의미이다.

물론, 우리 모두는 우리의 본질적인 지향이 갖는 이러한 양 측면 사이에 강한 긴장, 예컨대 우리가 보통 욕망과 의무 사이의 긴장이라는 말로 표현하는 긴장이 있을 수 있음을 인식한다. 그러나 이 긴장이 극복될 수 있는 가능성이 있다고 화이트헤드는 제안한다.

> 보편적인 선과 개인의 욕심 사이의 대립은, 개인의 욕심이 보편적인 선이 될 때만—예컨대 보다 넓은 욕심의 영역에서 보다 탁월한 구성을 갖고 중요하지 않은 강도(minor intensities)를 다시금 발견하기 위해 중요치 않은 강도의 상실을 구현하게 될 때만—사라지게 된다. (PR 23)

이런 일이 일어날 때, 우리는 얼마의 "중요하지 않는 강도"를 포기했음에도 불구하고, 우리는 지고의 선인 "최고의 평화의 황홀함"(extreme ecstasy of Peace)을 향유하게 될 것이다(AI 372). 달리 말하면, 인간에게 열려져 있는 지고의 심미적 향유는 도덕적 선의 합병을 요구한다.

하느님은 우리가 이러한 지고의 향유의 형식을 실현하도록 유혹하고 있다.

> 하느님은 다른 존재를 위한 가치의 성취 자체를 우리 자신을 위한 가치로 변형시키는 그런 요인이다. (RM 152)

그러므로 (본래적 선이 도덕적 선이나 악을 행할 수 없는 존재들 안에 존재할 수 있기 때문에) 도덕적 선이 본래적 선의 본질을 구성하지 않으며 심지어 인간 삶의 본질적 선을 구성하지 않는다. 그러나 하느님이 우리 안에서 진전시키기를 원하는 것은 도덕적 유형의 본래적 선의 본질이다. 그리고 이러한 도덕적 유형의 본래적 선을 증진시키는 것은 선을 극대화함으로써 세계 안에 있는 악을 극복하려는 우리의 의도적인 열망을 하느님이 받아들이는 것을 포함한다. 화이트헤드는 다음과 같이 정리한다.

> 수단이 되는 기능은 목적이 되는 기능과 분리되지 않는다. 가치 자체를 넘어선 가치의 의미는 개체의 자기-성취 안에 깊은 감동을 주는 요인으로 직접 향유된다. (PR 531)

다소 유한한 현실태에 맞는 이 진술은 이상적으로 하느님을 위해서도 참이 된다. 바로 이러한 직접적 향유와 미래의 행복을 향한 지향들 사이의 관념적 조화 때문에, 하느님의 결과적 본성 안에서 하느님이 악을 극복하는 것과 세계 안에서 하느님이 악을 극복하는 것 사이에 긴장이 존재하지 않는다. 하느님에게 가장 큰 직접적 향유를 가져다주는 (창조의 이전 순간들에서 성취된 가치들을 향한 하느님의 순수 수용적 반응과는 구별된) 하느님의 자기-결정의 반응은 세계를 향해 열려진 가장 큰 선을 향해 미래 세계의 상태에 영향을 주게 될 관념적 지향들을 제공하는 것이다. 이런 이유 때문에 미래를 향한 관념적 지향의 공급은 하느님 자신의 경험에서 선으로 악을 극복하는 것으로 언급된다.

덧붙여서 말하자면, 화이트헤드는 “정화된 종교 안에서 … 우리는 하느님과 같이 되기 위해 [하느님의] 선을 연구해야 한다.”고 지적한다(RM 40). 우리의 욕심과 보편적인 선 사이의 긴장이 극복되기까지 우리는 하느님의 선을 닮아가야 한다. 전통적인 유신론이 가르치는 것처럼, 세계와의 관계에서 하느님의 활동이 모든 자기-욕심으로부터 자유하기 때문이 아니라, 하느님의 자기-욕심이 이기적인 욕심이 아니라 세계의 행복을 위한 욕심이기 때문에, 하느님은 완전하게 선하다. 하느님 안에서는 욕망과 의무 사이에 긴장이 존재하지 않는다. 왜냐하면, 창조 안에 있는 모든 기쁨과 고통을 완전하게 수용하고 있는 하느님은 전체 창조를 위해 가장 가능한 기쁨을 열망하기 때문이다. 우리의 동정적 사랑의 범위가 확대되는 만큼 우리의 지향 배후에 있는 욕심의 범위가 확대될 것이고, 그만큼 우리는 욕망과 의무 사이의 긴장이 해소되는 것을 경험할 것이다.

3. 화이트헤드의 하느님이 도덕적이지 않다고 하는 것에 대한 세 번째 비판은, 하느님이 통제할 힘이 없어서 순수 악이 일어나는 것을 막을 수 없기 때문에, 적어도 보다 강렬한 형태의 악이 가능한 세계 창조를 하지 말았어야 하는 것 아닌가 하는 비판이다.[21] 이 질문은 곧바로 하느님이 중요한 의미에서 세계 내 고통에 대한 도덕적 비난을 받지 않으면서 세계 내 고통에 책임적일 수 있는 것으로 보일 수 있는가라는 문제를 제기한다.

물론 모든 악한 사건에 대해 전적으로 책임적일 수는 없더라도, 하느님은 중요한 의미에서 세계 내 모든 고통에 책임적이다. 만일 하느님이 생명이 탄생하기 전 새로움을 자극하지 않았더라면 세계 내 아픔은 없었을 것이다. 만일 하느님이 중앙 신경조직을 가진 동물들이 출현하기 전 창조의 상태로 만족하며 쉬었더라면, 창조 안에 있는 아픔의 강도가 낮았을 것이다. 혹은 만일 하느님이 합리적인 피조물의 등장 이전에 정신의 발달만이라도 자극하지 않았더라면, 지구는 가장 강렬한 공포를 경험하지 않았을 것이다. 인간은 우리가 살고 있는 지구상에서 경험된 가장 끔찍스런 악들의 원인이고 희생자가 되었다. 또한 인간은 지구의 모든 생명의

---

21) 매든과 해어는 브라이트만의 입장과 관련하여 이 질문을 제기한다. (Madden and Hare, 『악과 하느님 개념』 *Evil and the Concept of God*, 111). 그러나 문제는 역시 화이트헤드의 입장에 적합한가이다.

종말을 성급하게 앞당기는 위협적인 존재가 되었다.

하느님은 악의 보다 높은 유형들이 가능하지 않게 하기 위해, 혼돈으로부터 질서를 가져오기를 포기했어야 했을까? 아니면 적어도 선의 보다 높은 유형들을 포기했어야 했을까? 여기서 분명하게 긍정적으로 대답할 수 있는 바는 불일치가 생각할 수 있는 유일한 악의 유형인 것처럼 보일 것이다. 이런 맥락에서, (모든 순수 악을 예방하기를 원하는) 도덕적으로 완전하지만 통제력이 부족한 존재는 세계 창조를 삼갔어야 한다는 결론이 나온다. 그러나 만일 불필요한 사소함도 순수 악으로 인식된다면, 순수 악은 세계를 혼돈 가운데 남겨놓음으로써 피해갈 수 있는 것이 아니며, 어떤 단계에서 보다 높은 단계의 완전을 추구하는 것을 멈춤으로써 피해갈 수 있는 것도 아니다. 사실 그렇게 하는 것은 순수 악의 현존을 보증하는 것이 될 것이다. (왜냐하면 필요 이상으로 사소한 모든 경험은 자연스럽게 사소한 경험과 비교해서 악한 것이기 때문이다.) 보다 복합적이고 보다 강렬한 유형의 경험을 자극하는 것은 보다 강렬한 불일치의 가능성이라는 위험을 안고 있다. 그러나 보다 강렬한 조화의 향유도 가능하게 할 수 있는 것이다.

이러한 상황에서, 하느님이 비난을 받을 수 있는가라는 질문은, 우리의 세계 안에 가능한 긍정적인 가치들이 부정적인 경험을 모험할 만큼 충분히 가치가 있는가, 심지어 가까운 미래를 위해 실제적인 가능태로서 우리 앞에 놓여있는 보다 큰 공포를 모험하게 할 만큼 충분히 가치가 있는가라는 질문으로 대답되어야 한다. 히틀러와 같은 인간의 가능태를 피해가기 위해, 아우슈비츠와 같은 공포의 사건을 피해가기 위해, 하느님이 예수(Jesus), 고타마(Gautama), 소크라테스(Socrates), 공자(Confucius), 모세스 맨델존(Moses Mendelssohn), 엘 그래코(El Greco), 미켈란젤로(Michelangelo), 레오나르도 다 빈치(Leonardo da Vanci), 플로랜스 나이팅게일(Florence Nightingale), 아브라함 링컨(Abraham Lincoln), 마하트마 간디(Mahatma Gandhi), 추장 조셉(Chief Joseph), 추장 시애틀(Chief Seattle), 알프래드 노스 화이트헤드(Alfred North Whitehead), 존 에프 케네디(John F. Kennedy), 올리버 원델 홈즈(Oliver Wendell Holmes), 소저너 트루스(Sojourner Truth), 헬렌 켈러(Hellen Keller), 루이스 암스트롱(Louis Armstrong), 알버트 아인슈타인(Albert Einstein), 다그 하마슐트(Dag Hammarskjold), 라인홀드 니버(Reinhold

Niebuhr), 캐롤 차닝(Carol Channing), 마가렛 미드(Margaret Mead), 그 외 지구상에 살았던 잘 알려졌건 알려지지 않았건 수백만의 다른 자비로운 인간들의 출현을 막았어야 했을까? 달리 말하면, "인간을 향한 인간의 비인간성"을 피해가기 위해 하느님은 모든 인간성을 피해가야 했을까? 이 질문에 긍정적으로 진지하게 대답할 수 있는 자들만이 세계 안에 악이 존재한다는 기초에서 과정신학의 하느님을 비판할 수 있다.

세 번째 질문과 관련된 또 하나의 요점은 하느님이 세계를 향해 동정적 사랑을 갖고 반응한다는 사실이다. 만일 하느님이 고통을 느끼지 않는 절대자라면, 보다 높은 가치를 얻기 위해 위험을 감수해야 하는 필연성을 논한 이전의 모든 논의는, 위험을 무릅쓴 하느님의 결단의 결과로서 나타나는 고통을 피조물만이 경험한다는 의미가 될 것이다. 그러나 과정사상에서 하느님의 경험의 본질은 부분적으로는 피조물의 경험에 의존한다. 위에서 분명하게 제시된 것처럼, 세계의 아픔과 슬픔의 사건들은 아픔과 슬픔 그대로 하느님 안으로 수용된다. 하느님은 우리의 향유를 향유할 뿐 아니라 우리의 고통으로 인해 고통당한다. 세계는 언제나 선과 악, 미와 추의 혼합으로 엮어져 있기 때문에, 하느님의 미는 언제나 비극적인 미이다. 따라서 하느님이 피조물에게 요구하는 모험은 또한 하느님을 위한 모험이기도 하다. 보다 큰 강도를 향해 세계를 자극하는 것은 하느님도 역시 보다 강렬한 고통을 경험하게 될 모험을 의미한다.

과정사상이 소개하는 하느님은 창조와 더불어 커다란 모험을 감행하는 고통을 느끼지 않는 방관자로서의 하느님이 몰고 올 도덕적 불법의 기반을 없앨 뿐 아니라, 우리 자신의 직접적 경험을 넘어 모험을 할 가치가 있음을 긍정하는 부가적인 기반을 제공해준다. 보다 강렬한 조화를 위해 사소함을 극복하도록 창조를 몰아가는 보편적 작인인 하느님은 또한 현실화되는 선과 악 전체의 보편적인 수용자이기도 하다. 달리 말하면, 창조의 모험이 갖는 달콤한 열매뿐 아니라 씁쓸함도 경험하는 자리에 있는 존재는 또한 이처럼 창조적 모험의 과정을 독려하였고 또 계속해서 독려하는 존재이기도 하다.

그러면 하느님의 창조 안에 존재하는 모든 악에도 불구하고 왜 우리는 하느님이 선하다고 말할 수 있는가? 창조 안에 존재하는 모든 개체들은 필연적으로 스스로와 다른 존재들을 결정할 수 있는 부분적인 힘을 갖고 있기 때문이고, 강도와 조화가 본래적 선을 위해 필연적이므로 본래적 선을 증대시키고자 하는 것은 불일치를 피하는 것뿐 아니라 사소함을 극복하려는 노력을 의미하기 때문이다. 또한 보다 큰 선의 가능성을 위한 조건들은 보다 큰 고통의 가능성을 위한 조건들이기 때문이고, 하느님은 가능한 후행하는 고통을 경험하고자 하지 않고는 새로운 강도의 차원을 높이려 하지 않기 때문이며, 하느님이 선을 가지고 창조 안에 있는 악을 극복하려고 지속적으로 일하기 때문이다. 동시에 하느님이 인간의 경험 안에서 우리의 삶의 향유를 증대시키고자 노력하며 선을 극대화하여 악을 극복하려는 우리의 노력을 받아줌으로써 선으로 악을 극복하기 위해 지속적으로 일하기 때문이다.

[부록]

신정론과 미래의 삶에 대한 희망

사후의 삶에 대한 신앙은, 이 책 II부에서 살펴본 대로, 대부분 신정론에서 본질적인 때로는 중심적인 요소였다. 사후의 삶에 대한 신앙은 플라톤, 플로티누스, 그리고 신약성서 저자들에게 중심적인 요소였다. 이 주제를 부록에 넣어 다루는 것이 암시하듯이, 현재 우리가 다루고 있는 과정 신정론에서는 사후의 삶에 대한 신앙이 분명 중심적인 요소는 아니다.

인간의 영혼은 존재론적으로 다른 존속하는 개체들과 다르지 않으며, 인간의 영혼이란 수십억 년 걸려 형성된 복합적인 세포들의 사회에 기반을 두고서만 나타날 수 있다는 18장의 논의는 사후의 생명이 과정사상에서는 불가능한 것이라는 점을 암시할 수 있다. 그러나 화이트헤드 자신은 사후의 생명을 논하는 것이 과정사상에서 불가능하다고 결론내리지 않는다. 그는 자신의 철학은 사후의 생명이라는 주제에 "전적으로 중립적"이라고 주장한다. 예컨대 영혼의 생존은 필연적이지 않고 불가능한 것도 아니다(RM 107). 화이트헤드는, 다른 파악들에 기초하여, "영혼은 영혼이 몸의 조직에 완전히 의존하는 것으로부터 자유 할 수 있다."고 시사한다(AI 267). 나는 왜 인간의 영혼이 인간의 몸 안에 구현된 그런 유형의 체계화를 떠나서는 본래 출현할 수 없음에도 불구하고, 일단 영혼이 발전하게 되면 인간의 몸과 떨어져서도 생존할 수 있다고 생각될 수 있는지 다른 곳에서 설명하였다.[1] 나는 여기서 몸을 떠난 영혼의 생존이라는 의미에서 미래의 삶은 하느님의 창조적 활동의 일반적인 유형과 맥을 같이하고 있음을 부연하려고 한다. 하느님의 창조적 활

1) "The Possibility of Subjective Immortality in Whitehead's Philosophy," *University of Dayton Review, Vol. VIII*(Winter 1971), 43-56. *The Modern Schoolman, Vol. LIII, No. 1*(Nov. 1975), 39-57에도 실려 있음.

동의 일반적인 유형에 따르면, 개체들은 각각의 단계에서 그 자체로 가치가 있을 뿐 아니라, 미래에 더 큰 가치를 지닌 존재의 형식을 위한 준비이기도 하다. 또한 인간의 삶이 본래적인 선보다 고통에 의해 특징지어지는 한, 몸 이후의 영적 존재의 발전은 하느님이 선으로 악을 극복하는 하나의 좋은 본보기일 수 있다.

그러나 나는, 여러 복합적인 이유에서, 사후의 삶에 대한 신앙에 기초한 희망이 과정 신정론의 중심이 되어서는 안 된다고 생각한다. 첫째, 나는 이러한 희망이 인간 삶에 대해 증언하는 데 필연적이라고 생각하지 않는다. 따라서 우리를 우리의 삶 한가운데 안내한 하느님의 선과 지혜를 위해서도 이런 희망이 필연적인 명분이 되지 못한다고 생각한다. 둘째, 사후의 삶에 대한 신앙은, 하느님이 일방적으로 현재 삶의 모든 불의한 것들을 해결하고자 한 존재를 보냈다고 가르쳤던, 전통적인 신정론이 했던 역할을 동일하게 감당할 수 없다. 왜냐하면 우리의 영혼이 더 이상 우리의 몸에 의해서 영향을 받지 않게 되는 상황에서도. 여전히 각각의 개체에 미치는 다양한 영향이 있을 것이고, 각각의 개체는 여전히 자기-결정성, 심지어 하느님과 상대하는 자기-결정성의 힘을 가질 것이기 때문이다. 그러므로 지금 악을 가능하게 하는 동일한 형이상학적 원리들이 사후에도 여전히 작용하게 될 것이다. 그러므로 만일 하느님의 선과 지혜를 우리의 현존재에서 주장할 수 없다면, 사후의 삶에 대한 신앙 역시 하느님의 신성과 지혜를 충분히 주장할 수 없을 것이다. 셋째, 과정사상의 상황에서 사후 삶에 대한 신앙이 비합리적이지는 않지만, 너무 불확실해서 신정론을 구성하는 데 중심적인 기둥이 될 수 없다. 간단히 말해서 사후의 삶에 대한 신앙은 너무 불확실할 뿐 아니라 불필요하고 불충분하기 때문에 과정 신정론에서는 본질적인 요인이 되지 못한다.

이러한 입장은 내가 이전에 썼던 책의 입장과 맥을 같이한다. 그 책에서 나는 관계된 예수의 부활신앙과 더불어(부활 후 예수의 등장은 십자가상에서 몸의 죽음을 경험한 나사렛 예수라 이름 하는 연속적 개체 존재에 대한 새로운 경험의 계기에서 파생된 것이라는 정직한 의미에서), 우리가 사후의 경험의 계기를 가지게 될 것이라는 신앙은 기독교 신앙의 선택사항으로 여겨야 한다고 주장하였다.[2] 그러

2) Griffin, 『과정 기독론』 *A Process Christology*, 12.

므로 사후의 삶에 대한 신앙은 기독교 신앙이 고백하는 하느님의 선을 주장하는 데 본질적인 것이 될 수 없다.

내가 다른 곳에서도 밝혔듯이, 사후의 삶에 대한 신앙이 선택적이라는 사실은 사후 삶의 신앙이 우리의 신앙의 본질에 큰 영향을 미칠 수 없다는 의미이다.[3] 나는 개인적으로 사후 삶 신앙을 갖는 것은 우리의 신앙에 생동감과 평화라는 부가적인 선물을 가져다준다고 생각한다. 또한 사후의 삶에 대한 신앙은 일반적으로 다른 이의 삶을 중요하게 여기게 하고, 인간 정의를 포함해 이웃을 향해 깊은 관심을 갖게 할 수 있다고 생각한다. 더 나아가 현재 우리 인간의 삶이란, 현재 인간의 본래적 가치를 갖는 것뿐 아니라, 부분적으로는 미래의 더 높은 경험의 형식을 위한 준비라고 희망하게 함으로써, 사후의 삶에 대한 신앙은 현재의 삶을 긍정하는 궁극적인 기반을 더해 줄 수 있다.

요약해 보면, 나는 미래의 인간의 삶이 점차 비참해질 것이라는 가능성을 발견하지 못한다. 또한 나는 미래의 인간의 삶이 재앙과 때 이른 종말에 이를 수도 있다는 가능성, 그리고 현재의 삶을 지금의 모습으로 만들어온 창조적인 힘의 선과 지혜에 대한 신앙을 무너뜨릴 가능성도 발견하지 못한다. 나는 실제로 이 세상에 사는 인류를 위해 행복한 미래가 존재할 것이라는 신앙이 신정론에 본질적인 것이라 생각하지 않는다. 실제로 미래가 얼마나 나쁘게 되든지, 지난 수천 년 동안 향유하였던 인간이 지닌 선의 가치를 없앨 수는 없을 것이다. 만일 인류에게 행복한 이 땅에서의 삶이 기대되지 않는다 하더라도, 나는 지구로 향하는 어떤 존재를 기대하는 것이 본질적인 것이라고 생각하지 않는다. 그러나 이런저런 형태로 더 좋은 미래를 희망하는 것은 우리의 과거와 현재의 인간 삶에 긍정적으로 답하는 데 열정을 더하게 하며 그렇게 함으로써 이 땅의 창조자에게 열정을 더하게 할 것이다. 이러한 형태의 희망을 과정 신정론에 본질적인 것으로 삼지는 않지만, 과정사상은 이러한 희망에 지지를 보낸다.

---

3) Griffin, "Faith, Reason and Christology - A Response to Father Meilach," *The Cord*, Vol. XXIV, No. 7(1974), 258-267.

색 인

역자후기

그리핀(David Ray Griffin)의 『하느님, 힘, 그리고 악: 과정신정론 *God, Power, and Evil: a Process Theodicy*』은 1976년에 세상에 나왔다. 과정철학이나 과정신학을 공부하면서 악에 관심하는 이라면 누구나 접했을 책이고, 학계에 소개하고픈 책이었을 것이라고 생각한다. 옮긴이 역시 1980년대 중반 이 책을 읽으면서 언젠가 여력이 된다면 이 책을 한국어로 소개해주고 싶은 생각을 갖게 되었다. 이러한 옮긴이의 작은 소원이 실현된 것은 2003년 가을학기 협성대학교 신학대학원 학생들과 함께한 「화이트헤드 세미나」 덕분이다. 세미나가 진행되는 한 학기 동안 「협성 어학당」에서 본서를 갖고 매일 아침 학생들과 강독하였다. 그리고 그해 겨울 방학을 기해서 꼬박 두 달 동안 번역에만 매달려 초고를 완성하였다. 그 후 초역을 다시 읽고 점검하면서 2004년 여름 출판사에 원고를 넘겼다. 그러나 출판사 사정으로 출판이 지연됨에 따라 2005년 안식년 동안 다시 원고를 읽으면서 교정하였고, 2006년을 기다려 이제 출판을 앞두고 있다.

이 책은 어렵게 쓰여진 영어 문체도 그렇지만, 논리의 전개가 마치 수학문제를 논증해 가듯 치밀하여 고도의 집중력을 발휘하지 않으면 이해가 쉽지 않다. 하지만 인내를 갖고 찬찬히 따져 읽어 가면 그 맛이 깊고 중후함을 느끼게 된다. 옮긴이는, 20세기 영어권에서 쓰여진 악에 대한 책 가운데 존 힉의 『악과 사랑의 하느님 *Evil and the God of Love*』과 그리핀의 『과정신정론』이 가장 중요한 책이라고 생각한다.. 힉은 전통 유신론의 하느님 개념을 갖고서 아우구스티누스형 신정론과 이레나이우스형 신정론을 소개한 반면, 그리핀은 하느님, 힘, 그리고 악에 대한 물음을 과정형이상학의 빛에서 정리해주고 있다. 최근 힉의 책은 김장생 박사의 번역으로 출판되었고, 이어 그리핀의 『과정신정론』이 출판됨에 따라 한국의 독자들은 유신론적 전통에서 쓰여진 악에 관한 소중한 학문적 자료를 접할 수 있게 되었다.

그리핀은 과정사상의 토대위에 악에 대해 쓰여진 책이 없다는 것과, 유신론적 전통에서 악에 관한 역사적 연구가 없었다는 점을 이유로 본서를 저술하였다. 그리핀은 신정론을 전개함에 있어서 자신만의 몇 가지 전제를 갖고 있다: 먼저, 이 세계에 순수 악이 있으며, 둘째, 악의 문제가 실천적이며 실존적이지만 동시에 이론적이어야 하고, 셋째, 하느님은 세계와의 관계에서 전능하지 않고 이 세상을 마음대로 통제할 수 없는 분이지만, 사랑과 동정으로 선이란 관념적 지향으로 세상을 이끌어가는 분이다. 이러한 전제들은 그의 과정형이상학에 기초한 것으로 전통 유신론적 이해와 갈등관계에 놓인다. 때문에 악과 관련하여 전통 유신론이 이해한 개념들이 논리적일 수 있는지 밝히기 위해 악의 이해에 대한 역사적 연구를 시도한다.

전통적으로 하나님의 완전 개념은 예배와 관련해서 출현한다. 예배를 받기에 합당한 하나님은 완전해야 한다. 완전이란 힘과 관련하여 전능해야 하고, 의지와 관련하여 온전히 선해야 한다. 이처럼 예배의 상황에서 고백된 완전한 힘과 완전한 선은 우주론적 형이상학이 이해한 힘의 개념에 적합한 것인가? 과정사상에 기초한 우주론적 입장에서 보면, 어떤 힘도 모든 것을 결정할 수 없다. 힘이 현실화하여 작용되는, 현실적 존재의 힘은 여러 힘들 가운데 하나일 뿐이고, 하나님도 현실적 존재란 점에서 예외일 수 없다.

전통적 신정론은 모든 악이 겉으로 드러난 것이고 순수 악이란 존재하지 않는다고 본다. 그러나 과정사상은 순수 악을 부인하지 않는다. 과정사상의 이러한 주장은 세계가 갖고 있는 형이상학적 특성에 기초한다. 곧 존재의 완성을 지배하는 범주들이 악의 존재이유가 된다.

전통적 신정론과 과정사상은 모두가 하느님이 악에 대해서 책임이 있지만 비난을 받아야 하는 것은 아니라고 한다. 전통 유신론에서 하느님은 창조를 하고 난 후 세계 질서를 위해 혹은 세계를 사랑하기에 자기를 제한하는 도덕적 자기 제한이다. 그러나 과정사상에서는 하느님은 형이상학적으로 자기 제한적이다. 하나님이 설득적인 것은 세계를 통제할 수 없기 때문이다.

과정사상에서 힘은 창조성과 관련된다. 창조성은 보편성 중의 보편성의 원리이지만 경험의 사건 안에 현실화된 상황에서는 현실태가 창조성을 발휘함으로 힘을 갖게 된다. 현실적 존재가 갖는 힘은 자기를 완성하는 합생의 과정에서 목적인으로 자기 창조를 이루고, 다른 현실적 존재를 향해 나아가는 이행의 과정에서는 작용인으로 타자 창조를 가져온다. 힘은 합생의 과정에서 자기 결정을 통해 현실적 존재가 되고 이 현실적 존재 안에서 내재적 자기 결정성의 힘으로 자리한다. 이 때문에 모든 현실적 존재는 자유와 결정성을 갖게 되어 자기-원인의 자유를 획득하게 된다. 또한 힘은 이행의 과정에서 다른 현실적 존재를 위한 결단을 제공한다. 이처럼 양극적인 힘의 작용 때문에 모든 현실적 존재는 다른 현실적 존재에 대해 초월적이며 동시에 힘의 사용이 제한적이고 설득적이다.

악은 하느님의 목적에 순응하지 않는 힘으로부터 발생한다. 그리핀이 말하는 과정사상의 악은 선에 대한 상응 개념이다. 과정사상에서 선이란 미적 기준에 기초한 것으로 조화(harmony)와 강도(intensity)이다. 조화에 상응하는 악은 부조화 혹은 불일치이다. 힘에 대한 심미적 이해에 과정사상은 마땅히 그래야 할 가치를 제시함으로써 선과 악을 해석한다. 따라서 악과 관련하여 하느님은 전능자는 아니지만 선한 가치란 관념적 지향을 제공하며 유혹하는 이로써 세계에 참여함으로 창조자가 된다. 하느님은 이 세상의 악을 절대적으로 없앨 수 있는 분이 아니고 악을 경험하면서 선으로 악을 극복하도록 역사를 이끌어가는 분이다. 이점에서 하나님의 미는 비극적 미이다. 하나님은 동정적 사랑으로 끊임없이 창조적 모험을 독려하며 선으로 악을 극복하기 위해 지속적으로 일하는 분이다. 이 점에서 과정 사상의 하느님은 악한 현실에서도 우리로 선에 의한 악의 극복을 희망하도록 한다.

본서는 악에 대한 역사적 연구 모델을 따라 3부로 이루어져있다. 1부는 그리스 철학과 성서의 전통에서 악을 형이상학적으로 설명할 수 있는 기초적인 단초를 제공한다. 2부는 전통 신정론을 다루는 가운데 그리스 철학과 성서가 이해한 하느님과 악에 대한 개념이 어떻게 왜곡되어 해석되어갔는지 분석해준다. 그리고 3부에서는 비전통 신정론을 다루는 가운데 전통 신정론의 모순을 지적하면서 과정신정론으로 대안을 제시한다.

책이 출판되면서 몇몇 분들에게 감사를 드리고 싶다. 먼저는 함께 책을 읽었던 진리의 동역자들인 협성의 어학당 학생들에게 감사하고 싶다. 또한 번역된 원고를 읽으면서 교정에 함께 참여해준 김영명 목사님과 박일준 박사님, 그리고 색인 작업을 도와준 김주향 전도사님께 심심한 감사를 드린다. 아울러 책의 출판을 독려해주신 지승원 박사님과 출판을 맡아 인내하며 끝까지 책임을 져주신 이문출판사 지경원 사장님께도 감사드린다. 아무쪼록 많은 분들에게 읽혀져서 악에 대한 학문적 논의에 좋은 자료로 사용되기를 희망한다.

2007년 구정을 앞두고
칠보산 자락에서